JN417710

공공 도서관 경영론

D. E. Weingand 저

오 동 근 역

Administration of the Small Public Library

Fourth Edition

By Darlene E. Weingand
Translated by Dong-Geun Oh

This Korean Edition is published
with the permission from the American Library Association

Taeil Press

역자서문

이 책은 미국도서관협회에서 발행한 *Administration of the Small Public Library*의 제4판을 우리말로 번역한 것이다. 이미 제4판이라는 판수가 대변해주고 있듯이, 이 책은 미국에서는 공공 도서관 경영 분야의 대표적인 저서로 정평이 나있는 표준적인 텍스트로 알려져 있다. 판을 거듭하면서 당대를 대표하는 저자들이 집필을 맡아 그 내용을 보완하고 있는 점도 이 책의 인기 비결의 하나일는지도 모른다. 제4판을 집필한 위스콘신 대학의 명예 교수 Darlene E. Weingand 역시 우리 분야에서 많은 연구를 남긴 연구자 겸 컨설턴트로, 공공 도서관을 포함한 도서관 경영 분야의 자신의 여러 저서를 가지고 있는 대표적인 저자의 한 사람이다.

본인은 오래 전에 공공 도서관 운영의 실무적인 측면을 다룬 『공공 도서관 운영론』(구미무역출판부, 1991)이라는 번역서를 공역으로 발행했던 적이 있고, 공공 도서관의 이데올로기적인 측면을 다루고 있는 『정보 사회와 공공 도서관』(한국도서관협회, 1996)을 변역하여 출판한 바 있다. 이 책은 이러한 번역서들이 미처 다루지 못하고 있는 현장의 구체적인 여러 측면들을 상세하고 포함하고 있어, 공공 도서관의 독자 여러분에게 도움이 될 것으로 판단한다.

본인은 한국도서관협회의 공공도서관위원회나 몇몇 공공 도서관의 운영 위원에 직접 참여하고, 공공 도서관을 대상으로 하는 연구나 프로젝트들을 실제로 진행하면서, 국내외의 공공 도서관 현장을 직접 돌아볼 수 있는 기회들을 갖게 되었다. 이 과정에서 항상 느끼는 점은 인력과 장서 및 정보 자원, 인터넷 환경을 포함한 시설 및 환경 등을 포함한 우리의 공공 도서관 인프라가 그다지 나쁘지 않다는 사실이다. 여기에 더하여 우리는 여러 면에서 상당히 활동적이고, 적극적이며, 영악한(?) 이용자들 — 이 책의 표현이나 본인이 쓰는 용어로는 고객들 — 을 가지고 있다.

현장에서 듣게 되는 가장 어려운 문제들의 대부분은 이러한 고객들에 관련된 문제들이 많고, 다른 고객들에 대한 고객들의 불만이나 불평도 늘어가는 추세인 것 같다. 이 책에서는 이러한 고객들과 그들이 구성하고 있는 지역 사회에 관련된 많은 내용들을 포함하고 있다는 점에서 여러 모로 시사하는 바가 적지 않을 것이다. 또한 거버넌스(governance)에 관한 부분 등에서는 공공 도서관 관할 기관의 다양성과 최근에 불거지고 있는 운영 주체의 문제 등에 대해서도 여러 가지 아이디어를 제공해 줄 수 있으리라고 본다. 다만 그 일반적인 상황들이 미국이라는 점에서, 한국의 상황에 대한 고려가 필요할 것이다.

이 책을 번역하면서, 거버넌스나 니즈(needs) 등의 상당수의 용어들은 원어의 한글 표기를 사용하였고, 공공 관계(public relations) 등 일부의 용어들은 새로운 번역어를 사용하였다. 이것은 기존에 사용되는 번역어들이 그 뉘앙스가 다소 다르고, 정확한 의미 전달상의 문제가 있을 수 있다는 번역자의 판단을 반영한 것이다. 이와 관련해서는 해당 부분에 구체적인 용어 해설을 각주로 달아 처리하였으며, 권말의 색인도 비교적 상세하게 작성하였다.

올해는 본인이 계명대학교에 몸담은 지 18년째가 되는 해로, 이른바 연구년을 지내고 있는 중이다. 이 책의 번역은 이 연구년의 과제로 주어진 것이다. 대학에서 연구년으로 보내준 귀중한 한 해를 안식년 삼아 제주도 서귀포에서 머물면서 이 책을 마무리 할 수 있게 해주신 우리 계명대학교에 대해 한없는 감사의 마음을 전해드린다. 돌아가면 기다려 줄 학과와 학생들이 있다는 사실이 본인의 마음을 기쁘게 한다. 우리 계명대학교 문헌정보학과 학생들과 박준식 교수님을 비롯한 학과 교수님들, 특히 학교를 비운 동안 궂은 일을 마다않고 도맡아 대신해준 여지숙 교수님께 감사드린다. 이제는 몇 번째 책인지 묻는게 무의미해진 태일사의 김선태 사장님과 직원 여러분에게도 감사드린다. 마지막으로 언제나 본인의 부족한 여러 책들을 큰 인내심으로 감내하면서 읽어내 주시는 저의 영원한 고객, 독자 여러분에게도 관심과 애정 어린 충고를 바라면서, 감사의 마음을 전하고 싶다.

2009. 12.

역자 드림

서 문

이 책은 소규모 공공 도서관에 근무하는 도서관 스탭들이 교육적인 준비를 하기 위한 중요한 자료가 되고 있음이 이미 입증된 책의 제4판이다. 이 책은 또한 몇몇 대학교의 대학원 수준에서 개설된 도서관 경영 과정의 교재로 선정되고 있다. 싱클레어(Dorothy Sinclair)가 초판과 제2판을 저술하였고, 본인은 제3판을 인계받아 이제 제4판을 도서관계의 여러분에게 상재(上梓)하고자 한다.

1979년에 발행된 제2판과 1992년에 발행된 제3판 사이에는 몇 년간의 기간이 있었지만, 제3판이 발행되고 나서 불과 8년 만에 이 신판이 등장하게 되었다. 출판 패턴상의 이러한 차이는 도서관의 변화 속도가 얼마나 빨라지고 있고 또한 우리 사회의 진화와 테크놀로지의 발전이 도서관의 비즈니스 방식에 계속해서 얼마나 영향을 미치고 있는지를 분명하게 설명해주고 있다.

변화와 마케팅, 비즈니스로서의 도서관에 대한 인식, 후원자(patron)로부터 고객(customer)으로의 이동, 광범위한 정보 포맷들을 포함하도록 하는 도서(books)라는 용어의 확장 등을 강조하고 있는 제3판의 서문은 여전히 도서관 경영의 발전에 대해 상당한 통찰력을 보여 주고 있다고 할 수 있을 것이다. 이 제4판에서는 그와 같은 견해들을 개선하고 확장하는 특징들과 개념들을 도입하고자 한다. 그러한 몇 가지 개념들로는 정보의 선택적 제공(SDI: selective dissemination of information), 비전(vision)의 중요성, 서비스 반응(service responses), 다중 목표 세트(multiple objective sets), 비용과 수요의 관계, 기금 확보(grantsmanship), 프로그램 예산 편성(program budgeting), 비금전적 보상 등이 있다.

가장 소규모의 공공 도서관에서조차도 경영 기법들을 활용하는 것이 중요하다는 사실은 효과적인 도서관 서비스에 필수적인 것이다. 도서관은 공공재(public good)로서의 지위를 가지고 있기 때문에 적절한 수준의 자금 지원을 받을만한 가치가 있다는 과거의 패러다임은 더 이상 성공을 거둘 수 없을 것이다. 이 본질적인 가치가 여전히 효력을 가지고 있기는 하지만, 자금을 지원하는 당국의 마음 속에는 책무성(accountability)이 주를 이루게 된다. 따라서 파악된 지역 사회의 니즈(needs)에 명확하게 부응하면서, 본질적으로 지역 주민의 삶에 관여하고 있음을 보여 주는 도서관은 그 역할을 지속하고 확장하기 위한 충분한 자원을 확보하게 될 것이다.

도서관이 서비스 지향적인 기관으로 인식되고 있음에도 불구하고, 현재 고객 서비스를 강조하고 있는 것은 짐작하기 어렵기는 하지만 충분히 이해할만한 현상이다. 무엇보다도 공공 도서관은 서비스 조직이라는 점에서, 사람들은 도서관 스탭들이 본질적으로 핵심 철학으로서의 고객 서비스와 조화를 이룰 것으로 기대할 수도 있기 때문에 어렵다는 것이다. 그러나 이와 같이 고조된 관심은 직원들이 상당한 개선의 여지를 인식하고 있다는 사실을 암시하고 있는 것이다. 고객 만족 또는 고객 만족의 결여는 어떤 조직이 성공을 추구하는 데 있어서 중심이 되는 카드 역할을 할 수 있기 때문에 이해할 수 있다는 것이다.

그러므로 이 신판에서는 소규모 공공 도서관의 효과적인 경영의 키로서 마케팅과 그 밖의 경영 도구들이 갖는 중요성을 다시 한 번 강조하고자 한다. 모든 지역 사회의 공공 도서관들은 시민들의 글로벌 정보 교환의 창(窓)의 역할을 수행하게 된다. 마케팅 전략과 고객 서비스에 대한 초점은 새로운 세기를 맞이하면서 도서관 경영자가 갖추어야 할 최신의 도구인 것이다. 고객 서비스의 우수성이라는 가치는 도서관 경영자가 의사 결정의 골격을 마련하는 맥락으로 제시될 것이다. 지역 사회에서 삶의 중심으로 자리 잡기 위한 보장된 길은 없지만, 이러한 접근법들은 긍정적인 성과를 얻어낼 가능성을 높여주게 된다.

이제 21세기의 막이 올랐다. 변화의 속도는 계속적으로 증가할 것이다. 따라서 틀림없이 소규모 공공 도서관에 영향을 미치는, 지난 세기에 발생했던 것보다 훨씬 더 많은 변화들이 밀려올 것이다. 이러한 변화에 적응하고, 기꺼이 이를 받아들이고, 그에 대처하는 것은 하나의 도전이 될 것이다. 본인은 공공 도서관의 그러한 능력에 대해 확신하고 있다. 이런 점에서 그것은 아마도 흥미진진한 시기가 될 것이다.

차 례

역자 서문 / 3

서 문 / 5

제1장 소규모 지역 사회: 사서를 위한 기회 · 15

1.1. 소규모 지역 사회의 특성 ········ 18

1.2. 전문화된 고객을 기반으로 하는 소규모 지역 사회 ········ 21

1.2.1. 교외 지역 / 21

1.2.2. 대학촌 / 22

1.2.3. 기업 타운 / 22

1.2.4. 마켓 타운 / 23

1.3. 시장의 변화 ········ 24

1.4. 마케팅과 기획: 기본 원리 ········ 25

제2장 도서관의 거버넌스 · 33

2.1. 도서관의 법률적 기반 ········ 37

2.2. 로컬 공무원과의 업무 수행 ········ 39

2.3. 도서관 위원회의 유형 ········ 41

2.3.1. 부서장으로서 자문적인 도서관 위원회와의 업무 수행 / 42

2.3.2. 업무적인 도서관 위원회와의 업무 수행 / 46

2.3.3. 도서관 위원회 위원의 선발 / 50

2.3.4. 도서관 위원회의 회의 / 52
2.3.5. 공무원으로서의 도서관 위원회 위원 53
2.4. 도서관의 거버넌스를 증진시키기 위한 전략 54
2.4.1. 프로그램 예산 / 55
2.4.2. 정보의 선택적 제공(SDI) / 55
2.5. 장기적 전망의 채택 57

제3장 지역 사회에 대한 연구와 계획 수립 · 59

3.1. 기획팀 63
3.2. 사명과 비전, 역할, 서비스 반응의 개발 65
3.2.1. 사명과 비전 / 66
3.2.2. 역할과 서비스 반응 / 67
3.3. 마케팅 시각에서 이루어지는 서비스에 대한 재고 68
3.4. 마케팅 감사의 실행 70
3.4.1. 마케팅 감사의 구조 / 71
3.4.2. 지역 사회에 대한 연구 / 73
3.4.3. 일차 데이터의 수집 방법 / 80
3.4.4. 내면에 대한 관찰 / 84
3.4.5. SWOT 분석의 실시 / 84
3.5. 연구 완료 후에는 무엇을 할 것인가? 86
3.6. 목적과 목표의 설정 87
3.6.1. 프로세스에 대한 모니터링 / 92

제4장 마케팅을 통한 목표의 고객 서비스화 · 95

4.1. 도서관의 제품이란 무엇인가? ······ 98
4.2. 가격: 제품 비용의 결정 ······ 100
4.3. 우선 순위의 설정 ······ 103
4.4. 서비스의 레벨 ······ 112
4.5. 서비스 기능으로서의 공공 관계 ······ 116
4.6. 서비스에 대한 스탭의 자세 ······ 119

제5장 정 책 · 123

5.1. 정책의 변경 ······ 130
5.2. 정책 결정 ······ 132
5.3. 구체적인 정책의 설정 ······ 134
5.3.1. 자료 선정 / 134
5.3.2. 서비스 시간 / 148
5.3.3. 벌과금과 이용료 / 149
5.3.4. 특수 서비스 / 153
5.3.5. 인사 정책 / 154

제6장 재 정 · 157

6.1. 로컬의 수입원 ······ 162
6.1.1. 일반 기금으로부터의 충당 / 162

6.1.2. 도서관세 / 164
6.1.3. 목적세 기금 / 166
6.2. 미국의 주 및 연방의 보조금 ········ 167
6.3. 보충적인 자금의 조달 ········ 170
6.3.1. 기증과 기부 / 171
6.3.2. 기금 조성 활동 / 172
6.3.3. 유증 및 기부금 / 173
6.3.4. 법인과 재단 / 173
6.4. 예산의 편성 ········ 174
6.4.1. 예산 형식 / 176
6.4.2. 프로그램 예산 / 178
6.4.3. 예산 청문회 / 182
6.4.4. 기업가적 접근법: 세 개의 예산 / 183
6.5. 구 매 ········ 185
6.6. 책무성 ········ 187

제7장 인사 관리 · 191

7.1. 인사 정책 ········ 196
7.2. 인사 기능 ········ 197
7.2.1. 채용과 면접 / 198
7.2.2. 스탭의 평가 / 202
7.2.3. 새로 고용된 사람들을 위한 수습 기간 / 203
7.2.4. 연간 성과 검토 / 203
7.2.5. 징계 조치 / 206
7.2.6. 업무의 조직 / 208

7.3. 스탭의 레벨 ······ 212
7.3.1. 전문 스탭 / 212
7.3.2. 보조 스탭 / 214
7.4. 보 상 ······ 217
7.5. 근무 조건 ······ 219
7.6. 능력 배양과 승진을 위한 계속 교육 ······ 221
7.6.1. 능력이라는 이슈 / 221
7.6.2. 승 진 / 223

제8장 도서관의 제품들을 지원해주는 업무들 · 227

8.1. 장서 관리 ······ 231
8.1.1. 선 정 / 231
8.1.2. 제 적 / 238
8.1.3. 대 체 / 240
8.1.4. 평가 기준 / 240
8.2. 장서의 개발 ······ 242
8.2.1. 수 서 / 242
8.2.2. 주문, 수령, 지불 절차 / 245
8.3. 자료들의 이용 준비 ······ 247
8.3.1. 분류와 편목 / 247
8.3.2. 정리 센터와 상용(商用) 서비스 / 248
8.3.3. 신착 자료의 처리 / 256
8.4. 장서의 통제 ······ 257
8.4.1. 제본과 수선, 제적, 대체 / 257
8.4.2. 장서 점검 / 258
8.4.3. 효율적인 절차 / 259
8.5. 대 출 ······ 262

제9장 도서관 시스템과 상호 협력 협약 · 267

9.1. 도서관 시스템 ······ 270
9.1.1. 시스템의 조직 / 271
9.1.2. 시스템에 대한 회원 가입의 제한점과 혜택 / 272
9.1.3. 시스템의 회원 도서관으로서의 소규모 도서관 / 277
9.1.4. 시스템 서비스의 비용 / 278
9.2. 주 단위 네트워크와 전국적인 네트워크 ······ 280
9.2.1. 주 단위 네트워크 / 280
9.2.2. 전국적인 네트워크 / 281
9.2.3. 참고 서비스의 확장 / 283
9.3. 다른 도서관과 에이전시들과의 상호 협력 ······ 284
9.3.1. 도서관 상호 대차 / 286

제10장 새 천년을 맞는 도서관 서비스를 위한 아울렛 · 293

10.1. 전자적 접근 ······ 296
10.2. 도서관 건물 ······ 299
10.2.1. 도서관 위원회를 위한 결정 / 300
10.2.2. 건물 프로그램 취지문 / 304
10.3. 도서관 시설 개선을 위한 단계 ······ 308
10.3.1. 구체적인 건물의 요소들 / 312
10.4. 건축과 리모델링에 대한 결정 ······ 314
10.5. 비 용 ······ 318
10.6. 에너지에 대한 고려 ······ 320

10.7. 가 구 321
10.8. 장 비 323
10.9. 신축 건물 324
10.9.1. 부지의 선택 / 325
10.9.2. 건축가와 컨설턴트 / 327
10.9.3. 로컬의 의사 결정 / 328
10.10. 용도 전환과 리모델링 330
10.11. 기존 건물의 재단장 332
10.11.1. 도서관의 익스테리어 / 332
10.11.2. 도서관의 인테리어 / 333
10.12. 추가의 유통 방법들 337
10.12.1. 이동 도서관 / 339
10.12.2. 분 관 / 340
10.12.3. 우편에 의한 자료 제공 / 342
10.12.4. 전자적 연결 / 344

부 록 349

- **부록 A** 도서관 권리 선언
- **부록 B** 켄달 공공 도서관의 장기 및 단기 계획 1999-2003
- **부록 C** 도서관법
- **부록 D** 도서관법 시행령
- **부록 E** 도서관법 시행 규칙
- **부록 F** 도서관인 윤리 선언
- **부록 G** 사서교육기관의 교육과정 및 이수학점
- **부록 H** 도서관자료의 교환 · 이관 · 폐기 및 제적의 기준과 범위

색 인 403

제1장

소규모 지역 사회: 사서를 위한 기회

1.1. 소규모 지역 사회의 특성

1.2. 전문화된 고객을 기반으로 하는 소규모 지역 사회

1.3. 시장의 변화

1.4. 마케팅과 기획: 기본 원리

제1장
소규모 지역 사회: 사서를 위한 기회

오늘날의 사서들은 지난 수십 년간의 전임자들과는 달리, 광범위한 스펙트럼의 업무 상황에서 근무할 수도 있을 것이다. 도서관이라는 기관에서 일하는 데는 더 이상 의무적이거나 어느 무엇보다 중요한 전통이라는 것이 존재하지 않는다. 그렇다고 해서 이러한 현실이 도서관이 쇠퇴의 길로 접어들었음을 암시하는 것은 결코 아니다. 그보다는 오히려 오늘날 정보 산업(information industry)이라고 간주할 수 있는 것이 갖는 다양한 범위 안에서 근무할 수 있는 기회의 창(窓)을 제공해주고 있으며, 이것은 계속적으로 확장되고 있다.

공공 도서관은 자신의 재능과 에너지를 쏟아 붓기 위한 환경으로서 도서관을 아주 선호하는 정보 작업자에게는, 특유의 도전과 보상을 제공해준다. 사실 어떤 사서들은 항상 대규모 공공 도서관이라는 일자리를 찾을 것이다. 왜냐하면 많은 주민들이 거주하는 지역은 더 많은 연극과 콘서트, 그 밖의 문화적 이점을 제공하기 때문이다. 그러나 소규모 지역 사회도 마찬가지로 매력적이면서 색다른 가능성을 제공해준다. 소규모 지역 사회의 문화 이벤트의 범위는 대도시 환경의 이벤트들과는 경쟁할 수 없지만, 인간적인 친밀감과 상호 작용, 다소 간의 느슨한 페이스, 자연 친화성은 삶의 질에 특별한 차원을 더해 주며, 많은 사서들은 그러한 환경이 결정적인 매력을 주고 있다는 사실을 알고 있다.

아울러 사람들은 소규모 도서관에서 근무하면서, 다양한 과업들을 터득하게 되며 대규모 도서관의 하위직 스탭은 경험하지 못할 수도 있는 많은 의사 결정을 내릴 기회를 갖게 된다. 도서관 위원회와 함께 일하고, 예산을 편성하여 실행하며, 정책을 권고하고, 광범위한 자료들을 선정하며, 가구와 장비를 주문하고, 기존 시스템을 자동화하거나 업데이트하며, 신규 스탭을 인터뷰하고 고용하는 것, 이러한 것들은 소규모 도서관의 경영자가 일상적으로 수행하는 과업들의 일부이다. 대규모 도서관의 사서들은 훨씬 더 방대한 장서를 가지고 업무를 수행하거나, 더욱 심층적인 서비스를 제공하거나, 주제별 또는 연령별로 전문화하게 된다. 그러나 그들은 소규모 도서관에서 근무하는 사서들이 겪게 되는 다양한 경험은 거의 하지 못하게 될 것이다.

1.1. 소규모 지역 사회의 특성

소규모 지역 사회는 서로 다르기는 하지만, 몇 가지 공통적인 특성들을 가지고 있다. 이러한 특성들 때문에 이러한 환경에 놓여 있는 도서관에서 근무하는 것은 아주 특별하면서도 보람된 경험이 된다.

소규모 지역 사회에서는 개인적인 관계가 더 강하다. 사람들은 서로 알고 지내며, 이름을 부르는 사이로 지내고, 지역 사회의 대소사(大小事)에 참여하는 경향이 있다. 이러한 친밀감과 참여는 사서에게 알고 지내고 서비스할 수 있는 많은 기회를 제공해준다. 그러나 대규모 지역 사회라면 다소 이해하기 어려운 문제점들이 존재할 수도 있을 것이다. 특별한 관심을 보여 주기를 개인들이 기대할 수도 있을 것이며, 도서관 위원회가 하나의 단체로서 공식적으로 행동하지 않고 각 위원들이 명령을 남발할 수도 있을 것이며, 도서관 위원회와 지역 사회의 관할 단체에서 이루어지는 표결이 개인적인 관계에 따라 좌우될 수도 있고, 파벌이 조성될 수도 있을 것이다. 이러한 인간적인 특성들이 대규모 지역 사회라고 해서 드러나지 않는 것은 절대 아니다. 그러나 그러한 특성들이 소규모 지역 사회의 비공식적인 풍토에서는 더 난해할 수도 있는 것이다.

이러한 지역 사회들은 "작은 것이 아름답다"(small is beautiful)는 태도를 가지고 있다. 작은 것은 그 자체의 옹호자들을 가지고 있다. 주민들은 대처(大處)의 몇몇 문제점들을 벗어나려고 그 지역 사회로 왔을 수도 있으며, 그 점에 대해 자부심을 가지고 있을 수도 있을 것이다. 작은 것은 또한 훌륭한 특성이 될 수도 있다. 그러나 도서관의 경우 그것은 함정을 가질 수도 있다. 마을이라는 자의식(自意識)을 가지고 있는 지역 사회에서는 새로운 (또는 오래된) 도서관 건물에 대해 어떤 건축적인 특질을 마음속에 가지고 있을 수도 있고, 그러한 건물이 갖는 비공식성과 친밀감, 소도시 취향을 사라져 버리게 할 것같은 방식으로 도서관을 조직화하거나 확장하고자 하는 어떤 시도에 대해서도 강력하게 회피할 수도 있을 것이다. 소도시에 거주하는 시민들은 과거 세대의 소도시 주민들과는 달리, 현재는 도시 주민과의 사이에 거의 어떤 차이도 없을 정도로, 고급의 텔레비전과 케이블, VCR, 컴퓨터, 쇼핑 센터, 그 밖의 편의 시설을 갖추고 있기는 하지만, 그러한 것들이 어떤 소박한 특질에 영향을 미칠 수도 있을 것이다. 그와 같은 상황에서 사서는 본질을 희생시키지 않은 채 지역의 자체 이미지에 적합하도록 바람직한 변화를 추구하는 길을 모색해야 한다.

변화를 싫어하는 것은 어느 곳에서나 나타나는 인간적인 특성이다. 그러나 어떤 소규모 지역 사회에서는 아마도 그것이 더 강할 것이다. 세계적인 문제와 국가적인 문제가 제아무리 시급하다고 하더라도, 그러한 것들이 그 지역 사회에서는 직접적으로 표출되지 않고 있기 때문에, 그것을 무시하는 경향이 나타날 수도 있을 것이다. 물론 텔레비전과 그 밖의 미디어의 출현이 지구라는 행성을 지구촌(global village)으로 만들어 주고 있고, 그와 같은 고립주의가 점점 더 줄어 들고 있기는 하지만 말이다. 그러나 알려져 있는 것들이 미지(未知)의 것들보다 언제나 선호되기 때문에, 변화 자체를 싫어하는 것은 모든 지역 사회에서 계속되고 있다. 그리고 불안감을 최소화시키면서 고객들을 온라인 목록과 같은 미지의 세계로 안내할 수 있는 사람이 바로 독창적인 사서인 것이다.

소규모 지역 사회의 구성원들은 사소한 일들에 대해 큰 관심을 가지고 있는 경우가 많다. 전체 지역 사회가 그 지역 사회의 관심사에 참여하는 것이 주민들로 하여금 도시 주민들은 간과할 수도 있는 사소한 일들에 집착하게 하는 원인이 될 수도 있을 것이다. 이것은 잠재적으로 득실(得失) 양면을 가질 가능성이 있다. 시민의 관심은 분명히 플러스가 된다. 그러나 소규모 도서관의 스탭은 검정색이나 회색의 타자기나 컴퓨터 대신 컬러 제품을 구매하는 이유나, 아직은 물리적 상태가 양호한 도서들을 폐기하는 이유, 오래된 그림이나 물건을 치우는 이유에 대해 설명해 달라는 요구를 받고 있다. 그와 같은 시민의 관심들을 인정하고 이해하는 것이 중요하다. 그러나 사서가 이러한 관심들을 적절한 시각을 가지고 평가하고 관리하기는 힘들 수도 있다.

소규모 지역 사회에서 살아 가는 것이 그 특유의 장점과 기회를 올바르게 인식하고 그러한 것들을 바탕으로 삼는 사서에게는 즐거울 수 있다. 모든 직업의 경우와 마찬가지로, 업무 환경과 개인의 성격(personality) 및 기대가 일치하는지를 고려해야 한다. 적절하게 일치되면 모든 당사자들에게 서로 이익이 되는 결과를 가져 오게 되는 것이다.

1.2. 전문화된 고객을 기반으로 하는 소규모 지역 사회

이상에서 살펴본 특성들은 시골 지역이나 대도시 지역에서 약간 거리가 떨어져 있는 타운에서 어느 정도 나타날 수도 있는, 지역 사회 생활의 일반적인 단면을 보여 주는 것들이다. 이 책에서 "소규모"라고 정의하는 도서관을 가지고 있는 그 밖의 지역 사회들은 여러 변형들이 있기는 하지만, 다음과 같은 것들이 있다.

1.2.1. 교외 지역

대도시 지역 내에서는 자체의 정체성(identity)을 확연하게 유지하고 있는 소규모의 통합된 지역 사회가 발견되는 경우가 많다. 그러한 지역 사회의 예산과 도서관들은 소규모이고, 서비스는 더 시골스런 소규모 지역 사회의 서비스 못지않게 제한적인 경향이 있다. 그러나 그 주민들은 다양성이 적은 경향을 보인다. 그러한 지역 사회는 "베드룸 커뮤니티"(bedroom communities)[1] 일 수도 있는데, 그 시민의 상당수는 적어도 전형적인 예에 따르면, 도시에서 일하고, 쇼핑하며, 오락을 즐기고, 단지 잠을 자기 위해 집으로 돌아온다. 이러한 주민들은 그 자체의 서비스와 직업, 오락을 제공해주는 따로 떨어진 소도시의 시민들보다 더 많은 동질성을 가질 수도 있을 것이다. 여기에서 사서는 상위 기관의 전문직 그룹 가운데 "소규모"가 될 것이다. 상호 협력과 호혜적인 이용, 활용 가능한 그 밖의 혜택을 얻을 수 있는 기회가 존재할 것이다. 그러나 소규모 지역 사회에서는 이를 쉽게 접근할 수 없을 것이다. 그렇지만 공공 및 다관종(多館種) 도서관 시스템이 급속하게 출현하고 있다는 사실을 알게 되면 이러한 설명은 수정해야 할 것이다. 고립된 채 운영되는 도서관의 수는 점점 더 줄어들고 있다. 도서관 상호 대차를 통하여, 각 도서

---

1) 역자주: 통근하는 사람들로 이루어지는 지역 사회

관이 그 지역 사회의 세계를 향한 창(窓) 또는 글로벌 정보 네트워크의 노드(node)라는 개념이 매일 매일 세계적으로 더욱 확산되고 있다.

1.2.2. 대학촌

몇몇 대학들은 대도시에서 어느 정도 거리가 있는 소규모 지역에 소재하고 있다. 이러한 상황에서 공공 도서관 사서는 영주민 외에도 또 하나의 교육받은 이용자 그룹을 상대하게 되고, 더욱 다양한 문화적 기회를 갖게 되며, 다른 그룹과의 상호 협력 기회도 더 늘어날 가능성이 있다.

1.2.3. 기업 타운

몇몇 소규모 지역 사회는 심지어는 멀리 떨어진 곳에 소재하고 있는 경우에도, 거의 전적으로 어느 하나의 산업 그리고 때로는 어느 한 기업에서 근무하는 사람들로 이루어져 있다. 미국에서는 때로는 대부분의 주민이 연방 정부 시설에 근무하는 경우도 있다. 그와 같은 타운의 공공 도서관은 전체 타운의 경우와 마찬가지로, 기업 임원과 정책에 의해 비공식적으로 관리될 수도 있을 것이다. 기업 경영자들과 종업원들 사이에 가부장적(家父長的) 관계가 존재할 수도 있을 것이다. 역으로 노조가 강경하거나, 심지어는 호전적일 수도 있을 것이다. 그러한 지역 사회에서 공공 도서관을 운영하는 것은 더 다양화된 소규모 지역 사회에서 나타날 수 있는 것에 비하면, 유연성은 더 떨어지고 경영상의 도전은 더 많을 수도 있을 것이다. 그러나 그와 같은 동질적인 환경에서는, 반대되는 입장에서 광범위한 기회를 제공하는 것을 도서관의 사명(mission)으로 삼을 수도 있을 것이다. 그와 같은 사명은 모든 당사자들에게 자극이 될 수도 있을 것이다.

1.2.4. 마켓 타운

많은 시골의 지역 사회는 여전히 주변에 사는 농부들과 그 종업원 및 가족들을 위한 시장과 미팅 장소로 존재한다. 농업이 소규모 비즈니스 기업에서 대규모 비즈니스 기업으로 변신하고 대부분의 소규모 지역 사회들이 자신들의 경제를 위해 어떤 산업적인 균형을 추구함에 따라 이러한 양상은 지속적으로 변화하고 있다. 그와 같은 지역 사회에 소재하고 있는 도서관은 특히 동일한 지역 사회가 미국의 경우 카운티(county)[2] 소재지와 마켓 타운을 겸하고 있을 경우에는, 카운티 도서관(county library)이 될 가능성이 높다. 여기에서는 분산되어 거주하는 주민에 대해 서비스를 제공하는 문제가 가장 중요하게 된다. 현대의 농업은 고도로 기계화되어 이전의 방식에 비해 필요로 하는 사람들의 수가 줄어들게 되었다. 따라서 많은 가축을 키우는 경우는 넓은 면적을 대상으로 해야 하겠지만, 중앙 지역을 제외하고는 농업에 종사하는 주민에게 서비스와 시설을 제공하는 사람들의 수는 적게 마련이다. 그와 같은 지역 사회는 다소 보수적일 수도 있으며, 농업에 대해 특별한 흥미와 관심을 갖게 될 것이다. 주부 대상 서비스를 포함하여, 카운티의 영농 지도 서비스는 그 지역 사회의 상당 부분의 정보 니즈(information needs)에 부응하게 될 것이다. 사서는 영농 지도원들 및 그들의 자원에 대해 알아야 하며, 그들과 유대 관계를 가져야 한다. 농업에 종사하는 가정의 어린이들은 학교에 가기 위해 몇 킬로미터를 버스를 타고 가는 경우가 많으며, 도시 어린이에 비해 학교에서 벗어나 있는 시간도 적다. 마켓 타운과 그 주변 시골 지역에 도서관 서비스를 제공할 때는 이러한 모든 차이점들을 반드시 고려해야 한다.

특정의 소규모 지역 사회에 대한 이러한 예들은 단지 몇 가지 예들에 불과하다. 각 지역 사회의 니즈(needs)와 속성들은 그 특유의 것들이다. 이것이 바로 미국공공도서관협회(Public Library Association)가 지정된 기준에서 벗어나 일상적이고 지속적인 기획 프로세스로 옮겨간 이유 중의 하나인 것이다.

---

2) 역자주: 대략 우리 행정 구역의 시군구에 해당하는 경우가 많다.

1.3. 시장의 변화

1970년대 말부터 1980년대 초에, 미국의 사서들은 직장을 얻기 위해 선택할 수 있는 자리수가 줄어드는 상황에 직면한 적이 있었다. 그러나 1990년대는 전혀 다른 상황에 놓이게 되었고, 21세기 초의 전망은 정말로 밝다. 가용(可用)한 직무들과 그러한 직무들에 충당해야 할 인원의 비율은 상당 부분이 어느 쪽에도 치우치지 않거나 지원자에게 유리한 방향으로 무게가 기울고 있다. 포부를 가진 사서가 여러 지역에서 일자리를 구할 수 있는 유연성을 가지고 있을 경우에는 특히 그러하다. 나아가 소규모 공공 도서관은 자질을 키우면서 동시에 도전해볼 만한 업무 상황을 제공해준다. 왜냐하면 소규모 도서관은 도서관 시스템이나 그 밖의 네트워크에 속하면서, 더 광범위한 서비스 기회를 제공하기 때문이다. 어떤 소규모 도서관들은 경영자를 구하고 있고, 어떤 도서관에서는 도서관이 확장되는 상황에서 신임 스탭을 늘리고 있다.

이러한 서로 다른 직위에 대한 자격을 부여하는 것은 미국의 경우 주에 따라 다를 것이다. 몇몇 주는 공공 도서관장의 자격을 필요로 한다. 어떤 주에서는 도서관 위원회가 모든 도서관 직원에 대해 그러한 자격을 요구한다. 위스콘신(Wisconsin) 주의 경우처럼, 자격증이 존재하는 경우에는, 그것은 대개 서비스 대상 주민의 규모와 연계되어 있다. 교육상의 요건은 소규모 지역 사회의 경우 고등학교 졸업장과 도서관에서의 교육 훈련을 요구할 수도 있을 것이다. 반면에 대규모 도서관들은 미국도서관협회(ALA: American Library Association)의 인가를 받은 문헌정보학 프로그램의 석사 학위를 요구할 수도 있을 것이다.

도서관은 정보 산업의 일부로서, 다양한 교육적 배경을 가진 개인들에게 일자리를 제공해준다. 교양 과목 및 과학에 대한 공부는 도서관직의 기초를 형성해준다. 나아가 소규모 공공 도서관은 서로 다른 단계에서 평생 교육에 대비하고 있는 개인들의 재능을 활용하여 도움을 얻을 수 있는 특별한 입장에 놓여 있다.

1.4. 마케팅과 기획: 기본 원리

소규모 도서관의 서비스를 위해 마케팅 및 기획 프로세스를 개발하는 것은 계속해서 경영상의 과제 중 가장 도전적인 것이 되고 있다. 고객에게 적절하게 초점을 맞추고 있는 경우조차도, 재정상의 제약 때문에 확인된 지역 사회의 니즈(needs)에 부응할 수 있는 충분한 규모와 범위의 예산을 유지하지 못할 수도 있을 것이다. 이것은 지역 사회에서 인구 기준으로 상당히 훌륭한 지원을 제공해주고 있을 때조차도 그럴 수 있다. 이것은 마치 닭이 먼저냐 달걀이 먼저냐 하는 것과 같은 상황으로, 추가의 자원들을 확보할 수 있도록 하기에 앞서 고객의 니즈와 수요를 문서화하여 자금을 지원해주는 당국에 효과적으로 프레젠테이션 해야 하는 경우가 많다.

예산이 소규모이거나 불충분한 도서관에 부임하게 되는 사서는 누구나 이론과 현실을 조정해야 하는 문제에 봉착하게 된다. 여기에서 필요한 기술은 현실적으로 가능한 최선의 서비스를 제공하기 위해 균형과 타협이라는 개념을 기꺼이 계획하고 활용하고자 하는 자세와 그렇게 할 수 있는 능력이다. 중요한 것은 지금까지도 이미 타협이 이루어져 왔다는 사실과, 특정의 목표가 일시적으로 유보될 수 있을는지는 몰라도, 그와 같은 현실 때문에 적절한 목적을 결코 희생시켜서는 안 된다는 사실을 명심해 두는 것이다.

따라서 사서는 지역 사회에 대한 이상적인 서비스에 대한 비전(vision) — 세심하고 철저한 지역 사회 분석을 바탕으로 하고 적절한 사명(mission) 및 서비스 반응들(service responses)에 대한 취지문을 통해 명료하게 표현되는 비전 — 을 비롯한 다양한 수준에서 계획을 세워야 한다. 사명과 역할, 서비스 반응에 대한 취지문을 작성하는 데 도움을 받을 수 있는 자료로는 공공 도서관 개발 프로젝트(Public Library Development Project)의 결과물인 『공공 도서관을 위한 기획 및 역할 설정』 매뉴얼과 『결과를 얻기 위한 기획: 공공 도서관의 변신 과정』이 있다.[3)]

사명 취지문 자체는 지역 사회에 관련된 특정 측면들 — 서비스 대상 표적 그룹, 자료 유형, 교육 및 정보, 레크리에이션, 문화와의 관계와 같은 측면들 — 을 목표로 하지만, 『공공 도서관을 위한 기획 및 역할 설정』 매뉴얼은 사서가 로컬의 지역 사회에 가장 적합한 역할을 선택할 수도 있는 제안된 역할 리스트를 제공하고 있다. 이러한 역할들은 〈표 1-1〉에 요약되어 있다. 두 개 이하의 기본적인 역할과 두 개 이하의 이차적인 역할을 선정해야 한다. 그와 같이 선정한다고 해서 공공 도서관이 최소한 부분적으로도 모든 역할들을 수행하지 않는다는 것을 암시하는 것은 결코 아니다. 그보다는 오히려 선택권(options)을 제한함으로써, 사서는 우선 순위를 설정하고 확인된 지역 사회의 니즈(needs)에 더 잘 부응할 수 있도록 기존 자원을 집중시킬 수 있을 것이다. [부록 B]는 기획 프로세스에서 이러한 개념들을 어떻게 활용할 수 있는지를 보여 주는 훌륭한 예이다.

1988년에 미국공공도서관협회(Public Library Association)는 『기획 및 역할 설정』 매뉴얼의 개정을 위임하였다. 『결과를 얻기 위한 기획: 공공 도서관의 변신 과정』이라는 표제를 가진 이 개정판은 여덟 개였던 원래의 역할을 총 13개의 서비스 반응들(service responses)로 확장하였다. 〈표 1-2〉는 이러한 서비스 반응들을 요약한 것이다. 서비스 반응들은 원래의 역할 취지문을 훨씬 더 상세하고 광범위하게 고쳐 쓰고 있지만, 여러 반응들의 일부에만 자원들을 집중하도록 하는 접근법을 여전히 좋은 충고로 삼고 있다. 분명히 모든 공공 도서관들은 고객의 니즈(needs)에 따라 서로 다른 시기에 모든 서비스 반응들을 사용한다. 그러나 제한된 자원을 가장 효과적인 방식으로 지출하기 위해 표적화된 접근법이 선호되고 있다.

아울러 비전(vision)을 염두에 두고 계획을 세울 필요가 있다. 회계상

3) Charles R. McClure and others, *Planning and Role Setting for Public Libraries: A Manual of Operations and Procedures* (Chicago: American Library Assn., 1987); Ethel Himmel and William James Wilson, *Planning for Results: A Public Library Transformation Process* (Chicago: American Library Assn., 1998).

의 현실은 일시적인 제약이 될 수도 있을 것이다. 그러나 자기 만족은 모든 진보의 적(敵)인 것이다. 또한 "이상적인" 것들이 처음에 생각했던 것처럼, 도달이 불가능한 것만은 아닐 수도 있을 것이다. 아마도 지역사회가 누려야 할 서비스 품질에 도달하는 방법이 있을 것이다. 이러한 가능성을 고려하지 않고 모든 수단들을 강구하지 않는다면, 사서가 어떻

〈표 1-1〉 공공 도서관의 역할4)

역 할	설 명
지역사회의 제반활동센터	• 공공도서관은 지역사회의 제반활동과 모임, 서비스의 중심이 되는 포커스 포인트이다.
지역사회의 정보센터	• 공공도서관은 지역사회의 여러 단체와 이슈, 서비스에 관한 최신정보의 클리어링하우스(clearing house)이다.
공교육지원센터	• 공공도서관은 모든 연령의 학생들이 공식적인 공부과정중에 설정된 교육목표들을 달성하는 데 도움을 준다.
독학센터	• 공공도서관은 모든 연령의 개인들이 교육제공자와는 독립적으로 수행하는 지속적인 학습프로그램을 계속하는 데 도움을 준다.
대중자료센터	• 공공도서관은 모든 연령의 사람들에게 다양한 포맷으로 된 최신의, 수요가 높고, 관심이 높은 자료들을 중점적으로 다룬다.
유치원생의 배움의 문	• 공공도서관은 어린이에 대한 서비스와 모자(母子) 공동서비스를 통해 유아들이 독서와 학습에 대한 흥미를 개발하도록 장려해준다.
참고도서관	• 공공도서관은 지역사회 주민들을 위해 시의적절하고, 정확하고, 유용한 정보를 적극적으로 제공해준다.
연구센터	• 공공도서관은 학자와 연구자들이 심층적인 연구를 실행하고, 특정영역의 지식을 탐구하고, 새로운 지식을 창조하도록 지원해준다.

4) Charles R. McClure and others, *Planning and Role Setting for Public Libraries: A Manual of Operations and Procedures* (Chicago: American Library Assn., 1987), p.28의 내용을 수정한 것임.

게 확신을 할 수 있겠는가? 비전에서 생각하고 있는 서비스가 비록 금년이나 내년에는 불가능하다고 하더라도, 어떤 비전도 존재하지 않는 경우보다는 더 일찍 수확을 얻을 수도 있을 것이다.

비전과 사명, 그리고 역할 및 서비스 반응에 관한 그에 상응하는 의사 결정을 넘어서서, 그러한 것들을 이루어내기 위한 패턴이 존재한다. 기획 프로세스는 표적(targets)으로서의 장기적인 목적과 함께, 현재 이루어지고 있는 의사 결정을 알려준다. 장기적인 목적을 달성하기 위한 진행상의 명확하고 도달 가능한 단계들을 설정할 수 있는데, 이 단계들은 각각의 연간 운영 계획에서 공식적으로 열거할 수 있을 것이다. 또한 이러한 중간 단계의 실현을 통해 자신감을 얻을 수도 있을 것이다. 어떤 제품(products)을 제공할 것인가를 결정하고, 각 제품을 만들어내는 데는 얼마의 비용이 드는지(price: 가격)를 확인하고, 제품을 어떻게 배포할는지(place: 장소)를 결정하고, 도서관이 어떻게 지역 사회의 니즈(needs)에 부응할는지(promotion: 홍보)를 커뮤니케이션하는 마케팅 요소들은 도서관의 노력을 고객의 니즈와 연결시키기 위해 기획의 요소들과 효과적으로 상호 작용하게 된다 — 상호 이익이라는 마지막 설명과 함께. 지역 사회와 도서관 위원회의 위원들, 스탭(staff)은 그와 같은 성과가 가져다 주는 쾌감과 자부심을 공유하게 되며, 계속적으로 노력하고자 하는 동기도 높아지게 된다.

이 책에서는 도서관 경영에 관련된 많은 문제들을 특히 소규모 공공 도서관을 중심으로 살펴보고자 한다. 일반적으로 수용되고 있는 원칙과 절차들을 제시하겠지만, 도서관 서비스의 초점은 항상 고객에게 맞추어야 한다는 사실을 명심해야 한다. 이러한 초점은 경영상의 모든 의사 결정을 좌우하게 되며, 사서가 계속적으로 지역 사회에 관심을 기울이도록 해주게 된다. 마케팅과 기획, 고객 서비스라는 개념들은 이 책의 여러 장에 걸쳐 계속적으로 작동되는 엔진이다.

---

5) Ethel Himmel and William James Wilson, *Planning for Results: A Public Library Transformation Process* (Chicago: American Library Assn., 1998), pp.53-122의 내용을 수정한 것임.

〈표 1-2〉 공공 도서관의 서비스 반응[5)]

서비스반응	설 명
기본리터라시	• 공공도서관은 읽고자 하는 니즈(needs)와 그 밖의 필수적인 일상과업을 수행하고자 하는 니즈를 처리해준다.
비즈니스 및 커리어 정보	• 공공도서관은 비즈니스와 커리어, 일, 사업, 개인재정, 취업에 관련된 정보에 대한 니즈를 처리해준다.
공유공간 (commons)	• 공공도서관은 지역사회의 다른 사람들을 만나 상호작용하고 지역사회의 이슈에 관한 공공담론에 참여하고자 하는 사람들의 니즈를 처리해준다.
지역사회 레퍼럴	• 공공도서관은 지역사회의 여러 기관과 단체에서 제공하는 서비스에 관련된 정보에 대한 니즈를 처리해준다.
소비자정보	• 공공도서관은 지역사회 주민들이 소비자로서의 의사결정에 대해 잘 알 수 있도록 하고 더 자족적이 되도록 하는 데 도움을 줄 수 있는 능력에 영향을 주는 정보에 대한 니즈를 처리해준다.
문화인식	• 공공도서관은 자신과 다른 사람들의 문화유산에 대해 이해하고자 하는 지역사회 주민의 욕구를 충족시키는 데 도움을 준다.
최신토픽/자료	• 공공도서관은 지역사회 주민의 대중적인 문화적 사회적 추세에 관한 정보에 대한 욕망과 오락적 경험을 만족시키고자 하는 욕구를 충족시키는 데 도움을 준다.
공교육지원	• 공공도서관은 공식적인 교육프로그램에 등록하거나 자신의 교육목적을 달성하기 위해 홈스쿨링 프로그램을 통해 교육을 수행하는 학생들에게 도움을 준다.
일반정보	• 공공도서관은 일과 학교, 개인적인 삶에 관련된 광범위한 토픽들에 관한 질문들의 정보와 해답에 대한 니즈에 부응하는 데 도움을 준다.
정부정보	• 공공도서관은 사람들이 민주적인 과정에 참여할 수 있도록 해주는 선출직 공무원 및 정부기관에 관한 정보에 대한 니즈를 충족시키는 데 도움을 준다.
정보리터라시	• 공공도서관은 정보의 효과적인 검색과 평가, 사용에 관련된 기술들에 대한 니즈를 처리하는 데 도움을 준다.
평생학습	• 공공도서관은 자기지시적인 개인의 성장 및 개발 기회에 대한 욕구를 처리하는 데 도움을 준다.
지방사 및 계보학	• 공공도서관은 개인이나 지역사회의 유산에 대해 알고 더 잘 이해하고자 하는 지역사회 주민들의 욕망을 처리해준다.

소규모 공공 도서관의 신임 사서가 될 것으로 예상되는 독자가 다음과 같은 한 쌍의 함정 사이에서 세심하게 조정해 나가게 된다면 이 책은 상당 부분에서 그 목적을 달성하게 될 것이다. 한 가지 함정은 이해할 수 없는 변화나 어느 한 극단에서 이루어지는 고객에게 초점을 맞추고 있지 않은 의사결정을 통해 너무나 급속하게 스탭과 지역 사회, 도서관 위원회의 위원들에 접근하여 그들을 당황하게 하는 것이고, 다른 하나는 사람들을 당황하게 하거나 문제를 야기할 것이라는 두려움 때문에 기존 상황의 수용할 수 없는 것을 고착되도록 방치하는 것이다. 중점을 두어야 할 것은 지역 사회 및 지역 사회의 정보 니즈(information needs)에 대한 연구에서 도출된 지역 사회 중심의 목적과 목표인 것이다(제2장 참조). 그와 같은 연구를 통해 서비스 대상 지역 사회에 중점을 두게 되며, 지역 사회와 스탭, 도서관장 모두가 함께 배우게 되는 프로젝트에 그들이 참여할 수 있게 된다. 지역 사회는 도서관에 대해 그리고 도서관이 무엇을 할 수 있는지와 도서관이 무엇이 될 수 있는지에 관해 더 많은 것들을 배우게 되고, 사서와 스탭은 지역 사회 - 지역 사회의 특성과 니즈(needs) - 에 대해 더 많은 것을 배우게 된다. 함께 일하는 전체 그룹은 그 구성원들과 그들이 떠맡고 있는 헌신적인 노력에 대해 알게 되고 이를 존경하게 되는 것이다.

※ 새로운 천년을 맞으면서 생각해 보아야 할 것들 ※

◆ 나는 도서관이 우리 지역 사회에 대해 가지고 있는 중요성을 확신하고 있는가? 나는 글로벌 정보(global information)의 세계로 나아가는 우리 지역 사회의 창(窓)으로서 우리 도서관이 가지고 있는 개념을 충분히 이해하고 있는가?

◆ 우리 나라[6]에서는 공공 도서관장의 자격을 필요로 하고 있는가? 필요로 한다면, 나는 우리 도서관의 규모에 적합한 최고의 자격을 갖추고 있는가? 갖추고 있지 않다면, 가능한 한 자격을 갖출 수 있도록 하기 위해 교육을 계속하기 위한 개인적인 계획을 가지고 있는가?

◆ 나는 전문적(professional)이라는 것을 어떻게 정의하는가? 이 용어가 어떤 학위와 연결되어 있다고 생각하는가, 아니면 서비스에 대한 자세로 간주할 수 있는 것인가?

◆ 우리 도서관은 일상적이고 체계적인 기획 프로세스 내에서 운영되고 있는가? 만약 그렇지 않다면, 그와 같은 프로세스를 시작하기 위해 어떤 조치를 취할 수 있는가?

◆ 나는 마케팅 전략을 기획 노력과 통합하고 있는가?

6) 역자주: 원문은 주(州: state)로 되어 있다.

제2장

도서관의 거버넌스

2.1. 도서관의 법률적 기반
2.2. 로컬 공무원과의 업무 수행
2.3. 도서관 위원회의 유형
2.4. 도서관의 거버넌스를 증진시키기 위한 전략
2.5. 장기적 전망의 채택

제2장
도서관의 거버넌스[1)]

지역 사회(community)는 어느 한 지역에 거주하는 개인들과 그곳에 소재하고 있는 기관들의 그룹 이상의 것이다. 그것은 또한 시민들에 의해 정부 단위로 조직화되는데, 정부 단위는 위양(委讓)된 권력을 갖는 공무원과 그 공공 비즈니스를 규정하는 법률이나 조례를 갖게 된다. 로컬의 지역 사회는 미국의 경우를 예로 들면, 연방 정부 자체, 그리고 오늘날의 세계에서는 글로벌 사회 및 글로벌 시장으로까지 확장되는 법률적으로 구성된 정부 구조라는 계층 구조의 일부를 이루게 된다.[1)]

미국의 경우를 보면, 오늘날에는 국가 수준에서 영향력을 갖는 정치적 인

---

1) 역자주: 거버넌스(governance)는 "government"를 대신하는 용어로, "사회의 이해관계자들이 공동의 문제를 해결하기 위해 상호신뢰할 수 있는 매개체를 구성하여 상호협력하는 과정"(강황선 등, 2001. 서울시정의 로컬거버넌스 도입방안, 서울시정개발연구원, p.22)으로도 정의하고 있다. 분야에 따라 다양하게 해석되고 번역되는데, "국정관리, 협치(狹治)체제, 공치(共治), 동반자적 통치, 공동경영"(*Ibid.*, p.11) 등이 그 예이다.

물들은 대의제(代議制) 정부(representative government)라는 메커니즘을 통해 자체의 자치성의 일부를 국가 당국에 넘겨 주고 있는, 로컬에서 독립적인 여러 주들의 혼합물인 연방 제도라는 개념과는 아주 상당한 거리가 있다. 사실상 미국이 일반적으로는 민주 주의로 그려지고 있기는 하지만, 진정한 민주 주의라기보다는 오히려 대의제 공화국이다. 시민들은 모든 이슈에 직접 참여하는 대신 자신들을 대리하여 통치할 입법자들을 선출한다. 그러나 역사적으로 보면, 미국에서는 주(州)들의 기득권은 항상 엄격한 보호를 받는 하나의 주의(主義)가 되고 있으며, 이러한 개념은 로컬 수준으로까지 파급되어 있다. 결과적으로 로컬 정부는 주와 연방의 침해로부터 자신들의 지배권을 빈틈없이 지켜내고 있다. 하지만 이러한 독점적인 입장은 자금 지원 구조와 주 및 국가 정부의 자금 — 해당 기금의 사용 방법에 대한 부수적인 방안들을 제시해주는 대규모 지원금 — 을 확보하고자 하는 욕망으로 인해 절충이 이루어지고 있다. 아울러 주 및 국가의 입법자들은 다양한 영향력을 가지며, 그들의 정치적인 파워는 재직 기간과 핵심 위원회에 참여하여 이루어지는 위원 활동, 사람 그리고 상호 교환되는 후원의 네트워크와 밀접하게 관련되어 있다.

그러므로 지역 사회와 군구(郡區: township), 카운티(county), 주, 연방 정부, 바꾸어 말하면 정부 구조의 각 층에서 보유하게 되는 공공 비즈니스의 영역들이 있는 것이다. 공공 비즈니스의 일부로서, 공공 도서관은 필수적으로 다양한 레벨에서 자체의 로컬 지배권에 영향을 미치게 되는 여러 정부에 관여하게 된다. 나아가 그러한 관할 지역의 공공 기관으로서, 공공 도서관은 그 자체의 지정된 내부의 정부도 갖게 되는 것이다.

공무원으로서, 도서관 관리자는 법률과 규정들 — 도서관 자체는 물론 지방 정부, 주(州), 국가의 법률과 규정들 — 과 정치적 프로세스에 정통해야 한다. 각 레벨에서, 아주 작은 공공 도서관도 법률적 문제와 행정적 문제들과 관련이 있게 마련이다. 효과적인 공무원으로서 기능을 수행하기 위해 그리고 특히 지역 사회에 대한 연구 후에 개발된 계획들을 성취하기 위해, 도서관 관리자는 그것들을 통해 계획들을 실행할 정부의 구조에 대한 지식을 갖추어야 한다.

2.1. 도서관의 법률적 기반

공공 도서관의 거버넌스(governance)는 모든 거버넌스와 마찬가지로, 법률과 규정, 관습에 기초를 두고 있다. 일반적으로 도서관들은 미국의 경우 권능을 부여해주는 유형의 주 법률에 따라 설립된다. 즉 그것은 의무적인 법률이라기보다는 오히려 임의적인 법률인 것이다. 법령은 도서관의 설립을 요구하고 있지는 않지만, 도서관이 존재하는 곳에서는 그 운영에 관한 조건들을 규정하고 있다. 미국의 경우 주(州) 도서관 법들은 포함되는 세목의 양이 상당히 다양하며, 거버넌스에 대한 표현의 일부는 법령은 물론 행정 규정에서도 발견할 수 있다. 일반적으로 나타나는 표현으로는 정책에 대한 일반적인 선언, 공공 도서관의 보고 체계, 주 레벨에서의 권한을 가지고 있는 사람들의 일반적인 의무, 자격과 기준, 공공 도서관 시스템과 그 거버넌스, 주의 지원, 주 네트워크를 통한 자료의 배포, 대출 기록 정책, 도서관 위원회의 구성, 조세 구조, 학교에 대한 자금 지원(해당하는 경우) 등이 있다.

미국의 경우, 로컬의 조례와 규정들이 주법(州法)을 보완해주는 경우가 많다. 이러한 것들은 일반적으로 예를 들면 시 의회나 카운티의 위원회와 같은 로컬의 자금을 지원하는 당국에 의해 발효된다. 그와 같은 법적 의무들은 로컬에서 해당 도서관을 관할하는 방식을 상세하게 규정할 수도 있을 것이다. 그러나 그러한 것들은 반드시 주의 법률들과 일관성을 가져야 한다. 아울러 도서관에 관한 연방의 입법도 범위와 중요성에서 점차 증가하고 있다. 그와 같은 법률은 연방의 자금원으로부터 입수할 수 있는 기금의 수와 유형들에 대해 적용된다. 그러나 연방의 역할이 주 레벨에서 이루어지는 기본적인 입법을 대체해주는 것은 아니다. 도서관의 설립을 허용해주고, 도서관의 재정을 제공해주며, 로컬 도서관의 거버넌스에 관한 규칙들을 설정해주는 것은 주법(州法)인 것이다.

사서는 법률 자체 – 미국의 경우 주 레벨에서 운영되는 법률과 행정 규정, 연방의 법률, 로컬의 조례 및 규정들을 포함한다 – 는 물론 다음과 같은 해석과 해석이 발생할 수 있는 서로 다른 레벨에 대해 알고 있어야 한다.

1. ○○○에 의해 대체되지 않는 한 도서관은 로컬의 법무 담당자의 해석을 따른다.
2. ○○○에 의해 대체되지 않는 한 공식적인 견해에서 공표한 주(州)의 법무 담당자의 해석을 따른다.
3. ○○○에 의해 대체되지 않는 한 실제 판례에 나타난 법원의 판결을 따른다.
4. 상급 법원의 판결, 또는 동등한 비중을 갖지만 반드시 더 많은 비중을 갖는 것은 아닌 서로 다른 해석을 제시하는 동일 레벨의 법원의 최근 판결, 또는 새로운 법률을 따른다.

관습 또는 행정상의 관행은 많은 지역에서는 그것이 실제 법규나 조례, 견해, 판결과 상충하지 않을 때는 거의 법률과 같은 효력을 갖는다. 따라서 공공 도서관의 사서와 도서관 위원회의 위원들은 모든 다양한 측면에서 법률에 익숙해지도록 하는 것이 가장 중요하다. 법률은 무엇을 해야 하고 무엇을 해서는 안 되는지는 물론 무엇을 할 수도 있는지에 대해 지시해준다. 법률과 로컬 정부의 절차에 친숙하게 되면 사서에 의한 활동의 새로운 가능성을 열어주게 되는 경우가 많다. 예를 들면, 공립 학교나 공립 병원으로 하여금 새로운 단위의 오픈이나 폐쇄 또는 모금과 같은 어떤 목표를 달성할 수 있도록 해주기 위해 통과된 법률은 일반적인 것으로 도서관에 충분히 적용할 수 있을 것이며, 따라서 도서관으로 하여금 이전에는 불가능했던 방식으로 기능을 수행할 수 있도록 해줄 것이다. 다른 시각에서 보면, 보충적인 자금 지원 권한을 부여하지 않은 채로 법률이 통과되는 경우가 드문 것도 아니다. 따라서 도서관 후원자들은 입법의 진척을 주시하는 것은 물론 충분한 자금 지원 수준이 보장될 때까지 로비 노력을 계속해야 한다. 또한 진척이 이루어져 서류상으로는 바람직한 것처럼 보이는 법률이 이를 따르도록 보장해주는 어떤 강제력도 법률에 명기되지 않았기 때문에 공허한 말이 되어 버리는 경우도 있다. 로컬의 법무 담당자는 도서관 후원자들의 중요한 정보 및 조언의 소스가 될 수 있다. 이것은 복잡한 일이지만, 충분히 노력할만한 가치가 있는 것이다.

미국의 경우, 도서관에 영향을 미치는 주의 입법에 대해 계속적으로 정보를 가지고 있는 주 도서관 에이전시(state library agency)들은 관련 조항들에 대해 로컬의 사서에게 조언해줄 수 있을 것이다. 주 당국은 대개 주의 도서관 법률을 편리하게 편찬하여 발행하고 있으며, 주의 도서관 컨설턴트는 주 전역에 걸쳐 법률을 해석하는 방식에 익숙하다. 이러한 자원들은 사서에게 중요한 것으로, 지속적이고 일상적인 커뮤니케이션 패턴을 설정하고 이를 충분히 활용해야 한다.

주(州)의 도서관 협회들은 공식적인 법률적 역량을 갖추고 있는 것은 아니지만, 도서관 스탭에게 정치적 문제를 교육시키고 로비 활동을 조직하고 지원하는 측면에서는 아주 유용할 수 있다. 그와 같은 협회의 상당수는 주의 입법에 영향을 미치기 위한 풀뿌리 접근법(grassroots approach)을 사용하기 위해 설계된 입법 핫라인 네트워크를 가지고 있다.

2.2. 로컬 공무원과의 업무 수행

도서관은 지방 정부와 공적인 관계는 물론 더 비공식적인 관계를 갖게 될 것이다. 이러한 관계는 밀접할 수도 있고 아니면 다소간 소원할 수도 있을 것이다. 도서관 자체는 법률적 권한을 부여받고 있는 도서관 위원회(board of trustees)의 관리를 받을 수도 있을 것이다. 어떤 상황에서는, 도서관이 지방 자치 단체의 한 부서로, 도서관 위원회는 법률적 책임을 갖기보다는 오히려 자문적일 수도 있을 것이다. 전자(前者)의 상황에서는, 정책 결정이 도서관 위원회의 책임이기 때문에, 도서관은 지방 자치 단체 공무원들에게는 상당 부분이 지방 정부의 일부로 간주되지 않을 수도 있을 것이다. 이것은 부정적인 시나리오처럼 들리겠지만(그리고 어떤 지역 사회에서는 그와 같이 간주할 수도 있겠지만), 운영진의 자율성에 대해서는 많은 것들을 이야기할 수 있을 것이다. 왜냐하면 접근과 지적 자유의 이슈들이 변덕스런 정치적인 기호(嗜好)에 좌우되지 않기 때문이다.

도서관이 지방 자치 단체의 한 부서가 되는 후자(後者)의 예에서는, 사서를 부서장과 지방 정부의 실제 부분으로 간주할 수도 있을 것이다. 이것 또한 긍정적인 면과 부정적인 면을 가지고 있다. 도서관은 지방 자치 단체의 조직 구조 내에서 중심적인 플레이어로 간주될 수도 있을 것이다. 그러나 도서관은 또한 불어 닥치는 정치적 및 경제적 외풍(外風)에 시달리게 된다.

두 모델 모두에서, 그러나 일반적으로는 법률적인 책무성을 갖는 도서관 위원회를 가지고 있는 모델에서, 본직(本職)이 아닌 위원회와 유급 관리자 사이의 책임을 구분하는 데 어려움이 있을 수도 있을 것이다. 미국의 경우는 주 정부가 도서관이 운영되는 주요 법률에 대한 책임을 가지고 있는 반면, 다음과 같은 경우를 제외하고는 주에서는 보통 도서관의 일상 업무에 관여하지 않게 될 것이다.

- 해당 도서관이 직접 또는 소속된 협력체나 도서관 시스템을 통하여 어떤 주 기금을 받았을 경우
- 해당 도서관이 주 레벨에서 관리하는 연방 기금을 받았을 경우
- 해당 도서관이 주 도서관 에이전시로부터의 지원 요청을 주도했을 경우
- 주 정부의 어떤 기관이 관리하는 기존의 어떤 감독 기관이나 규제 기관 — 예를 들면 공공 도서관 사서의 자격을 인증하는 법률 — 이 주에 존재하는 경우

도서관은 대개 특별법 아래에서 운영되고 다른 지방 서비스의 행정 구조와는 다른 구조를 가질 수도 있겠지만, 상당 부분은 여전히 지방 정부의 일부에 해당한다. 다른 공공 기관들과 마찬가지로, 도서관은 일차적으로 지방세의 지원을 받고 있다. 크든 작든 정도의 차이는 있으나, 도서관은 회계 책무성(financial accountability)과 인사 절차, 구매, 예산 프레젠테이션과 같은 문제에서 로컬의 패턴을 따르게 된다. 로컬의 상황은 다양할 것이다. 따라서 사서와 도서관 위원회의 위원들은 자신들의 상황에 대해 철저하게 아는 것이 중요하다.

훌륭하고 기업체와 같은 지방 정부 구조가 존재할 경우에는, 지방 공무원들의 지식과 기술을 이용하는 것이 도서관에 도움이 될 것이다. 예를 들면 로컬의 구매 담당 공무원은 도서관에 도움이 될만한 컴퓨터에 관한 비교 연구를 했을 수도 있을 것이며, 또한 재무 담당 공무원은 도서관의 세입 계정을 담당하고 있는 도서관 위원회나 스탭에게 계정을 더 효과적으로 관리하기 위한 제안들을 제공할 수도 있을 것이다. 도서관 위원회나 사서가 도서관의 비즈니스를 가지고 로컬의 다른 공무원들에게 접촉하게 되는 많은 문제에서는 진심어린 업무적 관계(working relationship)를 유지해야 한다.

2.3. 도서관 위원회의 유형

도서관 위원회(library board)는 로컬과, 미국의 경우, 주의 법률과 규정에 의해, 지역 사회에 따라 그리고 주에 따라 서로 다르게 도서관과 관계를 갖게 될 것이다. 어떤 지역 사회에서는, 도서관 위원회가 법률상으로 구성된 단체로서, 시민들에 대해 재정은 물론 훌륭한 경영에 대한 책임을 갖는다. 어떤 지역 사회에서는, 도서관이 다른 주요 서비스들(소방서와 경찰, 공공사업 등과 같은)과 똑같이, 지방 공무원의 직접적인 관리를 받고 있다. 시티 매니저(city manager)가 있는 경우에는, 일상적인 실행 위원회에서 자문 위원회로 변경되는 경향을 가질 수도 있을 것이다. 시티 매니저는 사서를 포함한 다양한 부서장들과 함께 직접적으로 업무를 수행한다. 어느 면에서는, 사서가 후자(後者)의 모델에서 더 많은 독립성을 갖기도 하고, 어느 면에서는 독립성이 적은 경우도 있다. 또한 어떤 지역에서는, 도서관이 시의 한 부서로 공식적으로 지정되어 있지만, 미국의 예를 들면 주의 법령에 의해 권한을 부여받는 법률상의 책임을 갖는 도서관 위원회를 가지고 있는 경우도 있다.

각 시스템은 장점과 단점을 가지고 있으며, 가용(可用)한 강점들을 바탕으로 하여 플레이어들과 만족스런 관계를 개발하는 것은 사서에게 달려 있다. 법률적인 구조와 법률상의 책임을 가지고 있는 개인들에 관계없이, 훌륭한 팀워크를 만들어주는 상호 이해를 얻어내기 위해서는 시간과 인내가 필요하게 될 것이다.

2.3.1. 부서장으로서 자문적인 도서관 위원회와의 업무 수행

미국의 경우, 도서관이 시든 카운티든 로컬 정부의 소속 기관이고, 관할 지역의 규정과 조례의 지배를 받는 상황에서는, 로컬 정부가 많은 책임을 떠맡게 된다. 도서관의 스탭들은 자동적으로 시나 카운티의 직원이 되며, 관할 지역의 급여 체계(salary scale), 분류 계획, 고용 규정, 인사 규칙에 따르게 된다. 구매와 지불은 중앙의 구매 부서에서 처리할 수도 있을 것이다. 따라서 도서관은 이와 관련해서는 많은 책임을 갖지 않게 된다. 수표(checks)는 도서관이 아니라 중앙 당국이 발행할 수도 있을 것이다. 이러한 집중화가 반드시 도서관이 규정 내에서 이루어지는 스탭의 선발이나 구매에서 상당히 많은 자유를 누리지 못한다는 사실을 의미하는 것은 아니다. 예산이 중앙 당국의 승인을 받았을 때는, 관리자와 도서관 위원회는 상당한 재량권을 가질 수도 있을 것이다. 그러나 중앙에서 이루어지는 구매의 규모의 경제성과, 입찰에 관련된 법률상의 요건, 공익 부문에서 중앙 정부가 채택하고 있는 그 밖의 규정들을 도서관에 적용하게 될 것이며, 따라서 도서관 위원회의 권한을 제한하게 될 것이다.

사서가 시티 매니저(city manager)나 다른 공무원 산하의 부서장으로 복무할 때는, 공무원 집단의 완전한 일원이 되며, 도서관을 예외로 하는 특별 규정에 의해 별도로 구분되지 않는다. 이러한 관계에서, 사서는 다음과 같은 입장에 놓이게 된다.

- 부서장 회의에 출석하게 된다.
- 일반적으로 관할 지역의 인사 담당자, 구매 부서, 재무 담당자, 회계 부서의 서비스를 이용한다.
- 다른 기관장들과 공식적인 접촉을 하게 되며, 따라서 그들이 전체 지역 사회에 관련되어 있기 때문에 관할 지역의 업무와 니즈(needs)에 대해 더 완전하게 이해하게 되는 것은 물론 도서관이 함께 일해야 할 수도 있는 다른 기관들과 정규적인 커뮤니케이션 채널을 갖게 된다.
- 다른 공무원들의 지식뿐만 아니라 로컬 정부의 장비와 시설에 대해 정기적으로 접근하게 되는데, 여기에는 컴퓨터 시간이나, 정부의 전화 회선, 팩스 서비스가 포함될 수도 있을 것이다.

도서관이 자치 단체의 한 부서로서 운영되는 조직 구조에서는, 인사 문제가 일반적으로 집중화된다. 이 방식은 그 자체의 장점과 한계를 드러내게 된다. 이러한 상황에서 인사 관리와 정책에 대해 사서와 도서관 위원회만 책임을 갖는 것이 아니다. 전문직 공무원, 대개는 인사 관리의 전문 교육 훈련을 받은 사람이 도서관을 포함한 관할 지역 전체의 전반적인 인사 업무를 맡게 된다. 때로는 중앙 집중화된 인사 위원회를 두고 있는 경우도 있다. 그와 같은 집중화는 공무원 제도가 존재하는 곳에서는 거의 항상 나타나며, 시티 매니저나 카운티 행정관 제도(county executive system)를 패턴으로 하는 국가의 일부에서 점점 더 많이 볼 수 있다. 많은 소규모 관할 지역들은 이러한 제도를 채택하거나 그 방법의 일부를 모방하고 있으며, 따라서 사서들은 적용할 수 있는 경우에는 그러한 제도에 익숙해질 필요가 있다.

인사 담당관(또는 인사 위원회)은 대개 전체 관할 지역의 직무 분류와 급여 계획을 설정한다. 따라서 모든 도서관의 직위는 이 담당관에 의해 분류될 것이며, 모든 봉급은 인사 담당 부서에서 결정하게 될 것이다. 동등한 비교 가치(comparable worth)가 미국의 많은 주에서 논쟁 중에 있다. **동등한 비교 가치**는 유사한 교육적 배경이나 교육 훈련을 필요로 하고 유사한 의무와 책임을 갖게 되는 직위들은 유사한 비율의 급여를 보상받아야 한다는 개념으로 대략 정의할 수 있을 것이다. 따라서 도서관장의 봉급은 다른 자치 단체 부서장의 봉급 수준이 되어야 하고, 도서관의 사무 직원은 다른 지방 자치 단체의 유사한 기능을 수행하는 사무 직원과 같은 임금을 받아야 한다는 등의 주장을 펼 수 있을 것이다.[2)]

인사 담당관은 또한 도서관에서 요청한 직무 재분류를 검토하고, 직무 명세서(job specifications)를 준비하며, 새로운 스탭을 고용하기 위한 절차들을 설정하게 될 것이다. 이 시스템 아래에서, 사서와 도서관 위원회는 뜻대로 승진을 시키거나 봉급을 인상시킬 수 없으며, 새로운 직위를 독립적으로 만들어 낼 수도 없다. 변경에 대한 모든 요청들은 세심하게 타당성을 입증해야 하며, 자치 단체의 전체 인사 구조와 가용한 금전적 자원에 관련된 타당성을 바탕으로 하여 인정되거나 거부될 것이다. 변경들은 어느 것이든 타당성을 입증해야 한다. 적절하게 자료를 정리하고 도서관의 계획은 물론 관련된 프로그램 예산과 명확하게 연계시킨다면, 변경이 이루어질 가능성은 충분하다. 분명히 인사 담당관의 결정과 예산 사이에는 밀접한 관련이 있으며, 중요한 스탭 변경에 관련된 예산 요청은 어느 것이든 일반적으로 승인을 받아야 한다.

교육 훈련을 받은 노련한 인사 담당 공무원의 도움은 사서에게 상당한 가치를 가질 수 있다. 그러나 이러한 공무원들이 존재한다고 해서 도서관의 모든 인사 책임이 덜어지는 것은 아니다. 인사 담당관과 함께 일하는 방법을

2) 미국도서관의 봉급에 관한 추가의 정보는 *American Library Association Salary Survey*(*American Libraries*에 정기적으로 개요가 게재됨)와 도서관학교의 신규 졸업생의 봉급 추세를 상세히 조사하는 *Library Journal*에 연간(年刊)으로 발행되는 호에서 확인할 수 있다.

터득하는 것은 이전에는 인사 문제를 더 자치적으로 다루어 온 경험이 있는 사서나 첫 인사 담당 부서를 최근에 설치한 정부에 소속되어 있는 사서에게는 하나의 도전이 될 수도 있을 것이다. 다음과 같은 두 가지 실수 중 하나를 범할 우려가 높다. 즉 새로운 시스템을 이해하고자 하는 시도도 하지 않은 채 새로운 시스템에 대해 저항하거나, 아니면 이 영역의 모든 책임을 인사 담당 부서에 떠넘기는 것이 그것이다. 두 가지 접근법 모두 단기적으로든 장기적으로든 도서관에 해(害)가 될 수 있다. 도서관 관리자는 합법적으로 작동하는 시스템은 그것이 어느 것이든 그 시스템을 사용하여 협력적으로 업무를 수행하도록 반드시 배워야 한다.

명심해야 할 중요한 사실은 인사 담당관은 인사의 전문가이고 사서는 도서관직의 전문가라는 점이다. 두 전문가 모두 도서관의 가장 큰 예산 항목인 인사의 가장 효과적인 활용에 대비하기 위해 함께 일해야 하는 것이다. 도서관의 인적 자원은 일반적으로 예산의 60 내지 80퍼센트를 차지하고 있기 때문에, 중요한 투자 대상인 것이다. 인사 담당관과 사서는 직위를 분류하고, 직무명세서를 준비하고, 급여 기준표(salary schedule)를 작성하는 데 협력해야 한다. 인사 담당관의 업무의 바탕이 되는 원칙들을 이해하기 위해, 사서는 도서관직에 대한 능력을 갖추는 것은 물론 "그 어법에 따라 말해야"(speak the language) 하고 도서관의 프로그램과 니즈(needs)를 명확히 해야 한다.

이러한 기술들을 갖춘 사서는 많은 상황에서 능력을 갖춘 인사 담당관과 연계를 갖게 될 것이다. 인사 담당관들은 어떤 직위에서 특수한 교육 훈련을 필요로 한다는 사실을 사서가 설명할 수 있게 되면 그 필요성을 이해하게 마련이다. 그들은 호봉 승급(salary-step increases), 부가 급부(fringe benefits), 현직 훈련(in-service training) 프로그램의 중요성을 인식하고 있다. 인사 담당관의 견해가 도서관 스탭의 급여가 적다거나 특수한 상황에서는 추가의 보상이 필요하다는 사서와 도서관 위원회의 주장을 뒷받침해 준다면, 객관적인 전문가의 그와 같은 설명은 추가의 비중을 차지할 수도 있을 것이다. 중앙집중화된 인사 부서를 상대하는 데는 어떤 실망이나 지연, 좌절감이 있을 수도 있겠지만, 인사 담당관을 이해하고 그와 협력하는 데 어려움을 겪고 있는 사서에게는 잠재적인 보상도 존재하게 마련이다.

이것은 물론 하나의 모델이다. 많은 지역에서는 인사 문제가 완전히 사서와 도서관 위원회의 통제 아래에 있다. 여러 면에서, 인사상의 의사 결정의 전체 비중이 도서관에 집중되어 있을 때는, 사서가 특수하고도 더 복잡한 도전에 직면하게 된다. 그러한 경우에는, 사서는 인사 관리의 잠재 능력을 "그 어법에 따라 말하는" 범위를 넘어서서 확장하도록 하는 것이 바람직하며, 계속 교육(continuing education)은 가치 있는 방법이 될 수 있을 것이다. (인사 관리에 관한 더 상세한 설명에 대해서는, 제7장을 보라).

그러므로 요약하면, 도서관이 공식적인 지방 자치 단체의 한 부서가 되는 시나리오는 독특한 기회와 잠재적인 제한점을 제시해준다는 것이다. 그러나 사서가 도서관 운영의 최종적인 책임을 가지고 있는 도서관 위원회와 협력하여 업무를 수행하는 법률적인 책임을 가지고 있는 경우라고 하더라도, 이러한 장점과 제한점이 부정되는 것은 아니다. 그보다는 오히려, 사서는 양자(兩者)를 동시에 만족시키는 행동을 해야 하는 상황에 직면하게 된다. 즉 자치 단체의 공무원으로서 신뢰를 얻고 이를 늘려나가고자 노력하면서, 다른 한편으로는 법적으로 구성된 도서관 위원회와 성공적인 관계를 유지해야 한다. 이러한 이중(二重)의 역할은 분명히 도전이 될 수도 있을 것이다. 그러나 숙달할만한 가치가 있는 도전인 것이다.

2.3.2. 업무적인 도서관 위원회와의 업무 수행

각 공공 도서관 위원회를 합법적으로 구성하기 위해서는, 미국의 경우, 주(州) 법률에 따라 위원회를 구성해야 한다. 법률은 위원들을 임명하거나 선발하는 방법뿐만 아니라 서비스하게 될 위원들의 수, 그들을 임명하거나 선발하는 시기, 재직 기간, 도서관 위원회의 교육자들과 수뇌부의 대표 등에 대해 정의하게 된다.[3] 주 법률이 이러한 모든 영역들을 다루고 있지 않을 경우에는, 공식적인 조례에 이것들을 통합하는 것이 현명하다.

어떤 법률들은 글자 그대로 해석하면, 도서관 위원회가 도서를 대출하고, 장서 점검을 실시하며, 그 밖의 일상적인 도서관 과업들을 수행해야 하는 것으로 표현되어 있다. 도서관 위원회의 위원들은 일반적으로 이러한 의무들은 위양해야 한다는 사실을 이해하고 있다. 그러나 사서는 전문적인 책임이라고 주장할 수도 있는 그 밖의 의무들을 아무 생각 없이 위원회의 특권의 일부로서 위원회에 넘길 수도 있을 것이다. 일반적으로 위원회는 정책에 대한 책임을 갖는다. 위원회는 도서관의 방향을 계획하고 필요한 정책들을 승인한다. 그와 같은 정책들을 실행하기 위한 절차들은 사서가 개발하고 관리한다. (제5장을 참조하라). 때로는 지방 자치 단체가 도서관 업무에 대해 추가의 통제를 발휘하고자 시도하면서 지방 자치의 원리들을 발동하려고 할 수도 있을 것이다. 따라서 도서관 위원회의 기능들을 항상 법전에 의지하여 결정할 수는 없을 것이다. 다른 고려 사항들도 그림 안에 넣어야 하며, 이 점에서는 미국의 공공 도서관들이 다양성을 띠고 있다.

도서관 위원회의 기능을 정의하는 데는 두 가지 방식으로 도움을 받을 수 있을 것이다. 하나는 위원회의 역사적 근거를 찾는 것이고(도서관이 왜 위원회를 두고 있는가?), 다른 하나는 도서관 자체의 법률적 및 관할권상의 지위를 고려하는 것이다. 위원회의 위원을 의미하는 영어 "**trustee**"라는 용어는 역사적 기능에 대한 하나의 실마리를 제공해준다. 초창기의 공공 도서관들은 많은 경우에 대규모 기부의 결과로 설립되었거나, 아니면 적어도 도서관들이 그와 같은 기금을 아주 정기적으로 받았었다. 그와 같은 도서관의 위원회는 기증자의 의지나 기증 조건의 결과로서 만들어졌을 수도 있을 것이다. 도서관 위원회의 기능은 재산의 수탁자로서 일하는 은행의 이사의 기능과 동일하였다. 즉 기금을 보호하고 투자하며 기금을 적절하게 사용하도록 보장하는 것이 그것이다. 몇몇 도서관들은 여전히 대규모의 자금을 이러한 방식으로

3) *Wisconsin Public Library Trustee Handbook* (Madison: Wisconsin Dept. of Public Instruction, 1989), p.14.

관리하는 입장에 있으며, 이러한 사실은 위원회의 기능은 물론 그 구성에도 영향을 미치게 된다. 어떤 지역 사회에서는, 도서관이 원래 클럽이나 조합(association)에 의해 설립되어, 어느 정도의 기간 동안은 요금을 받고 설립 단체의 회원들만을 대상으로 서비스를 할 수도 있었을 것이다. 이러한 역사적 상황의 흔적은 미국의 몇몇 주(州)의 법률에서 발견할 수 있는데, 이 경우는 그와 같은 회원제 도서관들(association libraries)을 허용하고 위원들을 그 회원 중에 임명하도록 하고 있다.

그러나 역사적 기록이 유익할 수 있기는 하지만, 실제에서는 도서관 위원회와 도서관 관리자는 권력의 분리를 정의하고 이를 분명하게 이해하게 되는 업무 관계를 구축해야 한다. 일반적으로 말하면, 업무적인 도서관 위원회는 다음과 같은 세 개의 기본적인 책임 영역을 갖는다.

- 도서관장의 고용
- 정책 입안
- 재정적인 감독과 예산의 승인

이러한 세 개의 광범위한 영역 내에서는, 사서와 도서관 위원회의 책임에 관해 많은 혼동이 생길 수 있다. 다른 편의 "영역"으로 들어가게 되면, 업무적 관계를 어렵게 하고 유효성을 감소시키게 되는 결과를 초래할 수 있을 것이다. 다음의 가이드라인은 책임의 라인을 요약한 것이다.

1. 도서관 위원회는 도서관장을 고용하고, 해고하며, 평가한다. 유급 및 무급 스탭의 다른 모든 인사 관리는 도서관장의 책임이다.
2. 정책 취지문은 도서관장이 추천하거나 작성할 수 있을 것이다. 그와 같은 정책을 채택하는 것은 위원회의 권한이다.
3. 도서관장은 대개 도서관 위원회의 대표자들과 함께 예산을 개발한다. 예산의 승인은 도서관 위원회의 책임이다.

도서관 위원회의 위원들과 도서관장의 의무에 대한 더 상세한 구분은 〈표 2-1〉을 참고하라.

〈표 2-1〉 도서관 위원회의 위원들과 도서관장의 제반 책임의 구분[4)]

위원회	도서관장
고용: • 유능한 유자격 도서관장	고용 및 감독: • 다른 모든 도서관 스탭
검토: • 도서관의 조직구조 • 연간예산 • 월간재무제표 및 지불청구서	준비 및 추천: • 도서관의 조직구조 • 연간예산 • 월간재무제표 및 지불청구서
개발(사서와 함께) 및 승인: • 명문화된 정책 • 단기 및 장기계획 • 임금분류표 • 자금원의 탐색을 포함한 연간예산 • 서비스의 계약 및 협상 • 자본증식계획 • 공공관계(PR) 프로그램 • 포괄적인 리스크관리 정책	준비 및 추천, 실행: • 명문화된 정책 • 단기 및 장기계획 • 업무부담 및 업무흐름패턴 • 연간예산 • 계약서 초안 • 증식에 대한 분석 및 추천 • 공공관계(PR) 기회 • 필요한 보험의 범위 및 구매
지식습득 및 탐색: • 로컬 및 주, 연방의 법률 • 도서관시스템 및 주 도서관 당국의 서비스 • 대안이 될 수 있는 자금원 • 도서관직의 새로운 발전	지식습득 및 정보제공: • 로컬 및 주, 연방의 법률 • 도서관시스템 및 주 도서관 당국의 서비스 • 대안이 될 수 있는 자금원 • 도서관직의 새로운 발전
출석: • 위원회의 모든 회의 • 전문적 회의 및 워크샵 (특히 위원회를 위한 것) • 지역 사회의 제반 활동	출석: • 위원회의 모든 회의 • 전문적 회의 및 워크샵 • 지역 사회의 제반 활동
보고: • 관할공무원 및 공공에 대한 정기적 보고	보고: • 위원회 및 관할공무원, 일반 공공에 대한 정기적 보고

4) *Wisconsin Public Library Trustee Handbook* (Madison: Wisconsin Dept. of Public Instruction, 1989), pp.15-17의 내용을 수정한 것임.

2.3.3. 도서관 위원회 위원의 선발

도서관 위원회는 대개 전문적인 도서관 인사보다는 일반인들로 구성된다. 위원회의 위원들은 자신의 개인적인 업무 영역의 전문가인 일반인으로, 도서관 문제에 대한 지식을 갖추어야 한다면, 오리엔테이션과 함께 지속적인 계속 교육(continuing education)을 받아야 한다.

도서관 위원회는 그 존재의 역사적, 논리적, 법률적 근거에 관계없이, 지역 사회의 주민을 대표하고자 하는 의도를 가지고 있다. 그러므로 위원회의 구성은 해당 위원회가 서비스하는 지역 주민들의 성분을 반영해야 한다. 위원의 선거는 이를 반영하기 위한 한 가지 방법으로, 몇몇 지역 사회에서는 이 방식을 사용하고 있다. 그러나 운영 중인 대부분의 위원회는 임명제이며, 시장이나 카운티 행정관, 로컬의 입법 단체가 위원을 선발한다. 여기에 도사리고 있는 위험은 임명이 거의 정치적으로 이루어질 수 있다는 점이다. 즉 그 사람이 도서관 위원회 위원으로 적합한지는 고려하지 않은 채, 정치적으로 열심히 후원한 일부 개인들에 대한 보답으로 이루어질 수 있다는 것이다. 도서관 위원회의 정관(定款)에 구체적인 임기를 포함시키면 정치적 영향력의 효과를 제한하는 데 도움이 될 수 있다.

대의제(代議制)의 목적은 지역 사회의 다양한 부분의 견해들을 듣고 고려하도록 보장하기 위한 것이다. 여기에는 도서관 이용자뿐만 아니라 비이용자도 포함된다. 왜냐하면 모든 비이용자는 도서관의 잠재적인 고객이기 때문이다. 성별과 연령, 직업, 민족적 전통도 모두 중요한 고려 사항이다. 이상적으로는, 도서관 위원회는 지역 사회에서 자신이 위치한 부문의 견해들을 대표하고 전체적으로 지역 사회의 니즈(needs)를 경청하고 이를 고려하려는 자세를 갖춘 사람들로 구성해야 한다. 전향적인 도서관 위원회는 확인된 니즈에 부응하기 위해 설계된 특별 서비스들을 통해 현재 서비스를 제공받지 못하고 있는 사람들에게 다가가고자 노력할 것이다. 도서관 위원회가 정치적, 사회적, 또는 그 밖의 이익 집단으로부터 제기되는 반목(反目) 때문에 전쟁

터가 된다면 불행한 것이다. 또한 위원회가 너무 동질적일 경우에도, 필요로 하는 다양한 배경과 견해를 얻을 수 없어서, 생산성이 떨어질 것이다. 그와 같은 다양성 때문에 약간의 대립이 초래될 수도 있을 것이다. 그러나 광범위한 기반을 둔 위원들을 도서관 위원회에 보유하는 것은 아주 바람직하다.

도서관 관리자는 위원의 선발 방법에 대해 어떤 책임도 갖지 못할 수도 있지만, 많은 경우에는 조언을 요청받게 된다. 또한 사서가 도움이 될 만한 제안을 할 기회를 가질 수도 있을 것이다. 위원의 자격을 정관에 포함시킬 수도 있는데, 그렇게 하면 제대로 된 임명이 이루어지도록 보장하는 데 도움이 될 수도 있을 것이다. 사서는 또한 도서관 위원회의 위원으로 고려해 주기를 원하는 사람들이 임명 단체와 기존 위원회의 인터뷰를 받게 될 때 청문회를 개최하도록 임명 단체에 제안하거나 위원회 자체에서 이를 제안하도록 할 수도 있을 것이다. 관심을 가지고 있는 유자격 인사들이 임명 기관에 연락을 취하고 임명받고자 하는 바람을 표현할 수 있도록 권장할 수도 있을 것이다.

지역 사회와 지역 사회 주민, 지역 사회의 미래에 대한 관심은 도서관 위원회에 참여하는 위원이 갖추어야 할 자연스런 자격이다. 그러나 그것은 단 하나의 기준에 불과하다. 헌신적으로 일하고 회의에 참여하고자 하는 자세가 높은 명성보다도 더 중요하다. 지도적인 위치에 있는 시민들은 훌륭한 위원이 될 수 있을 것이다. 그러나 그들은 때로는 전념해야 할 다른 일들이 너무나 많을 수도 있다. 이런 경우에는, 영향력이 있는 시민들에게 위원회에 대한 자문 위원회에서 일해 주도록 요청할 수도 있을 것이다. 자문 위원회는 어떤 회의를 해야 하는 것은 아니지만 도서관을 위해 중요한 관계를 설정하는 자리이다. 사서는 도서관 위원회의 위원들을 임명하지는 않지만, 좋은 후보자들, 예컨대 더 강력하고 더 고객 중심적인 도서관 서비스를 위해 일하게 될 고도로 개발된 서비스 윤리를 갖춘 시민들을 추천하고 그러한 후보들을 위해 로비 활동을 펼치는 것은 도움이 되면서도 합당한 일이다.

도서관 위원회의 규모는 대개 법으로 설정되어 있다. 지나치게 규모가 큰 그룹은 비즈니스를 처리하는 데는 실제적이지 못하다. 또한 그 규모를 변경할 수 없을 때는, 만족스럽게 기능을 수행하도록 하기 위해 몇몇 실무 위원회(working committees)로 나누어야 한다. 실무 위원회 방식은 어느 이벤트에서나 채택되는 경우가 많다. 그 이유는 셋 내지 다섯 명으로 이루어진 소규모 그룹은 아주 효과적이 될 수 있고, 또한 그 결과를 전체 위원회에 보고할 수 있기 때문이다. 전통적으로 보면, 위원회는 찬반 동수 투표(tie votes)를 피하기 위해 위원수를 홀수로 해야 한다. 미국의 경우 몇몇 주에서는 위원이 일할 수 있는 연임 횟수를 규제하고 있으며, 거의 모든 주에서 연속성을 유지하기 위해 임기의 중복을 규정하고 있다. 이러한 조항들의 목적은 분명하다. 즉 경험을 새로운 피와 신선한 시각과 결합시키고자 노력한다는 것이다. 앞서 살펴본 것처럼, 법률에서 그와 같은 조항들을 설정하지 않고 있으면, 위원회 자체에서 자체의 정관(定款)에 이를 설정해야 한다. 몇몇 위원회는 정관 없이 운영되고 있다. 그러나 이것은 결코 권장할만한 일이 아니며, 심각한 문제를 초래할 수도 있을 것이다.

2.3.4. 도서관 위원회의 회의

미국의 경우, 주(州) 도서관 법에서 도서관 위원회 회의의 빈도를 명시할 수도 있을 것이다. 어떤 경우에는 그 빈도를 로컬에서 결정할 수도 있을 것이다. 정기 회의는 비즈니스를 실행하고 비용을 지불하기 위해 필요하다. 각각의 공식적인 위원회 회의에 앞서, 도서관 관리자와 도서관 위원회의 위원장은 의제(議題)와 전(前) 회의록, 재무 보고서(financial report), 보충 자료 등을 함께 준비해야 한다. 이러한 자료들은 회의 이전에 각 위원에게 배포해야 한다. 이러한 자료들과 함께 시의 적절한 관련된 정기 간행물 기사들을 포함시키는 것은 위원들이 도서관 문제와 전체 정보 산업에 관해 더 많은 것들을 배울 수 있도록 도움을 주는 효과적인 전략이 될 수 있다.

도서관 위원회 회의는 설명하고, 발표하고, 질문하는 시간인 동시에 장소가 된다. 미국의 경우는, 이 회의들은 인사 문제를 논의하는 경우를 제외하고는, 항상 공공에게 공개되며, 회의 공개법(open meeting laws)에 따라 이루어진다. 어떤 지역에서는 회의가 로컬의 지역 케이블 방송국을 통해 생방송되거나 녹화 방송된다. 유급 스탭은 물론 무급 스탭(자원 봉사자)들을 초청하여 그들의 특수한 전문 영역에 관해 발표하도록 할 수도 있으며, 일정이 허용하는 한에서는 위원회 회의에 그들이 참석하도록 권장해야 한다. 또한 선출직 공무원들과 도서관 시스템의 대표자들, 그 밖의 전문가들(예를 들면 건축가나 보험 담당 직원)을 초청하여 도서관 위원회를 위해 관심 영역에 관한 비공식적인 발표를 하도록 할 수도 있다.

2.3.5. 공무원으로서의 도서관 위원회 위원

도서관의 법률상 및 관할상의 지위는 도서관 위원회의 기능에 강력한 영향을 미치게 된다. 미국의 경우, 몇몇 주에서는 완전히 자체적으로 관리되는 도서관구(區)(library districts)를 일반적으로 발견할 수 있다. 어떤 구들은 과세(課稅) 권한을 부여받고 있다. 그와 같은 도서관의 위원회들은 해당 도서관을 운영하는 유일한 법률적 기관이 된다. 그러한 위원회들은 해당 도서관을 위한 정부가 되는 것이다. 그 권한은 법률에 의해 제한되는 경우를 제외하고는, 엄청나다. 이러한 상황에서는, 선출직 위원에 대해 많은 부분을 이야기할 수 있을 것이다. 임명을 규칙으로 하는 곳에서, 특히 중요한 것은 위원들을 세심하게 선발하되, 그 밖의 대표상의 고려 사항 중에서도 그들의 행정 경험은 물론 법률적 및 재정적 지식에 대한 견해를 가지고 선발해야 한다는 것이다. 이것은 어느 상황에서나 위원을 선발하기 위한 훌륭한 조언이 될 것이다.

앞서 살펴본 것처럼, 도서관 위원회가 자치 단체의 한 부서로서 기능을 수행하는 도서관에 대해 자문(諮問)하는 다른 지역 사회에서는, 법률적 책임이 상당히 줄어든다. 그러나 이러한 구조에서조차도, 도서관 위원회는 공적(公

的) 성격을 가지며 여전히 고객이 되는 유권자들을 대표할 수 있다. 아울러 개별 위원들의 전문 지식은 도서관을 경영하기 위한 중요한 자원이 된다.

도서관 위원회는 공식적 지위나 기능에 관계없이, 공공 비즈니스의 일부에 대해 책임을 가지고 있는 공공 단체이다. 그 회의에 대해서는 계획을 세워야 하고 공식적인 의제(議題)를 따라야 한다. 회의록은 잘 관리해야 하며, 중요한 의사 결정의 경우에는 특히 상세하게 관리해야 한다. 도서관 위원회는 그 자체가 법률적인 단체이다. 즉 그 권한은 하나의 그룹으로서 기능을 수행하는 데 있다. 개별 위원들은 공식적인 권한을 갖지 못한다. 이것은 특히 개별 위원들이 명령을 내리는 경향이 있거나 하나의 그룹으로서 공식적으로보다는 오히려 개인으로서 비공식적으로 행동하는 경향이 있는 도서관 위원회를 가지고 있는 상황에서, 도서관 관리자가 명심해 두어야 할 사실이다.

일반적으로 개인적인 친분을 가지고 있고 서로 이름을 부르는 사이인 경우가 대부분인 소규모 지역 사회에서는, 적절한 의견을 말하고 적합한 사서-위원회 관계를 만들어내기가 더 어려울 수도 있을 것이다. 나아가 사서는 물론 위원회의 과거 경험이 책임 영역에 대한 기대와 인식에 영향을 미칠 수도 있을 것이다. 유능한 사서와 시민 정신을 갖춘 위원들이라면 양측의 우호 관계를 손상시키지 않고서도 적절한 관계 변화를 성공적으로 실현시킬 수 있을 것이다. 사서와 위원회가 도서관의 발전을 위해 협력하고 기본적인 목표와 원칙들에 대해 동의할 때는, 공동 작업이 만족스런 경험이 될 수 있다.

2.4. 도서관의 거버넌스를 증진시키기 위한 전략

도서관의 거버넌스와 그에 따르는 유효성을 증진시키기 위해서는 많은 전략들을 사용할 수 있다. 그와 같은 전략 가운데 프로그램 예산의 편성과 정보의 선택적 제공(SDI: selective dissemination of information)의 두 가지 전략이 있다.

2.4.1. 프로그램 예산

제6장에서 상세히 살펴보겠지만, 여기서 주목해야 할 중요한 사실은 예산의 개발은 로컬의 공무원들과 함께 효과적으로 일하는 데 중요한 요소라는 점이다. 많은 자치 단체들은 예산을 신청하기 위해 품목별 예산(line-item budget) 포맷을 요구하고 있지만, 프로그램 예산(program budget)의 편성은 예산 청문회의 필수적인 선결 조건이다. 그리고 이것은 모든 기획 프로세스의 일부이다. 모든 직접비와 간접비를 서비스나 프로그램과 같은 도서관의 제품에 대해 직접 가격을 매길 수 있도록 도서관의 예산을 개발한다면, 로컬의 공무원에게 예산에 대해 쉽게 설명할 수 있을 것이다. 실제로 예산에 대한 "방어"는 예산에 대한 "설명"이 되며, 예산을 감독하고 승인하는 책임을 가지고 있는 지역 사회의 일반 공무원들이 사서와 도서관 위원회의 주장들을 더 쉽게 이해하게 된다. 프로그램 예산 그리고 『공공 도서관의 성과 측정』[5]에 제시되어 있는 프로세스를 실행하면서 수집된 결과 통계로부터 넘겨진 월간 성과 보고서를 위원회에서 요청하고 이를 접수하게 되면 이러한 주장들은 더욱 개선될 것이다.

2.4.2. 정보의 선택적 제공(SDI)

정보의 선택적 제공(SDI: selective dissemination of information)은 지역 사회의 여론 형성가들에게 극적으로 영향을 미칠 수 있는 엄청난 영향력을 갖는 도구이다. SDI는 전문 도서관과 기업 섹터에서 개발된 것으로, 문제를 해결하는 데 도움을 줄 수 있는 정보 자원들을 도서관 고객들과 연결시켜 주기 위해 효과적으로 사용되어 오고 있다. 몇몇 예에서는, 이를 통해 조직의 비용을 상당히 절약시켜 주고 있다. 그러나 공공 도서관에서는 그와 같

5) *Output Measurement for Public Libraries: A Manual of Standardized Procedures.* 1st and 2nd eds. (Chicago: American Library Assn., 1982, 1987).

은 선제적(先制的)인 서비스의 성과가 중요성을 가질 수 있는 가능성이 있음에도 불구하고, SDI를 채택하고 있는 경우는 그다지 많지 않다.

SDI는 간단하게 설명하면, 다음과 같은 단계들을 포함하고 있다.

- 지역 사회의 파워와 그 흐름을 확인한다. 파워는 가지고 있는 지위나, 개인적인 카리스마, 파워를 가진 다른 개인과의 제휴(예를 들면 그들의 배우자나 절친한 친구가 되는 것), 다른 사람들에게 영향을 미칠 수 있는 능력으로부터 생겨날 수 있을 것이다.
- 일단 지역 사회에서 파워를 가지고 있는 개인들을 확인하고 나면, 어떤 이슈들이 전문적 수준뿐만 아니라 개인적 수준에서 현재 그들의 삶에 중요한지를 알아낸다. 이러한 이슈들은 그들의 일이나 취미, 가족, 시민으로서의 책임 등과 관련되어 있을 수도 있을 것이다.
- 이러한 이슈들에 관련된 인용문들과 최신 자료들을 찾아내고, 그러고 나서 그들이 요청하기 이전에 그들에게 이 자료를 제공해준다.

지역 사회 지도자들의 니즈(needs)에 직접적으로 관련된 자료들을 선제적으로 확인하고 제공해주게 되면 도서관을 핵심적인 자원으로서 개인적인 혜택을 만들어주는 기관으로 자리 잡게 해주게 된다. 도서관이 이러한 새로운 유행을 만들어내는 사람들의 삶의 질에 필수적인 요소가 되면, 도서관에 대한 지역 사회의 여론은 "오락용 독서 자료와 어린이 프로그램을 제공하는 메인 스트리트의 좋은 건물"이라는 이전의 패러다임으로부터 지역 사회의 삶과 번영에 중심이 되는 효과적인 정보 자원이라는 도서관의 새로운 패러다임으로 변화하게 된다. 이러한 새로운 인식 덕택에, 도서관에서 마케팅 및 기획 전략을 개발하고 지역 사회의 정보 센터가 되고자 노력할 때 로컬에서 중요한 영향력을 행사하는 개인들은 중요한 동맹자가 되는 것이다.

2.5. 장기적 전망의 채택

오늘날의 세계에서는, 인쇄 자료 및 시청각 자료와, 라디오 및 텔레비전, 컴퓨터, 그 밖의 테크놀로지들을 통해 전례가 없을 정도로 대량의 정보를 입수할 수 있다. 이러한 정보에 대한 접근은 점점 더 복잡해지고 있으며, 대다수의 시민들은 자신의 포괄적인 접근 경로를 갖출 수가 없다. 공공 도서관은 지역 사회에서 정보의 세계로 가는 창(窓)으로서 서비스하고 있다. 이것은 이전보다 더 중요한 지역 사회의 자원이다.

공공 도서관은 고정된 수입으로 살아가는 빈곤 가정들이나 노인들의 생명줄로서, 풍요로운 미디어를 갖춘 가정의 보충적인 자원으로서, 새로운 정보 테크놀로지들로 갈팡질팡하는 세계의 중재자로서, 비즈니스 정보 센터의 백업(backup) 자원으로서, 로컬의 지역 사회에 경제적인 특가품(特價品)이 되고 있다. 공공 도서관은 각 개인들이 평생에 걸쳐 이용할 수 있는 계속 교육의 자원이라는 사실을 인정한다면, 유치원에서 고등학교를 졸업할 때까지 이루어지는 교육의 시간과 비용과 비교해 볼 때, 도서관이 받고 있는 쥐꼬리만한 금액의 자금 지원은 정말로 도서관을 "타운에서 이루어지는 최상의 거래"로 만들어주고 있다. 나아가 이러한 지원 수준을 약간만 증가시키더라도 시민들에게 많은 추가의 혜택과 기회를 제공해줄 수 있을 것이다. 도서관 위원회의 주요한 도전은 지역 사회의 관련 환경들을 이해하고 이러한 이해를 오늘날의 세계에 적합한 역동적인 도서관 프로그램에 대한 안내로 변환시키는 것이다.[6]

요약하면, 복잡한 현실을 표현하기 어려운 것을 다음과 같은 은유(隱喩)를 통해 간단한 말로 설명할 수 있을 것이다. 도서관의 거버넌스는 무대를 제공해준다. 자치 단체는 독창적이고 활기 넘치는 공연을 할 만한 자격을 갖추고 있으며 공연이 이루어질 수 있도록 적절한 자원들을 제공해야 한다. 도서관

6) Robert Wedgeworth, "The Trustee in Today's World," in *The Library Trustee*, ed. Virginia G. Young (Chicago: American Library Assn., 1988), p.7.

위원회는 재미있는 악보를 창작하고 연주한다. 사서는 지휘자 겸 안무가로서, 복잡한 스텝의 패턴에서 모든 무용수들을 조정한다. 그럼 이제 댄스를 시작해보기로 하자.

※ 새로운 천년을 맞으면서 생각해 보아야 할 것들 ※

- 나는 우리 도서관이 얼마나 합법적으로 구성되어 있는가에 대해 충분히 이해하고 있는가? 더 명확하게 하기 위해 나는 누구에게 물어볼 수 있을 것인가?
- 나와 우리 지역[7]의 도서관 에이전시는 어떤 성격의 관계를 가지고 있는가? 나는 도서관 에이전시가 우리 도서관과 나를 위해 무엇을 할 수 있는지에 대해 알고 있는가? 나는 도움이 필요할 때 도움을 요청하고 있는가?
- 나는 우리[7] 도서관 협회의 회원인가? 회원이라면, 나는 적극적인 참여자로, 여러 위원회를 위해 자원 봉사를 하거나 직책을 얻기 위해 입후보한 적이 있는가? 회원이 아니라면, 나는 이 회원 가입이 나의 전문적 성장에 얼마나 중요한지에 대해 알고 있는가?
- 어떤 유형의 구조가 우리 도서관 위원회를 관할하고 있는가? 임기 제한은 있는가? 정관(定款)은 있는가? 위원들은 어떻게 선발하는가? 내가 회의의 의제(議題)를 작성할 때, 기회를 살려 사서직에 대한 위원회의 이해를 돕기 위해 최근의 도서관 관련 기사를 포함시키고 있는가?
- 정보의 선택적 제공(SDI)이 우리 도서관의 유효성을 어떻게 증진시켜 줄 수 있는가?

7) 역자주: 원문은 주(州: state)로 되어 있다.

제3장

지역 사회에 대한 연구와 계획 수립

3.1. 기 획 팀
3.2. 사명과 비전, 역할, 서비스 반응의 개발
3.3. 마케팅 시각에서 이루어지는 서비스에 대한 제고
3.4. 마케팅 감사의 실행
3.5. 연구 완료 후에는 무엇을 할 것인가?
3.6. 목적과 목표의 설정

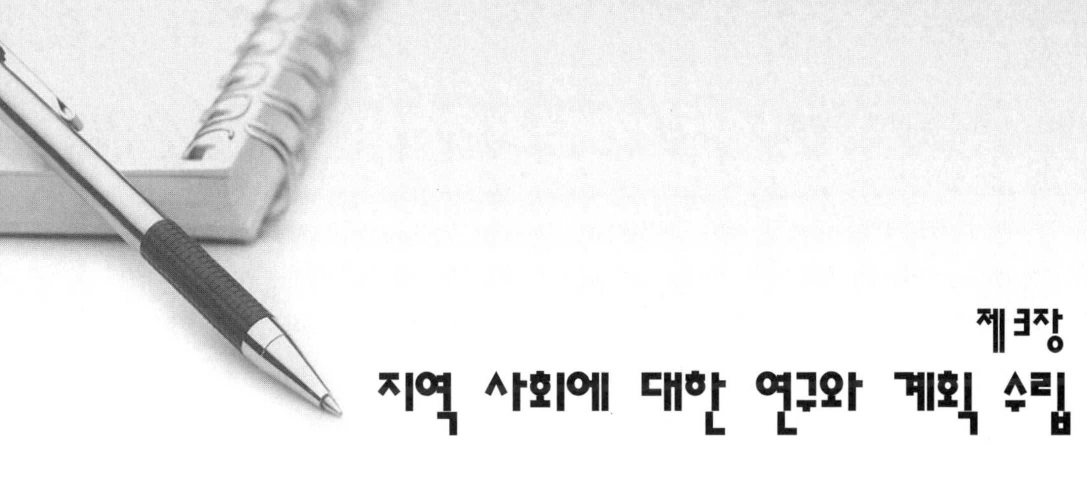

제3장 지역 사회에 대한 연구와 계획 수립

"작다"(small)라는 단어는 상대적인 것으로, 더 크고 아마도 더 복잡할 수도 있는 어떤 것이 존재함을 암시하고 있다. 도서관의 경우, 그것은 대규모 공공 도서관 상황에서 나타나는 것보다 지역 사회와 장서, 스탭, 건물이 더 작다는 것을 암시한다. 불가피하게 대규모 도서관은 소규모 도서관의 범위를 넘어서는 서비스 또는 서비스 등급을 제공할 수 있는 역량을 갖추고 있음을 암시하는 규모에 관련된 가정이 설정된다. 따라서 "작다"는 것은 한계라는 측면에서 고려되는 경우가 많다. 이것은 더 큰 것이 더 좋다는 것을 암시하는 상대적인 결론인 것이다. 그러나 이보다 더 진실과 동떨어진 것도 없을 것이다.

예산의 규모가 더 작으면 허용할 수 있는 자원들도 적어지게 마련이지만, 존재하는 관료제의 정도가 더 낮을 수도 있는 것 또한 사실이다. 그와 같은 환경은 더욱 신속하게 "일이 이루어지도록" 하는 기회와 함께, 창의력의 증진을 배양시켜 줄 수 있는 경우가 많다. 결과적으로 자원의 양은 제한될 수 있지만, 품질과 혁신은 반드시 그렇지만은 않은 것이다. 그보다는 오히려 어떤 기회들은 높아질 수도 있을 것이다.

한계라는 이슈에 대해서는 어떤 규모의 도서관이든 모두 상당한 관심을 가지고 있지만, 소규모 도서관의 도서관 위원회와 관리자가 고려해야 하는 정말로 중요한 문제이다. 그것은 이 특정 도서관이 무엇을 하고자 할 것이며 어떠한 것이 되고자 할 것인가에 대한 질문을 던짐으로써 처리할 수 있다. 이러한 주요 질문에 대해서는, 많은 더 구체적인 질문들, 예컨대 어떤 종류의 자료를 우리가 구입하게 될 것인가 또는 우리의 스탭에게서 어떤 자격을 찾아야 할 것인가와 같은 질문들에 대해 적절하게 대답하기에 앞서, 대답이 이루어져야만 한다. 왜 도서관이 우리에게 필요한가? 도서관은 무엇을 이루어내야 하는가? 도서관의 존재 덕택에 우리 지역 사회는 얼마나 달라져 있고, 얼마나 더 나아져 있는가?

분명히 모든 도서관들이 이러한 질문들에 부딪치는 것은 사실이다. 그러나 자원이 작거나 제한적일 때는, 반응들이 훨씬 더 의미를 갖게 된다. 이 장에서는 소규모 도서관 상황에서 이루어지는 마케팅 및 기획 프로세스의 중요성에 초점을 맞추게 될 것이며, 의사 결정의 선결 조건으로서 지역 사회의 니즈(needs)[1]를 평가하는 데 중점을 둘 것이다.

---

1) 역자주: "need(s)"는 통상 "욕구"나 "요구," "필요(성)" 등으로 다양하게 번역되는 경우가 많다. 또한 마케팅 영역에서는 "want"(통상 욕망으로 번역), "demand"(통상 수요로 번역), "desire"(통상 욕망으로 번역) 등과 관련하여, 번역어상의 구분이 명확하지 않고 혼동되는 경우가 많다. 특히 문헌정보학의 기존용어, 예를 들면 장서관리에서는 "demand"의 번역어로 일반적으로 사용되는 "요구" 등과의 혼동이 많다. 특히 "need"와 "want"는 같은 욕구를 나타낸다는 의미에서, 각각 "1차적 욕구"와 "이차적 욕구"로 번역되기도 한다. 이 책에서는 이러한 번역상의 혼동을 피하기 위해, 일관되게 "니즈"로 번역하여 사용하고자 한다. 한편 각 용어의 의미상의 차이에 대해서도 유의해야 하는데, 배고픈 사람의 예를 들어 설명할 수 있을 것이다. 너무나 배가 고파 무엇이든 먹어야 할 것 같습니다. 먹어야 할 "needs"가 생긴 것입니다. 식당가를 지나다 보니 멋진 뷔페식당이 보였습니다. 고기도 먹고, 회도 먹고, 맛있는 후식도 먹고 싶은 생각이 들었습니다. 먹고자 하는 "wants"가 생긴 것입니다. 그러나 주머니를 뒤져보니, 천 원짜리 지폐뿐이군요. 어쩔 수 없이 옆에 있는 분식집에 가서 라면 한 그릇을 주문했습니다. 먹을 것에 대한 "demand"가 생긴 것입니다.
(<http://cafe.naver.com/seodaewoong.cafe?iframe_url=/ArticleRead.nhn%3Farticleid=102>의 설명을 참고하였음)

〈그림 3-1〉은 전반적인 프로세스의 순환적 성격을 그림으로 설명한 것이다.

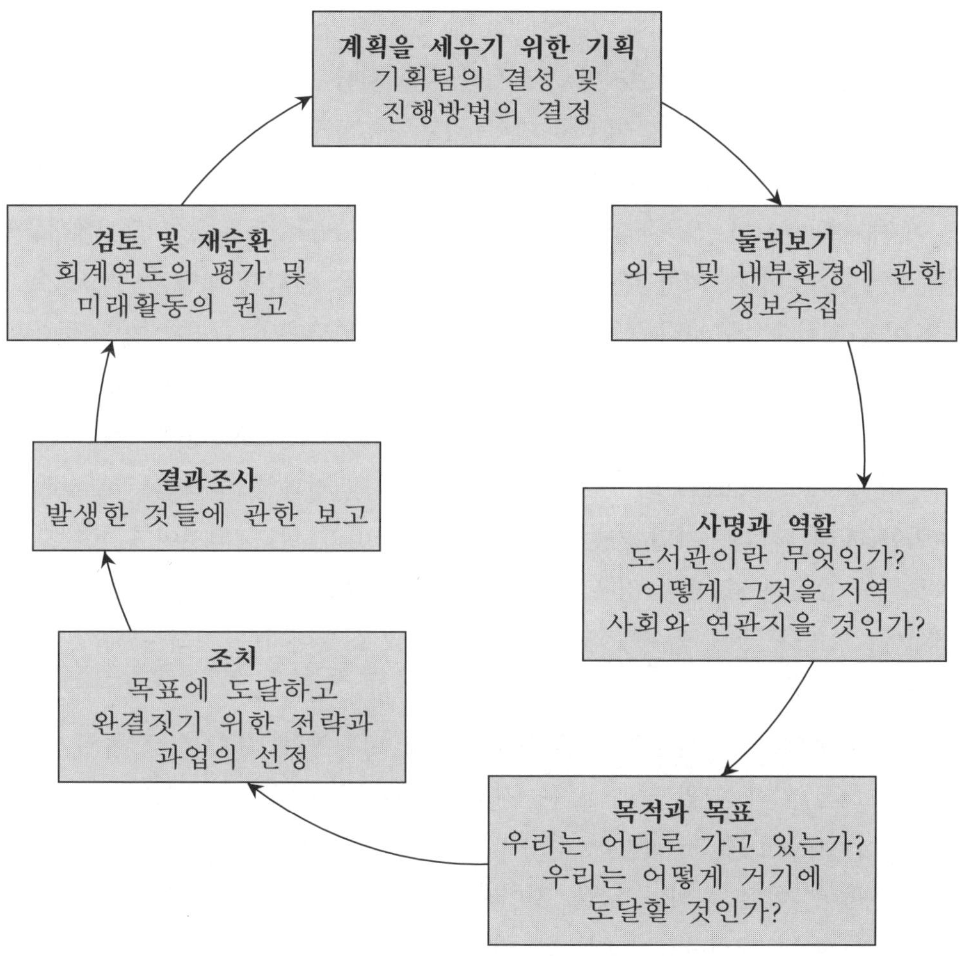

〈그림 3-1〉 기획 프로세스[2)]

---

2) *Wisconsin Public Library Standards* (Madison: Wisconsin Dept. of Public Instruction, 1987), p.8.의 내용을 수정하였음.

3.1. 기획팀

지역 사회에 대한 연구와 기획에 대해 진지하게 고려할 수 있게 되면, 가능성은 아주 높아질 것이다. 우선 소규모 도서관의 인적 자원은 사서, 파트타임 스탭(보장할 수는 없지만), 도서관 위원회를 포함할 수 있을 것이다. 그와 같은 소규모 그룹이 어떻게 그와 같은 주요 프로젝트를 떠맡으면서 계속 도서관을 열 수 있을 것인가?

이 대단히 중요한 질문에 대한 대답은 기획팀(planning team)의 구성에서 얻을 수 있을 것이다. 기획팀은 다음과 같은 그룹들을 포함한 다양한 구성원으로 이루어질 것이다. 즉 도서관 스탭, 도서관 위원회, 도서관장, 그리고 가장 중요한 그룹으로, 미디어나, 로컬의 여러 학교, 중소 기업, 인권 서비스 기관(human service agencies), 청년회(youth group), 교회, 노령자(senior citizens) 등과 같은 각 표적 시장(target market)의 대표자들이 그들이다. 정확한 구성원은 도서관이 위치한 지역 사회와 확인 가능한 표적 시장에 따라 달라질 것이다. 이 모든 그룹들의 대표를 초빙할 경우에는 기획팀이 상당한 규모로 커질 수도 있을 것이다. 그러나 실제 업무는 3-5명의 개인들로 이루어지는 여러 분과 위원회(subcommittees)에서 수행해야 할 것이다.

다른 레벨에서는, 시장과 지역의 산업체와 미디어의 CEO들, 미국의 경우라면 주(州) 의회 의원 등과 같은 지역 사회의 유지들로 이루어지는 자문단(advisory group)을 구성하는 것이 상당히 도움이 될 수도 있다. 이러한 유력 인사들은 어떤 회의도 없을 것이라는 약속을 하고 참여하도록 초빙해야 한다. 그보다는 도서관장이 필요할 때 그들에게 자문과 의견을 요청할 수 있도록 허락을 구해야 할 것이다. 회의를 하지 않는다는 사실이 승낙의 일부일 때는, 아무리 중요하고 바쁜 사람이라 하더라도, 참여를 거절하는 경우는 거의 없을 것이다. 이러한 전략은 지역 사회의 유력 인사들로부터 중요한 투입물(input)을 이끌어내고 그들이 도서관의 방향과 여러 활동에 대해 계속적으로 알 수 있도록 해주게 된다.

3.2. 사명과 비전, 역할, 서비스 반응의 개발

도서관이 지역 사회에 존재하는 이유에 대한 질문은 사서와 도서관 위원회가 대답하기에 어려운 것처럼 들리지는 않는다. 그러나 아주 놀랍게도, 소규모 도서관을 맡고 있는 많은 사람들은 그에 대해 진지하게 물은 적이 없다. 사서들과 도서관 위원회의 위원들은 도서관의 목적과 존재 이유를 당연한 것으로 여기는 경우가 많다. 그들은 최소 저항선(line of least resistance)을 따르며 이전에 해왔던 것 또는 유사한 인근의 다른 도서관들에서 하고 있는 것 같은 것들을 한다. 이러한 경로를 선택함으로써 그들은 자신들의 가장 중요한 책임 가운데 하나를 회피하고 있다는 사실을 깨닫지 못하고 있다. 기획팀은 지역 사회에서 도서관의 목적에 관한 생각을 확장시키는 데 도움을 줄 수 있다.

도서관은 크든 작든 많은 일들을 할 수 있고 또한 많은 것들이 될 수도 있다. 만일 소규모 도서관이 대도시 지역의 대규모 도서관에서 가능한 모든 것들을 할 수 없고 또한 그러한 것들이 될 수도 없다면, 어떤 기능들을 수행할 수 없는지를 어떻게 결정할 것인가? 도서관이 소규모라는 사실 때문에 목적을 찾아내기가 더 용이한 것은 아니다. 어느 면에서는, 소규모 업무가 그 존재 이유를 결정하기가 더 어려울 수도 있다. 엄청난 선별성이 필요하게 되며, 현명한 선택을 하기 위해서는 특별한 노력이 요청되기도 한다. 그러나 선택을 위해서는, 다음과 같은 두 가지 종류의 정보가 필요하게 된다.

- 공공 도서관의 일반적 기능은 무엇이고 선택이 이루어져야 하는 서비스 수준은 어떠한가?
- 적절한 도서관 서비스를 결정하는 데 도움이 될 이 특정 지역 사회의 특성과 니즈(needs)는 무엇인가?

제1장에서는 잠재적 역할에 대한 원래의 리스트와 개정된 서비스 반응들의 리스트를 제시한 바 있다(둘 모두 미국공공도서관협회(PLA: Public Library Association)에서 개발하였다). 이러한 리스트(또는 그 밖의 지역적으로 중요한 역할)에서, 해당 도서관이 소재해 있는 특정 지역 사회에 가장 잘 적용될 수 있는 역할이나 서비스 반응을 선정할 수 있을 것이다. 이러한 결정은 해당 도서관의 사명 — 이용자와 자료, 서비스 파라미터에 관한 — 과 해당 도서관이 어디로 나아가고자 하는지에 대한 비전(vision)에 비추어 이루어져야 한다. 특히나 재정적으로 제약을 받는 시기에는, 도서관이 모두를 위한 모든 것(전통적인 서비스 윤리에서 제시할 수도 있는 것과 같은)이 될 수 없기 때문에 우선 순위를 설정해야 한다.

3.2.1. 사명과 비전

사명(mission)과 비전(vision)은 둘 모두 서비스 파라미터를 결정하는 데 필수적이지만, 도서관과 지역 사회의 관계를 바라보는 아주 다른 렌즈를 제공해준다. 사명 취지문(mission statement)은 오늘을 주목한다. 즉 최상의 가능한 정보와 최근의 지역 사회 분석에서 도출된 데이터를 바탕으로 지금 현재 이루어지고 있는 것들을 주목하는 것이다. 이 취지문은 그 지역 사회와의 맥락 속에서 해당 도서관의 위치를 설정해주고 서비스 대상 고객들과 해당 도서관의 서비스 철학, 지역 사회에 제공되는 장서와 제품들의 범위를 명확하게 명시해준다.

반면에 비전은 내일에 초점을 맞추고 있다. 비전 취지문은 지역 사회의 니즈(community needs)에 부응하기 위한 해당 도서관의 희망과 꿈의 범위, 그리고 그러한 꿈을 실현하기 위해 취하게 될 것들을 개괄해준다. 따라서 많은 면에서, 비전은 사명을 자연스럽게 확장하게 되며, 두 취지문이 함께 작용하여 미래를 향한 경로를 그려가게 된다.

3.2.2. 역할과 서비스 반응

PLA에서 개발한 원래의 8개의 역할(제1장을 참조하라)을 13개의 서비스 반응들로 발전시킨 것은 테크놀로지와 지역 사회의 특성 변화에 바탕을 둔 것이었다. 서비스 반응은 두 권짜리로 된 저작, 『결과를 얻기 위한 기획: 공공 도서관의 변신 과정』[3]으로 발행되었다. 결과와 변신이라는 한 쌍의 개념은 새로운 세기에 공공 도서관이 지향하고 있는 방향의 명확한 지표들이다. 책무성(accountability)은 오늘날 자금을 지원하는 당국의 주된 관심사이며, 측정할 수 있는 성과와 영향, 결과를 상당히 강조하고 있다. 더불어 변화하는 시장에서 진정으로 경쟁력을 갖추고자 노력하는 생존 가능한 공공 도서관은 이러한 새로운 환경에서 효과적으로 업무를 수행하기 위해 자체를 진정으로 "변신"해야만 한다. 자원이 제약받는 시기에, 도서관들은 확인된 지역 사회의 니즈라는 맥락 속에서 성과를 평가하고, 자원들을 필수적인 핵심 서비스에 집중시키고, 도서관은 스탭들이 정말로 원하는 것처럼, 당연히 모두를 위한 모든 것이 될 수 없다는 사실을 인식해야만 한다.

그러나 긍정적인 측면에서 보면, 오늘날의 소규모 도서관은 수십 년 전의 도서관들에 비해 더 다행스런 입장에 있다. 어떤 합법적인 서비스도 완전하게 폐기할 필요가 없으며, 어떤 타당한 정보 니즈(information needs)에 부응하지 못할 이유도 없다. 도서관 시스템에 대한 회원 가입이나 미국의 예를 들면 주(州) 단위의 네트워크와 같은 그 밖의 상호 협력 그룹을 통하여 그 지역 사회에 점점 더 많은 광범위한 자료와 서비스들을 제공할 수 있을 것이다. 테크놀로지 덕택에 자원 공유가 더 신속하면서도 용이해지고 비용도 줄어들고 있다. 따라서 로컬에서는 어떤 서비스들을 제공할 것인지를 선택하는 것이 아니라, 이용자에 대한 직접적인 서비스로 현장에서는 어떤 서비스들을 제공하고, 다른 도서관이나 기관들과 협력하여 어떤 서비스들을 제공하

---

3) Ethel Himmel and William James, *Planning for Results: A Public Library Transformation Process* (Chicago: American Library Assn., 1998).

며, 적절한 정보원으로 어떤 서비스들을 안내할 것인지를 선택해야 하는 것이다. 해당 도서관이 직접적으로 제공하지 않게 될 서비스와 정보가 상호 협력이나 레퍼럴(referral) — 다른 도서관이나 정보원으로의 고객의 레퍼럴 또는 요청 자체의 레퍼럴(그 경우 필요한 자료나 해답은 고객의 편의를 위해 로컬 도서관으로 보내지게 된다) — 에 의해 간접적으로 제공될 수 있다는 사실을 알고 있을 때 선택이 더 용이하게 된다.

요약하면, 오늘날의 정보 환경은 테크놀로지는 물론 사회 구조의 개발을 통해 그러한 상황에 있기 때문에 아주 작은 타운의 공공 도서관은 그 지역 사회의 정보 세계로 열린 창(窓) 그리고 글로벌 정보 네트워크의 노드(node)가 된다고 확실하게 주장할 수 있을 것이다. 이것은 근거 없는 주장이 아니며, 오늘날의 세계에서 누릴 수 있는 행복한 현실인 것이다.

3.3. 마케팅 시각에서 이루어지는 서비스에 대한 재고

현대의 공공 도서관은 "자연적인" 고객들, 즉 정기적으로 도서관을 찾고, 많은 이용자 연구에 나타나는 바로는, 청소년과 고학력자, 전문직이나 기업체에서 근무하는 경향이 있는 특징을 보이고 있는 사람들을 만족시키고자 노력한다는 단순한 목적을 넘어서서 옮겨가고 있다. 초창기의 순수한 상태에서 도서관은 이러한 정규 이용자 그룹을 대상으로 서비스를 제공하고 이들을 즐겁게 함으로써 그 목적을 달성하게 된다고 생각해왔다. 그러나 도서관은 공공 시설로서 전체 지역 사회의 니즈(needs)를 확인하고자 노력해야 한다는 사실을 상기시켜 주는 더욱 엄격한 전문적 임무로부터 도전을 받고 있다. 이러한 노력으로는 확장 서비스 노력(outreach efforts)과 로컬의 여러 기관들과의 상호 협력 활동에 참여하는 것이 있다. 효과적이고 전향적(前向的)인 경영의 중요성은 다음과 같이 분명하게 설명되고 있다: "변화라는 도전, 책무성에 대한 압박, '기업' 문화의 등장, 이 모든 것들은 도서관 서비스는 수동적이기보다는 오히려 전향적이어야 하며, 따라서 적극적이고 효과적으로 경영해야 한다는 사실을 강조하고 있다."[4] 이러한 책무성에 대한 강조는 다음과 같은 여러 가지 결론을 도출해내고 있다.

1. 지역 사회에 대한 연구가 절대적으로 필요하게 되었다.
2. 도서관으로 하여금 그 우선 순위를 재고하고 지역 사회의 니즈에 가장 효과적으로 부응하기 위해 그 자원들을 재분배하도록 요구하고 있다.
3. 도서관으로 하여금 사람들이 요청하는 것들을 제공하는 것뿐만 아니라 더 많은 자원들이 확인된 지역 사회의 니즈에 부응하기 위해 투입된다면 주민들이 이용하게 될 것들도 고려하도록 요구하고 있다. 전체적으로 보면 공공은 대개 도서관 스탭만큼 도서관 자료와 서비스들에 대해 많은 것들을 알지 못하기 때문에, 스탭은 요청에 대응할 때 단지 수동적이 되기보다는 전향적으로 이러한 것들을 제공하고 제시해야 한다.
4. 도서관으로 하여금 서로 다른 니즈뿐만 아니라 그러한 니즈에 부응하기 위한 서로 다른 방법들 — 서로 다른 장소, 자료 및 서비스의 레벨, 미디어, 정보를 전달하는 방식 — 도 고려하도록 요구하고 있다.
5. 도서관으로 하여금 레퍼럴(referral)의 이용 확대와 같은, 아직까지 달성하지 못할 수도 있는 새로운 관계, 즉 지역 사회의 다른 기관들, 기꺼이 공유하고자 하는 특수한 정보를 가지고 있을 수도 있는 개인들, 그리고 특히 공식적인 상호 협력을 통한 다른 도서관들과의 관계를 만들어 내거나 활용하도록 요구하고 있다. 많은 소규모 도서관에서는 도서관 시스템이나 컨소시엄에 참여함으로써 이러한 유형의 확대된 서비스가 가능하게 된다.
6. 도서관으로 하여금 홍보 노력을 재고하고 이를 증대하도록 요구하고 있다. 이러한 홍보 노력은 확인된 표적 시장(target markets)을 목표로 하고 도서관 서비스들이 제공하는 혜택들을 전달하기 위한 것이다.

---

4) Bob McKee, *Planning Library Service* (London: Clive Bingley, 1989), p.11.

요약하면, 공공 도서관의 현대적인 개념은 많은 소규모 도서관들로 하여금 스스로 변신하도록 요구하게 될 것이다. 단순히 지역 사회를 반영하는 것만으로는 더 이상 충분하지 않다. 물론 지역 사회의 알려진 바램(wants)과 니즈(needs)가 도서관 업무의 베이스라인이 되기는 하지만 말이다. 그러나 오늘날의 경제적인 위기와 납세자의 압박 상황에서, 도서관은 중요하고 필요한 로컬 서비스, 지역 사회에 문서로 입증된 혜택(결과)을 제공해주는 서비스로서의 입장을 가져야 한다. 앞서 살펴본 것처럼, 도서관의 존재 덕택에, 지역 사회는 달라지고 더 좋아져야 한다. 만일 지역 사회가 달라지고 더 좋아지지 않는다면, 또는 만일 도서관이 어떤 이익이 되는 효과도 갖고 있지 못하다고 지역 사회가 인식하고 있다면, 지역 사회에서는 도서관이 없이도 지낼 수 있다는 결정을 내릴 수도 있을 것이다.

지역 사회의 바램과 니즈를 확인하는 것이 고객을 위한 혜택을 만들어내기 위한 전략적 마케팅 계획을 설계하는 첫 단계이다. 이 단계는 "마케팅 감사"(marketing audit)로 알려져 있다.

3.4. 마케팅 감사의 실행

마케팅 감사라는 용어는 지역 사회에 대한 연구(community study)(외부 환경)와 기관 평가(agency assessment)(내부 환경)라는 상호 연결된 두 개념을 포괄하는 광범위한 용어이다. 감사를 실행할 때는 두 가지 환경을 모두 고려해야 한다. 즉 "무엇인가"에 대한 시대의 스냅 사진인 것이다.

지역 사회에 대한 연구도 거시 및 미시 외부 환경으로 세분할 수 있다. 거시 환경(macroenvironment)은 인정하고 고려해야 한다. 그러나 그것은 소규모 공공 도서관은 거의 영향을 미칠 수 없는 상위의 세계적인 패턴들로 이루어진다. 하지만 이 거시 환경은 특히 경제와 이용 가능한 테크놀로지의 측면에서 도서관에 분명한 영향을 미칠 수 있기 때문에, 경영자는 언제나 현재의 이벤트들과 예상되는 경향에 대해 지식을 갖추어야 하고 인식하고 있어야 한다. 그것은 마치 항해하는 것과도 같다. 키를 잡는 사람은 바람이 작용하는 방식과 배의 성능, 원하는 방향 등에 대한 지식을 갖추어야 한다. 바람이 평온하든 허리케인의 바람이든 속도는 뱃사람의 통제 범위를 넘어서는 것이다. 그러나 능숙한 손길은 어떤 상황이 닥쳐오더라도 그 상황에 적응할 수 있게 마련이다.

미시 환경(microenvironment)은 완전히 다른 이야기이다. 미시 환경은 해당 지역 사회를 통합하며 현재의 니즈(needs)와 잠재적인 경향을 포함하게 된다. 외부 환경의 이 부분은 도서관에는 가장 직접적인 관심사이며, 그 특성과 예상되는 변화 둘 모두 해당 도서관의 영향을 받을 수 있을 것이다. 그것은 도서관의 첫 번째 책임이며, 이러한 지역 사회에 대한 연구는 진정한 책무성의 일차적인 구성 요소이다.

3.4.1. 마케팅 감사의 구조

마케팅 감사의 첫 번째 단계인 기획팀의 구성에 대해서는 앞서 살펴본 바 있다. 다음과 같은 나머지 네 단계가 효과적인 감사를 설계하기 위한 유용한 골격을 제시해준다.[5)]

- **어떤 요소들을 다룰 것인지를 결정한다.** 고려해야 할 측면들로는 요망되는 처리의 심도, 가용(可用) 자원(재정 자원, 인적 자원, 물적 자원, 시간), 기획팀 및 스탭의 기대 등이 있다.
- **데이터를 수집하고 프로세스를 모니터링하기 위한 절차를 개발한다.**
- **데이터를 수집하고 분석한다.** 가용한 이차 정보원(다른 사람들이 이미 수집한 것)의 소재를 확인하고 알려져 있는 것의 갭(gap)을 채우기 위하

---

5) Darlene E. Weingand, *Managing Today's Public Library: Blueprint for Change* (Englewood, Colo.: Libraries Unlimited, 1994), pp.22-23.

여 일차 데이터(원 데이터)를 수집하기 위한 메커니즘을 설계한다.

- **결과에 대한 보고서와 프레젠테이션을 준비한다.** 사업 개요와 그래픽을 통합하여, 서면 프레젠테이션과 구두 프레젠테이션을 개발한다.

〈그림 3-2〉는 마케팅 감사에 착수하는 방법을 보여주고 있다. 이 구조에 대한 논의는 기획팀과 스탭의 생각을 전달하고, 기획 및 마케팅 프로세스가 모든 사람들이 "같은 생각을 가지고" 앞으로 나아갈 수 있도록 해준다.

1. 기획팀을 구성하고, 표적 지역 사회 그룹 — 중소 기업, 교육계, 상공회의소, 시군구[6] 의회, 교회, 미디어, 사회 서비스 기관, 청년회 등 — 으로부터 대표자들을 초빙하여 도서관 위원회 위원 및 스탭과 합류하여 그와 같은 팀에서 서비스하도록 한다. 다양한 유형의 데이터를 수집하기 위해 여러 태스크포스(task forces)로 구분한다.
2. 이차 정보원으로부터 지역 사회에 관한 데이터를 가능한 한 많이 수집하고, 다른 사람들이 이미 수행한 것들로부터 배운다.
3. 강점과 제한점의 프로파일을 종합하기 위해 해당 도서관의 자체 레코드와 통계를 검토한다.
4. 어떤 데이터를 모아서 수집해야 할는지를 결정하고, 어떤 전략(인터뷰, 실태 조사, 포커스 그룹, 공청회 등)이 해당 지역 사회에서 사용하기에 가장 좋은지를 결정한다.
5. 프로세스의 모든 포인트에서 해당 지역 사회가 계속적으로 참여하도록 하고 지속적으로 알린다.

〈그림 3-2〉 마케팅 감사의 단계

6) 역자주: 원문에는 "village/town/county board"로 되어 있음.

3.4.2. 지역 사회에 대한 연구

서로 다른 서비스 전문직의 구성원들은 서로 다른 목적을 위해 지역 사회를 연구한다. 보건 부서에서는 질병과 질병을 유발하는 상황들, 치료 시설, 예방 조치에 대해 관심을 가지고 있다. 레크리에이션 부서에서는 다양한 지역 사회 그룹들의 적절한 레크리에이션 및 공원 활동을 확인하고 그들에게 전략적이고 편리한 위치를 마련해주기 위해 주민과 연령 분포의 집중과 교통 시설들을 연구한다.

도서관의 지역 사회에 대한 연구도 그 기능에 관련되어 있으며, 적절한 성과를 얻기 위해 지속적으로 필요할 뿐만 아니라, 적절한 성과의 필수적인 예비 단계가 된다. 도서관은 어느 한 의미에서는 다목적의 기관이며, 어느 한 의미에서는 그 기능이 정보의 직접적인 제공에 초점을 맞추고 있다. 이러한 맥락에서 **정보**는 구체적인 사실들뿐만 아니라 자기 교육 및 시야를 넓혀주는 수단도 포함하게 된다.

따라서 도서관은 주로 정보 니즈(information needs)를 파악하기 위해 지역 사회(미시 외부 환경)를 연구한다. 지역 사회에 대한 연구의 초창기에는, 도서관에서 중점을 두게 될 그와 같은 니즈를 확인하는 것이 필요하지도 바람직하지도 않았다. 그와 같은 우선 순위의 결정은 모든 데이터가 수집된 후에 가장 훌륭하게 이루어지게 된다. 도서관에서는 결과에 영향을 주는 어떤 선입견도 갖지 않고, 모든 종류의 정보 니즈를 그것들이 어느 곳에서 발생하든 관계없이, 탐색하게 된다.

물론 현재 도서관의 관심사로 인식되고 있고 다른 기관이나 그룹들에 의해 이미 수집된 데이터가 존재할 수도 있을 것이다. 교육 수준과 가계 수입, 직업, 성별 분포에 관한 인구 통계 데이터가 여기에 해당한다. 이러한 "이차" 데이터는 어떤 "일차적인" 방법을 사용하기에 앞서 수집해야 한다. (일차 데이터는 다른 곳에서 수집되지 않은 것을 포함한다. 그와 같은 데이터를 수집하는 방법으로는 직접 또는 전화 인터뷰, 우편 실태 조사, 포커스 그룹과 같은 전략들이 있다. 이러한 방법들에 대해서는 이 장의 후반부에서 상세하게 살펴보고자 한다.)

로컬에서 입수할 수 있는 이차 데이터의 예로는 다음과 같은 것들이 있다.

- **연령층과 그룹** 얼마나 많은 수의 어린이와 청소년, 노인, 인종 집단 및 민족 집단, 비영어권 주민들이 있는가?
- **교육** 얼마나 많은 수의 대학 졸업자 또는 대학원 졸업자가 있는가? 그 밖의 교육 수준은? 얼마나 많은 수의 사람들이 추가 교육이나 개선을 위한 특별 과정에 참여하고 있는가? 지역 사회의 읽고 쓰는 능력의 수준은 어느 정도인가?
- **경제적 사실** 직업적 패턴 — 산업체, 중소 기업, 농업 — 은 어떠한가? 숙련 근로자와 비숙련 근로자의 수와 그 직업은 어떠한가?
- **학교와 대학** 어떤 교육 시설이 존재하는가? (공립은 물론 사립의, 전문 시설, 직업 시설, 보습 시설 포함)
- **지역 사회의 습성** 가정의 규모와 유형은 어떠한가? 인기 있는 레크리에이션과 관심거리는 무엇인가?
- **문화적 기회** 정기적인 콘서트와 극장, 강연, 아마추어 그룹이 있는가?
- **시민의 관심사와 문제점** 지역 사회 성장의 패턴은 어떠한가? 시설 확장의 필요성은 어떠한가? 공공의 관심사는 무엇인가?
- **종교 단체** 수는? 어떤 교파인가? 규모는? 주말 그룹 미팅과 토론 그룹, 어린이 여름 프로그램의 수는?
- **클럽 및 단체** 봉사 클럽은 존재하는가? 특별 관심 그룹이나 취미 그룹은? 독서 및 시사 토론 및 활동 그룹은? 시민 단체는? 노인 및 주민 클럽은? 스카우트단과 그 밖의 청년단은?
- **제반 시설** 병원은 있는가? 보건 및 복지 시설은?

이러한 데이터를 제공하기 위해 로컬에서 입수할 수 있는 정보원으로는 다음과 같은 것들이 있다.

- 미국의 경우, U.S. 센서스, 특히 지역이나 구역의 레코드(매 10년마다 수집되며, 현재는 전자 형식으로 입수할 수 있음)[7)]
- 학교의 기록
- 지역의 상공회의소나 그 상응 기관
- 지역 사회나 카운티, 지역의 기획 부서
- 농업 관련 정보원(농업 협동 조합, 농업인 협회, 영농 및 가정 지도원)[8)]
- 기업체, 산업체, 지부를 가진 국가 기관에서 출판한 디렉토리
- 지방 단체들의 각종 파일(많은 도서관들은 지역 사회의 단체와 공무원들이나 연락처에 대한 자체의 카드나 컴퓨터파일을 관리하고 있다. 이것은 유용하고 바람직한 관행이다.)
- 신문, 특히 모임과 프로젝트, 새로운 단체에 대한 상세한 내용을 제공해주는 지방 및 지역 신문들
- 단체와 기관, 기업체 대표들과의 개인적인 인터뷰(이러한 것들은 도서관을 위한 친구들을 만들고 도서관 서비스에 관한 대화를 나눌 기회를 만들어내는 데 있어 부가 가치를 갖는다.)

지역 사회의 다른 기관이나 단체들을 찾을 때, 도서관의 연구에서는 그들의 정보 니즈(information needs)만을 파악하고자 해서는 안 된다. 그와 같은 로컬 그룹들은 도서관의 서비스의 초점을 찾는 데 있어 다음과 같은 추가의 도움을 도서관에 제공해주는 경우가 많다.

---

7) 역자주: 국내의 경우는 5년 단위로 실시되는 인구주택총조사에 해당한다. 인구주택총조사의 결과는 국세청 홈페이지의 국가통계포털(<http://www.kosis.kr/>)에서 확인할 수 있다.

8) 역자주: 국내의 경우는 농업협동조합, 전국농민단체협의회, 한국농업경영인연합회 등 각종 농민 단체들이 여기에 해당할 것이다.

- 그들은 그 자체로 그리고 그 자체가 지역 사회의 흥미와 관심사의 증거가 된다.
- 그들은 도서관을 공유하게 될 지역 사회에 관한 정보를 가지고 있을 수도 있을 것이다. 예를 들어, 레크리에이션 부서가 자체에서 이용하기 위해 이미 수집한 지역 사회에 관한 정보의 종류에 대해서는 이미 살펴본 바 있다.
- 일부는 지역 사회의 다른 특수 그룹들과 접촉하고 있고 도서관이 그와 같은 그룹과 연락을 취하는 데 협력할 수도 있을 것이다. 예를 들면, 사립 요양원(nursing home)은 그 환자들의 흥미와 정보 니즈에 대해 알고 있을 뿐만 아니라 그들에게 서비스를 제공하는 편리한 방식을 도서관과 함께 만들어낼 수도 있을 것이다.
- 그들은 이미 특수한 정보 니즈에 대비하고 있을 수도 있을 것이다. 확인된 니즈가 이미 충족되고 있을 수도 있다는 점에서 그러한 사실은 연구에 중요하다. 도서관은 레퍼럴(referral)을 통해 이러한 고객 니즈에 부응함으로써 서비스의 중복을 피할 수도 있을 것이다. 지역 사회의 일부 니즈에 대해 다른 곳에서 서비스를 제공한다면 도서관의 책임은 다소 가벼워질 것이다. 대부분의 경우, 그와 같은 지역 사회 자원들은 중복보다는 상호 협력에 상당한 관심을 가지고 있으며, 공공 도서관으로부터의 레퍼럴을 환영한다.
- 단체와 기관들은 유용한 전문 지식을 가지고 있을 가능성이 있다. 그들이 어떤 또는 모든 가능한 레퍼럴을 수용할 수는 없다고 하더라도, 그들은 고객을 대신하여 전화를 건 사서에게 전화를 통해 기꺼이 정보를 제공해줄 수도 있을 것이다. 때때로 그들은 전문화된 자료를 평가하고 도서관의 모임에서 의견을 제시하는 사람들(reactors)로서 발언을 하거나 활동하면서 그들이 가지고 있는 전문 지식의 혜택을 도서관에 기꺼이 제공할 수도 있을 것이다.

연구를 실행할 때, 미래에 관계를 갖게 될 그룹과 단체는 물론 개인들을 확인할 수도 있을 것이다.

- 도서관의 장서와 기능에 대해 인식하지 못하고 있는 기존 서비스에 대한 잠재적인 이용자들
- 도서관 상호 대차의 잠재적인 이용자들 — 도서관이 특수한 자원들을 입수하는 데 도움을 줄 수 있다는 사실을 알지 못하고 있는, 일상적이 아닌 특이한 니즈를 가지고 있는 사람들
- 연구 결과로서 설정될 수도 있는 특수한 서비스(재택(在宅) 주민(homebound)에게 책을 가져다 주는 것과 같은 서비스)에서 자원 봉사자로서 도서관을 돕는 데 관심을 가지고 있는 사람들
- 인적 정보 자원이 될 수도 있는 전문 지식을 갖추고 있는 개인들
- '도서관의 친구들'(Friends of the Library) 그룹을 결성하거나 그 그룹에 가입하는 데 관심을 가지고 있는 사람들('도서관의 친구들'은 크든 작든 많은 지역 사회에 조직되어 있다. 활동으로는 예산 편성 시기의 지원, 데이터 수집, 모금 운동(fund-raising efforts)과 같은 활동들이 있다.)

몇몇 지역 사회의 정보 니즈는 모든 공공 도서관에 일반적으로 반영되고 있다. 예를 들면 모든 연령의 학생들에 대한 보충적 요건; 홈과 정원, 어린이, 애완 동물, 가정의 재정, 가족 관계, 오락, 파티, 에티켓 문제, 결혼, 샤워 설비, 게임에 관한 정보; 취미의 최신 유행과 패션; 장식과 DIY(do-it-yourself)[9] 프로젝트, 휴가 목적지; 대중적인 독서 자료와 희곡, 음악, 스포츠 등이 그것이다. 이러한 토픽들은 여러 지역 사회에 걸쳐 공통적으로 나타나지만, 지역 사회의 특징적인 부분들을 로컬에서 적용하게 될 것이다. 또한 종교 단체와

9) 역자주: 다이(DIY)는 "'부품이나 재료를 구입해서 소비자가 직접 조립하여 제품을 만드는 일'을 가리키는 외래어"로, 국어연구원에서는 '손수짜기'로 순화하여 쓰도록 권고하고 있다(<http://www.malteo.net/freeboard/f_view.php?board_id=1086834293&write_id=70&page=6> 참조).

스카우트 그룹, 클럽, 그 밖의 단체들이 이전에는 도서관에 알리지 못한 정보 니즈를 가지고 있을 수도 있을 것이다. 지역 사회에 대한 연구는 이러한 어떤 토픽들이나 이익 집단에 대한 도서관의 지식을 당연한 것으로 단정해서는 안 되며, 지역 사회에 관한 도서관의 지식이 완벽하고 최신성이 유지되도록 보장해야 한다.

성인의 삶의 중요한 한 가지 측면이 도서관에서 아직 그 사명의 일부로서 수용하지 못하고 있을 수도 있는 정보 니즈를 만들어내고 있다. 지역 사회의 직업상의 삶이 바로 그것이다. 가정에서 이루어지는 일에 대해서는 일반적으로 대비가 이루어지고 있는 반면에, 고용 인구(paid employment)의 정보 니즈는 충족되지 못할 수도 있을 것이다. 지역 사회에 대한 연구에서는 지역적으로 나타나는 직업들에 대한 지식과 이러한 직업들 때문에 필요하게 되는 정보를 포함시키는 것이 중요하다. 그와 같은 정보는 서로 다른 수준에서 발생한다. 초보자는 직무의 상세한 사항들에서 기본적인 교육 훈련이 필요하게 된다. 슈퍼바이저는 인간 관계와 교육 훈련 기술에 관한 정보를 필요로 한다. 최고 경영층은 경영 자체뿐만 아니라 시장과 기술적 발전 등에 관한 다양한 전문 정보를 필요로 한다. 중소 기업은 그 필요에 적합한 수준에서 유사한 정보를 필요로 한다. 연구에는 이러한 모든 문의들을 포함시켜야 한다. 이것은 해당 도서관이 이러한 무대에서 이전에는 운영되지 않았던 경우에도 마찬가지이다.

대부분의 소규모 도서관의 스탭들은 어느 정도 타당한 것이기는 하지만, 자신들은 도서관 데스크에서 나타나는 표출된 정보 니즈를 처리하는 데 있어 자신들이 관리할 수 있는 모든 것들을 가지고 있다는 입장을 견지하고 있다. 그러나 현대의 전문적인 입장에서 생각해보면 새로운 사고가 필요하다. 지역 사회를 연구하는 동안에는, 표출되지 않은, 그리고 아마도 의식적으로는 알려져 있지조차 않을 수도 있는 정보 니즈를 확인하고, 또한 어떤 시민들이 도서관으로부터 기대할만한 권리를 가지고 있는지를 분명하게 할 필요가 있다. 이 단계에서 도서관은 표출되지 않은 니즈에 대응하고자 하는 책임을 아직 수용하지 못하고 있을 수도 있을 것이다. 그러나 그러한 니즈는 반드시 고려해야 하며, 그것들이 갖는 도서관의 책임으로서의 중요성은 다른 더 잘 알려지고 더 친숙한 관심사들이 갖는 중요성과 함께 평가해야 한다.

특정의 정보 니즈(information needs)가 표현되지 못하고, 특히 도서관 데스크에서 나타나지 않는 데는 다음과 같은 몇 가지 이유가 있다.

- 바로 그 니즈 자체가 그에 대해 인식하지 못하게 할 수도 있을 것이다. 어떤 사람들은 "자신들이 알지 못하고 있다는 사실을 알고 있지만," 어떤 사람들은 "자신들이 알지 못하고 있다는 사실을 알지 못하고 있다."
- 문제점은 해당 도서관 또는 해당 도서관에 대한 공공의 인식 속에 존재할 수도 있을 것이다. 사람들이 도서관의 자원들과 관계, 또는 그들이 기대할 권리를 가지고 있는 것들에 대해 인식하지 못하고 있기 때문에 그에 대한 니즈가 나타나지 않을 수도 있을 것이다. 아니면 아마도 도서관이 아직까지 특정의 니즈 영역을 자체의 책임으로 받아들이지 않고 있기 때문에 도서관이 도움을 줄 준비가 되어 있지 않을 수도 있을 것이다.

표출되지 않은 니즈를 확인하고 고려하는 이 전체 영역은 광범위한 것이며, 때로는 마지못해 하는 경우도 있다. 제기되는 니즈를 처리하기 위해 할 수 있는 모든 것을 가지고 있는 소규모 도서관 스탭의 자연스런 불평 이외에도, 사람들이 자신들은 가지고 있다는 사실조차 알지 못하는 니즈를 해결하기 위해 사람들을 도와주고자 노력하는 것이 진정으로 도서관의 일인지에 대한 의문도 있다. 이런 식으로 표현하고는 있지만, 이 아이디어는 주제넘은 것처럼 들린다. 그러나 현실적으로는, 대부분의 도서관들이 대개 이 무대에 들어서고 있다. 지역의 관심사가 되는 토픽이나 전국적인 선거, 국제적으로 중요한 주제에 관한 디스플레이가 도서관에서 이루어질 때, 고객들이 아는 것이 바람직하고 자발적으로 생각하지 못할 수도 있는 어떤 것에 대해 고객의 주위를 환기시키는 것은 사실상 도서관 스탭이 아닐까? 고객이 정보를 필요로 할 수도 있는 이러한 유형의 조심스런 "제안"은 의도와 방법에서 보면 사람들이 필요하기는 하지만 일시적으로 잊고 있을 수도 있는 것을 사람들에게 상기시켜 주는 상점의 디스플레이와 유사하다.

지역 사회에 대한 연구는 그렇다면 지역 사회에서 의식적으로 관심을 가지고 있는 토픽들과 영역들에 관한 단순한 확인을 넘어서야 할 것이다. 예를 들면 뮤지컬 그룹과 공연은 지역 사회의 관심 거리의 하나에 대한 증거, 즉 정보 니즈의 소스(source)를 제공해준다. 만일 지역 사회에 그러한 그룹들이 없다면, 도서관의 지역 사회에 대한 연구는 전체 그림을 살펴볼 때, 도서관이 이러한 갭(gap)을 처리하는 수단을 제공하기 위한 노력을 해야 할는지의 여부에 관한 질문을 제기할 수 있도록, 그러한 그룹이 없다는 점에 유념해야 한다.

연구에서는 주제별 니즈의 영역뿐만 아니라 정보를 활용할 수 있는 능력의 차이도 찾아내게 될 것이다. 정보 니즈는 그 니즈를 가지고 있는 개인이 반응을 이해할 때까지는 만족되지 않는다. 실질적인 측면에서 보면, 이것은 읽고 쓰는 능력의 문제점을 가지고 있는 고객은 자동차 수리를 위한 복잡한 교육이 아무런 도움이 되지 않을 것이며, 재택(在宅) 주민은 신체적으로 도서관에 올 수 없을 것이고, 시각에 제한을 가지고 있는 고객은 인쇄 자료는 상대적으로 사용할 수 없는 것으로 나타나겠지만 오디오 저작물들은 상당히 환영하게 될 것이다. 이러한 설명들은 사람들이 정보에 쉽게 접근하는 것을 저해하는 장벽들, 주민의 니즈에 부응하도록 도서관 업무와 자료들을 조정할 수 있도록 지역 사회에 대한 연구가 확인해야 하는 장벽들이 있음을 지적하는 것이다.

3.4.3. 일차 데이터의 수집 방법

일단 이차 데이터를 확보하고 기획팀에서 아직 처리되지 않은 지역 사회에 관한 문제들이 있다고 결정하게 되면, 이제 일차 데이터를 수집해야 한다. 유효성의 열쇠는 기획팀이 무엇을 알아야 하는지에 대해 분명히 이해하는 것이다. 아는 데 흥미가 있을 수도 있는 것들에 관한 관계없는 질문들은 실태 조사나 인터뷰를 확장시키는 역할을 할뿐이다. 가능한 질문 요소들로는 다음과 같은 것들이 있다.

- 인구 통계적 정보
- 도서관의 유효성에 관한 인식
- 도서관 이용률
- 이용하지 않는 이유
- 현재 소장하고 있거나 구입 예정인 시청각 장비
- 선호하는 포맷 및 학습 스타일
- 제품과 서비스에 대한 아이디어

어떤 유형의 실태 조사를 실행하는 것은 일차 데이터를 확보하는 일반적인 방법이다. 표본 추출 방법론은 일반적으로 관리할 수 있는 N(실태 조사 대상 숫자)을 설정하기 위해 사용된다. 표본 선정 방법과 베이스라인으로 사용할 난수표(table of random numbers)에 관한 정보는 기초 통계학에 관한 책에서 확인할 수 있다. 로컬에서 확보할 수 있는 수학이나 통계에 관한 선생님들의 전문 지식을 팀에서 활용할 수도 있다. 실태 조사의 유형에는 전화 실태 조사와 우편 실태 조사도 포함된다. 면대면 상호 작용(face to face interaction)도 지역 사회 정보를 수집하기 위한 메커니즘으로 사용되는 경우가 많다. 이러한 상호 작용으로는 인터뷰, 포커스 그룹(focus group), 지역 사회 미팅이 있다. 지역 사회에 대한 더 포괄적인 프로파일을 개발하기 위해서는 여러 방법들을 결합시키는 것이 도움이 될 수 있다. 로컬의 상황과 가용한 자원을 고려하여 사용할 방법을 결정해야 할 것이다.

1) 전화 실태 조사

전화 실태 조사(telephone survey)는 아주 대중적인 방법으로 지역 사회의 시민들로 이루어진 표본에게 전화를 거는 것이다. 전화 번호부가 표본의 소스가 될 수 있다. 그러나 이것은 번호가 누락된 모든 개인들은 참여할 수 없게 할 것이다. 지역 대학의 연구실에서는 이러한 문제점을 피할 수 있도록 컴퓨터로 생성된 전화 번호 리스트를 제공할 수 있을 것이다. 실태 조사 자료(또는 인터뷰 일정표)를 개발할 필요가 있는데, 이를 위해서는 설문지 디자인 훈련을 받은 사람의 도움을 받는 것이 바람직할 것이다. 지역의 학교와 대학, 기업체가 그와 같은 전문 지식의 소스가 될 수도 있을 것이다. 전화 실태 조사 중에는 전화 받는 업무를 위해 자원 봉사자를 활용할 수도 있다. 그러나 그들은 각 응답자가 동일한 질문에 대해 동일한 방식으로 질문을 받을 수 있도록 세심하게 훈련을 받아야 한다. 우편 실태 조사에 비해 전화 질문법이 갖는 장점은 응답자들이 면접자와의 대화 중에 의견을 추가할 기회를 갖는다는 점이다. 아울러 훌륭한 홍보를 하기 위한 한 가지 전략은 면접자 측에서 다음과 같은 간단한 질문을 하는 것이다. “지금 시간이 전화 받기에 편리한 시간이신가요? 아니면 저희가 나중에 다시 전화 드릴까요?”

2) 우편 실태 조사

우편 실태 조사(mail survey)의 질문들은 명확하게 하기 위한 질문을 응답자에게 할 기회가 없기 때문에, 다른 실태 조사 포맷의 질문들에 비해 어구가 더 정형적으로 만들어지는 경향이 있다. 우편 실태 조사는 또한 응답률이 상당히 낮아지는 경향이 있기 때문에, 더 대규모의 표본(N)이 필요하게 된다. 이러한 저조한 응답률을 개선시키기 위해서는 우표를 붙인 반신용 봉투를 동봉하는 것이 절대적으로 필요하다.

3) 인터뷰

직접 인터뷰(in-person interview)는 도서관 내에서 이용자와 이루어지는 인터뷰나 도서관을 벗어나 지역 사회에서 이루어지는 인터뷰(호별로, 식료품점에서 등)와 같이, 다양한 상황에서 이루어질 수 있다. 인터뷰는 상당히 스탭/자원 봉사자 집약적이기는 하지만, 아울러 특유의 이점을 제공해준다. 예를 들면 실태 조사에서는 얻지 못했을 수도 있는 태도와 지각이 드러날 수도 있을 것이다. 전화나 우편 실태 조사의 질문들과 마찬가지로, 인터뷰 질문들은 표준화되고 거의 동등한 데이터를 제공하도록 질문이 이루어져야 한다.

4) 포커스 그룹

포커스 그룹(focus group)은 인터뷰의 확장으로 간주할 수 있다. 어떤 공통된 특성을 가지고 있는 개인들을 참여하도록 초대하여, 훈련을 받은 면담자의 리더십 아래, 일반적인 것으로부터 아주 구체적인 것으로 질문들을 진행시켜 나간다.

5) 지역 사회 모임

지역 사회 모임(community meeting)을 소집하는 것은 아마도 데이터를 수집하는 가장 생산성이 낮은 수단일 것이다. 일상적인 말로 설명하면, 모임의 청중은 기득권을 가지고 있는 시민들로 이루어지며, 지역 사회의 니즈가 충분하게 나타날 가능성은 거의 없다.

3.4.4. 내면에 대한 관찰

일단 외부 환경의 분석이 이루어지고 현재 및 잠재적 경향이 미시적 수준과 거시적 수준 양면에서 확인되고 나면, 감사의 스포트라이트를 도서관 자체로 돌릴 시기가 된다. 도서관은 현재 어떠한 모습인가? 고객 그룹들은 누구인가? 어떤 프로그램과 서비스들을 제공하고 있는가? 예산 규모는 어떠한가? 장서 규모는 어떠한가? 서비스들을 지역 사회로 확장하기 위해 어떤 확장 서비스 노력이나 커뮤니케이션 노력이 이루어지고 있는가? 도서관 자체의 기록과 통계는 정보의 보고(寶庫)로, 도서관의 프로파일을 채색하기 위해서는 채굴해내야만 한다. 확인된 니즈에 부응하기 위해 어떤 자원들을 가용할 수 있고 어떤 자원들을 확보해야 하는지를 결정하기 위해서는 도서관의 현재의 강점과 한계를 확인해야만 한다.

3.4.5. SWOT 분석의 실시

도서관의 내부 환경에 대한 검토를 구조화하기 위한 한 가지 아주 효과적인 방식으로 SWOT 분석이 있다. 이 두문자어는 강점(strengths)과, 약점(weaknesses), 기회(opportunities), 위기(threats)를 나타낸다(〈표 3-1〉을 참조하라). SWOT 분석을 실시하기 위해서는 최소한 다음과 같은 두 가지 절차를 거쳐야 한다.

- 해당 도서관의 프로파일에 관한 가용한 모든 데이터를 수집한 후에, 기획팀은 각 범주 당 한 장씩, 플립 차트(flip chart)[10] 종이를 벽에 붙여둔다. 토론할 때 팀원들은 네 개 범주 각각의 요소들을 확인하고, 한 사람이 이 요소들을 해당 범주의 시트에 적는다.

---

10) 역자주: 강연이나 발표 등에서 설명을 위해 사용하는 한 장씩 넘기게 되어 있는 도해용 카드

- 데이터를 수집한 후에, 팀원들은 함께 모여 각자 접착성이 있는 노트를 사용하여 독립적으로 개별 요소들을 적어 둔다. 노트들은 S, W, O, T 라는 범주 아래 벽에 게시된다. 노트들은 팀의 후속의 논의 중에 다시 배열되고 다시 범주화될 수 있다.

두 가지 방법의 주된 차이점은 하나는 토론 중에 "전원 위원회"(committee of the whole)로서 이루어지고 다른 하나는 개인적인 결정이 이루어진 후에 전체 팀의 논의가 이어진다는 것이다. SWOT 분석은 도서관의 현황에 대한 포괄적이고 아주 도식적인 서술의 역할을 하게 된다.

〈표 3-1〉 SWOT 분석의 예

강 점	약 점	기 회	위 협
• 직원의 자질 • 지역사회의 지원 • 자원봉사자 • 장서의 규모 • 도서관위원회의 헌신	• 예산규모 • 공간부족 • 직원부족 • 장서중 일부의 낡은 자료	• 신축건물을 위한 채권발행 • 지역사회분석의 실시 • 기획프로세스의 시작 • 새로운 포맷들의 구입	• 채권발행의 미통과 • 자치단체의 예산삭감 가능성 • 연구실행에 소요되는 시간 • 새로운 포맷을 위한 자금의 부족

3.5. 연구 완료 후에는 무엇을 할 것인가?

데이터 수집이 끝나고 결과 분석을 통해 유용한 정보가 산출되고 나면, 관리자와 도서관 위원회, 기획팀은 한 걸음 물러나서, 지역 사회에 대한 연구 프로세스를 되돌아보고, 도서관이 지역의 환경에 가장 잘 적응하는 방법을 결정할 시간이 된다. 숙고해야 할 이러한 요소들로는 다음과 같은 것들이 있다.

- 현대 도서관의 역할은 변화하고 있고 특히 소규모 도서관은 레퍼럴(referral)을 통해 광범위한 자료와 서비스들을 제공할 수 있다는 사실의 인지
- 도서관의 현재 고객이 지역 사회의 모든 부분을 포함하지는 않는다는 사실의 인지
- 현재의 장서와 스탭이 지역 사회의 니즈에 부응하는 데 적합하지 않을 수도 있다는 사실의 인정
- 충족시키지 못하고 있는 니즈를 확인하고, 더 명확한 목표를 작성하고, 도서관이 지역 사회에 더 적극적인 영향을 미치도록 하기 위해, 고객은 물론 서비스 양면의 초점 변화를 적극적으로 고려하려는 자세
- 지역 사회 — 그 구성, 관심, 직업, 정보 니즈(information needs), 교육 수준, 정보 접근의 장애 요인, 단체, 기관 — 에 대한 연구는 지속적인 프로세스(주요 방식으로 매5년마다 또는 외부 환경이나 내부 환경에 주요한 변화가 이루어질 때마다 반복되는)라는 사실의 인정

지역 사회에 대한 연구를 통하여, 도서관은 도서관이 이미 충족시키고 있거나 부분적으로 충족시키고 있는 정보 니즈를 확인하게 되었다. 또한 레퍼럴을 통한 외부 정보원(情報源)의 소재도 확인하게 되었다. 마지막으로 지역 사회에 대한 연구는 충족되지 못하고 있는 정보 니즈와 표출되지 못했을 수도 있는 니즈를 제시해줄 수도 있을 것이다.

지역 사회에 대한 분석 결과를 주의 깊게 연구하고 나면, 다음 단계는 도서관이 로컬에서 해결하고자 시도하게 될 니즈를 선정하는 것이다. 각각의 선정된 니즈에 대해, 스탭의 기술을 포함한 도서관의 기존 자원에 대한 분석은 더 많은 자료나, 상이한 포맷, 상이한 난이도의 자료, 공공 프로그램 및 회의, 그룹에 대한 서비스, 관외(館外) 서비스, 스탭 개발, 커뮤니케이션 라인의 개선과 같은, 가능한 목적과 목표를 제시할 수도 있을 것이다.

각각의 확인된 서비스 격차에 대해, 도서관의 단기 또는 장기 계획의 일부를 필요한 서비스를 제공해주게 될 목적 및 목표와 함께 개발해야 할 것이다. 또 하나의 지역 사회 기관이나 도서관 시스템으로의 레퍼럴(referral)을 통하는 것이 또 하나의 가능한 해결책이 될 수도 있을 것이다. 이러한 해결책은 다음과 같은 세 가지가 필요하게 된다. (1) 로컬에서는 가용하지 않은 것을 해당 도서관이 확보할 수 있는 능력이 있다는 사실을 지역 사회가 인식해야 한다. (2) 도서관 위원회와 도서관장은 해당 도서관이 레퍼럴을 하는데 도움이 될 모든 커넥션을 갖도록 보장해주기 위해 필요한 조치들을 어느 것이든 취해야 한다. (3) 스탭은 레퍼럴 서비스를 직접 서비스와 마찬가지로 중요하게 생각해야 한다.

3.6. 목적과 목표의 설정

목적(goals)과 목표(objectives)는 마케팅 감사에서 터득해온 것에 대한 실제적인 반응이 된다. 이것들은 신속하게 작성될 수도 있고, 상당한 시간이 소요될 수도 있을 것이다. 그 프로세스는 상당한 또는 최소한의 도서관의 검토 및 논의를 포함할 수도 있을 것이다. 기획팀은 얼마나 많은 시간이 필요하게 될는지 그리고 요망되는 노력 수준을 맞추기 위해 얼마나 많은 시간을 가용할 수 있는지 고려해야 한다. 기획은 인간의 활동이기 때문에, 가능성과 상황, 변화를 다루게 된다. 효과적인 기획은 융통성과 적응성을 갖게 되며,

노력 수준을 선택하는 것은 기획 프로세스가 특정 도서관의 니즈와 의도, 자원에 적응할 수 있도록 하는 가장 중요한 방식의 하나이다.[11)]

목적은 의도를 광범위하게 명문화한 취지문이다. 이것은 오랜 기간에 걸쳐 도서관에 도움이 될 수 있도록 "폭이 넓은 솔"로 페인트칠을 하게 된다. 목적은 다음과 같이 정의되고 있다. "요망되거나 의도된 성과에 대한 광범위한 또는 일반적인 취지문. 그 범위는 광범위하고 특정적이지 않으며, 대개는 성격상 장기적(2년 내지 5년)이다. . . . 목적 취지문은 나무가 아니라 단지 숲을 볼 수 있도록 해줄 뿐이다."[12)]

모든 목적 설정 활동에서는, 타당하고 가능한 목적이 작성될 수 있도록 새로이 떠오르는 경향을 확인해야 한다. 앞서 설명한 것처럼, 지역의 기획 기관과 기업체들은 이러한 유형의 정보를 얻기 위한 훌륭한 자원이 될 수 있다. 그와 같은 데이터를 확보하는 프로세스는 그 자체로 중요하다. 왜냐하면 성공적인 실행을 보증하게 될 기획의 필수적인 "오너십"(ownership)을 조성하기 위해서는, 광범위한 배경을 가진 사람들이 참여해야 하기 때문이다. 필수적이고 유용한 데이터를 요청하는 것은 그와 같은 의미의 오너십을 배양하기 시작하기 위한 하나의 방식이다. 물론 기획이 진행됨에 따라 서로 다른 고객 그룹의 유급 및 무급의 스탭과 대표자들도 직접적으로 참여해야 할 것이다.

일단 조직의 목적이 개발되게 되면, 도서관이 그 목적들을 향하여 움직여 가도록 도서관의 자원들을 가장 효과적인 방식으로 조직해주게 될 측정 가능한 목표들을 작성해야 할 시기가 된다. 이러한 목적들은 더 일반적인 산문체(散文體)로 작성되어 있기 때문에, 목표들은 구체적이고 측정할 수 있도록 해야 한다. 목표들은 기대되는 성과의 측면에서 설명되고 명확한 언어로 작성되기 때문에, 목적보다 초점이 더 명확하게 된다. 제대로 작성된 목표들은

---

11) Charles R. McClure and others, *Planning and Role Setting for Public Libraries: A Manual of Options and Procedures* (Chicago: American Library Assn., 1987), p.49.

12) Ching-Chih Chen, *Zero-Base Budgeting in Library Management: A Manual for Librarians* (Phoenix, Ariz.: Oryx, 1980), p.24.

다음과 같은 특성을 갖는다.[13)]

- 도서관의 목적 및 다른 목표들과 일관성을 갖는다.
- 과업과 결과, 시간, 책임의 측면에서 구체적이다.
- 목표가 달성되었을 때 지속적인 평가를 쉽게 내릴 수 있도록 측정이 가능하다.
- 기한을 설정하여, 언제 목표가 달성되어야 하는지를 명시해준다.
- 책임을 설정하여, 누가 목표에 기술된 작업이 완수되는 것을 감독할 책임을 가지고 있는지를 명시해준다.
- 단기적이다.
- 도서관의 자원들의 지출과 연결된다.
- 분명하게, 엄밀하고, 입증 가능하며, 이해 가능한 언어를 사용한다.
- 개선이나 움직임을 암시하는 행동 동사(action verbs)(즉 "적용한다, 시작한다, 구성한다, 개발한다, 증진시킨다 등")을 중심으로 설계된다.

아울러 각각의 목적을 다루는 일단의 병렬적인 목표들을 구성하는 것이 유용한데, 이를 통해 변화라는 이벤트 속에서 도서관이 미리 대책을 강구하는 심사 숙고하는 입장에 놓일 수 있을 것이다. 다음과 같은 질문들에 상응하는 일단의 목표들을 설정해야 한다.[14)]

- 상황(경제적, 사회적, 정치적 등)이 오늘날과 동일하게 유지된다면 어떻게 될 것인가?
- 상황이 긍정적인 방향으로 현저하게 변한다면 어떻게 될 것인가?
- 상황이 부정적인 방향으로 현저하게 변한다면 어떻게 될 것인가?

---

13) Darlene E. Weingand, *Marketing/Planning Library and Information Services*, 2nd ed. (Englewood, Colo.: Libraries Unlimited, 1999), p.63.

14) Darlene E. Weingand, *Marketing/Planning Library and Information Services*, 2nd ed. (Englewood, Colo.: Libraries Unlimited, 1999), p.53.

〈그림 3-3〉은 목적과 목표에 대한 이러한 접근법이 어떻게 실제적이고 개괄적인 형식으로 변경되는지를 보여 주고 있다. 세트 A는 환경적 영향을 거의 반영하지 않고 있지만, B는 부정적인 환경적 영향을 반영하고 있고, C는 긍정적인 환경적 영향을 반영하고 있다. 목표들이 이와 같이 융통성 있고, 미래 지향적인 방식으로 작성되었을 때는, 변화하는 환경에 밀접하게 관련되는 도구가 된다.

목적 1: 도서관내에서 사용하도록 하기 위해 인터넷 워크스테이션을 제공할 것	
목표세트 A	1. 200X년 가을까지 도서관내에서 사용하기 위해 3대의 컴퓨터 워크스테이션을 구입한다. 2. 200X년 가을까지 "웰컴 인터넷" 파티를 개발한다. 3. 200X년 12월까지 인터넷 리터라시 프로그램을 개발한다.
목표세트 B	1. 200X년 가을까지 자금과 장비의 기증을 요청하기 위해 로터리클럽(Rotary), 키와니스클럽(Kiwanis) 등과 접촉한다. 2. 200X년 가을까지 시민들과의 커뮤니케이션을 통해, 중고 컴퓨터장비를 도서관에 기부함으로써 얻게 될 이점을 알린다. 3. 200X년 가을까지 "웰컴 인터넷/쌩큐" 파티를 개발한다. 4. 200X년 12월까지 인터넷 리터라시 프로그램을 개발한다.
목표세트 C	1. 200X년 가을까지 도서관내에서 사용하기 위해 6대의 컴퓨터 워크스테이션을 구입한다. 2. 200X년 가을까지 여러 종류의 소프트웨어를 구입하거나 라이선스를 얻는다. 3. 200X년 가을까지 "웰컴 인터넷" 파티를 개발한다. 4. 200X년 12월까지 인터넷 리터라시 프로그램을 개발한다.

〈그림 3-3〉 3개 세트의 목표들에 대한 예

목 표	행동전략
1. 200X년 가을까지 도서관내에서 사용하기 위해 3대의 컴퓨터 워크스테이션을 구입한다.	a. 200X년 4월까지 장비명세서를 개발한다. [책 임: 도서관장] b. 200X년 5월까지 RFP를 벤더에게 발송한다. [책 임: 도서관장] c. 200X년 6월까지 제안서를 검토한다. [책 임: 관장, 위원회] d. 200X년 7월 1일까지 선정된 벤더에게 통보하고 장비를 주문한다. [책 임: 도서관장]
2. 200X년 가을까지 "웰컴 인터넷" 파티를 개발한다.	a. 200X년 6월까지 파티기획팀을 구성한다. [책 임: 도서관장] b. 200X년 7월까지 파티를 위한 기금을 모급한다. [책 임: 파티팀] c. 200X년 8월까지 파티계획을 수립한다. [책 임: 파티팀] d. 200X년 10월에 파티를 연다. [책 임: 파티팀]
3. 200X년 12월까지 인터넷 리터라시 프로그램을 개발한다.	a. 200X년 7월까지 리터라시팀을 구성한다. [책 임: 도서관장] b. 200X년 9월까지 인터넷 리터라시 교육훈련 프로그램의 계획을 수립한다. [책 임: 리터라시팀] c. 200X년 12월까지 교육훈련을 만들어낸다. [책 임: 리터라시팀]

〈그림 3-4〉 목표 세트 A를 뒷받침해주는 행동 전략

각각의 목적 취지문에 대해 3개 세트의 목표들을 개발하고 나면, 논리적인 다음 단계는 각각의 목표에 대한 구체적인 과업이나 행동 전략(action strategy)을 작성하는 것이다. 그 합이 목표의 달성이라는 결과를 가져오게 된다. "모든 것들이 이루어지도록 해주는" 이러한 행동 전략들도 그것들이 뒷받침하는 목표들과 마찬가지로, 측정 가능한 용어로 작성된다. 중요한 요소는 각 행동이 이루어지도록 감독하는 책임을 갖는 사람을 확인해주는 책임의 표시이다. 행동이 이러한 방식으로 작성되어 있을 때는, 각 행동이 완료될는지의 여부와 그 시기 또는 그것이 목표로 하는 완료 시기에 얼마나 근접했는지를 평가하기가 용이하다. 〈그림 3-4〉는 행동 전략이 〈그림 3-3〉의 목표 세트 A와 어떤 관련을 가지고 있는지를 설명해주고 있다.

3.6.1. 프로세스에 대한 모니터링

목적과 목표의 개발은 스탭 집약적이며 시간 집약적인 활동이 될 수 있다. 프로세스가 진전될 때 "추적"에 대한 의식적인 관심이 없으면, 방향이 오도(誤導)되거나 심지어는 방향을 잃을 수도 있을 것이다. 기획팀은 임무의 일부로서 업무가 타겟상에 남아 있도록 그 노력을 지속적으로 모니터링 하는 책임을 수행해야 한다. 기획팀에 유용할 수도 있는 질문들로는 다음과 같은 것들이 있다.[15)]

- 현행의 측정 기법은 목표의 진행률을 적절하게 모니터링하고 있는가? 더 많은 데이터가 필요한가?
- 타임 라인(time line)이 여전히 타겟상에 있는가, 아니면 스케줄보다 뒤처져 있거나 앞서 있는가? 계획상의 변경은 계획의 진행에 따라 문서화되고 있는가? 진행에 대한 기대는 아직도 현실성을 가지고 있는가?

15) Darlene E. Weingand, *Marketing/Planning Library and Information Services*, 2nd ed. (Englewood, Colo.: Libraries Unlimited, 1999), p.130.

- 추가의 전략들이나 다른 전략들을 개발해야 하는가?
- 비용은 원래 추정치에 근접하여 운영되고 있는가? 그렇지 않다면, 다른 목표들은 영향을 받고 있는가?
- 새로운 정보 때문에 목표가 비현실적이 되어 버리고 있는가? 목표를 수정하거나 제외시켜야 할 것인가?
- 특정 목적을 더 훌륭하게 달성하기 위하여 새로운 목표들을 개발해야 할 것인가?
- 목표는 여전히 도서관의 정의된 역할에 적합한 것인가? 어떤 환경적 요인들이 변경되었는가?
- 변화하는 니즈에 부응하기 위한 새로운 목표들이나 목적들의 개발이 지적되고 있는가?
- 목적들과 목표들 사이의 우선 순위를 개정해야 하는가?

이러한 질문들에 따라 기획팀은 논의를 이어가고 최종적으로는 프로세스와 그 진행에 관한 의사 결정을 하게 될 것이다. 각각의 목표와 행동 전략 안에 작성된 타임 라인과 책임 라인은 최종 평가를 용이하게 해줄 것이다. 최종 평가에서는 다음과 같은 질문들을 던지게 될 것이다. “얼마나 성공적이었는가?” “다시 해야 할 것인가?” “어떤 것을 다르게 해야 할 것인가?” 다음 장에서는 이러한 논의를 계속 이어가면서 기획 프로세스를 실행하기 위한 마케팅적 접근법에 직접적인 초점을 맞추어 보고자 한다.

※ 새로운 천년을 맞으면서 생각해 보아야 할 것들 ※

◆ 나는 효과적인 도서관 업무를 위해 일상적인 기획 프로세스가 얼마나 중요한지에 대해 이해하고 있는가?

◆ 나는 기획 노력을 주도할, 스탭은 물론 고객/이해 당사자로 이루어진 기획팀을 구성하고 있는가?

◆ 우리 도서관은 사명 취지문과 비전 취지문을 둘 다 가지고 있는가? 그 취지문들은 위원회의 승인을 받았는가?

◆ 서비스의 우선 순위를 설정하는 데 도움을 주기 위해 역할 및 서비스 반응들을 선정하였는가?

◆ 나는 마케팅 감사가 지역 사회는 물론 도서관의 자산과 한계에 대한 분석에 관련되어 있다는 사실을 이해하고 있는가? 나는 어떻게 가용한 자원들에 적합할 정도로 연구를 한정시킬 수 있을 것인가? 어떤 유형의 데이터 수집이 우리 지역 사회에 가장 타당할 것인가?

◆ 나는 세 개의 일단의 대등한 목표들을 만들어내기 위해 기꺼이 시간을 투자하고 있는가? 그렇게 하는 것이 변화하는 환경과 연결시키는 데 도움을 줄 수 있다는 사실을 나는 이해하고 있는가?

제4장

마케팅을 통한 목표의 고객 서비스화

4.1. 도서관의 제품이란 무엇인가?
4.2. 가격: 제품 비용의 결정
4.3. 우선 순위의 결정
4.4. 서비스의 레벨
4.5. 서비스 기능으로서의 공공 관계
4.6. 서비스에 대한 스탭의 자세

제4장
마케팅을 통한 목표의 고객 서비스화

고객 서비스는 도서관이 아무리 작다고 하더라도, 모든 도서관 제품이 갖는 최종적인 의도이자 결과이다. 이 최종적인 산출물이 예산과 일정, 위기라는 일상의 문제점 때문에 일시적으로 모호해질 수도 있겠지만, 공공 도서관에서 그리고 공공 도서관을 위해 이루어지는 모든 것들은 궁극적으로는 지역 사회의 니즈(community needs)를 확인하고 그에 부응하는 데 기여해야 할 것이다. 예산 편성은 서비스의 측면 – 가용한 자원을 통해 지역 사회의 니즈에 가장 잘 부응하는 방법 – 에서 이해해야 한다. 자료 선정, 분류와 편목, 건축 계획, 이러한 모든 업무들은 지역 사회에 대한 서비스를 염두에 두고 설계된다. 분명히 모든 기획과 모든 행정은 의식적으로 도서관 고객들을 중심으로 이루어져야 할 것이다. 지역 사회에 대한 연구는 이 최종적인 사명에 대한 관심에 초점을 맞출 뿐만 아니라 도서관이 그 제품들을 직접적으로 확인된 지역 사회의 니즈에 효과적으로 연결시킬 수 있도록 해주게 될 정보를 제공해준다.

4.1. 도서관의 제품이란 무엇인가?

공공 도서관은 비영리 조직(nonprofit organization)이며, 그런 점에서 특별히 판매하기 위한 제품들(products)을 제공하지는 않는다. 다만 몇몇 도서관들은 중복된 유료 대출 장서와 시청각 장비, 온라인 탐색의 확장과 같은 제품들에 대해 이용료를 청구하는 경우는 있다. 그보다는 도서관이 개발하는 제품들은 서비스 지향적이며 연간(年間)으로 배정되는 한정된 양의 자원의 뒷받침을 받고 있다. 가능한 제품의 범위는 마케팅 감사에서 수집된 정보로부터 도출해내야 하며, 따라서 가능한 가장 효과적인 방법으로 확인된 지역사회의 니즈에 부응하도록 설계해야 한다.

코틀러(Philip Kotler)는 『비영리 조직을 위한 마케팅』에서, 세 가지 기본적인 정의의 측면에 비추어 제품의 개념을 다음과 같이 설정한 바 있다.[1)]

1. **제품 믹스**(product mix): 특정 조직에서 고객들에게 이용 가능하도록 해주는 모든 제품 라인들과 아이템들의 세트
2. **제품 라인**(product line): 유사한 방식으로 기능을 수행하거나, 동일한 고객들에게 이용 가능하거나, 동일한 유형의 아울렛을 통해 판매되기 때문에, 밀접하게 관련되어 있는 제품 믹스 내의 제품들의 그룹
3. **제품 아이템**(product item): 사이즈나 외형, 가격, 그 밖의 다른 속성에 의해 구별할 수 있는 제품 라인 내의 별개 단위

예를 들면, 전형적인 공공 도서관은 장서와 서비스, 프로그램으로 이루어지는 제품 라인을 갖게 될 것이다. 몇몇 도서관들은 인터넷 카페나 선물 가게와 같은 하나 이상의 제품 라인들을 추가할 수도 있을 것이다. 이러한 제품 라인의 합을 제품 믹스라 한다. 각 제품 라인에는 〈표 4-1〉에 제시된 것과 같은 다수의 제품 아이템들이 있다.

---

1) Philip Kotler, *Marketing for Nonprofit Organization*, 2nd ed. (Englewood Cliffs, N.J.: Prentice-Hall, 1982, p.289.

〈표 4-1〉 제품 믹스

제품 라인	제품 아이템
장서	도서, 정기간행물, 영화, 오디오카세트, CD, 비디오, DVD, 팸플릿, 복제판화(art prints), 툴(tools), 인형
서비스	대출, 도서관상호대차, 참고서비스, 재택접근서비스(home-bound access), 인터넷서비스
프로그램	스토리시간, 리터라시튜토링(literacy tutoring), 예술 및 가든쇼, 인형극, 독서토론회 및 비디오토론회
선물 가게	보석류, 책갈피, 책가방, 도서관로고가 새겨진 티셔츠
인터넷 카페	인터넷접속, 커피, 차, 주스, 패스트리

자원이 줄어드는 시기에조차도, 사서는 이 마케팅 믹스를 통제하게 되며 조정을 할 수도 있다. 다음과 같은 가능성은 이러한 통제를 설명해주고 있다[2](그러나 어떤 권고를 반영하는 것은 아니다).

- 제품 믹스의 길이는 장서와 서비스, 프로그램으로 이루어지는 제품 라인의 범위를 넘어서서 푸드 서비스나 선물 가게를 추가함으로써 증가시킬 수도 있고, 어떤 제품 라인을 일시적으로 중단함으로써 축소시킬 수도 있다.
- 제품 라인의 폭은 디지털 디스크와 같은 다른 형식을 추가함으로써 증가시킬 수도 있고, 8mm 영화와 같은 포맷을 중단함으로써 축소시킬 수도 있다.
- 장서의 제품 아이템의 깊이는 각 아이템 내의 숫자를 확장함으로써, 예컨대 비디오 컬렉션을 50종에서 75종으로 확장함으로써 증가시킬 수도

2) Darlene E. Weingand, *Marketing/Planning Library and Information Services*, 2nd ed. (Englewood, Colo.: Libraries Unlimited, 1999), pp.86-87.

있고, 결과적으로 도서, 테이프 등의 수를 줄여 주는 광범위한 제적 프로젝트(weeding project)를 통해 축소시킬 수도 있다.

이러한 확장과 축소의 예들은 **제품**(product)이라는 단순한 용어에 내재하고 있는 복잡성과 상호 관련성, 유동성을 보여 주고 있다.

도서관의 제품들은 어떻게 결정되는가? 가장 적합한 제품들을 개발하기 위해서는 어떤 결정을 내려야 하는가? 그 기초가 되는 것은 바로 마케팅 감사(marketing audit)이다. 도서관이 운영해야 하는 내부 환경과 외부 환경에 대한 세심한 평가 없이는, 어떤 의사 결정도 효과적인 것은 고사하고, 타당하거나 현실적인 것으로 간주될 수 없다. 기초가 되는 것이 마케팅 감사라면, 지침이 되는 빛은 도서관의 사명과 비전에 대한 초점으로, 이러한 것들은 그 목적과 목표로 정리된다. 심사숙고하는 기획팀을 사명에 대한 초창기의 논의로부터, 목적과 목표의 설정을 거치고, 제품 설계와 실행을 거쳐, 홍보 전략의 작성에 이르기까지 비추어 주는 빛에 초점을 맞추게 된다. 기획팀이 마케팅 감사를 통해 얻은 데이터와 예상되는 바람직한 역할과 이미지에 초점을 맞출 수 있을 때, 제품 설계 활동은 궤도에 오를 수 있을 것이다.

4.2. 가격: 제품 비용의 결정

가격(price)은 어떤 제품을 생산하기 위한 비용으로 정의할 수 있다. 영리 부문에서는, 비용 요인들을 산정하고, 이익률(profit margin)을 추가하여, 이러한 계산을 바탕으로 재화나 용역의 가격을 설정한다. 공공 도서관과 같은 비영리 기관의 경우는, 역 접근적 방법(inverse approach)을 적용하게 될 것이다. 즉 예산은 이미 알려진 양의 것으로, 가능한 모든 제품들이 그와 같은 기금에서 지분을 얻기 위해 경쟁해야 한다. 영리 조직에서든 비영리 조직에서든, 비용 요인은 유사하며, 다만 의사 결정 프로세스가 다를 뿐이다.

비용 요인과 예산 편성 프로세스는 직접적으로 관계가 있다. 많은 자치단체들은 도서관이 품목별(line-item) 형식, 즉 직원과, 장비, 자료 등을 별도의 품목으로 하여 예산을 제출하도록 요구하고 있다. 이러한 상황에서도, 사서가 프로그램(또는 제품별) 예산도 편성한다면 분명히 도서관에 이익이 된다. 프로그램 예산에서는, 직접비(direct costs)(특정 제품에 직접적으로 귀착될 수 있는 직원과, 용품(소모품: supplies), 기타 경비)는 물론 간접비(indirect costs)를 포함한, 도서관의 각 제품 아이템의 비용이 개별적으로 결정된다. 프로그램 예산 총액은 품목별 형식으로 직접 연결시킬 수 있다. 예를 들어, 일단 결정이 이루어지면, 각 도서관 제품들의 인건비의 합계는 품목별 예산의 "직원" 라인을 만들어주게 된다. 특정 제품별 합계를 이와 같이 집계하여 품목별 예산의 각 범주별로 산정할 수 있다. 〈표 4-2〉는 이러한 관계를 보여 주고 있다.

〈표 4-2〉 프로그램 예산과 품목별 예산의 관계

품목별 예산범주	프로그램 A	프로그램 B	프로그램 C	계 (품목별 형식으로 연결)
직 원	$10,000	$5,000	$5,000	$20,000
장 비	3,500	3,000	2,000	8,500
용 품	1,000	2,500	1,500	5,000
재 료	8,000	7,000	3,000	18,000
간접비용	2,000	2,500	2,500	7,000

직접비는 쉽게 확인하여 프로그램 예산을 개발하는 데 적용할 수 있는 반면, 간접비는 확정하기가 더 어렵다. 간접비에는 도서관의 정규 직원 경비, 난방 및 조명 비용, 임대료, 시설비, 장비 비용 등이 있다. 간접비를 할당할 때 사용할 수도 있는 한 가지 공식은 스탭의 시간을 바탕으로 하는 계산법이다. "싸구려" 방식이기는 하지만, 스탭이 시간을 어떻게 사용하는가에 대한 계산법은 간접비를 할당하는 데 도움이 될 수 있다. 유급 직원이 시간을 어떻게

보내는가를 적절하게 확인하기 위해서는, 제품 라인 및 제품 아이템에 따라 만들어지는 타임 로그(time log)를 사용한다. 도서관 스탭의 전형적인 활동을 대표하는 일자와 주별 표본 대상 기간에 관한 데이터를 수집한다. 매 15분마다 스탭이 현재 관심을 기울이고 있는 제품들을 관찰자나 스탭이 표시하게 된다(〈표 4-3〉과 제6장의 추가 논의 부분을 참고하라). 데이터 수집의 결론에서는, 각 제품과 비교하여 스탭 시간의 비율이 결정된다. 이러한 비율은 각 간접비 영역에 적용되고 결과들은 각 제품 아이템에 대한 간접비 수치로 사용할 수 있다.[3)]

〈표 4-3〉 타임 로그의 예

제품라인	15분 세그먼트로 본 근무시간												계
	시간 1				시간 2				시간 3				
장서	✓		✓	✓	✓								1시간
서비스		✓							✓	✓			3/4시간
프로그램						✓	✓	✓					3/4시간
선물가게													
인터넷카페											✓	✓	1/2시간

일단 각 제품의 비용이 결정되면, 의사 결정은 비용/효과 비율을 염두에 두고 진행할 수 있다. 수요가 적은 고가 제품들은 일반적으로 최소 효과를 갖는다. 역으로, 수요가 높은 고가 제품들은 상당한 효과를 만들어낼 수도 있으며, 주의 깊게 분석해야 할 것이다. 다른 면에서는, 수요가 적은 저가

3) 추가의 설명과 표본 타임 로그는 다음 자료에서 확인할 수 있다: Darlene E. Weingand, *Marketing/Planning Library and Information Services*, 2nd ed. (Englewood, Colo.: Libraries Unlimited, 1999), p.108.

제품도 생산비가 저렴하기 때문에 세심하게 살펴볼 필요가 있다. 그 이면에는 명백한 "승자"인 수요가 높은 저비용 제품이 있다. 이러한 고려는 각각의 기존 제품과 잠재적 가능성이 있는 제품에 대한 비용들을 산정하지 않고서는 시도조차 할 수 없는 것이며, 제품 우선 순위의 설정에는 이러한 정보가 필요하게 된다. 〈그림 4-1〉은 비용과 수요의 관계를 보여 주고 있다.

고비용/고수요 상당한 수요가 있고 생산하는 데 비용이 많이 드는 제품들 **의사결정이 필요하다**	**고비용/저수요** 수요는 많지 않고 생산하는 데 비용이 많이 드는 제품들 **단계적 퇴출의 대상**
저비용/고수요 상당한 수요가 있고 생산하는 데 비교적 적은 비용이 드는 제품들 **확실하게 유지한다**	**저비용/저수요** 수요는 많지 않고 생산하는 데도 적은 비용이 드는 제품들 **의사결정이 필요하다**

〈그림 4-1〉 비용과 수요의 관계

4.3. 우선 순위의 설정

제3장에서는 마케팅 감사(marketing audit)에 이어 고려해야 할 점들에 대해 열거한 바 있다. 어떤 특정 연도에 대한 목표들의 실제적인 결정(장기 계획을 뒷받침하는 운영 계획(operational plan)에서)은 지역 사회에 대한 연구를 통해 얻어진 사실들을 바탕으로 해야 한다. 그러나 또한 여러 선택을 해야 할 것이다. 모든 요망되는 제품들을 한 번에 실행할 수는 없을 것이다.

다음과 같은 기준의 도움을 받아 우선 순위들을 확인할 수 있을 것이다.

- 도서관에서 다루기에 적합한 어떤 니즈(needs)가 존재하고 있으나 아직 그에 부응하지 못하고 있다.
- 어떤 니즈가 특별한 추가의 비용 없이 그리고 도서관의 나머지 서비스가 심각할 정도의 불균형을 초래하게 되는 시간 및 자원의 엄청난 지출 없이 직접적으로 부응할만한 도서관의 권한 내에 있다.
- 일부 자원들(흥미를 가진 스탭, 일부 자료들)은 이미 입수되어 있다. 초창기에 성공을 촉진할 수 있다면, 스탭은 용기를 얻게 되고 지역 사회는 감명을 받게 될 것이다. 이것은 차후에 도서관의 제품 라인에 추가할 수도 있는 더 어려운 사업들에 대한 심리적인 신뢰감을 더해 주게 될 것이다.
- 마케팅 감사 중에 표적 시장(target market)과 관심을 표명하는 시설/기관의 확인과 같은 어떤 제품에 관한 예비 작업이 이미 이루어져 있다.

이 장에서 우선 순위(priority)라는 용어를 사용할 때는, 도서관에서 확인한 바 있는 정보 니즈(information needs)에 부응하기 위해 설계된 새로운 제품뿐만 아니라 현재의 제품을 말한다. 이러한 니즈는 완전히 새로운 것일 수도 있고, 아니면 아직까지 충족되지 못한 것일 수도 있을 것이다. 의도는 새로운 제품들을 정규 서비스 패턴이나 제품 믹스를 구성하고 있는 전체 범위의 제품들과 융합시키는 것이다. 각각의 새로운 제품은 현재 제공되고 있는 제품들에 비추어 평가해야 한다. 대부분의 도서관의 경우에는 그것이 어려운 일이기는 하지만, 모든 제품들은 지속적으로 분석해야 한다. 그리고 너무 오래되어 유용성이 떨어진 제품들은 줄이거나 중단해야 할 것이다. 〈그림 4-1〉 "비용과 수요의 관계"는 제품의 유효성을 평가할 때 도움이 될 수 있을 것이다. 각각의 현재 및 잠재적인 제품들은 네 개 사분면 중 어느 하나에 배정될 것이다. 우선 순위 설정은 도전적인 활동이 될 수도 있을 것이다. 그러나 확인된 지역 사회의 니즈를 지침으로 삼으면, 그 도전은 충분히 노력의 값을 하게 된다.

다음의 사례 연구들은 마케팅 원칙들을 특정 표적 시장(target market)에 적용하는 프로세스를 보여 주고 있다. 어떤 표적 시장이든 이를 이해하는 핵심은 서비스는 개별적인 문제라는 사실과 어느 한 그룹의 특성들을 일률적으로 적용할 수는 없다는 사실을 인식하는 것이다. 이 예들은 도서관이 고려할 수도 있는 많은 표적 시장 우선 순위들 중 단 하나에 불과하다. 그러나 이 예들은 일단 제품 우선 순위가 설정되면 도서관이 이를 실행할 수 있는 어떤 방법들을 설명해주고 있다.

사례 연구

A. 표적 시장: 노인층

노년 주민들은 지역 사회에 대한 연구를 통해 소재를 파악하고 있다. 지역 사회 기관들과 시설들은 우리들의 질문에 대해 관심을 가지고 응답하고 있으며 협조하고자 하는 의욕을 보여 주고 있다. 잠재적인 자원 봉사자들도 확인되고 있으며, 그들은 이러한 니즈에 부응하는 데 관심을 가지고 있다.

우리는 노인 그룹을 두 개의 표적 시장으로 고려함으로써 제품 개발 프로세스를 시작할 수도 있을 것이다. 즉 도서관에 올 수 있는 사람들과 서비스를 그들에게 전달해야 하는 사람들이 그들이다.

첫 번째 그룹은 전통적인 도서관 서비스에 의해 어느 정도 서비스되고 있다. 그러나 지역 사회에 대한 연구에서는 이 고객 그룹에 대한 추가적인 특유의 니즈를 부각시키고 있다. 하지만 노인층의 일부만이 전통적인 서비스 패턴의 서비스를 받고 있으며, 지역 사회에 대한 연구에 앞서 얻어진 정보는 어느 것이든 일반적으로 공통점을 보여 주고 있다. 우리는 공통적인 프로필을 갖고 있지 않고 따라서 니즈가 다를 수도 있는 개인들은 우리의 서비스를 이용하고자 하지 않을 수도 있다는 사실을 잊어서는 안 된다. 노년기에서, 이 그룹은 정년 퇴임한 교수나 전직 군인의 해외 출생 배우자, 노년의 그러나 여전히 공연 활동 중인 음악가와 같은 사람들을 포함할 수도 있을 것이다. 확인된 어떤 니즈는 다른 지역 사회 기관과의 상호 협력을 통해 해결해야 할 것이며, 어떤 니즈는 도서관에서 제공하는 서비스와 자료들을 통해 충족시키게 될 것이다.

하위 시장 #1: 거동이 가능한 노인층

■ 제품 설계

노년층에 대한 첫 번째 우선 순위를 갖는 사업을 육체적으로 도서관에 올 수 있는 사람들에 대한 서비스를 개선하는 것으로 결정하게 되면, 우선 이 연령 그룹에 공통적으로 나타나는 특성들에 대해 관심을 기울여야 한다. 즉 안락함을 바라는 것, 편리한 시간, 사교성, 완만한 상호 작용 속도, 우호적인 분위기 등이 그것이다. 어떤 나이 많은 고객들은 대형 인쇄 자료나 테이프 도서를 원할 것이다. 어떤 사람들은 이전 시절에 읽었던 유형의 옛날 책들을 원할 것이다. 낮 시간대에 방영되는 영화나 비디오 프로그램이 인기 있는 경우가 많으며, 자료들은 영화 체인이나 도서관 시스템에서 입수할 수 있는 경우가 많다. 우리는 특별히 이 연령 그룹을 위해 어떤 그룹 활동들을 계획할 수도 있을 것이다. 그러나 모든 활동들은 우리가 노인층 특유의 니즈를 염두에 두는 한 그들을 다른 고객들로부터 분리해야 한다. 우리는 또한 노년층에 대해서는 연체료를 면제해줄 수도 있을 것이다.

하위 시장 #2: 거동이 불가능한 노인층

■ 제품 설계

우리는 거동이 불가능한 노인층에 대해 서비스를 제공하는 것에 두 번째 우선 순위를 부여하고 재택(在宅) 주민에게 자료와 기탁 장서 서비스를 제공해주는 자원 봉사자를 활용하는 제품들을 설계할 수도 있을 것이다.

시설에 수용되어 있는 사람들이나 다른 기관의 정규 프로그램의 서비스를 제공받고 있는 사람들은 정보와 도움을 제공해줄 수 있는 다른 전문가들에게 알려져 있다. 만일 우리가 예컨대 2주일에 한 번씩 요양원을 방문함으로써 이러한 고객들에게 정기적으로 서비스를 제공한다면, 그들을 개인적으로 알게 될 것이고, 그들의 니즈와 바램을 더 쉽게 확인할 수 있을 것이다. 우리는 떨어져 있는 장소에 소규모의 기탁 자료들을 둘 수도 있을 것이다. 이러한 자료들은 고객의 취향을 반영해야 하고 정기적으로 교체해 주어야 할 것이다.

그와 같은 서비스의 누적 효과는 동일한 사람이 동일한 스탭(유급이든 무급이든)을 통해 정기적으로 서비스를 제공받도록 할 수 있다면 훨씬 더 우수하게 된다. 무급 자원 봉사자에 대한 교육 훈련에는 우리 정규 스탭의 어느 정도의 시간이 소요될 것이다.

■ 장소/유통

설계된 제품들은 우리의 전반적인 설계의 일부로서 적절한 유통(distribution) 및 커뮤니케이션 채널을 포함하지 않으면 우리의 표적 고객에게 도달하지 못하게 될 것이다. 유통은 우리의 전반적인 제품 속에서 구체적인 서비스 자체 못지 않게 중요한 구성 요소가 될 것이다.

물리적인 시설들과 접근이라는 이슈는 거동이 가능한 노년층에게 중요한 고려 사항이 될 것이다. 신체적으로 좋은 상태를 유지하고 있는 이러한 그룹의 경우조차도, 효과적인 유통은 쇼핑몰이나 사회 센터(social center)와 같은 일상의 생활 패턴에 더 편리한 장소로 자료들을 옮기거나, 나아가 전자적인 접근을 제공하는 것을 포함할 수도 있을 것이다.

재택(在宅) 고객을 위한 유통은 자원 봉사자의 확보 가능성이나 복지 시설과의 상호 협력 협약에 따라 제한을 받을 수도 있을 것이다. 그러나 이 그룹을 대상으로 전자적 접근이나 메일에 의한 접근을 활용할 수도 있을 것이다.

■ **촉진/커뮤니케이션**

촉진은 이러한 표적 시장의 구성원들과 이미 접촉하고 있는 기관들을 통해 이루어질 수도 있을 것이다. 그러나 우리는 또한 그와 같은 기관으로부터 서비스를 제공받지 못하고 있는 사람들에게 도달하기 위해 노력해야 한다. 지역 사회에 대한 연구에 이어지는 후속의 홍보 활동은 일반 신문의 스토리 또는 라디오나 텔레비전 인터뷰를 위한 좋은 기회를 제공해주게 될 것이다. 이러한 홍보 활동은 그룹 유형의 활동들뿐만 아니라 우리의 서비스와 자료에 중점을 두어야 한다. 우리는 노인들이 정기적으로 방문하는 교회와 슈퍼마켓, 은행, 진료소나 보건소에 게시하거나 그러한 곳에서 집어갈 수 있도록 하기 위한 홍보 자료를 인쇄하거나 복사할 수 있다. 여기에서 핵심이 되는 것은 커뮤니케이션 채널을 활용하는 것이다.

■ **평 가**

평가는 다음과 같은 두 부분으로 이루어지는 활동이다. (1) 제품 설계를 모니터링하고 진전 상황과 의사 결정에 관련된 자료를 관리하는 것, (2) 목표들이 실현되는지의 여부를 평가하고 우수성과 혜택의 측면에서 성과를 분석하는 것. 우리는 참가자 산정과 인터뷰, 관찰법을 포함하여, 객관적으로는 물론 주관적으로 성과를 측정할 수 있다.

거동이 불가능한 성인들에 대한 서비스에서, 실제 대출 횟수 산정은 일반적으로 실용적이지 못하며, 실시한다고 하더라도 신뢰하기 어려울 가능성이 높다. 따라서 개인적인 방문이 더 효과적이며 훨씬 더 쉽게 평가될 수 있다.

B. 표적 시장: 중소 기업

대규모 도서관들이 중소 기업을 위해 확장하고 있는 전문화된 서비스는 값비싼 참고 도구와 저널을 필요로 하며, 따라서 이것은 우리의 예산 범위를 넘어서는 것이다. 그러나 우리 지역 사회의 이 중요한 요소에 대해 취할 수 있는 유용하면서도 값진 몇몇 서비스들이 있다.

우리가 실시한 지역 사회에 대한 연구에서는 지역의 주요 회사들과 중소 기업들을 파악하였다. 만일 우리의 연구를 통해 이러한 회사들과 그 종업원들의 구체적인 니즈(needs)를 적절하게 확인하지 못하고 있다면, 특히 사업주와 경영자들이 정보를 얻기 위해 우리들에게 의뢰하는 데 익숙하지 않을 경우에는, 약간의 검증 작업을 거쳐 진상을 파악해야 할 수도 있을 것이다. 이러한 기업들을 고객으로서 후원할 때, 우리의 스탭(특히 새로운 서비스에 대한 책임을 담당하고 있는 직원)은 있을 수 있는 정보 니즈에 유념해야 한다.

■ 제품 설계

어떤 관심 주제들은 분명할 것이며 우리가 적절하게 제공할 수 있는 것들의 범위 내에 포함될 것이다. 그러한 예들로는 상품 디스플레이에 관한 정보와, 직원의 관리 감독, 일부 세법 규정, 효과적인 경영 관리를 위한 전략들, 예산 편성 및 회계 관리 등이 있다.

대부분의 중소 기업들은 제조 업체와 판매 업체의 디렉토리들이 도서관에 있다는 사실을 알게 되면 이를 사용하게 될 것이다. 그들은 특정 상표명을 가진 제품의 제조 업체에 관한 정보를 우리가 제공할 수 있다는 사실을 알게 되면 이러한 정보에 관한 질의를 하려고 전화를 하게 될 것이다. 우리가 가지고 있는 예산이 이러한 디렉토리들을 구매할 수 있도록 허용하지 않을 경우에는, 우리 지역의 대규모 도서관에서 전년도 판을 찾아볼 수도 있을 것이다.

타운의 대규모 제조 공장은 인사 담당 관리자를 두고 있어서, 종업원들을 위한 내부 교육 훈련 프로그램이나 개인들이 우리의 자료들을 통해 승진에 대비할 수도 있는 영역들을 우리에게 알려줄 수 있다.

이 제품을 제공하기 위해서는, 스탭의 일부 시간을 비즈니스 서비스에 투자해야 한다. 우리는 예비적인 지역 사회 활동(community work), 비즈니스 컬렉션의 개발, 전화 참고 서비스를 포함한 참고 서비스의 제공, 특수 비즈니스 자료의 사용에 대한 다른 스탭의 교육 훈련, 해당 서비스의 홍보 등에 관심을 기울여야 한다. 우리 도서관 시스템에서 조언을 하고 도움을 줄 수 있는 전문가를 이미 확보하고 있을 수도 있을 것이다. 또한 우리 도서관 시스템을 통하여, 우리의 예산 범위를 넘어서는 비즈니스 잡지와 색인, 디렉토리들을 접근할 수도 있다.

■ 장소/유통

이 확장 서비스는 초기에는 시간과 노력을 필요로 하게 될 것이다. 그러나 일단 우리 스탭들이 이 서비스에 익숙해지고 업계에서 이를 사용하고 수용하게 되면, 이 제품은 특별한 노력을 별로 기울이지 않고서도 정규적인 도서관 제품으로 발전시켜 나갈 수 있다. 유통 전략에는 정보의 선택적 제공(SDI: selective dissemination of information)이 포함되는데, 이것은 요청이 이루어지기 이전에 파악된 니즈(needs)에 부응하는 목표로 하는 적시의 정보를 제공하는 것이다. 바꾸어 말하면, A 기업이 인사 문제를 해결하기 위해 애를 먹고 있다는 사실을 우리가 알고 있을 경우에는, 성공적인 인사 관행에 관한 다양한 자료들을 수집하여 제공할 수 있는 것이다.

■ 촉진/커뮤니케이션

이 표적 시장과의 커뮤니케이션은 고객 자신의 “영역”에서 이루어져야 한다. 도서관 스탭은 상공회의소나 로터리 클럽과 같은 단체에 소속되어야 하며 정기적으로 회의에 참석해야 할 것이다. 아울러 스탭은 중소 기업의 종업원들과 개인적인 접촉을 해야 한다. 이러한 것이 그저 그런 서비스와 아주 효과적인 서비스의 차이를 만들어낼 수 있는 것이다.

■ 평 가

비즈니스 자료의 대출에 대한 체크, 비즈니스 저널의 이용, 기업체로부터 걸려온 전화, 이 영역에서 이루어지는 직접 참고 질문은 성공을 가늠하는 중요한 지표들이 될 수 있다.

제품 설계에 관련된 것들의 주요 포인트로는 다음과 같은 것들을 명심해야 한다.

1. 그 자체의 중압감 때문에 좌절될 지나치게 야심적인 프로그램을 시도하지 말라.
2. 최우선 순위의 목표들과 그에 따르는 제품들을 한꺼번에 모두 실행하려고 들지 말라.
3. 미리 계획을 수립하고, 잠재 고객들이 도달할 수 있는 제품들을 홍보하고자 관심을 갖고 결과를 평가하고자 노력하라. 그러나 고객들에게 지나친 부담을 주거나 고객들의 신경을 자극하지는 말라.
4. 어떤 제품이 성공을 거두게 되면, 그것은 정규 활동으로 계속하고 추가의 시간과 노력이 소요될 수도 있는 다른 우선 순위가 높은 목표들과 제품들로 옮겨가라. 예를 들면 자원 봉사자들이나 협력 기관에 어떤 서비스를 인계함으로써, 해당 서비스는 최소한의 감독만이 필요하게 될 수도 있을 것이다.
5. 따라잡을 충분한 시간을 제품에게 주라. 일반인들은 도서관 스탭들만큼 변화에 대해 인식하지 못한다. 소식이 목표 그룹에 전해지는 데는 기대했던 것보다 더 오랜 시간이 소요될 수도 있을 것이다.
6. 그러나 성실한 노력과 적절한 시험 기간 이후에도, 결과가 최소일 경우에는, 제대로 되지 않는 일에 계속해서 시간과 돈을 투자하지는 말라. 안 되는 이유를 찾아내고자 노력하고, 상황을 수정하라. 더 많은 그리고 더 좋은 홍보를 활용하거나, 또는 이 사업이 너무나도 중요하기 때문에 빈약한 결과에도 불구하고 계속해야 하는 경우가 아니라면, 다른 더 희망적인 우선 순위를 갖는 사업으로 옮겨가라. 이러한 경우라면, 아마도 기대가 너무 높았을 것이며 기대를 좀 더 현실적으로 만들 필요가 있다.

4.4. 서비스의 레벨

새로운 니즈와 우선 순위를 확인했다고 해서 도서관이 기존 고객들에 대한 서비스를 중단해야 할 것이라고 생각할 이유는 없다. 또한 신규 고객들에 접근하면서 충실하고 빈번하게 이용하는 고객들에 대한 서비스를 축소시킨다면 그것은 잘못이다. 도전이 되는 것은 모든 우선 순위들을 그에 상응하는 서비스 수준과 관련짓는 것이다. **서비스 레벨**(level of service)이라는 어구는 우선 순위와 소요되는 노력의 양을 둘 다 지칭하는 것이다. 사례 연구 A에서 거동이 불편한 노인층에 대한 서비스는 예에서는 비록 두 번째 우선 순위를 가지고 있었지만, 그것이 잘 정착할 때까지는 초기에는 고도의 노력이 필요하게 될 수도 있을 것이다. 아주 일반적으로 말해서, 다음과 같은 서비스 레벨에 대한 정의를 사용할 수 있을 것이다.

- **레벨** 1은 최소한의 서비스 레벨로, 자료를 브라우징하거나 체크아웃하기 위한 도서관을 확보하는 것과 같은 것이다.
- **레벨** 2는 중간 정도의 서비스 레벨로, 종종 "보통"(normal)이라는 용어를 사용하는데, 도서관 서비스를 찾는 사람들에게 이를 이용할 수 있도록 해주는 것이다.
- **레벨** 3은 상위 레벨로, 도서관의 확장 서비스를 관내 이용과 동등한 척도로 생각하는 경우이다.
- **레벨** 4는 역시 상위 레벨로, 도서관 인사들이 지역 사회의 관심사에 적극적으로 참여하고, 각종 위원회에서 서비스하며 정보 니즈(information needs)를 찾아내는 경우이다.
- **레벨** 5는 최상위 레벨로, 옹호(advocacy)를 표준적인 관행으로 하고 있는데, 이것은 도서관 직원이 니즈가 충족되도록 보장하기 위해 레퍼럴(referral)은 물론 후속 조치에도 관여하기 때문이다.

- **레벨** 5+는 확대된 레벨로, 일반적으로 대규모 도서관에서만 활용이 가능하며, 많은 시간이 소요되는 심층 서비스를 원가 회수 방식(cost-recovery basis)으로 제공하게 된다.

서비스의 레벨은 하나의 연속선상에 있는 것으로 간주할 수 있으며, 사서들이 열정을 가지고 그러한 연속선상에서 레벨 5에 더 가까이 접근하고자 노력하는 것이 바람직할 것이다. 그러나 모든 레벨에서 서비스의 품질과 깊이는 스탭들이 자료들을 고객에게 유용하도록 하고자 하는 노력에 참여하는 정도에 좌우된다. 자료들이 제공되고, 서가에 배열되고, 리스트되며 고객이 자신의 선택을 하고 찾아내며 스탭은 대출 메커니즘을 위해서만 활용하는 최하위 레벨에서조차도, 현실적으로는 스탭이 대출 기능의 범위를 넘어서서 관여하게 된다. 자료가 등장하기 위해서는 그 뒤에는 자료를 이용할 수 있도록 하기 위해 필요한 선정과 주문, 편목, 준비 등이 존재하는 것이다. 어떤 도서관 고객들은 그와 같은 최소한의 서비스를 더 선호한다. 그들은 추가의 서비스를 이용할 수 있는 경우조차도 스스로 탐색을 수행하고 자신이 선정하고자 한다. 이러한 독립적인 고객들의 이익을 위해, 도서관은 셀프 서비스가 성공적으로 이루어질 수 있게 장서를 잘 조직해야 한다.

도서관이 서비스의 레벨을 어느 정도까지 끌어올릴 것인가는 해당 도서관의 목표들과 자원들, 특히 스탭에 좌우된다. 다양한 서비스 레벨에 연결될 수 있는 스탭들의 몇 가지 활동들로는 다음과 같은 것들이 있다.

- 고객들이 특정 자료들을 찾도록 도와준다.
- 고객들이 목록과 간단한 참고 정보원들을 이용하도록 가르쳐준다.
- 최신의 선정 도구들에 관해 고객들에게 조언한다.
- 사실 정보(factual information)를 고객들에게 찾아준다.
- 고객들이 선정하는 것을 장기적으로 계획을 가지고 지원해준다.
- 고객들이 스스로 선정할 수 있는 선정 자료 목록을 준비해준다.

- 어떤 주제에 관한 정보나 자료에 대한 다소 복잡한 탐색에 관여한다.
- 개인 학습 코스들이나 복합적인 서지들을 준비해준다.

열거된 스탭의 활동 중 처음 네 가지는 분명히 모든 고객들에게 지속적으로 제공될 것이다. 고객들에 대한 서비스 중에서 생각할 수 있는 유일한 차이는 이용 가능한 것에 관련될 수도 있을 것이다. 예를 들어 우선 순위가 높은 목표들 때문에 다양한 대중적인 자료를 구입할 수 있는 능력이 다소 줄어들었을 경우에는, 다음과 같은 제안들이 그 상황에 도움이 될 수도 있을 것이다.

- 대중적인 자료들에 대해서는 페이퍼백을 더 많이 구입한다.
- 대중적인 자료들의 리스(lease)를 더 많이 늘림으로써, 인기 있는 기간 동안 복본들을 제공하고 보관하지는 않아도 되도록 한다(이러한 관행은 제적(withdrawals)과 물리적인 준비에 소요되는 시간도 줄여준다. 그러나 너무 많은 예산을 리스용 장서 보충에 투입해서는 안 될 것이다.)
- 대중적인 자료들을 도서관 시스템으로부터 로컬 도서관으로 장기 대차를 받거나 또는 시스템의 다른 회원 도서관과의 스왑 협약(swap arrangement)을 통해 장기 대차를 받는다.

열거된 서비스 레벨 가운데 더 전문화된 유형들은 빈번하게 요구되지 않을 수도 있으며(아마도 고객들이 가능성에 대해 알지 못하고 있을 것이기 때문에) 꼭 많은 시간이 소요된다고 간주할 필요도 없을 것이다. 예를 들어 자료 목록들을 준비하는 데 소요된 시간은 대중적인 독서 자료나 현재 관심을 가지고 있는 토픽(예를 들면 계보학)에 관한 일반 목록의 경우에는 최종적으로 개발 서비스를 제공하는 데 소요되는 시간을 줄여 주는 결과를 가져오게 될 수도 있을 것이다. 목록은 특히 표적 시장을 활용하기 위해서도 작성할 수 있을 것이다. 지역 사회의 성격이 얼마나 많은 셀프 서비스를 고객들이 선호하게 될는지를 결정하게 될 것이다. 도서관의 업무에 익숙한, 훌륭한 교육을 받은 고객은 참고 서비스는 필요할는지 몰라도, 대개는 자료를 선택할 때 많은 도움을 필요로 하지는 않을 수도 있을 것이다. 반면에 어린이들은 더 많은 도움을 필요로 할 것이며, 도서관에 덜 익숙한 지역 사회의 어느 부문에 대해서는 물론 추가의 관심을 기울여야 할 수도 있을 것이다.

서비스의 가치와 품질은 장서 그리고 더 구체적으로는 도서관의 자원들에 대한 스탭의 지식에 좌우될 것이다. 훌륭한 자문 서비스를 제공하거나 훌륭한 참고 서비스와 정보 서비스를 제공하기 위해서는, 스탭들이 도서관의 소장 장서에 친숙해야만 한다. 스탭은 또한 고객의 취향과 관심을 확인하는 방법과 전문적인 지식이 수용 가능하고 환영받을 수 있는 방식으로 고객에게 활용될 수 있도록 하는 방법에 대해서도 알아야 한다.

지금까지는 이러한 논의가 도서관의 벽 내부에서 이루어지는 제반 활동에 중점을 두었지만, 다음과 같은 점점 더 많은 유형의 서비스들이 지역 사회로 확장되고 있다.

- 신문과 라디오, 텔레비전, 그 밖의 미디어를 통해 도서관의 자원들을 지역 사회에 알린다.
- 지역 사회의 모임에서 자료와 서비스에 대해 논의한다.
- 모임에서 전시회를 개최한다.
- 토론회나 독서회를 주도하거나 지원한다.
- 도서관의 도서나 비디오, 녹음 자료를 직접적 또는 간접적으로 사용하는 프로그램들을 제공한다.
- 독립적으로 또는 하나 이상의 지역 사회 단체들과의 공동 후원을 통해, 지역적으로나 국가적으로 또는 국제적으로 흥미를 가지거나 관심을 끌고 있는 토픽들에 관한 강연이나 위원회, 그 밖의 모임들을 제공한다.
- 특히 자금을 지원하는 사람들(funders)과 여론 주도층(opinion leaders)에게 정보의 선택적 제공(SDI: selective dissemination of information) 서비스를 제공한다.

이러한 서비스들의 일부는 도서관에서 이루어질 수도 있을 것이며, 일부는 도서관의 자원들을 지역 사회로 옮겨 실시할 수도 있을 것이다. 도서관이 그 지역 사회의 정보 센터로서의 역할을 완수하고자 노력한다면 모두가 진정한 도서관 서비스인 것이다. 우선 순위가 높은 각 서비스를 위해, 그리고 또한 당해 연도에 적합한 것으로 받아들여지고 있는 각 목표를 위해, 도서관은 도달해야 할 지역 사회의 여러 부문들과 그 특성, 니즈(needs)를 고려해야 하며, 그러고 나서 필요로 하는 유형의 정보를 제공하기 위한 최선의 방법을 결정해야 한다. 모든 포맷들과 전달 시스템은 고려 프로세스의 일부가 될 것이다.

어느 경우에는, 도서관의 자원들을 지역 사회로 옮겨갈 때(전시의 일부로서 모임에서), 그곳에서 대출이 이루어질 수 있도록 하는 수단을 갖는 것이 좋은 공공 관계(public relations)가 될 수도 있다. 이러한 상황에서는, 비록 도서관 건물 안에서 이루어지는 것은 아니지만, 관심 있는 주민과 도서관 자료, 도서관 스탭이 모두 하나가 된다. 자료들이 직접 고객들의 손에 들어갈 수 있다면, 접근과 편리성의 측면에서, 많은 것들이 이루어지게 되는 것이다.

4.5. 서비스 기능으로서의 공공 관계

촉진(promotion) 및 커뮤니케이션 기능에 대해 앞서 살펴본 바 있지만, 공공 관계[4] — 도서관이 그 공중과 갖는 관계 — 의 포괄적인 것들에 대해서는 특별히 언급해둘 필요가 있다. 도서관의 자원들에 대해 알리는 것은 서비스의 중요한 부분이다. 도서관 건물과 도서관 스탭, 자료들로 이루어진 장서를

4) 역자주: "public relations"는 일반적으로 "PR"이라는 약자로 적거나 "홍보"나 "홍보 활동" 등으로 번역되지만, 행정학에서는 "공공 관계"라는 용어로 사용하고 있는데, 용어 사전에서는 "조직 활동에 대한 공중(公衆, public)의 이해를 조장하고 조직과 공중과의 사이에 건전하고 생산적인 관계(sound and productive relations)를 건설하고 유지하기 위한 일체의 조직 활동"으로 설명하고 있다.(Naver 용어 사전 <http://terms.naver.com/item.nhn?dirId=801&docId=928> 참조). 이 책의 내용으로 볼 때 "공공 관계"라는 용어가 적합하다고 판단되므로, 이 책에서는 이를 사용하고자 한다.

제공하는 지역 사회에서 건물과 자료, 스탭을 이용하지 않는다면 도서관 서비스를 갖지 못하는 것이다. 도서관을 찾아나서는 사람들만 도서관을 이용하도록 방치해두고, 시민들이 소유하고 있는 시설들과 자신들이 이용할 권리를 가지고 있는 서비스나 혜택들에 관해 도서관에서 시민들에게 알리고자 하는 노력을 기울이지 않는다면, 지역 사회의 투자를 최대한도로 활용하지 못하게 되는 것이다.

때로는 공무원들은 도서관 서비스가 공공 자원이기 때문에, 이를 홍보하고자 하는 어떤 시도에 대해서도 모호한 입장을 보이고 있다. 그들은 공복(公僕)들이 자신들이 제공하는 서비스의 이용을 증가시키기 위한 노력에 공금을 들이는 것은 윤리적이지 못하다고 느낄 수도 있을 것이다. 기본적으로 이러한 반응은 공공 도서관 기능의 중요성에 관한 불확실성에서 야기되는 것이다. 실제로 그리고 지역 사회의 평가에서. 어느 누구도 공립 학교의 충분한 활용을 독려할 필요성에 대해, 사실은 그것을 요구할 필요성에 대해 의문을 제기하지 않는다. 공공 의료 서비스는 대개 모든 사람들의 충분한 승인을 받아 폭넓은 홍보가 이루어지고 있다. 그것은 도서관을 필수적이라고 느끼지 않고 있다는 사실, 즉 도서관 자원들을 충분히 이용하도록 독려하는 도서관의 의무를 의문시할 때는 도서관 서비스를 호사스러운 것으로 생각하고 있다는 사실을 나타내는 것은 아닐까?

만일 도서관이 홍보에 대한 공무원의 반대에 부딪치게 된다면, 도서관에서 해야 할 첫 번째 공공 관계는 바로 공무원 자신들과의 일을 처리하는 것이다. 여기에서 성공을 거두기 위해 사서는 도서관을 필수적인 것으로 간주할 만한 유형의 서비스를 도서관에서 제공하고 있다는 사실을 확실히 해야만 한다. 그 다음의 도전은 도서관의 진정한 사명(mission)과 역할을 공무원들의 마음 속에 분명하게 해주는 것이다. 이러한 목적을 달성하기 위한 작업의 방식들로는 다음과 같은 것들이 있다.

- 예산을 프레젠테이션할 때 도서관의 사명과 역할, 목적, 목표를 강조한다. 지역 사회의 니즈에 관한 도큐멘테이션에 관련된 서비스의 우선 순위들을 부각시킨다. 제반 혜택과 결과들을 이 프레젠테이션의 핵심이 되도록 한다.
- 공무원들에게 도서관을 방문하도록 초청한다. 그들이 도서관의 여러 서비스를 이용하는 사람들을 관찰할 수 있을 때, 그것은 어떤 통계 수치보다도 훨씬 더 강한 인상을 주게 된다. 어떤 도서관에서는 커뮤니케이션과 가시성(可視性)을 증진시키기 위해 지역 사회의 지도자들을 위한 월간 조찬 모임(또는 그 밖의 활동들)을 마련하기도 한다.
- 공무원들에게 그들의 개인적인 관심사는 물론 업무 니즈(needs)에 관련되는 도서관 서비스(특히 정보의 선택적 제공(SDI))를 제공한다.
- 연간 보고서에서 도서관 이용의 정보 전달적 측면과 교육적 측면을 강조한다. 연간 보고서를 매력적이고, 흥미로우며, 읽기 쉽게 작성한다. 좀 더 이용자에게 친숙한 자료가 될 수 있도록 하기 위해 사진과 유머, 그래픽을 포함시킨다. 여기서 다시 한 번 해당 도서관의 케이스를 효과적으로 프레젠테이션하기 위해 제반 혜택과 결과들에 초점을 맞춘다.

지역 사회 중심의 목표들을 개발해오고 있는 도서관은 아마도 촉진 활동 쪽으로 변경을 하게 될 것이다. 도서관은 도서관 서비스에 관한 일반적인 홍보를 적절하게 계속하면서, 그 각각의 제품들을 위한 촉진 요소를 개발하고 따라서 도서관에서 도달하고자 하는 지역 사회의 해당 부분을 직접적인 목표로 삼게 될 것이다. 도서관에서 현재의 홍보 업무의 어떤 측면을 희생해야만 한다면, 노력을 해도 지역 사회에 도달할 가능성이 가장 적은 부분을 면밀한 준비를 거쳐 관내에 디스플레이해야 한다. 그와 같은 디스플레이는 분명히 계절적으로 이용되는 자료들에 대한 잠재적인 관심을 북돋워줄 수 있을 것이다. 그러나 그것은 계속적으로 부각시켜야 하기는 하지만, 스탭의 시간을 부적절할 정도로 빼앗지 않으면서, 간단하게 준비해야 할 것이다. 그보다는 새로운 우선 순위의 설정으로 인해 그와 같은 시장에서 인지할 가능성이 가장 높은 미디어와 그 밖의 방법들을 통해 시급하게 목표로 하는 주민들에게 도달해야 할 수도 있을 것이다. 라디오와 전문 신문, 종교 기관, 클럽 및 지부, 노조, 보건소, 식료품점, 그 밖의 잠재적인 촉진 장소들은 자연스레 도서관의 메시지가 표적 오디언스들(target audiences)에게 가장 잘 도달할 수 있는 채널로서 작동하게 될 것이다.

그러나 공공 관계를 위한 베이스라인(baseline)은 사람 대 사람의 상호 작용을 바탕으로 하는 것이다. 친숙함이 느껴지는 미소, 적극적인 자세, "자기 몫 이상을 해내고자 하는" 욕망, 이러한 것들은 값을 매길 수 없을 만큼 매우 소중한 자원들인 것이다.

4.6. 서비스에 대한 스탭의 자세

도서관의 일정 범위의 제품과 서비스를 개발하고 확장할 때, 사서는 스탭의 진심어린 뒷받침과 협력을 필요로 하게 된다. 서비스 패턴뿐만 아니라 스탭의 자세도 확장해야 할 필요가 있을 수도 있을 것이다. 제한된 서비스를 제공하는 데 익숙한 스탭들은 장서의 어느 곳에선가 고객이 필요로 하는 정확한 정보를 찾아내고자 노력하는 데서 오는 기쁨과 도전에 대한 새로운 감각이 필요할 수도 있을 것이다. 장서에 더욱 더 충분하게 익숙해지고, 니즈와 독서 능력을 적절하게 파악하기 위해 고객과 대화하는 법을 배우며(참고 면담), 서비스를 제공하기 위해 지역 사회로 나아가고, 도서관 후원 프로그램을 제공하며, 지역에서는 입수할 수 없는 것을 고객을 위해 입수하여 제공하고, 레퍼럴(referral)의 상황에서 고객을 위한 대변인이 되는 것, 도서관 서비스의 이러한 측면들은 어떤 스탭들에게는 서비스를 제공하면서 자신들의 경험을 통해 그와 같은 적극적인 역할을 취하도록 대비하지 못하고 있을 경우에는 이상하게 보일 수도 있을 것이다. 스탭들의 회의, 목표에 대한 기획과 실행 과정에서 이루어지는 스탭의 참여, 사서의 진정한 열정, 도서관의 확장된 서비스에 대한 공공의 반응은 스탭에게서 그에 상응하는 불꽃이 타오르도록 불을 지피는 데 도움을 주게 될 것이다. 스탭이 없이는 확장된 프로그램은 성공을 거둘 수가 없는 것이다.

상당히 바쁜 업무에 찌들어 있는 스탭은 추가의 활동을 하기 위한 시간이 없다는 이유로 서비스의 확장에 대해 솔직하게 의문을 제기할 수도 있을 것이다. 사서는 스탭을 위해 새로운 책임을 실행하기 위한 시간을 조정해주는 것이 당연하며 스탭이 정말로 관심을 가지고 있다면 시간은 낼 수 있다고 너무나 쉽게 추정해서는 안 된다. 업무 단순화와 노동 절약 장치 및 장비, 어떤 의무들을 면제해 줄 수 있는 가능성을 찾기 위한 일상적인 업무의 검토를 통해 필요한 시간을 얻을 때 스탭의 협력을 얻어내기가 더 수월하다. 이 자체 연구 기간 중에 사서는 업무의 각 측면을 공헌에 비추어 측정하게 될 도서관의 기본적인 목표들을 강조해야 한다. 스탭의 입장에서 보면, 효율성과 효과를 얻기 위한 공동 노력은 업무 방법의 개선뿐만 아니라 목표와 우선 순위에 대한 이해 증진이라는 결과를 가져오게 될 것이다. 사서의 입장에서 보면, 스탭이 수행한 실제 업무에 대해 더 깊이 감사하게 되고, 단순화된 루틴에 의해 요구되는 시간에 대해 더 잘 이해하게 되며, 새로운 제품을 위해 활용할 수 있는 시간에 대해 더 현실적으로 평가할 수 있게 된다. 마지막으로, 앞서 살펴본 것처럼, 명랑하고 도움이 되는 스탭을 대신할 수 있는 것은 없으며, 팀 플레이와 고객 중심의 서비스에 대한 센스를 길러주기 위한 조치들을 취하게 되면 도서관과 도서관의 목표들을 위해 공공 관계의 많은 성과를 얻게 될 것이다.

※ 새로운 천년을 맞으면서 생각해 보아야 할 것들 ※

◆ 우리 도서관은 어떤 제품들을 우리 지역 사회에 제공하고 있는가? 이러한 것들은 가장 적합한 제품들인가? 우리는 어떻게 알고 있는가? 그러한 것들은 확인된 지역 사회의 니즈(needs)에 부응하고 있는가? 다른 제품들을 고려해야 할 것인가?

◆ 나는 각 제품의 제공 비용에 대해 얼마나 많이 알고 있는가? 직접비는 물론 간접비도 포함시키고 있는가?

◆ 나는 각 제품을 네 개의 비용/수요 범주의 어느 하나에 배정하고 있는가? 단계적으로 중단해야 할 제품이 있는가?

◆ "서비스 레벨"이라는 개념이 우리 도서관에 유용할 것인가? 추가의 고객 그룹에 대해 서비스를 제공해야 할 것인가? 나는 그와 같은 전략을 어떻게 실행할 것인가?

◆ 현재 어떤 확장 서비스 노력을 실시하고 있는가? 어떤 고객 그룹에 대해? 다른 확장 서비스 활동에 대한 아이디어는 무엇인가?

◆ 지역 사회에 대한 우리 도서관의 관계는 어떻게 증진시킬 수 있을 것인가? 도서관이 이해 관계자들의 삶에 더 중요하도록 하기 위해 나는 어떤 전략을 취할 수 있을 것인가?

◆ 도서관의 목표들은 고객 중심적으로 그리고 지역 사회 중심적으로 작성되어 있는가? 그렇지 않다면, 어떻게 다시 고쳐 쓸 수 있는가?

◆ 우리의 유급 및 무급 스탭들은 어떤 자세를 표출하고 있는가? 이러한 자세들은 어떻게 증진시킬 수 있고 또한 증진시켜야 하는가?

제5장

정 책

5.1. 정책의 변경

5.2. 정책의 결정

5.3. 구체적인 정책의 설정

제5장 정 책

정책(policy)은 그 길이에 관계없이, 철학과 업무라는 문제에 관한 해당 도서관의 입장을 명료하게 해주는 취지문이다. 정책은 목표 그리고 규칙 및 절차와는 다른 것이다. **목표**(objectives)는 의도에 대한 측정 가능한 취지문으로, 이를 달성했을 때는 해당 도서관을 그 목적의 어느 하나에 더 근접시켜 주게 된다. **규칙**(rules)과 **절차**(procedures)는 정책 취지문의 의도를 실행시켜 주는 상세한 업무들이다. 정책은 도서관 관리자에 의해 명문화될 수도 있다. 도서관 관리자는 일반적으로 일상적인 관리와 공공과의 지속적인 접촉으로부터 만들어진 새롭거나 변경된 정책들의 권고안을 제시해 주는 원천이 된다. 그러나 정책은 도서관 위원회(library board)의 승인을 받아야 한다. 위원회가 자문적인 역량만을 가지고 활동하는 경우에조차도, 일반적으로 주요 정책을 결정하기에 앞서 위원회의 자문을 받게 된다.

도서관 위원회의 위원들은 각 정책이 채택되고 기록되기에 앞서 이를 세심하게 살펴보아야 한다. 정책은 일단 채택되고 나면, 전체 도서관 위원회와 사서, 스탭의 지지를 받아야 한다. 정책을 수행하도록 사서를 후원하는 것은 도서관 위원회의 도덕적 의무이다. 명문화된 관련 정책을 열거할 수 있으면, 역행하는 의사 결정을 피할 수 있을 것이며, 위기가 발생할 가능성도 훨씬 더 줄어들게 될 것이다. 정책 결정은 본질적으로 기획 프로세스와 일상적인 규칙 및 규정 사이에서 이루어지는 의사 결정이다. 정책들은 계획들을 실행하기 위해 이루어지는 의사 결정이기 때문에, 기획에 선행하는 것이 아니라, 기획 이후에 이루어져야 하는 것이다.

사려 깊게 개발되고, 공식적으로 채택된 명문화된 정책들은 효과적인 도서관 업무에 필수적이다. 정책들은 매년 재검토가 이루어지고 필요할 경우에 개정이 이루어지게 되면, 도서관이 지역 사회의 니즈(needs)에 부응하기 위해 선정한 역할 및 서비스 반응들을 달성하도록 지원해주는 지침이 된다. 상당수의 도서관 위원회들은 개정과 갱신을 용이하게 할 수 있는 가제식(加除式) 정책 매뉴얼(policy manual)을 작성하고 있다. 이 매뉴얼의 내용들은 예를 들면 "섹션 2: 인사, 정책 2.1: 연간 성과 평가"와 같이, 범주화하여 번호를 부여하고 있다. 각 정책을 채택하고 개정할 때는, 일자를 기록하여 위원들이 항상 최종 검토일을 인지하고, 필요할 경우 위원회에서 이전 논의 사항을 검토하기 위해 위원회의 관련 회의록을 찾아볼 수 있도록 해야 한다.[1)]

간혹 정책과 관련 규칙 및 절차 간의 차이에 대한 혼동이 있는 것 같다. 정책은 서비스의 파라미터를 설정해주는 광범위하게 명문화된 취지문이다. 절차와 규칙은 어떤 정책을 어떻게 수행하게 될는지를 상세하게 밝혀주는 구체적인 사항들이다(〈표 5-1〉을 참조하라).

---

1) *Wisconsin Public Library Trustee Handbook* (Madison: Wisconsin Dept. of Public Instruction, 1989), p.37.

〈표 5-1〉 샘플용 정책 세트

A. 서비스 아울렛			
목 적	**정 책**	**규 칙**	**절 차**
● 편리한 장소에서 전체 지역사회에 대해 도서관서비스를 제공할 것	1. 어떤 유형의 서비스 아울렛을 모든 주민이 자동차로 30분 이내에 이용할 수 있게 될 것이다. 2. 메인도서관을 자동차로 30분 이내에 이용할 수 있는 경우에는 어떤 자동차문고 정류장도 제공하지 않음으로써 멀리에 사는 더 많은 사람들이 자동차문고를 이용할 수 있게 될 것이다.	1. 자동차문고는 다른 서비스 아울렛으로부터 30마일 이상 떨어진 외진 지역을 대상으로 서 비스하게 될 것이다. 2. 자동차문고는 각 정류장에 총 2시간동안 머물게 될 것이다.	1. 마일을 나타내는 동심원을 서비스지역을 나타내는 지도상에 그리게 될 것이다. 2. 날씨가 좋을 동안에는, 자동차문고의 문을 열어두게 될 것이다.
B. 회의실의 사용			
목 적	**정 책**	**규 칙**	**절 차**
● 도서관의 회의시설을 가능할 경우에는 언제나 전체 지역사회에서 무료로 이용할 수 있도록 할 것	1. 우리 도서관의 규칙들을 기꺼이 준수하고자 하는 단체는 어느 단체든 선착순으로 회의를 위해 도서관의 회의실을 예약할 수 있다. 2. 모든 회의들은 공공에게 개방해야 한다.	1. 스탭을 위해서든 공공을 위해서든, 우리 도서관 자체의 회의는 회의실 예약에서 우선순위를 갖게 될 것이다. 2. 회의가 우리 도서관의 정규 폐관시간을 지나 계속되고, 관리인의 초과근무가 필요하게 될 경우에는, 이용료를 부과하게 될 것이다.	1. 예약시스템을 관리한다. 2. 이용료 명세서를 갖추어둔다.

	3. 시설을 무료로 이용하기 위해서는 어떤 기부금을 받을 수도 입장료를 부과할 수도 없다. 요금을 부과하게 되면, 해당단체는 우리 도서관의 이용료 명세서에 따라 적정한 이용료를 지불해야 한다.	3. 회의실은 깨끗하게 사용해야 하며, 주방시설을 사용할 경우에는 이를 씻어두어야 한다.	3. 미준수자에 대한 벌칙제도를 시행한다.
C. 휴 일			
목 적	**정 책**	**규 칙**	**절 차**
1 . 도서관서비스를 편리한 시간에 지역사회에서 이용할 수 있도록 해줄 것.	1. 우리 도서관은 1월1일, 전몰장병 기념일, 독립기념일, 노동절, 재향군인의 날, 추수감사절, 크리스마스 날은 휴관한다.	1. 스탭은 휴일 근무를 분담하게 될 것이다.	1. 스탭의 휴일근무 로테이션 일정을 각 도서관의 소재지에서 정하게 될 것이다.
2. 유능한 스탭을 찾아내어 고용하고, 효과적인 것으로 나타난 사람들을 보유하기 위해 노력할 것.	2. 우리 도서관은 특정의 마이너 휴일에는 문을 열 것이다. 그러한 휴일에 근무한 스탭은 보상시간을 받게 될 것이다.	2. 스탭이 여유가 있을 때 보상시간을 선택하게 될 것이다.	2. 보상시간의 신청은 최소한 24시간 이전에 해야 할 것이다.

이 예에서는 정책과 절차, 규칙의 믹스를 "정책 세트"(policy set)라고 부르고 있는데, 이것은 해당 도서관의 목적의 관련 사항들을 정교화하고 있다(〈표 5-1〉의 정책 세트 A는 대규모 지역을 대상으로 서비스하는 소규모 도서관에만 적용된다).

정책 세트들은 돌에 새겨져 있는 취지문으로서보다는 지침으로서 검토해야 한다. 일선의 스탭에게는 정책과 규칙, 절차에 관해 고객의 환경에 비추어 현장에서 이루어지는 의사 결정(on-the-spot decisions)을 내리도록 권한을 부여해야 한다.

정책들이 실행되도록 보장하기 위해서는 적절한 규칙들과 절차들이 이에 수반되어야 한다. 이 장에서는 정책 개발에 초점을 맞추고자 한다. 규칙과 절차는 여러 정책들을 실행하는 프로세스 중에 로컬에서 개발하는 것이다. 정책들이 필요하거나 아니면 최소한 권장할만한 몇몇 영역들로는 다음과 같은 것들이 있다.

- 도서관장의 자격과 초빙 방법
- 서비스 요금: 벌과금과 이용료
- 아울렛(outlets) 및 서비스 시간
- 다른 도서관과의 연락, 도서관 시스템에 대한 회원 가입
- 인사 정책(고용의 기회 균등(equal opportunity)에 관련된 언급, 차별 철폐 조치(affirmative action), 자격, 유급 및 무급 휴가, 급여와 부가 급부, 고용, 퇴직 등 포함)
- 자료 선정
- 전문 그룹에 대한 서비스
- 비거주자에 대한 서비스
- 회의실의 이용
- 공공 관계(PR) 및 홍보
- 계속 교육, 회의, 단체에 대한 회원 가입에 관한 비용 지불

정책들은 문서화하고 분명한 설명이 이루어져야 한다. 정책들은 공공 관계(PR)용 도구의 역할을 하기 때문에, 도서관 관리층에게 확고한 기반을 제공해주고, 스탭과 공공의 관계를 뒷받침해 주어야 한다. 정책들은 내부의 스탭과 외부의 고객들이 모두 쉽게 입수하여 분명하게 이해할 수 있도록 해야 한다. 도서관 정책들은 개관 시간 및 급여 범위와 같은 상세한 사항들이 필

요한 경우를 제외하고는, 광범위한 용어들로 표현해야 하며, 해당 도서관의 업무에 적용할 수 있는 법률들의 법적 기반을 바탕으로 해야 한다.[2)]

5.1. 정책의 변경

정책들은 해당 도서관의 목적과 목표를 수행하기 위한 규칙들과 절차들에 의해 만들어지고 실행된다. 예를 들어, 대출 기간은 어떤 도서관 장서의 규모와 성격에 관련되어 있다. 장서 구축 단계에서 노력하고 있는 소규모 도서관은 누구나가 도서관의 자료에 적절하게 접근할 수 있도록 대출 기간을 단축하고 대출 권수를 제한해야 할 수도 있을 것이다. 비슷한 경우로 특정 서비스에 대한 스탭의 시간을 제한해야 한다면, 이 정책은 스탭이 모든 사람에게 더 균등하게 서비스를 제공하도록 할 경우에만 설정된다. 정책들과 그러한 정책들을 실행하기 위한 규칙들과 절차들을 남발하게 되면 지나치게 경직된 도서관이라는 평판을 얻게 될 위험이 있다. 도서관에서 계속적으로 고객에게 "아니오"라고 말하는 것처럼 보이게 되면 대부분의 공공에게 억압감을 준다는 인상을 주기 쉽다.

다음과 같은 세 가지 예방책이 이러한 불행한 평판을 피하는 데 도움을 줄 수 있을 것이다. 첫째로, 스탭은 정책들에 대해 **아는 것**뿐만 아니라 그 **이유**에 대해서도 알아야 한다. 이러한 지식을 바탕으로 하여, 스탭은 충분한 시간을 가지고 왜 *Who's Who*를 어떤 연구 프로젝트를 위해 일주일 동안 대출해줄 수 없는지, 또는 왜 4학년 선생님에게 공룡에 관한 모든 책들을 6주간 빌려줄 수 없는지, 또는 메일링리스트를 편찬하는 회사가 해당 도서관의 시티 디렉토리를 사용해야만 하는지에 대해 명확하게 그리고 일관성 있게 설명해야만 한다.

---

2) Virginia G. Young, "The Trustee as Policymaker," in her *The Library Trustee: A Practical Guidebook*, 4th ed. (Chicago: American Library Assn., 1988), p.24.

둘째로, 진정한 이유가 존재하고 불행한 선례(先例)가 설정될 가능성이 없을 때는 규칙들과 규정들에 대한 **예외들**을 만들 수도 있고 만들어야만 할 것이다. 예를 들어 소규모 지역 사회에서는 스탭이 알고 있는 책임감 강한 고객이 다음 날 아침 일찍 반납하기로 약속하면서 저녁 늦게 지도책을 빌려 달라고 요청하게 되면, 그 책을 문 여는 시간에는 꼭 가져 와야 한다는 점을 이해한다는 전제 하에 허용해줄 수도 있을 것이다. 그러나 "책임감이 강하고," "스탭이 알고 있다"는 것을 엘리트라거나 호감을 받고 있는 고객으로 해석해서는 안 될 것이다. 다음과 같은 또 하나의 예가 있다. 도서관에서 지역 예술가들의 작품을 전시하는 데 관한 정책에서 해당 작품의 질이 박물관의 전문가들의 심사를 통과하도록 요구하고 있으면, 지역의 인력 서비스 기관(human service agency)에서 집단적으로 출품한 발달 지체아나 노인의 예술 작품의 경우에는 분명히 예외적으로 취급할 수 있을 것이다. 명심해야 할 키 포인트는 정책은 지침이며 석판(石板)에 새겨져 있는 것이 아니라는 사실이다. 고객이 질병으로 대출 기간을 초과한 경우에 벌과금을 면제해주는 것과 같이, 예외들이 정말로 존재하는 경우에는, 훌륭한 공공 관계(PR)를 위해 훌륭한 판단력을 발휘해야 한다.

셋째로, 그리고 가장 중요한 것으로, 정책들과 그에 수반되는 규칙들 및 절차들에 대해서는 **정기적인 검토**를 해야 한다. 시대에 뒤떨어진 정책들을 이를 만들어낼 때 어떤 역할도 수행한 바 없고 그것들이 왜 만들어졌는지에 대해서도 아무 생각이 없는 스탭들이 시행할 수도 있을 것이다. 때로는 여전히 어떤 정책이나 절차, 규칙에 대한 상당한 이유가 있는 경우도 있다. 그러한 경우에는 검토를 통해 기존의 자료를 재확인하게 된다. 그러나 상당수의 경우에는, 해당 정책의 필요성이 사라지게 될 것이다. "고객 당 신간 도서 2권만"은 이제 해당 도서관의 예산이 개선되었기 때문에 또는 해당 도서관에서 신간 도서를 보완하기 위해 이제 대출 서비스를 사용하고 있기 때문에, 더 이상은 무의미할 수도 있을 것이다.

5.2. 정책 결정

정책 취지문의 실제적인 준비는 아마도 도서관 관리자나 도서관 스탭에 의해 시작될 것이다. 도서관 위원회의 위원이나 시민이 그 프로세스를 주도할 수도 있겠지만, 의사 결정을 필요로 하는 문제는 도서관 스탭에게 맨 처음 알려지게 되는 것이 더 일반적이다. 어느 경우에는, 스탭 회의에서 그것을 논의하여 스탭의 합의를 도출해낼 수도 있을 것이다. 어떤 상황에서는 도서관 관리자가 발의자가 될 수도 있을 것이다. 다음 단계는 위원회의 승인을 얻기 위한 임시 정책 취지문을 준비하는 것이다. 그 문제가 상당히 중요한 것 중의 하나이고 인터넷 사용 정책과 같이 약간 복잡할 경우에는, 도서관 위원회가 도서관 관리자에게 권고안의 배경이 되는 이유를 설명할 시간을 주고 또한 충분히 논의할 수 있는 시간을 가져야 한다. 정말 중요한 정책 결정을 위해서는 두 번 이상의 회의나 나아가서는 특별 회의가 필요할 수도 있을 것이다.

시민이나 도서관 위원회의 위원이 정책 논의를 주도하고, 위원회에서 그와 같은 정책의 필요성에 대한 합의에 도달하게 되었을 때는, 취지문의 실제 초안 작성은 대개 사서에게 넘어 오게 되며, 사서는 최종 승인을 얻기 위해 다음 회의 때 초안을 가져 오게 된다. 때로는 정책, 특히 아주 중요한 정책은 위원회의 회의록에 적절하게 기록할 수 있다. 그러나 그와 같은 모든 결정은 어떤 방식에 따라 공식적으로 기록해야 한다. 장문(長文)의 승인된 정책 취지문은 그것을 공식적으로 채택한 회의의 회의록에 부록으로 파일링 해두어야 한다. 논의는 되었지만 승인을 받지는 못한 정책 문제들도 기록해 두어야 한다.

명문화된 정책의 공식화는 여러 이슈들을 명확하게 하는 데 커다란 가치가 있으며, 적절하게 활용하면 상당 부분의 권한의 위양(委讓)을 가능하게 해준다. 도서관장은 공식화된 정책의 범위 내에서, 승인을 얻기 위해 지속적으로 위원회를 체크하지 않고서도 프로그램을 진행시킬 수 있을 것이다. 유사하게, 서비스의 특정 측면에 대한 책임을 부여받은 스탭은 그와 같이 많은 의사 결정을 내리기 위해서는 도서관장의 의견을 따라야 한다고 되어 있는 부분을 찾아내지 못하게 될 것이다. 따라서 정책 취지문은 감독 레벨에서는 시간을 절약해주고 스탭 전체에 걸쳐 자신감과 자치, 권한 부여의 바람직한 수준을 개발해주게 된다. 아울러 이 취지문은 스탭으로 하여금 공공에게 지식과 일관성, 효율성이라는 좋은 인상을 줄 수 있도록 해준다.

정책들을 설정하기에 앞서, 도서관 위원회는 도서관의 훌륭한 관행들에 익숙해져야 한다. 사서는 대표적인 정보원(情報源)이다. 그러나 훌륭한 사서는 또한 도서관 위원회의 위원들을 환영하고 도서관에 관해 더 많은 것을 배우고, 인근 도서관 특히 비슷한 규모와 비슷한 유형의 지역 사회의 인근 도서관을 방문하고, 도서관에 관련된 문헌들을 읽고, 특히 전국적인 규모의 위원회 단체에 가입하여 회의에 참석하고자 하는 위원들의 욕구를 자극하게 될 것이다. 도서관 발전을 위한 계획을 수립할 때, 도서관 위원회의 위원들은 지역 사회를 대표한다. 이러한 대표에는 가장 넓은 의미의 책무성(accountability)을 포함한다. 위원회 위원의 의무에는 효율적인 작업의 보장과 회계상의 책임이 포함된다. 그러나 최종적인 척도는 지역 사회가 지원받을 수 있으리라고 기대할 수 있는 도서관 서비스, 그리고 지역 사회의 니즈(community needs)의 확인에 바탕을 둔 최선의 서비스를 받도록 보장하는 것이다.

오늘날의 도서관은 대부분의 도서관 위원회 위원들이 자신들의 성장기에 경험했던 도서관들과는 너무나도 다르고 훨씬 더 복잡하기 때문에, 위원들은 자신들의 업무가 기대했던 것보다 더 다양하고 어렵다는 사실을 알게 된다. 따라서 자신들의 "숙제"를 하는 것이 점점 더 중요해지고 있다. 또한 각 위원회의 회의용 의제(議題)와 함께 도서관 관련 문헌의 최신 자료 한두 건을 배포하는 것도 위원들의 계속 교육을 위한 유용한 전략이 될 수 있을 것이다.

5.3. 구체적인 정책의 설정

이 절에서는 일반적으로 정책을 필요로 하는 일부 주요 분야들에 초점을 맞추고자 한다. 추가의 몇몇 영역들은 편의상 관련 토픽들을 중점적으로 다루고 있는 장들에 포함되어 있다.

5.3.1. 자료 선정

가장 중요한 정책 결정의 하나는 해당 도서관의 장서 개발에 방향을 제시해주는 것이다. 소규모 도서관은 특히 제한된 자원을 선택적으로 활용하기 때문에, 유용한 파라미터를 제공해주게 될 정책이 필요하게 된다. 사서들 그리고 종종 도서관 위원회의 위원들은 다음과 같은 수많은 질문과 적지 않은 압박에 부딪히게 될 것이다. 왜 우리는 더 많은 신간 도서를 소장하지 않는가? 더 많은 미스테리물은? 어린 시절 내가 읽었던 책들은? 최신 비디오들은? 인터넷에 대한 접속은? 어떤 고객은 신간 소설이나 비디오 때문에 분개할 수도 있을 것이다. 다른 고객은 최신의 외설적인 대출용 비디오를 요구할 수도 있을 것이다. 미식가 요리사와, 계보학(系譜學)에 열광하고 있는 사람, 우표 수집가는 모두 자신의 취미에 관해서 입수할 수 있는 것보다 더 많은 것들을 원할 것이다. 군비 축소나 입법 제한에 관심을 가지고 있는 시민과, 학생들에게 과학 프로젝트에 관한 자료를 보내고 있는 교사, 환경 문제의 주창자들은 모두 도서관이 대량의 심도 있는 자료를 만들어낼 것으로 기대하게 될 것이다.

자료를 선정하기 위한 정책 없이 이러한 다양한 수요에 부응하고자 하는 도서관은 어쩔 줄 몰라 하는 경우가 많다. 아무런 정책도 없으면 적절한 예산으로 대체하여 포괄적인 장서를 제공하게 될 것이다. 그러나 세심하게 작성된 정책은 사서가 가지고 있는 돈을 현명하게 사용하도록 도움을 줄 것이다. 정책은 해당 도서관의 정의된 역할들과 목적들에 따른 장서의 지속적인

성장을 보장해야 하며, 다음과 같은 포인트들을 포함하고 있어야 한다.[3)]

- 장서의 목적과 범위 (성인 및 아동의)

누구를 오디언스(audiences)로 할 것인가? 무엇을 수집할 것인가? 어느 정도 심도 있게 할 것인가? 장서의 범위는 얼마나 광범위하게 할 것인가? 어떤 포맷들로 할 것인가? 장서는 공립 학교를 지원해줄 것인가? 다른 도서관들과의 상호 협력 협약은 체결되어 있는가?

- 구입 대상 자료의 유형 (포맷 포함)

이것은 첫 번째 포인트를 확대한 것으로, 특히 장르, 하드커버 대 페이퍼백 자료, 확인된 각 포맷 자료들의 비율, 참고용 대 대출용 등에 관련되어 있다.

- 선정에 대한 스탭의 책임, 전문 선정 도구의 활용

누가 서로 다른 선정 영역에 대한 책임을 가지고 있는가? 어떤 선정 도구들을 자원용 자료(resource materials)로 사용할 것인가?

- 자료의 제적(除籍)과 처분의 기준과 방법

부실한 상태, 낡은 내용, 대체된 저작, 부정확성의 확인 등을 포함하여, 자료들을 제적하기 위한 기준들의 리스트를 제공한다. 제적된 자료를 처리하는 방법에 대한 구체적인 세부 사항들을 제공한다. 즉 공공에게 오픈되는 도서관 자료 판매 행사를 갖거나, 잔여 도서 판매점에 매각하거나, 노인 시설과 같은 장소에 기증하거나, 완전히 쓰레기로 처분하는 것과 같은 것들이 그것이다.

---

3) *Wisconsin Public Library Trustee Handbook* (Madison: Wisconsin Dept. of Public Instruction, 1989), p.37.

• 기증 자료의 접수

기증 자료의 접수에 관한 제한 사항들을 확인한다. 기증 자료들은 일반적으로 구입 자료와 동일한 선정 기준을 기증 자료에도 적용하게 되고, 어떤 기증 자료를 해당 장서에 실제로 추가할는지를 판단할 때 스탭이 결정권을 가지며, 기증 자료의 최종 처분권은 해당 도서관이 갖는다는 사실을 양해하고 접수하게 될 것이다.

• 도서관 권리 선언(Library Bill of Rights)과 독서의 자유 선언문(Freedom to Read Statement)을 포함한 지적 자유의 확인

첫 번째 수정 조항의 자유의 중요성에 대한 논의와 정책 취지문을 뒷받침하기 위해 이러한 원칙들과 문서들을 해당 도서관이 준수할 것임을 포함한다.

• 자료에 관한 시민들의 불평을 처리하기 위한 절차에 대한 언급

그와 같은 절차는 수용할 수 없는 내용을 바탕으로 이루어지는 자료들에 관한 불평을 다루는 측면에서 해석되는 경우가 많기는 하지만, 그것은 또한 필요한 자료와 불필요한 자료에 관한 공공의 불평을 표현하고 해결하기 위한 절차가 되어야 한다.

자료 선정 정책은 장서의 수집과 관리를 위한 파라미터와 지침을 설정해준다. 이 정책은 광범위한 관점들을 표현해주고 다양한 학습 스타일을 서로 연결시켜 주는 자료들의 장서를 선정하고 유지하는 도서관의 권리를 보호해준다. 이러한 보호는 지적 자유라는 주의(主義)를 뒷받침해주고 도전이 발생했을 때는 해당 도서관의 튼튼한 버팀목이 된다. 자료 선정 정책은 도서관에 따라 포괄성(inclusiveness)에서 상당히 다양하지만, 대개는 다음과 같은 여덟 개 질문과 같은 고려 사항에 관심을 기울이고 있다.

1. 공공의 요구에 얼마나 많은 비중을 둘 것인가?

어떤 도서관들은 "요구 중심"(demand-oriented)이라고 설명할 수 있을 것이다. 피리 부는 사람에게 돈을 지불한 납세자가 곡을 청할 권리가 있다는 논거에서 강조하는 사항이 지지를 받고 있다. 요구의 정의에 대해 명확히 할 필요가 있다. 정책을 기획하는 사서들과 도서관 위원회의 위원들은 선정에 있어서 진정한 요구처에 대해 진지하게 생각하는 것이 옳다. 그러나 현재의 표출된 요구에 부응하기 위해 베스트셀러 대중 소설이나 최신의 "핫" 비디오의 충분한 복본을 구입한다면, 과연 도서관은 그 책임에 부응하는 것일까? 그렇게 함으로써 그 도서관에서 중요한 참고 도서나, 세계 문제에 대한 더 깊이 있는 통찰력을 독자에게 제공해주게 될 정기 간행물, 그 지역 사회의 다른 오디오 장비 구입을 반영한 CD, 표출되지는 않았지만 그럼에도 불구하고 정말로 장기적인 요구에 부응하게 될 그 밖의 자료들은 구입하지 못하게 되는 것이다.

한 예로 대작(大作)들은 여러 시대에 걸쳐 오디언스(audience)를 갖는 반면, 일시적인 대중 작품은 인기를 누리는 비교적 짧은 기간 동안 오디언스에게 도달하는 것으로 역사를 통해 밝혀지고 있다. 대작의 어느 한 시기의 오디언스는 당대만을 대상으로 말하는 저작의 오디언스에 비해 적을는지는 몰라도, 장기적으로 보면 더 많은 사람들이 대작을 읽을 수도 있을 것이다. 실제적인 도서관의 절차의 측면으로 변환된 이러한 구분이 도움이 된다. 물론 도서관에서 여러 세대에 걸쳐 지속되는 대작만을 구입할 수는 없다. 오늘날에 중요한 책들도 물론 가지고 있어야 한다. 어떤 자료들이 역사적으로 오래 지속할는지를 식별해줄 수 있는 수정 구슬은 아직 발명되지 않았다. 그러나 베스트셀러 비디오나 도서는 아주 짧은 기간 동안 지속될 것이며, 1 내지 2년이 경과한 후에는, 단기적인 요구에 부응하기 위해 구입된 복본들은 변덕스런 인기에 대한 외로운 증거가 될 수도 있을 것이다. 도서관이 자료 선정이라는 팽팽한 줄타기용 줄을 걸어갈 때는 미구매(未購買) 자료들을 통해 입수할 수도 있는 상당한 양의 정보의 손실도 고려해야 한다.

그러나 이 목적을 위해 예산을 모두 배정하지 않은 채 파악된 일시적인 요구를 수용하는 전략들이 있다. 그와 같은 전략의 하나는 리스 계획(lease plan)이다. 이것은 특정한 수의 대중적인 자료를 1년 동안 도서관에서 임대하고 요구가 줄어드는 그 해의 연말에 이를 반환할 수 있도록 하는 것이다. 또 하나의 전략은 정상적인 예약 절차를 통해 이미 입수할 수 있는 대중적인 자료의 복본을 명목상의 비용으로 1주일 동안 빌릴 수 있는 보완용의 대출용 장서(rental collection)를 만드는 것에 관련되어 있다. 이 후자의 메커니즘은 일반적으로 자체에서 지원하게 되며, 오래 기다리지 않기 위해 소액의 이용료를 기꺼이 지불하고자 하는 고객들에게 실제적인 이익이 될 수 있다.

또 하나의 선택 기준은 자료를 사용하게 될 그룹보다는 선정되는 자료의 질에 더 많이 관련되어 있다. 우수성의 어떤 기준을 선정에 적용할 것인가, 아니면 요청받은 것은 어느 것이든 구입할 것인가? 입수되는 자료들은 내용과 포맷의 높은 품질 기준에 부응해야 한다는 견해가 있다. 권위(authoritativeness)와 사실에 대한 정확성, 효과적인 표현, 주제의 중요성, 의도의 진실성, 견해의 책임성에 중점을 두게 된다. 이러한 기준에 부응하지 못하는 자료들의 입수는 요구에 관계없이 저항을 받게 될 것이다. 그러나 반대되는 견해는 도서관은 이용되지 않는 우수한 자료보다 우선적으로 이용되게 될 평범한 자료를 구입하는 데 주저해서는 안 된다는 입장을 취하고 있다. 비슷한 규모와 환경의 두 도서관이 선정 철학과 서비스의 측면에서는 아주 다른 기관이 될 수도 있을 것이다.[4)]

2. 도서관은 균형 잡힌 장서를 목표로 해야 하는가?

균형 잡힌 장서(well-rounded collection)라는 용어는 인상적으로 들린다. 표준적인 자료 선정 매체에 열거되어 있는 모든 영역의 자료들을 적절하게 균형을 이루는 숫자로 입수하고자 양심적으로 노력하는 많은 사서들은 자신

---

4) Jerry Pennington, "Collection Development," in *The How-to-Do-it Manual for Small Libraries*, ed. Bill Katz (New York: Neal-Schuman, 1988), p.165.

은 선정 담당자로서 가능한 최선의 직무를 수행하고 있다고 느낀다. 그러나 지역 사회 중심의 도서관이라는 개념을 뒷받침해주는 다음과 같은 또 하나의 견해를 제안할 수도 있을 것이다. 즉 어떤 영역에서는 풍부하고 어떤 영역에서는 전혀 없는 것은 아니지만 빈약한 장서는 그 지역 사회의 관심을 나타내준다는 것이다. 이러한 유형의 장서 개발은 그 선택이 지역 사회에 대한 연구를 바탕으로 하고 공공의 관심의 변화에 대한 민감하고도 자료화된 인식을 통해 보완되는 경우에는 확고한 기반을 가지고 있는 것이다. 대다수의 니즈(needs)에 중점을 두면, 소수의 니즈는 도서관 시스템에 대한 회원 가입과, 도서관 상호 대차, 서로 다른 장서의 강점을 가지고 있는 도서관들 간의 계약, 미국의 경우 같으면 주(州) 전체 자원의 활용 등을 통해 해결할 수 있을 것이다.

3. 소설과 논픽션 간에는 어떤 균형을 이루어야 하고, 인쇄 매체와 시청각 매체 간에는 어떤 균형을 이루어야 하는가?

논픽션에는 인쇄 매체와 시청각 매체 모두 많은 주제 영역이 있기 때문에, 도서관은 특히 이러한 자료의 대다수는 가격이 높다는 점을 고려하면 일반적으로 예산의 상당히 많은 부분을 논픽션에 투자해야 할 것이다. 정책 취지문에 엄격한 규칙이나 비율을 설정해두는 것은 대개는 바람직스럽지도 않고 나아가서는 가능하지도 않다. 그러나 논픽션 장서를 비교적 높은 수준으로 유지한다는 원칙은 포함시켜야 한다. 과거에 도서관들이 주로 인쇄 장서였던 시절에는 보통의 소규모 도서관의 성인용 장서에서 소설의 비율은 대략 30 내지 40퍼센트였다. 전체 장서가 더 커지면 커질수록 대체로 논픽션의 비율이 더 높아졌다.

그러나 오늘날의 도서관은 포맷의 다양성으로, 유동성의 시대를 맞이하고 있으며, 비율을 할당하기는 어렵다. 적절한 균형의 키가 되는 것은 인구 통계적 특성, 정보 니즈(information needs), 소유하거나 구입해야 할 시청각 장비, 선호하는 학습 스타일[5]에 관한 지역 사회 연구 데이터의 분석이다. 그

런데 다음과 같은 한 가지 유용한 척도를 여전히 적용할 수 있을 것이다. 즉 도서관 장서의 90퍼센트 이상이 인쇄 자원이면, 상당 부분의 예산을 시청각 포맷에 투입하도록 방향을 전환해야 할 것인지의 여부를 확인하기 위해 지역 사회에 대한 세심한 재평가를 실시하는 것이 타당할 수도 있을 것이다.

4. 얼마나 심도 있는 주제 장서를 갖추어야 하는가?

소규모 도서관은 일반적으로 모든 주제 영역에서 잘 개발된 장서를 제공할 수 없기 때문에, 어느 주제에는 더 적고 어느 주제에는 더 많은 장서를 소장하게 된다. 지역 사회에 대한 연구를 바탕으로 그 도서관에서 중점을 두고자 하는 주제에 관한 자료들을 제공하는 데 있어 도서관에서는 얼마나 멀리 나아갈 수 있고 얼마나 멀리 나아가야 하는가? 완벽하게 소장하고자 하는 노력을 정당화시켜 주는 어떤 주제들이 있는가? 그러한 주제의 하나는 지방사(地方史: local history)일 것이다. 로컬의 지역 사회에 관해 쓴 것은 어느 것이든, 그리고 주변 지역, 나아가서는 미국의 경우는 주(州)에 관해 쓴 상당한 양의 것들을 일반적으로 로컬의 공공 도서관에서 수집한다. (분명한 논리적 근거는 "다른 어느 누가 그 일을 하겠는가" 하는 것이다.) 로컬의 자료들을 부지런히 그리고 생소한 정보원들을 통해 입수해야 하는 경우도 종종 있다. 자치 단체의 공식적인 회의록과, 지방사(인쇄, 구술, 시각), 지역 사회에서 만들어내는 그 밖의 특유의 자료들은 자동적으로 해당 도서관 장서의 일부를 이루어야 한다. 공간이 문제가 되는 경우조차도, 자치 단체와 함께 별도의 다른 장소에 보관 장소를 두는 등의 어떤 해결책을 모색해야 한다.

그 밖에도 지역 사회에서 특별히 관심을 가지는 것들은 그것이 무엇이든 대개는 약간 심도 있게 다루어진다. 예를 들면 농업이나 제재업, 낚시, 그 밖의 로컬의 산업이 그 예이다. 로컬의 스터디 그룹, 연극 단체나 뮤지컬 단

---

5) 선호하는 학습 스타일의 파악은 인쇄 자료는 사용할 수 없지만 전통적인 인쇄 중심의 이용자들 못지 않게 도서관 서비스에 대한 정당한 주장을 가지고 있는, 학습이 불가능한 개인들의 일부 니즈를 밝혀주게 될 것이다.

체, 지리나 수석, 사냥, 등산 등 지역의 일에 관심을 가지고 있는 취미 클럽이 존재한다는 것은 도서관에서 해당 영역에 더 많은 장서를 갖추어야 함을 의미하게 될 것이다. 이러한 종류의 토픽들은 지역 사회에 대한 연구를 통해 확인된다.

이러한 아주 분명한 중점 분야 이외에도, 사서는 지적인 호기심을 가진 시민들의 니즈를 염두에 두고 성공적으로 업무를 수행하게 될 것이다. 이러한 유형의 고객을 위해, 도서관은 "정신의 근육"을 신장시켜 주는 자료들이 필요하게 된다. 어떤 장서든 그것이 아무리 소규모라고 하더라도 평균적인 식자층(識者層)들에게만 적합하도록 갖추어서는 안 된다. 많은 시민들은 더 요구가 많은 자료들의 도전에 부응하기 위한 노력에 대해 기쁨을 느끼고 다른 자료들을 얻기 위해 열심히 다시 찾아올 것이다.

동일한 이유로, 도서관은 믿을만한 진정한 저자와 음악가, 영화 제작자의 작품들만을 구입해서는 안 된다. 예산이 소규모일 때 빠지기 쉬운 유혹이기는 하지만 말이다. 소규모 도서관은 분명히 신예 시인과 소설가, 극작가, 음악가, 사진 작가의 작품을 광범위하게 선정할 수 없다. 그러나 이러한 도서관에서는 각 범주의 몇몇 새로운 작품들을 추가하기 위해 의식적으로 노력해야 할 것이다. 젊고 왕성한 재능을 가진 사람들의 최선의 작품들을 선정함으로써, 비록 그러한 재능들이 아직은 충분히 계발되고 인정되지 못하고 있다고 하더라도, 도서관은 그 자체의 활력을 보존하는 데 도움을 주게 된다.

5. 서로 다른 고객 그룹을 위해 얼마나 많은 자료들을 비치해야 하는가?

일부 도서관들은 정책 취지문에 다음과 같은 자료들을 위해 별도로 배정해야 할 예산의 비율을 상세하게 밝히고자 시도하고 있다. 즉 아동용이나 청소년용, 성인용 자료, 교육이나 레크리에이션, 정보를 위한 고객용 자료, 농부나 중소 기업인, 독학자용 자료 등이 그것이다. 임시적인 구분은 필요하다. 그러나 그것은 일반적으로는 자료 선정 정책과 같은 반영구적인 문서에 구체화시키기보다는 오히려 지역 사회에 대한 분석을 바탕으로 한 연간 기획의 결과로 이루어져야 할 것이다. 정책 취지문은 원칙의 하나이다. 정기적으로 이를 검토하고 필요하면 개정을 해야 하겠지만, 어느 정도의 기간 동안 그대로 두는 것이 충분히 일반적이고 융통성을 갖는 것이며, 너무 빈번한 개정을 필요로 하는 취지문은 당당하게 "정책"이라는 이름을 내세우기가 거의 어려울 수도 있을 것이다. 고객 집단의 니즈는 예를 들면 학교 도서관 서비스의 개발, 주로 젊은 가족들에서 나이든 성인들로의 지역 사회 인구 통계의 변화, 새로운 기업이나 산업의 해당 지역 사회로의 유입과 같은 환경과 시대에 따라 변화할 수도 있기 때문에, 정책 취지문에 어느 한 집단을 위한 정확한 예산 비율의 추정치를 포함시키는 것은 대개는 현명한 일이 아니다.

어떤 배분에서든, 로컬의 상황 변화를 고려해야 하며, 어느 특정 연도에든, 특정 고객 집단을 위한 예기치 못한 자료 니즈에 부응하기 위해서는 비율의 조정이 필요할 수도 있을 것이다. 아울러 사서가 연간 기금을 임시로 나눌 때에는 현재의 이용 패턴뿐만 아니라 예상되는 패턴도 고려하도록 해야 할 것이다. 예를 들어, 현재 어린이들이 도서관을 많이 이용하고 성인들은 이용하지 않는다고 하더라도, 사서는 전체 예산의 상당 부분을 어린이 자료에 반드시 할당할 필요는 없는 것이다. 그와 같이 하는 것은 이미 불만족스런 상황을 받아들이고 이를 심화시키는 것이 될 것이다. 성인 자료에 더 적은 금액을 투입한다는 것은 장서의 적합성을 떨어뜨린다는 것을 의미하게 될 것이며, 이것은 다시 성인 이용률을 훨씬 더 낮추게 될 것이다. 즉 하향적인 악순환 패턴을 형성하게 되는 것이다. 나아가 지역 사회의 성인들이 현재 어디에서 자신들의 정보를 얻고 있는지를 조사하기 위해 지역 사회에 대한 분석 과정을 활용해야 할 것이다. 이것은 효과적인 도서관 기획을 위해 중요한 정보가 된다.

그와 같은 데이터의 결과물들은 또 하나의 예를 제시하게 될 것이다. 이 예에서는 시민들은 현재 레크리에이션에 중점을 두고 주로 인쇄 자료들을 얻기 위해 도서관을 이용하는 것으로 나타나게 될 것이다. 이러한 고객들이 어디에서 정보를 찾고 있는지에 대한 사서의 조사는 만족한 채로 계속해서 오락용 독서 자료에 초점을 맞추기보다는 그와 같은 정보 니즈를 파악하고 그에 대응하는 전략을 개발하는 데 도움이 될 수 있을 것이다. 마지막으로, 비디오 또는 다른 어떤 새로운 포맷을 해당 장서에 추가하게 된다면, 전혀 새로운 고객 그룹들이 해당 도서관을 이용하기 시작할 가능성이 있다.

6. 논쟁의 소지가 있는 자료에 관한 도서관의 입장은 무엇인가?

모든 선정 정책 취지문은 논쟁의 소지가 있는 자료들에 대한 해당 도서관의 입장을 포함하고 있어야 한다. 취지문은 도서관 권리 선언(Library Bill of Rights)(부록 A 참조)에 제시되어 있는 것과 같은 지적 자유의 원칙들을 지지해야 한다. 다만 그 토픽에 국한해야 하는 것은 아니다. 소규모 도서관은 제한된 장서 규모 때문에, 논쟁의 소지가 있는 것으로 간주할 수도 있는 모든 이슈에 관한 모든 측면의 견해를 대표하는 자료들을 소장하리라고 기대할 수는 없을 것이다. 그러나 중요한 이슈들에 대해서 아주 일반적으로 취해지고 있는 입장들에서 발견할 수 있는 최선의 취지문을 채택하고자 노력해야 하는 분명한 의무를 가지고 있는 것이다. 예를 들면 대통령 후보자들의 캠페인용 전기(傳記)를 제공하고, 국가적으로나 지역적으로 영향을 미치게 되는 주요 이슈들의 다양한 측면들에 관한 자료를 제공할 때는 공정해야 한다. 이것은 대부분의 시민들이 어떤 이슈의 어느 한 측면에 감정적으로 깊이 공감하고 있는 지역 사회의 도서관에서는 문제가 될 수도 있다. 그러나 지적 자유의 원칙에 비추어 볼 때 도서관의 책임은 명백하며 이는 선정 정책에 분명하게 반영해야 한다.

공정성이 언제나 수치상의 균등성을 의미할 수는 없다. 왜냐하면 자료들을 항상 동등한 숫자로 입수할 수 있는 것이 아니기 때문이다. 어떤 입장에 대한 잘 정의된 취지문을 찾아낼 필요가 있을는지도 모른다. 그러나 수치상의 균등성이 가능하든 그렇지 않든 공정한 표현이 필수적이다. 최신 이슈들에 관한 자료가 빨리 시대에 뒤떨어지게 된다는 사실은 또 하나의 문제점을 야기하게 된다. 팸플릿과 정기 간행물 기사는 장황한 저작들보다 더 나은 수록 범위를 제공해줄 수 있는 경우가 많다. 장황한 저작들은 급속하게 변화하는 상황을 다루는 경우에는 출판 당일에조차도 다소간 시대에 뒤떨어지게 된다.

논쟁의 소지를 가질 수 있는 그 밖의 자료들로는 어떤 포맷으로 되어 있든, 섹스나 폭력에 대해 명시적으로 언급하거나 어떤 사람들이 수용할 수 없다고 생각하는 언어를 수록하고 있는 자료들이 있다. 어떤 시민들은 그와 같은 자료들을 저속하다고 생각하고, 어떤 시민들은 자신들에게는 반드시 그런 것은 아니지만 다른 사람들에게 위험하게 되리라고 믿는다. 어떤 사서들은 이러한 신념들을 공유하고 있으며 그와 같은 구입을 신중하게 피한다. 이것은 지적 자유라는 주의(主義)와는 윤리적으로 일관성을 갖지 못하는 사전 검열(precensorship)의 한 형식이다. 싫어하는 시각으로 바라볼 수도 있는 구입 가능성을 고려할 때, 사서는 기본적으로 센세이션을 일으키기 위해 만들어진 자료들과 이야기할 무엇인가를 가지고 예술적인 메커니즘으로서 쇼크라는 가치를 사용하는 진지한 저자나 음악가, 영화 제작자의 작품을 구별해야 한다.

과거 시절에 금기(禁忌)였던 토픽들과 표현들에 대한 태도에 있어 세대 간에는 차이가 있다. 전반적으로 보면 젊은 세대들이 모든 종류의 토픽들을 자유롭게 토론하고 자신의 손위 사람들은 몸서리치는 단어들을 사용하는 데 더 익숙해 있다. 그것은 엄청나게 일반화하는 것으로, 문학과 음악, 예술의 취향을 특정의 연령 집단과 명확하게 연결시킬 수는 없다. 도서관은 모든 시민들을 대상으로 서비스를 제공하기 때문에, 다양한 고객들의 니즈를 평가하고 이를 만족시키고자 노력해야 한다. 보수적인 관습은 물론 더 솔직한 태도들을 보여 주는 자료들은 장서에 포함시킬 후보가 될 만한 가치가 있다. 작품의 질은 이러한 어려운 의사 결정을 내릴 때 유용한 척도가 될 수 있다.

7. 기증 자료는 어떻게 처리해야 하는가?

기증 자료의 일상적인 처리는 스탭에게 위양하게 되겠지만, 도서관 위원회에서 고려해야 할 다음과 같은 정책적 함의가 있다.

• 공공 관계(PR) 측면

기증자는 자신의 기증품이 도서관에 추가되는 것을 당연하게 여기는 경향이 있으며, 그렇지 않을 경우에는 설명을 요구하는 경향이 있다. 그러나 내용적인 측면에서나 물리적인 조건의 측면에서 모든 기증품들이 적합한 것은 아니다. 나아가 기증품을 추가하는 것은 일정 금액의 처리 비용을 필요로 하게 된다. 정책 취지문에서는 해당 도서관에서 사용할 수 없는 기증 자료를 처분할 수 있는 권리를 분명하게 표시해야 한다.

• 특별 처리의 요청

기증품 장서와 고인을 추모하는 기증품의 기증자들은 자신들의 기증이 예를 들면 유리 케이스를 설치해주는 것과 같은, 특별 대우를 받도록 해달라고 요청할 수도 있을 것이다. 도서관의 관점에서 보면, 그와 같은 특별 대우는 장소와 이용의 문제점을 야기할 수도 있을 것이다. 그것은 기증 자료와 동일 주제에 관한 다른 자료들을 분리시키게 되고, 따라서 해당 도서관 장서의 활용 부분으로서의 유용성을 떨어뜨리게 된다. 아름답고 값비싼 고인을 추모하는 기증품조차도 접근할 수 있도록 해야 한다. 그렇지 않으면 도서관은 그것들을 소장할만한 여유를 갖지 못하는 것이다. 많은 도서관들은 기증자뿐만 아니라 자신을 추모하여 해당 자료가 기증된 사람의 이름을 담고 있는 특별 장서표로 추모용 장서를 식별한다.

• 기증품의 인수 기준

일반적으로는 구입 기준들을 충족시키지 못하는 자료들은 기증품으로 인수하지 않을 것이다. 이 일반 규칙에는 때로는 예외들이 있을 것이다. 도서관이 소장하고 싶지만 가격 때문에 구입할 수 없는 고가(高價) 자료의 경우가 그러하다. 그러나 때로는 취미에 열중하는 사람이나 학자의 귀중하고도 특이한 장서가 다른 도서관에서 더 많은 용도를 가질 수도 있을 것이다. 그와 같은 기증을 받을 경우에, 로컬 도서관은 기증자를 위해 더 적합한 수증 기관을 찾기 위해 모든 노력을 기울여야 할 것이다.

• 기증 자료의 특수한 관점

다양한 주의나 신념의 독실한 지지자들이 자신들의 특수한 관점을 지지하는 대량의 자료들을 도서관에 제공할 수도 있을 것이다. 도서관에서는 그러한 자료의 작은 일부만을 사용할 수 있을 것이다. 정책 취지문에서는 도서관은 견해의 여러 문제들에 관해 균형을 유지해야 하고, 그 때문에 어떤 이슈에 관한 어느 편의 많은 자료들보다는 대표적인 주장들만을 추가해야 한다는 점을 반복해야 한다.

자료 선정 정책 취지문 또는 그 내용의 개요는 인쇄하거나 복사하여 장래의 기증자들에게 배포하기 위해 서비스 데스크에 보관되는 경우가 많다. 민감한 기증자들은 거절은 일반적인 정책을 나타내는 것으로, 개인적인 제공에 대한 부정적인 반응만은 아니라는 사실을 알게 될 것이다. 이러한 사실 때문에 데스크에 있는 사람은 더 용이하게 상황을 처리하고 어떤 질의나 불평을 관장에게 넘길 수 있게 되는 것이다.

아울러 취지문에서는 사용 가능한 기증을 해준 데 대해 도서관이 감사를 표한다는 점과 기증이 지역 사회에 기여한다는 사실을 분명하게 하는 것이 가장 중요하다. 앞서 살펴본 기증자 문제의 어느 것도 이 감사의 인사만큼 중요한 것은 없다. 인수할 수 없는 기증품을 제공한 사람의 훌륭한 의도를 인정해주는 어떤 말을 절차 취지문에 추가할만한 가치가 있다.

8. 도서관은 불필요한 자료를 어떻게 처분해야 하는가?

제적된 자료의 처분은 실제적인 성격의 문제들을 제기하고 경우에 따라서는 어려운 공공 관계(PR) 상황을 만들어내기도 한다. 분명히 유익한 책들이 공용 덤프에 실려 있거나 소각로에서 처리되기를 기다리고 있으면, 많은 사서들은 분개한 임원이나 납세자들로부터 들볶이게 된다. 이 문제를 해결하기 위한 첫 번째 단계는 자료의 법률적 상태를 조사하는 것이다. 도서관 자료는 공공 재산이며, 그 자체로 특별한 규제를 받게 될 수도 있을 것이다. 둘째로, 도서관 위원회는 제적(除籍)이 필요하고 아울러 자료 선정 정책에 더 이상 유용하지 않은 자료들을 제적하고 그러한 자료들을 질서 정연하게 처분하는 것이 중요하다는 사실을 인정하는 말을 포함시켜야 할 필요가 있다는 점을 이해해야 한다.

장서에서 제거된 모든 자료들은 해당 도서관으로부터 제적되었다는 사실을 보여 주기 위해 분명하게 표시해야 한다. 그와 같은 자료들은 매각하거나, 남에게 주거나, 버릴 수도 있을 것이다. 매각이 법률적으로 가능하면, 도서관은 공공이 적절한 가격으로 자료들을 얻을 수 있는 정기적인 바겐세일을 개최할 수도 있을 것이다. 대개는 원래 가격에 관계없이 고정된 건당 가격으로 판매하게 된다. 도서관의 친구들(Friends of the Library) 그룹이 그와 같은 정기적인 세일을 조직하는 경우가 많다. 수익은 해당 도서관의 자산으로 되돌아 오거나 아니면 나중에 장비나 자료들을 구입하거나, 스탭 개발을 후원하거나, 지역 사회에 대한 연구를 재정적으로 지원하는 등과 같은 결정이 내려질 때까지 도서관의 친구들의 관리 아래 보관한다. 다른 처분 방법은 중고책이나 레코드, 비디오 딜러에게 제적된 책들을 매각하거나, 여전히 사용 가능한 자료들을 수증자가 적절한 방법으로 그것들을 처분할 수도 있다는 점을 양해하고 병원이나 그 밖의 자선 단체에 주거나, 아니면 요청받은 책들을 미국의 경우 주(州)의 도서관 에이전시나 외국의 도서관에 제공하는 것이다.

도서관 시스템의 회원인 도서관은 사용 가능한 제적 자료들을 다른 회원 도서관들과 공유할 수도 있을 것이다. 소규모 지역 사회의 도서관은 자체의 목적을 위해 로컬에서 서비스를 제공해오고 있으며 인근 도서관에는 새로울 수도 있는 자료들을 가지고 있는 경우가 많다. 도서관 시스템을 통해, 그와 같은 제적 자료들을 센터의 저장고에 축적해두고 그 저장고에서 어느 회원 기관이나 원하는 것을 선정할 수 있을 것이다. 따라서 해당 도서관은 자체의 이용 가능한 제적 자료가 훌륭하게 이용되도록 보장하면서, 같은 방법으로 이득을 얻을 수도 있을 것이다.

첫 번째로 시도한 처분 방법에 관계없이, 여전히 폐기해야만 하는 일부의 자료들이 있을 수도 있을 것이다. 그와 같은 폐기에 대한 공공의 비판은 사서가 그것들은 재사용을 위해 사용 가능한 제적 자료들을 처분한 후에 남은 잔여분이라는 사실을 설명할 수 있게 되면 줄어들게 될 것이다.

5.3.2. 서비스 시간

적절하고 합리적인 서비스 시간을 결정하는 것은 어떤 규모의 지역 사회에 있어서나 하나의 도전이 된다. 서비스는 도서관의 비즈니스이기 때문에, 도서관은 서비스가 필요할 때 문을 열어야 한다. 그러나 장시간 문을 열게 되면 비용이 높아진다. 즉 스탭과 시설에 대한 지출을 해야 하고, 스탭의 모집과 유지, 사기에 영향을 미치는 인사 문제가 뒤따르게 마련이다.

중소 기업주는 동일하지는 않지만, 유사한 문제에 직면하게 된다. 가끔씩 찾아오는 손님을 위해 계속하여 가게를 열어 두는 데 소요되는 비용을 감당할 수 없으며, 고객의 이용 패턴에 대해 세심한 결정을 해야 한다. 도서관은 공공 서비스 기관으로서, 영리와 손실의 측면에서 스케줄을 바라보지는 않는다. 그러나 사서는 자금과 스탭이라는 도서관의 자원을 고려하여, 전체 공공에게 가장 훌륭하게 서비스하는 스케줄을 개발할 수 있으며 또한 이를 개발해야 한다. 일부 인원이 비교적 적은 수가 도서관을 이용하는 시간으로 옮겨갔기 때문에 러시를 이루는 시간 동안 많은 공공의 수요에 대해 서비스를 제공하는 스탭이 불충분하다면, 전체 서비스가 어려움을 겪게 된다. 소수의 사람들이 편리하게 서비스를 받을 수 있도록 하기 위해 많은 고객들이 서비스를 받지 못하거나 부실한 서비스를 받을 수도 있을 것이다.

대출 및 도서관 이용 시간의 체크와 지역 사회의 습관 및 레저 시간에 대한 연구는 사서가 서비스 시간을 적절하게 결정하는 데 도움을 주게 될 것이다. 도서관은 지역 사회의 모든 사람들이 편리한 시간에 이용할 수 있도록 충분히 오래 동안 열고, 적절하게 스탭을 배치해야 한다. 여기에는 지역의 제조 회사 공장이나 병원에서 표준적이 아닌 방식의 교대제로 일하는 사람들도 포함된다. 스탭이 충분하지 못하면, 더 많은 스탭을 구해야 한다. 이것이 바로 지역 사회의 도서관의 미래에 상호 이익의 증거를 보여 주는 것이 중요한 부분인 것이다.

일인 도서관(one-person library)에서는, 사서와 몇 명이든 활용 가능한 무급 스탭(자원 봉사자) 또는 학생 사환이 전체 도서관 스탭을 구성하게 된다. 이러한 상황에서는 서비스 시간이 아주 제한될 가능성이 높으며, 적절한 서비스를 제공하기 위해서는 독창성을 발휘해야 한다. 도서관 시스템이 24시간 연속의 서비스를 제공하기로 합의하여, 회원 도서관들이 지정된 시간에 문을 열어 전체적으로는 24시간 내내 문을 여는 시나리오를 작성할 수도 있을 것이다. 또 하나의 모델은 로컬의 도서관들이 열려 있지 않을 때 전화할 수 있는 "정규 업무 시간 이후" 전화 번호를 가지고 있는 주(州)의 도서관 에이전시에서 운영할 수도 있을 것이다. 로컬에서 선택할 수 있는 또 하나의 선택권(option)으로 케이블 텔레비전이나 컴퓨터, 전화 연결을 통한 접근이 있다. 아주 작은 동네라고 하더라도, 경찰관과 소방관(자원 봉사자일 경우가 많다)을 부르면 곧 응할 수 있는(on-call) 협약을 통해 어느 때든 활용할 수 있다. 로컬의 도서관 스탭도 무선 호출 수신기를 소지하거나 다른 어떤 커뮤니케이션 방식이나 도구를 통해 활용할 수 있을 것이다. 정말로 도서관이 다른 서비스들과 마찬가지로 지역 사회의 복지에 필수적인 것으로 간주된다면, 서비스 시간의 제한은 고려할 수 없을 것이다.

5.3.3. 벌과금과 이용료

반납 일자를 초과한 자료에 대한 벌과금의 부과는 도서관의 전통 가운데 너무나도 많이 받아들여지고 있는 부분이기 때문에 대개는 당연한 것으로 간주하고 있다. 그러나 소수이기는 하지만 몇몇 도서관들은 어떤 벌과금도 부과하지 않으면서 성공을 거두고 있는 것으로 보고되고 있다. 벌과금 미부과의 철학을 믿고 있는 사서들은 반납 기일을 초과하여 자료를 이용하고자 하는 고객들은 페널티가 없을 때는 자료들을 정시에 돌려줄 의무감을 개발할 수도 있지만, 반면에 동일한 고객들이 필요한 벌과금을 기꺼이 지불하고자 하는 한에서는 반납 기일이 초과된 자료를 가지고 있는 것을 완전히 자기들의 권리로 느낄 수도 있다는 사실에 동의한다. 아울러 벌과금 미부과 정책에 찬성하는 도서관에는 실제의 공공 관계상의 이점이 있다.

사서들과 자치 단체 공무원들은 벌과금의 주목적에 대해 의견의 일치를 보이지 않고 있다. 그것이 자료의 신속한 반납을 보장하거나, 무심하고 이기적인 이용자들을 벌주거나, 추가의 수익을 제공해주거나, 연체 처리 절차에 소요되는 비용을 부담해 주는가? 대부분의 사서들은 자료의 신속한 반납이 주된 목적이라는 사실에 의견의 일치를 보일 것이다. 이것이 사실이라면, 벌과금이라는 제도는 기본적으로 고객들이 자료를 정시에 도서관에 반납하도록 영향을 미치는 데 효과가 있는지를 바탕으로 판단해야 할 것이다. 어떤 도서관에서는, 벌과금 정책이 실제로는 자료의 반납을 저해할 수도 있을 것이며 도서관의 이용을 줄어들게 할 수도 있을 것이다. 많은 지역 사회에서 실행되고 있는 것과 같은, 사면일이나 용서일은 많은 사람들이 반납 일자를 상당히 초과한 자료들의 반납을 걱정하면서도, 이러한 특별한 기회를 활용하여 반납을 하게 될 것이라는 사실을 보여 주고 있다. 신문 기사들은 가끔 수년 만에 반납된 책들에 대해 이야기하는 것을 보게 되는데, 기자들은 그 때문에 발생하는 천문학적인 벌과금을 계산하면서 즐거워하는 것 같다. 그러한 이야기를 읽는 독자들은 대부분의 도서관에서는 벌과금의 최대 금액을 아주 적정하게 부과하고 있다는 사실을 알지 못하고 있다.

벌과금을 부과할는지의 여부와, 얼마를 부과할지, 어린이나 노인, 페이퍼백과 같은 자료의 유형의 경우에는 차이를 둘는지의 여부 등의 결정은 특정 지역 사회의 경험을 바탕으로 내려야 한다. 도서관의 다른 의사 결정과 마찬가지로, 벌과금에 대한 정책들은 신중하게 만들어야 하며, 지금까지 항상 그

래왔었기 때문이라거나 해당 지역의 다른 도서관들이 벌과금을 부과하고 있기 때문이라는 상황에 의해 만들어서는 안 된다. 어떤 결정을 내리기에 앞서, 도서관은 벌과금 회수 과정에서 발생하는 비용을 산정해야 한다. 우편료와 스탭의 시간, 기록 보관과 같은 직접비는 물론 고객의 호의나 그로 인해 호의가 없어지는 것과 같은 간접비들을 고려해야 한다.

벌과금을 없애고 있는 도서관들조차도 분실 자료들에 대해서는 독자가 비용을 지불할 것으로 기대하고 있다. 정책에 지불 금액을 결정하기 위해 어떤 기준을 사용하는지를 설명해주는 분명한 문장을 두는 것이 현명하다. 대부분의 공공 도서관들은 분실 자료에 대한 대체 비용을 청구할 때 다소간의 처리 비용을 보충하기 위해 할인 가격보다는 정가를 사용한다. 어느 경우에는 추가의 처리 비용에 대한 청구가 포함되기도 한다. 화재와 홍수와 같은 재난으로 인한 분실은 대개 도서관에서 비용을 부담한다. 또한 고인(故人)이 된 고객의 재산에 대해 벌과금과 자료 비용을 청구하는 것과 같은 경직된 관행들은 상식선에서 배제된다. 일선 스탭에게 벌과금의 회수에 관한 현장에서 이루어지는 의사 결정을 내리도록 하는 권한을 부여해야 한다. 고객이 입원과 같은 정상을 참작할 만한 사유로 연체를 하고 있을 경우에는, 스탭이 편안한 마음으로 고객의 레코드에서 벌과금 청구를 삭제해야 할 것이다.

모든 도서관 이용자들을 정책 지침 아래 공정하게 대우하는 것이 가장 중요하다. 어떤 사람에게 부당한 정실을 보였다는 의혹이나 어느 한 스탭이 엄격하게 해석한 규칙을 다른 스탭이 덜 엄격하게 해석했다는 의혹보다 더 많은 분노를 불러일으키는 것은 없다. 따라서 규칙들은 당연히 일관성 있게 적용할 수 있도록 명문화해야 한다. 그러나 개개 환경에 대처하기 위한 융통성은 좋은 관행이다.

과거에 일반적이었던 또 한 유형의 이용료로 지역 사회에 거주하지 않는 사람이 해당 도서관을 이용하기 위한 이용료가 있었다. 어느 지역에서 그 도서관을 위해 자체적으로 세금을 부과하는 경우에는, 세금을 납부하지 않은 지역 사회 외부의 사람을 대상으로 서비스하기 위한 비용을 충당하기 위해 당연히 어떤 종류의 지불을 요구하게 된다. 미국의 경우는 주와 연방의 보조금이 이러한 관행을 어느 정도 수정해주고 있다. 왜냐하면 이러한 보조금은 도서관 간의 상호 협력을 위한 기금을 제공해주는 경우가 많기 때문이다. 그러한 경우에는, 비록 현금으로보다는 서비스를 통해서이기는 하지만, 로컬의 도서관이 비거주자(非居住者)에 대한 서비스를 위해 여전히 지원을 받고 있는 셈이다. 그것은 관련된 다른 도서관들이 낮춰진 장벽을 이용하는 소규모 도서관 이용자들에게 서비스하기 위해 지원을 받고 있는 것과 똑같다. 어떤 상황에서는, 인근 지역 사회나 도서관 시스템의 회원 도서관들이 호혜 주의(互惠主義)에 입각하여 이용료를 산정하는 데 사용할 공식을 설정하기 위해 매년 몇 번씩 대출 및 참고 서비스 이용 통계를 만들어내고 있다. 미국의 경우 주(州) 전체에서 이용할 수 있는 도서관 카드의 개념이 때때로 부각되고 있는데, 이것은 실현이 가능할 수도 있을 것이다.

비용이 많이 소요되거나 노동 집약적인 서비스에 대한 이용료에 관한 논쟁은 소규모 도서관에서는 점점 더 많은 가시적인 이슈가 될 수도 있을 것이다. 비용의 문제점들은 다양한 규모의 몇몇 도서관들로 하여금 장시간의 참고자원 탐색과 온라인 정보 검색 시스템의 이용에 대한 이용료를 고려하지 않을 수 없도록 하고 있다. 도서관에서 적절하게 제공할 수 있는 것과 더 심층적인 서비스를 받기 위한 고객의 니즈 간의 관계는 도서관에 의미 있는 이슈들을 제기해주고 있다. 그렇지만 적절한 규모라는 현실을 고려해야 하며, 도서관의 세금 베이스를 통해 뒷받침할 수 있는 서비스의 범위를 넘어서는 서비스는 실제로 이용료를 부과하여 고객이 이용할 수 있도록 할 수도 있을 것이다. 이러한 서비스 레벨의 개념은 세금의 지원을 받는 핵심 서비스와 그러한 기본 레벨을 넘어서는 서비스를 구분해주게 될 것이다. 정책의 표현은 정확하게 어떤 서비스들이 각 레벨에 관련되어 있는지를 분명하게 밝혀야 한다.

어떤 도서관들은 비디오와 같은 특정 범주의 자료들에 대해서도 이용료를 설정하고 있다. 이러한 관행들은 사서에게 윤리적 및 철학적 이슈들을 제기해준다. 오늘날의 세계에서는, 도서관은 인쇄 자료로 된 장서에만 전념하는 기관이 아니며, 시청각 포맷 및 정보에 대한 컴퓨터를 통한 접근은 정당하고 필요한 도서관 서비스로 정규 도서관 예산에 포함되어야 한다는 사실을 사서들이 인식하는 것이 중요하다. 미국의 경우, 일부 주에서는 그렇게 하도록 법으로 의무화하고 있다.

고객들이 로컬의 도서관에서 아직 이용할 수 없는 서비스를 원하면, 해당 도서관이 가지고 있는 인근 도서관이나 미국의 경우 주 전체 네트워크와의 연결을 통해 필요로 하는 것에 대한 접근을 제공할 수도 있을 것이다. 이러한 접근의 확대는 이용료가 부과될 수도 있고 그렇지 않을 수도 있을 것이다. 그와 같은 경우에, 이용료에 관한 결정은 다른 곳에서 이루어지게 될 것이며, 로컬 도서관의 직접적인 책임은 서비스의 이용 가능성과 발생할 수도 있는 비용에 대해 고객에게 전달하는 데 국한된다.

5.3.4. 특수 서비스

시각 장애나 청각 장애, 그 밖의 감각이나 신체 장애를 가진 시민들은 물론 학습 장애를 가진 사람들에 대한 서비스는 모든 도서관의 일련의 제품의 일부가 되어야 한다. 자료, 정보에 대한 접근, 건물로의 이동 및 건물 내 이동 등을 고려해야 한다. 미국의 경우 연방 법률은 미국장애인법(ADA: Americans with Disabilities Act)을 통해, 신체적으로 장애를 가지고 있는 사람들이 공공 건물에 접근할 수 있도록 하고, 건축상의 장벽을 제거하기 위해 모든 노력을 기울이도록 요구하고 있다. 미국의 도서관서비스 및 건설법(LSCA: Library Services and Construction Act)의 제1장은 과거에는 시각 장애인을 포함하여 신체적으로 장애를 가지고 있는 사람들에게 도서관 서비스를 제공하기 위해 연방 기금을 주에서 이용할 수 있도록 하기 위해 사용되었다.[6] 미국의회도서관(Library of Congress)의 시각/신체장애인부(Division for the Blind and Physically Handicapped)는 미국 전역에 걸쳐 있는 지정된 지역 센터

6) Virginia G. Young, "The Trustee as Policymaker," in her *The Library Trustee: A Practical Guidebook*, 4th ed. (Chicago: American Library Assn., 1988), p.27.

에 점자(點字)와 오디오카세트로 되어 있는 도서를 제공해주고 있는데, 사서는 레퍼럴 서비스(referrals)가 어떻게 이루어져야 하는지를 알아야 한다. 오디오 자료를 도서관 장서에 추가하는 것은 시각적으로 장애를 가지고 있는 사람들에게 뿐만 아니라 인쇄 정보의 처리에 지장이 있는 학습 장애를 가지고 있는 사람들에게도 환영을 받게 될 것이다. 아울러 오디오북들은 통근하는 사람과 조깅하는 사람, 자신의 거실의 페인트 작업을 하는 동안 기분을 전환하고자 하는 사람들에게 점점 더 많은 인기를 얻고 있다.

많은 도서관들은 일시적으로 또는 영구적으로 집에 갇혀 있는 개인들을 위해 자료를 선정하고 배달해주는 자원 봉사자들을 활용한 재택(在宅) 서비스(homebound service)를 마련하고 있다. 아울러 요양원과 노인 센터, 병원, 그 밖의 시설에 위치해 있는 장서들은 가장 환영받을 수 있는 자료들로 변경하기 위해 간격을 두고 순환되고 있다.

5.3.5. 인사 정책

효과적인 도서관 위원회와 도서관장은 모든 직원들의 권리와 책임을 명확하게 정의하고 일관성 있게 적용할 수 있는 인사 정책들을 개발하고 채택하게 될 것이다. 다음과 같은 것들에 관한 정책 취지문들을 만들어야 할 것이다.[7)]

- 고용 관행들(employment practices)로, 여기에는 차별 철폐 조치(affirmative action), 고용의 기회 균등(equal opportunity), 모집, 선발, 고용, 직무 기술서 등이 포함된다.
- 인사상의 조치들(personnel actions)로, 여기에는 수습 기간, 성과 평가, 종신 계약, 승진, 재임용, 좌천, 정직 및 그 밖의 징계 조치, 복직, 기록, 직무 연수, 일시 해고, 면직, 사직 등이 포함된다.

---

7) *Wisconsin Public Library Trustee Handbook* (Madison: Wisconsin Dept. of Public Instruction, 1989), p.33.

- 급여 스케줄의 급여 관리, 급여 지불 일자, 공제
- 직원의 부가 급부(fringe benefits)로, 여기에는 건강 보험 및 생명 보험, 소득 보장 보험, 연금 및 휴가, 교육 관련 부가 급부, 부가 급부에 대한 파트타임 직원의 적격성 등이 포함된다.
- 근무 조건들(work conditions)로, 여기에는 시간, 스케줄 작성, 자유 근무 시간제(flexible time), 직무 공유(job sharing), 초과 근무 시간, 시간 보상 제도(compensatory time) 등이 포함된다.
- 준수하는 휴일
- 고충 처리 절차(grievance procedures)

이러한 인사 정책들은 해당 도서관 특유의 것일 수도 있고 아니면 자치단체의 요건에 따를 수도 있을 것이다. 여하튼 간에 그와 같은 정책들이 시행되도록 보장하는 것이 바로 도서관 위원회의 책임이다. 인사 문제에 대한 추가의 논의는 제7장에서 다루고자 한다.

마지막으로, 도서관 위원회에서 결정하는 정책들은 장기간에 걸쳐 해당 도서관의 일상적인 업무와 그 프로그램의 파라미터를 설정해주며, 정책이 효과를 거두도록 하려면 기획 프로세스와의 밀접한 상호 관련성이 절대적으로 필요하다는 사실을 명심해야 할 것이다. 효과적인 도서관 정책의 신중하고도 독창적인 제정은 오늘날과 같이 급속하게 변화하는 시대에 도전은 물론 기회를 제공해주게 된다. 그러한 정책을 구현하면서 정치적인 지혜를 활용하게 되면 정적인 도서관 환경과 동적인 도서관 환경 사이의 차이를 만들어낼 수 있을 것이다.

※ 새로운 천년을 맞으면서 생각해 보아야 할 것들 ※

◆ 우리 도서관에는 현재 어떤 정책들이 적절할 것인가? 그 정책들은 언제 최종적으로 검토하고 개정하였는가? 정책들을 매년 검토하는 관행이 정립되어 있는가?

◆ 우리 도서관에서는 어떤 정책 범주들을 아직 작성하지 못하고 있는가? 정책 개발이 높은 우선 순위를 갖고 있는가?

◆ 최신의 장서 개발 정책이 존재하는가? 자료 선정, 서로 다른 포맷들, 이의(異義)가 제기된 자료들, 기증 자료들, 제적(除籍)은 어떻게 처리되고 있는가?

◆ 우리 도서관은 자체의 인사 정책을 가지고 있는가? 그것은 해당하는 경우 자치 단체의 정책과 상호 관련성을 가지고 있는가?

◆ 모든 스탭들은 문서화된 정책에 대한 예외들에 관해 일선에서 이루어지는 결정을 내리도록 하는 권한을 부여받고 있다고 느끼고 있는가? 나는 어떻게 하면 정책들을 융통성 있게 적용하여 스탭을 더 편안하게 해줄 수 있을 것인가?

◆ 우리 도서관은 벌과금을 부과하고 있는가? 부과하고 있다면, 이러한 관행이 비용 효과적인지를 알아보기 위해 스탭 시간과 우편료를 포함한 비용을 산정하고 있는가?

제6장
재 정

6.1. 로컬의 수입원
6.2. 미국의 주 및 연방의 보조금
6.3. 보충적인 자금의 조달
6.4. 예산의 편성
6.5. 구　매

제6장
재 정

공공 도서관 경영의 가장 도전적인 측면의 하나는 효과적인 회계 관리(fiscal management)이다. 자금을 지원하는 당국들은 점점 더 많은 책무성(accountability)을 요구하고 있다. 진정한 책무성은 도서관의 재정과 자금 조달을 효과적으로 다루는 것보다 훨씬 더 많은 것들을 포함하고 있고, 또한 지역 사회의 니즈(community needs)를 파악하고 그에 부응하는 데 근원을 두고 있다. 그러나 재정 자원(monetary resources)은 경영의 중요한 구성 요소로, 도서관장은 물론 도서관 위원회의 중요한 책임이기도 하다. 공공 도서관이 필수적인 부분을 이루고 있는 공공 섹터의 재정은 민간 단체, 심지어는 비영리적인 민간 단체의 회계 관리와는 다소 다르다. 대부분의 예에서, 도서관을 지원하는 기금의 상당 부분은 세금에서 가져온 공공 기금들이며, 따라서 도서관은 중소 기업의 일반적인 관행을 따르면서도, 동시에 지켜야만 하는 다양한 법률적 및 행정적 요건들을 따르게 된다. 그러나 몇몇 예외들도 있다. 미국의 경우, 많은 소규모 도서관들은 여성들의 클럽이나 민간 기금으로 출범된 다른 어떤 조직에서 그 기원을 찾을 수 있으며, 몇몇 도서관들은 아직도 그러한 기금들로부터 부분적으로 지원을 받고 있다.

오늘날의 경제에서는, 어떤 수입원도 무시할 수가 없다. 그러나 도서관이 준 박애 주의 단체와 제휴한 것으로 유명한 경우에는 문제가 될 수도 있다. 공공 도서관은 그 기금의 대부분을 세원(稅源)으로부터 받아야 하며, 도서관 예산의 상당 부분을 민간 자금원으로부터 지원받거나 또는 빵 판매와 도서 판매를 통해 보충하는 지역 사회는 공공의 지원을 기능적이고 현실적인 수준, 즉 스탭과 자료, 시설, 건물의 유지 보수, 그 밖의 필요 경비의 적절한 수준을 유지하기 위해 지불하게 되는 수준으로 높이기 위해 노력해야 한다.

일단 도서관이 공공 기금의 지원을 받게 되면, 도서관은 다음과 같은 것들을 관리하는 법과 규정들을 따르게 된다.

- 도서관의 주 수입원으로, 미국의 경우 여기에는 지방 자치 단체, 군구(郡區: township), 카운티(county), 주, 그리고 지방으로 분산되어 있는 연방 기금이 포함된다.
- 예산을 개발하고, 제출하고, 정당화하는 방식
- 구매 절차
- 내부 회계 보고와 책무성(accountability)
- 어느 정도에서는, 계약, 서비스 이용료, 기증과 같은 문제들

이러한 영역의 일부에서는, 최근 몇 년 동안 상당한 변화가 있어 왔고 현재도 변화가 계속되고 있으며, 이러한 변화는 자금 조달 패턴의 비일관성을 초래하고 있다. 도서관의 주 수입원은 특히 그것이 부동산 재산세로부터 들어오는 것일 경우에는, 지역 사회의 재산의 부침(浮沈)에 따라 상당한 영향을 받을 수도 있을 것이다. 예산 편성 방법도 서로 다른 발전 단계를 거쳐 움직이고 있다. 많은 자치 단체들은 여전히 품목별 예산(line-item) 제출을

요구하고 있는 반면, 많은 도서관들은 프로그램 예산이 필요하면서도 더 효과적인 첫 단계라는 사실을 발견하고 있다. (이 장의 후반부에 있는 "6.4. 예산의 편성"을 참조하라.) 아울러 몇몇 도서관들은 반납 기일을 초과한 자료들에 대해 벌과금을 부과하는 전통적인 방법을 포기하고 있는데, 이것은 도서관 업무에 부정적인 영향을 거의 미치지 않는 것으로 나타나고 있다.

그러나 때로는 도서관 자체에 의해 시작되기도 하고 때로는 자치 단체 공무원들의 제안으로 이루어지기도 하는 선정된 서비스들에 대해 이용료를 부과하는 문제에 대해서는 재고(再考)가 이루어지고 있다. 이러한 재고의 근원은 모든 정부 서비스의 비용 증가에 대한 우려와, 재정상의 제약이라는 풍토에서 필요로 하는 점점 더 정교한 서비스를 계속적으로 제공하고자 하는 욕구, 새롭고 더 많은 비용이 소요되는 테크놀로지에 대한 인식에 뿌리를 두고 있다. 제5장에서 살펴본 바 있는 서비스 레벨의 개념은 많은 공공 도서관의 관심을 끌고 있다. 다양한 고객의 니즈(needs)를 대상으로 서비스하기 위해, 몇몇 도서관들은 공공의 세금이 지원할 수 있는 서비스 범위를 확인하고 기본 레벨을 넘어서는 서비스들에 대해서는 이용료 구조를 개발하고 있다. 그러나 "무료의" 균등한 접근이라는 강한 철학적 전통이 강력한 장애로 작용하고 있으며, 논쟁은 해결되지 않은 채로 여전히 그대로 남아 있다.[1)]

과거의 도서관은 아주 지역적인 존재였으며, 그 과세 지원 구조는 지난 세기의 회원제 도서관(subscription library)로부터 아주 자연스럽게 발전하였다. 오늘날의 도서관은 지역 사회에서 로컬의 제품으로 간주되기는 하지만, 그 지역 사회의 정보의 세계로 가는 창(窓)이며, 그 자체로, 필수적으로 도서관 시스템과 네트워크, 그 밖의 다중 구조들과 상호 작용을 해야 한다. 광범위하면서도 증대되는 도서관 상호 대차 메커니즘은 로컬의 자금 지원은 아주 다른 세계에 짜 맞춰진 과거의 해결책에 불과할 수도 있으며, 도서관들이

---

1) "무료의"라는 단어는 공공 도서관은 공공의 세금의 지원을 받고 있기 때문에 비용이 무료가 아니라, 모든 시민들에게 동등한 접근을 제공한다는 측면에서 무료라는 사실을 강조하기 위해 인용부호로 표시하였다.

더 상호 의존적인 글로벌 사회의 일부가 되어감에 따라, 주(州) 레벨이나 나아가 국가 레벨에서 이루어지는 대규모의 자금 지원 베이스가 더 적합할 것임을 암시하고 있다. 그러나 미국의 경우, 자금 지원 공식이 기존의 과세 베이스에 의해 서비스 대상 주민과 연결되어 있고, 따라서 접근 면에서 거리가 있고 인접 지역 사회들이 직접적인 과세 지역을 벗어나 있는 인구 밀도가 낮은 시골 지역에 불리하도록 하고 있으면, 주의 지원마저도 균등하지 않을 수도 있을 것이다. 현재의 회계상의 혼란으로부터 질서와 공정성을 도출해내려면 이러한 이슈들에 대한 연구와 정책의 유연성이 절실하게 필요하다.

6.1. 로컬의 수입원

모든 공공 도서관들은 수입의 대부분을 공공 기금으로부터 받고 있으며, 그렇지 않으면 완전한 공공 도서관으로 간주할 수 없다. 공공 자금은 최종적으로는 과세를 통해 얻어진다. 그러나 자금은 일반 기금(general fund), 도서관세(library taxes), 목적세 기금(earmarked tax funds)과 같은 다양한 중간 소스로부터 얻을 수 있을 것이다. 그 밖에도 다른 유형의 로컬의 공공 기금이 있지만, 여기에서 살펴보고자 하는 세 가지가 아마도 미국의 공공 도서관의 거의 대부분의 비용을 지원할 것이다. 어떤 경우에는, 도서관의 기금을 이러한 자금 지원 패턴의 두 개 또는 셋 모두로부터 얻게 될 수도 있을 것이다.

6.1.1. 일반 기금으로부터의 충당

미국의 경우, 대부분의 공공 도서관은 중앙 행정 기관의 다른 서비스들과 마찬가지로, 시나 타운, 카운티, 군구(township), 그 밖의 정부 구조와 같은 그 관할 지역으로부터 기금을 받고 있다. 정부의 일반 기금(general fund)은 다양한 소스, 주로 어떤 특정의 서비스나 활동을 위해 지정되지 않은 세금들로부터의 수입으로 구성된다. 여기에는 부동산이나 판매, 소득에 대한 세금들이 포함된다. 일반 기금의 지원을 받는 도서관들은 로컬의 자금 지원을 받는 다른 부서들과 마찬가지로, 연간 예산을 편성하고 그것을 로컬의 예산 담당관이나 위원회에 제출한다. 모든 예산에 대한 정부의 승인은 각 부서에 대한 청문회를 거치게 되는데, 이를 통해 삭감이나 증액이 이루어진다. 또한 이러한 부서들의 예산 전체가 다음 회계 연도의 관할 구역의 총 예산이 된다. 부동산에 대한 로컬의 세율은 다른 미할당 세금들의 산출액에 대한 추정치와 함께, 필요로 하는 금액을 걷기 위해 설정된다. 이러한 상황에서, 도서관은 기금을 얻기 위해 로컬의 다른 부서들과 경쟁하고, 할당액을 받기 위해 요청액의 타당성을 입증해야 한다. 그러나 요청액을 설득력 있게 설명하면 증액을 받을 수도 있을 것이다. 도서관의 예산은 이러한 방식으로 선출직 공무원들에 의해 할당되기 때문에, 유권자의 호의가 중요한 정치적 도구가 된다. 도서관이 지역 사회를 분석하고, 고객의 니즈(needs)를 확인하고, 그러한 니즈에 부응하게 될 제품/서비스/프로그램을 만들어내고, 그와 같은 혜택들을 고객들에게 전달하는 그 과제를 수행했을 경우에는, 유권자의 강력한 지지와 호의를 얻어낼 수 있을 것이다.[2] 그러나 도서관이 그 지역 사회에 의해 동의할 수는 있으나 희생될 수 있는 편의 시설로 간주되면, 예산을 삭감해야만 할 때는 타격을 느끼게 되는 첫 번째 서비스에 속하게 될 것이다. 여러 면에서, 도서관의 운명은 도서관의 스탭과 도서관이 필수적인 서비스로 발전된 정도에 맡겨지게 되는 것이다.

---

2) 용어 **제품**과 **서비스, 프로그램**은 서로 교환하여 사용할 수 있을 것이다. **제품**은 그 고객이 이용하도록 하기 위해 도서관이 생산해내는 것을 식별해주는 마케팅 용어이다. **서비스**는 도서관이 제공하는 것을 설명해주는 포괄적인 용어이다 — 물리적 제품에 반대되는 서비스. **프로그램**은 마케팅 용어, 즉 제품이 도서관의 어휘의 일부가 되기 이전에 예산 편성 분야에서 사용되었다. 따라서 이 교재에서는 예산을 논의할 때 **프로그램**이라는 용어를 사용하지만, **제품**이라는 용어는 다른 모든 경우에 조작적 용어가 된다.

6.1.2. 도서관세

미국의 경우, 많은 주의 도서관법들은 관할 지역에서 공공 도서관의 설립과 운영을 위해 세금을 징수하는 것을 합법화해주는 소극적 입법(permissive legislation)을 포함하고 있다. 대부분의 경우, 이 유형의 세금은 부동산에 부과되며, 세금 수입은 과세 부서 내에서 과세 가능 재산에 대한 사정된 평가액에 대해 납세자가 의결한 마일리지[3] 레벨 — 예를 들면 1.5밀(mills) 또는 4밀 — 을 바탕으로 한다(1밀 = 매 1,000 달러 당 0.01달러).[4] 그와 같은 도서관세에는 대개 한도가 주어지는데, 밀로 환산하여 표현된다. 역사적으로 부동산세는 로컬의 대부분의 수입을 차지해 왔으며, 오늘날에도 판매세와 소득세에도 불구하고, 부동산세는 로컬의 주요 자금원이 되고 있다. 이와 같이 지방 정부의 대부분의 자금 조달 부담을 떠맡고 있는 부동산 소유주들은 재산세가 증액되는 데 대해 점점 더 낮은 관심을 가지고 있다. 주민 투표가 필요할 경우에는, 도서관에 대해 마케팅 및 기획의 원칙들을 적극적으로 활용하여 도서관의 케이스를 촉진하도록 조언할 수 있을 것이다.

대부분의 도서관세는 일단 도서관이 설립되면 주요한 건축이나 리모델링 프로젝트를 제외하고는 주민 투표를 필요로 하지 않는다. 로컬의 선출직 공무원들은 법률에 지정된 한도까지는 세금을 징수하도록 권한을 부여받고 있다. 부동산세에 대해 전체적으로 과세 한도가 설정되어 있는 경우에만, 제한하는 법률이 지정된 한도를 넘어서는 세금에 대해 이 방법을 허용한다고 가정하여, 주 레벨에서든 로컬 레벨에서든, 주민 투표가 이루어질 수 있을 것이다.

미국의 경우, 도서관을 위한 과세 한도가 몇 년 전에 설정된 주에서는, 도서관을 위한 수입이 전반적인 생계비의 상승 때문에, 최고 범위에서조차도 상대적으로 낮을 수도 있을 것이다. 비용들은 부동산 평가액 및 세금 산출액

---

3) 역자주: 달러당 1,000분의 1의 과세율

4) Jane Robbins-Carter, "Finance: Introduction," in her *Public Librarianship: A Reader* (Littleton, Colo.: Libraries Unlimited, 1982), p.329.

보다 더 많이 증가하는 경향을 보이고 있다. 한도가 더 최근의 더 높은 것이라면, 도서관은 당연히 최고 마일리지를 요청하여 받을 수 있을 것으로 생각해서는 안 될 것이다. 로컬의 공무원들은 허용된 도서관세 중 얼마나 많은 밀(mills)을 실제로 징수할는지를 결정하게 될 것이다. 여기에서 또다시 세심하게 문서화되고 타당성이 입증된 연간 예산 요구서가 필요하게 되며, 납세자의 지지와 호의가 아주 강력한 영향을 미치게 된다. 많은 소규모 지역 사회와 카운티들은 니즈(needs)나 제안된 지출에 대한 어떠한 실제적인 고려도 없이 한도 이하의 특정 숫자의 밀을 도서관에 제공하는 습관을 가지고 있을 수도 있을 것이다. 다른 관할 지역에서는, 사서와 도서관 위원회가 예산 요구서를 제출하고 이를 변호할 기회를 부여받기보다는 오히려 어떤 청문회도 없이 지출해야 할 금액을 통보받을 수도 있을 것이다. 이러한 상황에서 새로운 사서는 로컬의 수많은 전통 및 타성을 극복해야 할 것이다. 변화를 위한 제안은 어떤 공무원에 의해서는 귀찮은 일이나 "정도를 벗어난" 것으로 간주될 수도 있을 것이다. 도서관 위원회는 그와 같은 재정적인 습성을 타파하는 장점에 대해 확신을 줄 첫 번째 그룹이다.

부동산 평가액을 바탕으로 하는 도서관세에서 모든 수입을 얻고 있는 몇몇 도서관들은 정부의 지배권에 그다지 밀접하게 얽매여 있지 않다. 단지 도서관 서비스를 제공하기 위한 목적으로 만들어진 별도의 도서관구(library district)는 미국의 많은 중소 규모 공공 도서관의 재정적인 구조이다. 이러한 상황에서는, 로컬 정부의 역할은 위원회의 일부 또는 전체 위원을 임명하는 것으로 국한되는데, 이 위원회는 도서관의 유일한 관리 기관이다. 이 위원회는 이 경우에 예산을 승인할뿐만 아니라 필요로 하는 수입을 제공하기 위해 기금을 조달하는 과세 권한을 가질 수도 있을 것이다. 그와 같은 상황에서 과세 한도는 대개 법률로 정해지며, 과세 권한을 가지고 있는 도서관구가 마일리지를 상당히 증액시키고자 할 때는 주민 투표를 하는 것이 일반적이다. 따라서 주민 투표가 없는 연도에는, 그와 같은 도서관들이 선출직 공무원을 통하여 기금을 제공받는 도서관들보다 납세자들의 직접적인 영향으로부터 조금 더 벗어나 있기는 하지만, 그와 같은 도서관들은 상당 부분을 증액시키고자 할 때는 직접적으로 유권자에게 의존해야만 한다.

6.1.3. 목적세 기금(earmarked tax funds)

미국의 경우, 몇몇 주와 로컬의 관할 지역에서는, 하나 이상의 특정 세금의 산출액이 도서관을 위해 배정되고 있다. 이 목적세는 부동산에 대한 세금일 수도 있고 그렇지 않을 수도 있는데, 실제로는 대개 그렇지 않다. 몇몇 지역에서는 애견세(dog tax)의 수입이 도서관 예산의 상당 부분을 차지하고 있다. 미시건(Michigan) 주에서는 수년 동안 도서관들이 수입의 상당 부분을 목적세로부터가 아니라 도서관을 위해 배정된 벌과금으로부터 받은 바 있다.

목적세 기금은 장점과 단점을 가지고 있다. 그러나 그것은 예산과 관련해서 다른 더 일반적인 방법들과는 완전히 다른 상황을 만들어낸다. 첫째로, 과세 구조와 도서관 서비스는 아무런 논리적 관계도 없다. 그 관계는 완전히 자의적이다. 둘째로, 도서관을 위해 이 자금원으로부터 받게 되는 수입 금액은 고정될 것이다. 도서관의 예산 요구를 통해 도서관이 받게 될 금액을 증액시킬 수 없을 것이다. (그러나 몇몇 도서관들이 하나의 목적세의 산출액을 놓고 경쟁을 벌일 때는, 의사 결정을 내리기 위한 방법이 있어야 할 것이며, 의사 결정을 내리는 단체에서 예산 요구를 검토하게 되는 것이 사실이다. 총액은 비탄력적이며, 따라서 도서관들은 서로 경쟁을 벌이게 된다. 니즈가 아무리 크거나 설득력 있는 주장을 펼친다고 하더라도, 그와 같은 코스로부터의 총 수입은 초과할 수 없는 것이다.)

목적세로부터 기금을 받고 있는 도서관들은 자금 조달을 위해 다른 정부 서비스들과 경쟁할 필요가 없다. 이 사실은 대개 상당한 장점으로 간주되고 있다. 이러한 도서관들은 회계상으로든 다른 방식으로든, 정부 당국으로부터 어느 정도 독립성을 갖게 된다. 이것은 그 위원회에 모든 법률적 책임을 부여하는 경향이 있는데, 주(州)의 법률에만 따르게 된다. 그들은 자금에 대한 권한이 납세자의 손에 있지 않는 한 대개는 납세자의 영향을 받지 않는다. 부동산세에 의존하지 않는다는 점에서 어느 의미에서는 장점이 있다. 왜냐하면 바로 이 부동산세는 로컬의 재산 소유자들이 가장 부담스러워 하고 낮추고자 하는 조치들을 취하는 경우 — 주민 투표에서 검토 요청을 부결시키거나, 예산과 세금을 인상하는 공무원들을 낙선시키거나, 재산 가치의 마일리지나 비율에 대해 법정 한도를 부과함으로써 — 가 많기 때문이다. 다른 자금원으로부터 그 수입을 얻고 있는 도서관은 납세자의 부담의 일부로서 주목받을 가능성이 적을 수도 있을 것이다. 그러나 이러한 소원함은 서비스 대상 고객들로부터 거리를 두게 되는 결과를 초래할 수도 있을 것이다. 이것은 분명한 단점이 된다.

6.2. 미국의 주 및 연방의 보조금

지방세 이외에도, 미국의 시민들은 주나 연방 정부에 상당한 금액의 세금을 지불하고 있다. 이 두 상위 관할 기관들은 현재 도서관 수입에 어느 정도의 재정적 기여를 하고 있다. 기여하는 것은 주에 따라 상당히 다양하다. 절반 이상의 주에서는, 일부의 주 기금은 직접 또는 지역의 협력체나 도서관 시스템을 통해 로컬 도서관에 도움을 주게 되는데, 로컬의 도서관들은 이러한 기구에 가입하도록 권고받고 있다. 일부 주에서는, 주의 지원 금액이 아주 풍부하며 다양한 목적을 위해 이를 사용할 수도 있을 것이다. 예를 들면, 몇몇 주는 도서관 건물을 짓는 것을 재정적으로 지원하도록 법률적으로 권한을 부여하고 있다. 주 보조금이 개별 도서관으로 갈 때는, 도서관은 대개 로컬의 일인당 최소 예산이나, 전문직 또는 공인된 사서의 고용, 일정 시간의 공공서비스 등과 같은 특정의 기준을 적법하게 충족시키도록 요구받게 된다. 주 보조금이 로컬 도서관으로 직접 가지 않고 지역의 협력체나 도서관 시스템으로 갈 때는, 전문화된 자료와 서비스의 구입에 대한 타당성을 충분히 입증할 수 있는 대규모의 주민들에게 서비스를 제공함으로써 주 기금의 지출에 있어서 규모의 경제(economy of scale)의 혜택을 보장하기 위한 목적을 가지고 있다. (이러한 유형의 협력체와 규모의 경제에 대한 상세한 내용은 제9장에서 살펴보고자 한다.)

지방세의 구매력이 줄어들면서, 공공 도서관 사서들은 상당 부분의 운영비를 얻기 위해 주 및 연방 정부를 주목하기 시작하고 있다. 그들의 주장은 부분적으로는 총 세금의 상당 부분이 이러한 레벨에서 거두어들여지고 있다는 사실과, 부분적으로는 국가 및 주의 정책에 관련해서 충분한 정보를 가지고 있는 시민이 중요하다는 사실에 바탕을 두고 있다. 그러나 가장 중요한 것은 도서관 간의 자원 공유가 오늘날의 세계에서는 점점 더 큰 역할을 하고 있으며, 이로 인해 서비스 대상 고객의 측면에서 로컬의 관할 지역의 경계선이 희미해지고 있다는 현실에 바탕을 두고 있다. 각 로컬 도서관이 글로벌 정보 네트워크의 노드가 되어감에 따라, 정부의 여러 층 사이에서 이루어지는 기금 공유를 찬성하는 주장은 더 강해지고 있다. 언제 요구하고, 언제 자료를 보내며, 언제 공식적인 프레젠테이션을 하는지에 대한 패턴을 이해하기 위해서는 정부 각 층의 예산 사이클을 조사하는 것이 중요하다. 도서관이 이러한 다양한 층에서 효과적으로 상호 작용하고자 하는 경우에는 절차들을 알고 세심하게 따라야 한다.

많은 도서관들은 그 수입의 대부분 또는 전부를 로컬의 부동산세로부터 얻어 오고 있기 때문에, 그리고 그 세금은 일부 유권자들이 인상을 거부하고 어느 경우에는 이를 명확하게 제한할 정도로, 부담이 점점 더 늘어나고 있기 때문에, 로컬의 도서관은 도서관들을 지원하는 주(州)의 참여를 얻어내거나 증가시키기 위해 주의 도서관 에이전시나 도서관 협회에 가입할 필요가 생기게 되었다. 여기에는 제안된 도서관 법률 및 자금 지원에 관련된 단일의 목소리에 대해 알고 이를 개발해내는 것과, 연방 기금에 대해 이루어지는 용도에 관한 견해들을 공유하는 것, 그리고 로컬의 레벨에서는, 그 자체의 업무가 가능한 한 효과적이고 효율적으로 이루어지도록 하고 도서관 서비스가 삶의 질에 미치는 가치와 혜택을 공무원들은 물론 납세자들이 이해하도록 보장하는 것 등이 포함된다.

주민의 수가 적거나 경제적인 기반이 더 취약한 지역은 도서관 서비스를 지원하기 위해 로컬의 노력에 의존하지 않을 수 없는 경우에는 특히 불리하다. 여기에서는 부동산세가 일인당으로나 전체 자금 지원으로나 도서관의 니즈(needs)에 부족할 수도 있는 금액이 된다. 그러나 많은 주에서는 도서관 시스템에 기금들을 제공하고 있다. 이러한 시스템들은 연합(로컬 거버넌스를 회원 도서관들이 보유한다)을 하거나 또는 통합(로컬 거버넌스가 전체 시스템 지역을 관할하는 중앙 집중화된 위원회로 합병된다)될 수도 있을 것이다. 도서관 시스템의 자금은 로컬 도서관으로 내려오면서 많은 형식을 취할 수 있다. 도서관 상호 대차(interlibrary loan)와 협동 편목(cooperative cataloging), 공동 자동화 시스템, 자문 지원, 계속 교육에 대한 프로그램 작성 및 자금 지원이 그것이다. 이러한 도서관에게는 도서관 시스템에 소속되는 것이 특히 중요할 수 있다.

어느 지역에는, 특별한 유형의 자금 지원이 가능할 수도 있는 상당한 규모의 소수자(minority) 그룹이나 특정 민족의 주민이 있을 수도 있을 것이다. 도서관 관리자와 위원회가 이러한 기금들을 알고 활용하게 되면 그 일부를 도서관에서 입수할 수도 있을 것이다. 그와 같은 자금들을 얻기 위한 제안서와 신청서를 준비하는 데는 공무원은 물론 주 도서관 에이전시의 도움을 받을 수도 있을 것이다. 주 도서관 에이전시는 가능한 보조금을 지원하는 소스에 관한 정보를 가지고 있을 것이다. 일반적으로 그와 같은 프로그램들은 초창기 단계에만 자금 지원이 이루어지며, 프로그램들이 성공을 거두게 되면 로컬의 관할 기관이 계속적인 지원을 모색할 것으로 기대되고 있다.

미국의 경우, 이전의 연방에서 자금을 지원하는 도서관서비스 및 건설법(LSCA: Library Services and Construction Act)과 현재의 도서관서비스 및 기술법(LSTA: Library Services and Technology Act)과 같은 특별 기금은 니즈를 입증하여 입수할 수 있는 경우가 많다. 이러한 기금들은 로컬 도서관의 요청을 받은 후에 대부분 주 도서관 에이전시나 지역 도서관 시스템을 통해 전해진다. LSCA 기금에 지원할 수 있는 프로젝트들은 일반적으로 신축이든 리모델링이든 도서관 건물에 관련된 것이었으나, LSTA 제안서는 테크놀로지와 그 응용에 관련된 것이어야 한다. 이러한 연방의 자금들은 실제 비용을 지불하는 데 도움이 되지만, 로컬의 자금 지원을 요구하는 경우도 많다.

6.3. 보충적인 자금의 조달

자금 조달(funding)[5]이라는 단어는 이 책에서는 어떤 종류든 자금의 조달을 언급하기 위해 사용하고 있다. 대부분의 공공 도서관에 대해서는 세금들이 기본적인 자금을 제공하고 있지만, 도서관들은 재정적인 긴축의 시대에 질 높은 서비스를 유지하고 아울러 추가의 서비스를 제공하기 위해 점차 보충적인 자금의 조달을 모색하고 있다. 이런 의미에서 보면, 자금 조달은 기증과 기부, 기금 조성 활동(fundraising activities), 유증(遺贈: bequests) 등을 포함할 수 있다. 점점 더 많은 도서관들이 보충적인 자금을 확보하기 위한 중심적인 포커스로서 재단들을 설립하고 있다. 나아가 자금 조달은 현금과 장비, 서비스, 채권(bonds), 소유권(property) 등의 형태를 취할 수 있다는 사실을 기억해두는 것이 바람직하다.

공공 도서관들은 민간 기부의 주요 수혜 기관이 되지 못하고 있다. 이러한 상황을 야기하는 데는 다음과 같은 몇 가지 요인들이 있다.

- 무엇보다도, 세금을 통해 자금 지원을 받는 도서관들은 이미 적절한 자금 지원을 받고 있다는 인식이 있다.
- 많은 잠재적인 기부자들은 도서관 예산에 가해지는 점점 더 많은 압박에 대해 인식하지 못하고 있다.

---

5) 역자주: 이 책에서는 문맥에 따라, 자금을 제공하는 주체의 입장에서는 "자금 지원"으로, 자금을 지원받는 도서관 등의 입장에서는 "자금 조달"로 번역하였다.

- 예산에 대한 압박은 인플레이션뿐만 아니라 사회 변화와 새로운 테크놀로지, 레저 시간의 증가, 계속적으로 늘어나는 계속 교육에 대한 필요성과 수요로부터 야기되고 있다.

최근에 들어서야 도서관들은 자신들의 니즈(needs)를 지역 사회와 잠재적인 기부자들에게 더 적극적으로 알리게 되었다.6)

6.3.1. 기증과 기부

로컬의 자금 조달의 기본적인 수준을 넘어서는, 기증과 기금 조성 노력을 통한 추가적인 기금들이 환영을 받고 있다. 도서관의 친구들(Friends of the Library)과 상공 회의소, 미국여대생연합(American Association of University Woman)과 같은 그룹들과, 로타리(Rotary) 및 키와니스(Kiwanis)와 같은 봉사 클럽, 그리고 로컬의 기업들은 다른 방법으로는 불가능한 특별 프로그램과 활동들을 위한 자금을 제공하기 위해 상당한 일을 할 수 있다. 지원은 금전적인 것이거나 추가의 컴퓨터 워크스테이션과 같은 유형의 것 — 기증자를 나타내는 사인을 두드러지게 표시한 — 이 될 수 있다.

지역 사회의 모든 단체들은 정보 니즈(information needs)와 해결해야 할 문제점을 가지고 있다. 도서관은 그러한 니즈를 확인하기 위해 적극적인 역할을 수행하고, 단체의 문제 해결과 의사 결정에 도움이 되는 정보와 자료들을 제공해야 한다. 도서관이 그와 같은 단체들의 정보 니즈에 민감하게 반응하고, 도서관 스탭들이 지역 사회의 각종 위원회에서 봉사하고, 앞을 내다보고 행동하는 방식으로 이러한 그룹들과 상호 작용하기 위한 노력을 기울이면, 도서관을 지원하는 긍정적인 관계가 형성되며, 그 중의 일부가 재정적인 것이 될 수도 있을 것이다.

---

6) Ann E. Prentice, "Gifts, Grants, and Bequests," *The Library Trustee: A Practical Guidebook*, 4th ed., ed. Virginia Young (Chicago: American Library Assn., 1988), p.73.

6.3.2. 기금 조성 활동

도서관 위원회가 분명히 중복되는 기득권을 가지고 있기는 하지만, 미국의 경우, 도서관의 친구들(Friends of the Library)은 거의 대부분 기금 조성 노력의 선봉이 되는 그룹이 된다. 도서관 관심사의 옹호자로서 조직된 도서관의 친구들의 회원은 도서관의 적극적인 지지자인 지역 사회 구성원들로 이루어진다. 이 그룹은 도서관에 많은 혜택을 제공해준다. 가능한 몇 가지를 열거해보면, 이 그룹은 자원 봉사자들을 조직해주고, 도서 판매 및 그 밖의 기금 조성 활동들을 운영하며, 도서관 이벤트를 위해 다과를 제공해주고, 데이터 수집을 도와준다. 이 그룹은 핵심적인 자원 봉사자들로 구성되는 경우가 많은데, 도서관에 대해 계속적으로 지원하면서, 지역 사회 전체로 확산될 가능성이 있다. 일부 관리자들은 도서관의 친구들과 도서관 위원회 간의 책임의 중복 가능성에 관해 혼동하고 있기는 하지만, 이 두 그룹의 기본적인 권한의 영역은 아주 분명하다. 즉 도서관의 친구들은 도서관과는 조직적으로 별개의 것으로, 도서관 업무에 아주 소중할 수도 있는 민간의 기금 조성 활동에 초점을 맞추고 있고, 도서관 위원회는 정책을 결정하는 권한을 가지며, 이연(移延) 기부 캠페인(deferred-giving campaigns)과 같은 공식적인 기금 조성은 물론 의사 결정을 감독한다. 현재 도서관의 친구들이 지역 사회에 존재하지 않는다면, 사서에게 조직 전략을 추진하는 것을 고려하도록 조언하는 것이 좋을 것이다. 미국의 경우는, 도서관의 친구들의 조직이 주 레벨에서 존재하는 경우도 많으며, 전국적인 그룹은 미국도서관협회(ALA)에서 찾을 수 있다.

기금 조성이 때로는 도서관 업무에 대한 공적 세금의 투입을 줄이는 방식으로 로컬의 자금 지원 당국에 의해 간주될 수도 있을 것이다. 이러한 인식에 대해서는 강력하게 이의를 제기해야 한다. 도서관에 오는 보충적인 자금은 정확하게 보충적인 것으로 간주해야 한다. 공공 도서관의 로컬에 대한 자금 지원을 대체해주는 것은 없으며, 추가의 기금은 도서관이 제공할 수 있는 것의 범위를 확대시키기 위해 사용해야 한다.

6.3.3. 유증 및 기부금

도서관의 기금 조성에 새로운 것으로 현재 이연(移延) 기부(deferred giving)라고 알려져 있는 것의 적극적인 권유가 있다. 몇몇 도서관들은 도서관 프로그램에 대한 정보를 제공하고 도서관에 대한 기부가 적합한 기념이 될 수 있다는 제안을 제시하는 매력적인 소책자들을 개발하고 있다. 이러한 소책자들은 지역 사회의 자산 플래너들(estate planners), 변호사들, 보건소 등에 배포되며, 효과를 거두기 위해서는 세련되고 고상하게 설계해야 한다. 대안이 되는 기금 조성을 모색하는 이 방법은 이미 확립된 지역 사회의 호의를 바탕으로 하며, 장기간에 걸쳐 상호 이익을 인식하는 관계를 구축하고 있는 도서관에서 이를 가장 도움이 되게 활용할 수 있다.

6.3.4. 법인과 재단

보조금을 받아내는 것은 예술이며 기술이다. 성공적인 보조금 신청서를 작성하는 사람들은 작성되는 제안서의 총 숫자와 성공 비율 간에는 어떤 관계가 있다는 사실을 인정한다. 그것은 숙련이 되면 실제로 기회는 증가함을 보여 주고 있다. 어떤 제안에 대해 자금을 지원할지에 관한 결정은 대개 자금 지원 기관의 철학과 자세에 바탕을 두고 있다. 미국의 경우, 미국재단센터(The Foundation Center)의 출판물들이나, The Foundation Directory, Dialog 데이터베이스에서 가능성이 있는 법인이나 재단들을 검색하고, 어떤 유형의 프로젝트들에 대해 최근에 자금을 지원했는가를 알아보고, 법인이나 재단의 관심사의 범주들과 우선 순위들을 확인함으로써, “숙제”를 하는 것이 생산적인 결과들을 가져올 수 있다.[7] 법인이나 재단들로부터 기금을 찾아내

7) The Foundation Center, *The Foundation Directory* (New York: The Center, 2000). Available from the Foundation Center, 29 Fifth Ave./16th St., New York, NY 10003-3076. (212) 620-4230 or (800) 424-9836, fax: (212) 807-3677, online: http://fdncenter.org.

는 책임을 가지고 있는 도서관 위원회의 위원이나 사서, 자원 봉사자는 가능성을 확인하고, 그와 같은 단체들의 자원을 관리하는 책임을 맡고 있는 개인과 접촉하고, 자금 요청의 적합성에 대해 문의해야 한다. 제안서의 포맷과 요건들은 다양하며, 자금을 찾는 사람은 적절한 프레젠테이션에 대해 문의를 해야 한다. 이 레벨에서 보조금을 받아내는 것은 대규모 도서관들이 더 일반적으로 숙달되어 있다. 그러나 소규모 공공 도서관이 제안서를 효과적으로 준비하여 제출하지 못할 이유는 없는 것이다. 특히 법인이나 재단 또는 그 지부의 하나가 로컬의 지역에 소재해 있는 경우에는 그러하다. 그러나 도서관 관리층은 보충적인 자금을 정규 예산과 별도로 관리하고 이러한 추가의 자금들이 자치 단체에 의해 "공식적인" 예산의 감축에 대한 이유로서 활용되는 것을 방지하도록 신중을 기해야 한다는 사실을 명심해두는 것이 중요하다.

6.4. 예산의 편성

사서와 도서관 위원회가 함께 일하는 도서관 비즈니스의 가장 중요한 부분의 하나가 예산의 편성이다. 예산은 도서관 경영의 다른 측면들과 마찬가지로, 세심한 기획을 통해 더 용이해지게 된다. 매년의 예산은 다양한 품목들에 붙어 있는 가격표와 함께 단기 계획 또는 운영 계획을 지원한다. 사서와 도서관 위원회가 제반 목적과 목표들에 대해 합의하고 도서관 발전을 위한 단기 및 장기 계획을 함께 만들어낸 경우에는, 예산 편성은 현재의 비용과 로컬의 재정 상태에 비추어 얼마나 많은 계획을 특정 연도에 시도할 수 있는지를 결정하는 문제가 될 것이다. 장기 계획을 해당 기관이나 과세 기관 또는 기획 담당 공무원이 원칙적으로 승인하고 도서관 위원회가 승인한 경우에는, 예산을 편성하고 승인을 받아내기가 훨씬 더 간단하다.

이전의 도서관 예산은 도서관이 어디에 있는지를 결정하기 위한 훌륭한 지표가 된다. 지난 2년이 가장 중요하기는 하지만, 최소한 5년을 거슬러 올라가는 것이 가장 유익하고 패턴과 경향을 밝혀줄 수 있다. 고려해야 할 중요한 질문들은 도서관을 위한 지원의 토대에 관련되어 있다. 세원(稅源)들은 어떠한 것들이 있으며, 그것들을 어떻게 수집하고 분배하는가? 도서관은 기부금과 신탁 재산을 가지고 있는가, 그리고 그것들을 어떻게 사용할 수 있는가? 도서관을 지원하기 위한 과세는 이루어지고 있는가? 과세는 일반 공공의 투표로 결정되는가, 그리고 언제 기한이 만료되는가? 건물에 대한 기금의 개선에 해당하는 자본 개선(capital improvement) 과세나 공채 발행이 이루어지고 있는가?[8)]

장기 예산 계획을 수립하는 것은 도서관 관리자의 가장 중요한 책무의 하나이다. 일상적인 과업들의 압박을 받다 보면, 기회가 살아날 때는 기회를 이용하고 상황이 우호적이지 않을 때는 도서관의 벨트를 졸라매면서, 예산상으로 일 년을 기본으로 운영하기가 아주 쉽다. 비슷한 어려움이 기획 프로세스에서도 발생하는데, 일상적인 과업들이 기획에 쏟아 부을 수도 있었을 시간을 빼앗아 버리는 것과 마찬가지이다. 그러나 많은 사서들과 도서관 위원회의 위원들은 더 좋은 도서관 서비스를 위한 세심하고, 상세하며, 상상력이 풍부한, 매년의 실행 단계를 명확하게 지시하고 있는 계획은 지역 사회 전반은 물론 공무원들에게도 우호적으로 받아들여질 것이라는 사실을 알고 있다. (제3장과 부록 B의 단기 및 장기 계획 표본을 참조하라.)

장기 계획은 로컬 및 주(州)의 정보원으로부터 입수할 수 있는 인구 추계 및 이동 정보, 교육 및 기타 시설의 지역 사회 진출, 주요 고속 도로나 수로, 산업의 제안, 주 및 연방의 자금원으로부터 들어올 것으로 예상되는 수입 등은 무엇이든 고려해야 한다. 협력체나 도서관 시스템의 개발이 예상될 때는, 그 함의(含意)도 장기 계획에서는 고려해야 한다. 장기적으로 상세하게

---

8) Alan Hall, "Budget Preparation," in *The How-to-Do-It Manual for Small Libraries*, ed. Bill Katz (New York: Neal-Schuman, 1988), p.84.

예산을 편성하는 것은 대개 가능하지 않다. 그러나 비용들을 추정하고 급여 그리고 관련된 주요 품목들의 가격들의 인상 가능성을 고려하는 것이 현명하다. 이것은 마케팅의 **가격**(price) 구성 요소이다. 즉 다양한 제품/서비스를 제공하는 데 필요한 비용의 확인과, 서비스의 우선 순위들을 설정하기 위해 각 제품의 비용/수요에 대한 평가가 그것이다. (비용/수요 관계는 〈그림 4-1〉에 설명되어 있다. 도서관이 그 지역 사회에 제공하는 모든 제품은 네 개 사분면의 하나에 할당해야 한다. 비용과 수요 둘 모두의 산정이 이루어지지 않으면 이것은 불가능하다.)

6.4.1. 예산 형식

대부분의 도서관들은 품목별 예산(line-item budget) 형식으로 운영하고 있는데, 이것은 얼마나 많은 금액을 급여를 위해 가용(可用)할 수 있고, 얼마나 많은 금액을 장비를 위해 가용할 수 있는지 등을 지시해준다. 이 유형의 예산은 극히 상세하거나 다소 일반적일 수도 있으며, 일반적으로 자치 단체들에서 예산 제출과 보고를 위해 요구하는 형식이다. 품목별 예산은 각 직위와 그에 결부되는 정확한 급여를 열거할 수도 있고, 아니면 모든 급여에 대한 총액만을 지적할 수도 있을 것이다. 마찬가지로, 이것은 총 장비에 대한 합계를 배정할 수도 있고, 아니면 컴퓨터를 위한 총액과, 북 트럭을 위한 또 하나의 금액 등등을 명시할 수도 있을 것이다. 품목별 예산에 일반적으로 나타나는 몇 가지 구분들로는 급여, 자본적 지출(capital outlay), 운영 비용(operating expenditures) 등이 있다 — 다만 사용하는 정확한 용어들은 다양할 수도 있을 것이다. 도서관의 경우, 첫 번째 품목은 정규직(permanent staff)의 실제 급여 그리고 때로는 부가 급부(fringe benefit)를 다룬다. 자본적 지출은 건축과, 리모델링, 이동 도서관, 미리 정해진 금액(500달러나 1,000달러와 같은)보다 더 많은 비용이 소요되는 가구 및 장비와 같은 주요 지출을 포함한다. 운영 비용은 용품(소모품: supplies), 유틸리티, 보험, 서비스, 보수(補修), 장비나 가구 중 다소 가격이 저렴한 품목들이 포함된다.

품목별 예산의 범주들은 모든 단위들을 포함한 전체 정부의 모든 기능들에 대해 설정되기 때문에, 도서관의 주요한 예산 품목들의 하나인 자료에 대해 특별한 규정을 마련하지 않고 있다. 어떤 도서관들은 자료들을 다루기 위해 예산에 라인만을 추가하고 있으며, 어떤 도서관들은 상위의 예산 구조에 이를 포함시켜야 한다.

자료들에 대해 자본적 지출 섹션에 예산을 편성하도록 요구하는 경우에는 도서관들이 심각한 문제에 직면할 수도 있다. 왜냐하면 경쟁 입찰과, 소유권의 표시, 정기적인 명세표 작성에 관한 법률적 요건들이 작동할 수 있기 때문이다. 전체적으로 자료들의 장서는 도서관의 가장 중요한 소유물로 장기적인 공공 투자(public investment)에 해당하기는 하지만 — 그렇기 때문에 예산의 자본 부분에 포함된다 —, 개개 자료들은 거의 매일 분실과 제적이 이루어지고 있다. 번거로운 조달 및 책임 절차들은 그와 같이 유동적인 소유물에 대해서는 타당하지 않으며, 따라서 많은 도서관들은 자료 예산을 운영 비용 아래에 포함시키는 것이 바람직하다고 생각하고 있다. 로컬의 규정들이 자료들을 예산의 자본적 지출 섹션에서 제거하는 것이 불가능하도록 하고 있는 경우에는, 도서관의 특수한 니즈(needs)에 부응하도록 가능한 한 절차들을 단순화하는 방법들을 사서가 담당 공무원과 논의해야 한다. 아마도 무엇이 "자본"인가에 대한 결정은 장기적인 투자보다는 오히려 비용을 바탕으로 내려질 수 있을 것이다. 이 시나리오에서는, 자본 비용(capital expense)은 예를 들면 500달러나 1,000달러 이상의 비용이 소요되는 것은 어느 것이든 여기에 해당할 수도 있을 것이며, 그 수치 이하의 모든 것들은 운영 경비(operating expense) 라인에 해당하는 것으로 간주하게 될 것이다. 이러한 해결책에 따르면 대부분의 도서관 자료들은 자본 품목으로 다루지 않아도 될 것이다.

6.4.2. 프로그램 예산

정부의 다양한 레벨에서 점차 채택하고 있는 예산 편성의 별도의 유형으로 프로그램 예산이 있다(프로그램 예산과 품목별 예산을 비교하기 위해서는 〈표 4-2〉를 참조하라). 때로는 PPBS(planning, programming, budgeting systems)와 영 기준 예산(ZBB: zero-based budgeting)의 일부로서 채택되고 있다. 제품 라인(product lines)과 제품 아이템(product items)의 범주들에 배정되는 도서관 제품들은 〈표 4-1〉에 제시되어 있다. 전체적인 품목별 예산을 특정의 도서관 제품들에 직접적으로 관련되어 있는 미니 예산들로 세분하는 프로그램 예산을 사용하는 목적은 정부의 회계 담당자들로 하여금 그들이 구입하는 서비스들과 각각의 비용을 이해할 수 있도록 하기 위한 것이다(〈표 4-2〉를 참조하라). 아울러 이 예산 유형은 서비스 레벨의 선택을 효과적으로 제공해준다(이 장의 후반부에서 더 상세하게 살펴보고자 한다). 특정 프로그램의 서비스를 현재 레벨에서 계속하기 위해서는 일단의 비용들이 발생하게 될 것이다. 그 혜택을 50%까지 끌어 올리기 위해서는 또 하나의 일단의 비용을 추가해야 할 것이다. 가능한 한 아주 낮은 레벨에서 그것을 수행하기 위해서는 그에 따른 혜택의 축소와 함께, 또 하나의 비용 총액이 포함되게 될 것이다. 이 장의 뒷부분에 제시되어 있는 〈표 6-1〉은 세 가지 예산들을 개발하는 개념을 소개하고 있다. 이 접근법은 전체적인 품목별 예산뿐만 아니라 각각의 개별 제품 기반의 미니 예산에도 사용할 수 있을 것이다.

소규모 정부들은 대개 대규모 정부들이 종종 사용하는 것과 같은 품목별 예산 시스템에 대한 별법(別法)을 사용하지 않고 있다. 사용할 때는 세목들을 단순화하는 경향이 있다. 그러나 모든 직접비와 간접비를 확인하고 우선 프로그램 예산을 편성하는 것이 도서관에 도움이 된다. 프로그램 예산을 작성하는 이점이 데이터를 수집하고 직접비와 간접비를 결정하는 데 드는 시간보다 훨씬 더 크다.

직접비(direct costs)는 오로지 그 활동만을 위해 조달되는 인원, 장비, 자료, 용품(소모품)과 같은 특정 활동에 해당하는 것으로 쉽게 간주할 수 있는 비용들이다. **간접비**(indirect costs)는 어느 한 활동에 배정할 수 없으며 때로는 공통 경비(overhead)라고도 한다. 이는 간접 지원 서비스(indirect support services)와 간접 운영 경비(indirect operating expenses)의 두 개 주요 범주로 구분할 수도 있을 것이다. 지원 서비스는 행정과, 정규 직원, 재정 및 부기(bookkeeping), 유지 보수(maintenance), 수서, 편목, 수선 및 제본, 안전 및 관리 서비스 등을 망라할 수도 있을 것이다. 운영 경비는 유틸리티들과, 전화, 보험, 장비 및 용품(소모품), 가구, 우편 요금, 임대료, 감가 상각(depreciation) 등을 다룬다.[9)]

인원과 자료, 장비, 용품(소모품) 등의 각 제품에 관련된 모든 유형의 모든 비용들을 산출해야 한다. 도서관이 전면적으로 개발된 프로그램 예산 아래에서 운영되는 경우는, 막후(幕後)에서 이루어지는 활동을 포함한 모든 활동들을 서로 다른 제품들과 제품 라인에 할당하게 된다. 유틸리티들과 그 밖의 간접비들도 다음과 같은 "간단한" 방법을 사용하여 다양한 제품들에 배정하게 된다.

1. 제품 라인들에 의해 범주화된 어떤 제품들을 도서관이 지역 사회에 제공하는지를 확인한다.
2. 데이터를 수집하게 될 대표적인 몇 주 동안 며칠 간의 "표본 추출 프레임"(sampling frame)을 개발한다.
3. 이러한 제품들과 제품 라인들을 수직축에 열거하고 15분마다의 증분(增分)을 수평축에 열거하는 타임 로그(time log)를 만든다(〈표 4-3〉을 참조하라).
4. 각 스탭(단 한명만 있는 경우에도)에 대해 작업 중인 제품이나 제품 라인의 반대편에 매 15분마다 체크 표시를 한다.

9) Philip Rosenberg, *Cost Finding for Public Libraries: A Manager's Handbook* (Chicago: American Library Assn, 1985), p.5.

5. 데이터 수집이 끝날 때, 각 제품이나 제품 라인에 소요된 시간을 더하고, 각 제품이나 제품 라인에 소요된 총 작업 시간의 비율을 산출한다.
6. 이 비율을 사용하여 간접비를 분배하고, 프로그램 예산에 나타나는 각 제품 및 제품 라인에 그러한 비용들을 할당한다.

아울러 비용을 수요 및 예상되는 혜택(효과)에 비추어 평가함으로써 각 제품의 비용 효과를 산출할 수 있다. 바꾸어 말하면, 각 제품에는 네 가지 가능성이 있는 것이다(〈그림 4-1〉을 참조하라).

a. 제품이 수요가 높고, 그 제공 비용도 높다.
b. 제품이 수요는 낮고, 그 제공 비용은 높다.
c. 제품이 수요는 높고, 그 제공 비용이 낮다.
d. 제품이 수요가 낮고, 그 제공 비용도 낮다.

첫 번째 및 네 번째 결과의 경우는, 예상되는 혜택에 따라 결정이 내려지게 될 것이다. 즉 수요가 높으나 비용이 많이 드는 제품은 다른 가능성이 있는 제품들과 관련하여 높은 우선 순위를 가질 수도 있고 그렇지 않을 수도 있을 것이다. 수요가 낮으나 비용이 거의 안 드는 제품은 단지 최소한의 자원들을 사용하기 때문에 제공할만한 가치를 가질 수도 있을 것이다. 분명히, 수요는 낮으나 비용이 많이 드는 제품은 중단할 리스트에 오르게 된다. 물론 이상적인 것은 낮은 가격표가 붙은 인기 있는 제품이다.

제품들은 비용-수요 결과들을 바탕으로 우선 순위의 순서대로 위치를 정할 수 있다. 일단 각 제품이 앞서 살펴본 a-d 범주의 어느 하나에 위치하도록 결정하게 되면, 적절한 평가와 우선 순위의 설정이 이루어질 수 있을 것이다.

각 제품의 미니 예산을 위해 산정된 금액들(즉 인건비, 장비 등)은 쉽게 합산하여 자치 단체에 제출하기 위해 필요한 품목별 예산을 만들어낼 수 있다. 바꾸어 말하면, 다양한 제품의 모든 인건비들은 합산하여 그 총액을 품목별 예산 형식의 "인원" 다음에 기입하게 된다.

프로그램 예산은 운영 계획(operational plan)과 직접적으로 관련되어 있다. 예산 청문회(budget hearing)에서 발표될 때 이것은 자금 지원을 위한 강력한 이론적 설명이 된다. 예산을 작성할 때 단기 계획의 구체적인 목적 및 목표들과 상호 참조해야 한다.

프로그램 예산의 배경이 되는 철학은 사서와 도서관 위원회의 위원들이 실제로 활용하게 될 기획 프로세스와 밀접하게 관련되어 있다. 그들은 다음 해에 무엇을 수행하고자 하는지를 결정하고, 그러고 나서 제품들이 얼마나 많은 비용을 필요로 하는지 고려하게 된다. 도서관은 이 총액을 요청하고, 그 자금을 사용하여 무엇을 하고자 기대하는지와, 프로그램 예산에 제시되어 있는 그러한 제품들이 왜 수행할만한 가치가 있는지, 그것들이 전체 도서관의 그림 및 지역 사회의 니즈(needs)에 얼마나 적합한지, 그리고 때로는 특정의 아이템이 다양한 대안들보다 왜 우수한지에 대해 설명해야 한다. 이를 타당성의 설명(justification)이라고 한다. 예를 들면 컴퓨터 소프트웨어 프로그램에 대한 타당성의 설명은 다음과 같다.

> 이 컴퓨터 소프트웨어 프로그램은 예산 편성 및 회계 관리를 처리하는 사무원의 시간을 30퍼센트까지 줄여줄 것으로 추정된다. 이 시간은 현재 진행 중인 연구(20-- 회계 연도의 예산에서 승인됨)와 관련하여 내부 및 지역 사회 통계에 대한 분석에 활용할 것이다. 지역 사회에 대한 연구가 끝나면, 그리고 예상되는 도서관 이용 증가의 결과로서, 서비스 기록들을 관리하기 위해 추가의 스탭이 필요할 것으로 예상된다. 이 컴퓨터 프로그램의 활용을 통해 절약되는 사무원의 시간은 이 작업에 투입할 수 있으므로, 그 때 추가의 사무직 스탭에 대한 요청을 피할 수 있을 것이다.

타당성의 설명은 간략해야 하며, 가능하면 니즈에 대한 통계적 이유를 인용해야 한다. 이용이나 소요되는 직원 시간의 감소가 예상될 때는, 질문들을 예상하고 남는 시간을 어떻게 활용할는지를 보여 주는 것이 현명할 것이다.

6.4.3. 예산 청문회

문서에 의한 타당성의 설명 외에도, 미국의 경우, 대부분의 도서관 예산은 예산 담당 공무원이나 해당 단체 앞에서 청문회를 열게 된다. 대부분의 공공 도서관들은 회계 연도에 따라, 또는 1월부터 12월까지로 운영된다. 실제적으로 말하면, 예산 편성은 일년 내내 계속되는 활동이지만, 예산의 수치들은 10월에 열리는 예산 청문회에서 프레젠테이션하기 위한 최종 형식으로 함께 모아진다. 청문회는 도서관의 기능과 니즈(needs), 혜택을 자치 단체의 자금 지원자들과 지역 사회에 설명하는 중요한 기회를 제공해준다. 종종 도서관 위원회의 위원장이 예산의 프레젠테이션을 주도하고, 사서는 질문에 대답하는 경우도 있다. 상황이 어떠하든, 이 중요한 인터뷰는 도서관의 장래에 결정적이며, 따라서 도서관을 대표하는 사람은 필수적으로 지식을 갖추고, 사실들에 대해 확신을 가지며, 프레젠테이션의 시간 제한을 지켜야 한다.

지금까지 소규모의 역할을 수행해온 도서관을 위해, 추가의 제품 아이템과 함께, 예산이 엄청나게 확대된 프로그램을 요구하는 경우에는, 예산 프레젠테이션에 특별한 노력이 필요하게 된다. 그와 같은 노력으로는 다음과 같은 것들이 있다.

- 마케팅 감사(marketing audit)의 완성. 여기에는 거시 환경과 지역 사회, 도서관 업무에 대한 분석이 포함된다.
- 공무원들이 예산을 합의된 개선을 위한 첫 번째 단계로 인식하도록, 조정이 가능하다면, 장기 계획을 사전에 수용하는 것
- 프로그램에 대한 충분하고 자유롭게 표현되는 도서관 위원회의 승인 및 지지
- 문서화된 추천과 지역 사회 리더들의 출석과 증언으로 표현되는 시민의 지지에 대한 증거(예를 들어, 학부모-교사협의회(PTA: Parent Teacher Association)가 새로운 예산을 제출하게 된 지역 사회 연구를 도와주고 있을 경우에는, 그 단체가 결의안을 제출해준다면 도움이 될 것이다.)

- 운영 계획 및 장기 계획들과 연계된 프로그램 예산의 제출
- 의미 있는 비교와 통계, 그래픽들을 포함하고 있는 간략하고 명확하게 작성된 타당성에 대한 설명
- 지역 사회의 총 예산과 관련하여 이루어진 도서관의 니즈에 대한 현실적인 평가
- 지역 사회의 혜택이라는 측면에서 표현된 지역 사회 니즈에 대한 확인과 이러한 니즈에 대한 도서관의 반응에 대한 지속적인 강조

사서들이 자금을 지원하는 당국에 예산을 단순히 송부하기만 하는 경우들이 있는데, 이것은 수용할 수 없는 것이다. 모든 경우에, 청문회에서 이루어지는 예산 프레젠테이션은 그 프로세스의 중요한 부분이며, 프레젠테이션이 이루어지도록 하기 위해 모든 노력을 기울여야 한다. 일단 예산이 승인되면, 장기 계획을 갱신하고 다음 연도의 운영 계획(단기 계획)을 세우는 것과 함께, 다음 연도의 예산에 관한 업무가 시작된다. 지역 사회와 스탭이 참여하여 이루어지는 예산 및 기획에 대한 이러한 협력적인 접근법은 성공적인 예산 프레젠테이션의 견실한 토대를 다음 해에 제공해주게 된다.

6.4.4. 기업가적 접근법: 세 개의 예산

어떤 규모의 공공 도서관에서도 거의 사용되지 않고 있는 또 하나의 전략이 있다. 이 전략은 앞서 환경적인 영향에서 긍정적인 변화와 부정적인 변화, 거의 변화가 없는 경우를 나타내는 세 개 세트의 목표와 행동들을 권고하면서 표현했던 주장과 관련이 있다(제3장과 〈그림 3-3〉 및 〈그림 3-4〉를 참조하라). 이 접근법을 유지하고 뒷받침하면서, 서로 다른 회계상의 현실에 대처하는 세 개의 예산을 개발하는 것도 아주 강력할 수 있을 것이다(〈표 6-1〉을 참조하라). 품목별 예산이 필요한 경우에는, 프로그램 예산 버전도 제출해야 한다는 사실에 유의해야 한다.

〈표 6-1〉 세 개 예산의 개발

예산 A 미세한 경제적 변화	• 현실적인 회계상의 예측 • 자금지원당국에 실제로 제출되는 예산
예산 B 부정적인 경제적 영향	• 잠재적인 그리고 갑작스런 경제하강이나 요구되는 예산삭감에 대한 반응 • 사서로 하여금 경제풍토가 실제로 악화되면 무엇을 해야 할는지 심사숙고하도록 한다. • 실제 회계상의 재난발생이라는 고도의 감정 앞에서 가장 훌륭하게 이루어지는, 여러 가능성에 대한 조용하고도 합리적인 고려 • 실제로는 결코 "세상에 태어나지" 못할 수도 있다.
예산 C 긍정적인 경제적 영향	• "블루 스카이" 예산 • 아주 효과적인 교육적 및 정치적 도구 • 많은 자금지원자들과 지역사회의 상당수가 공공도서관이 그들을 위해 할 수 있는 것에 관해 이해하지 못하고 있는 데 대해 대처한다. • 지역사회 혜택의 측면에서 소규모의 증액으로도 살 수 있는 것에 대해 공공이 지식을 갖고 있지 못한 데 대해 대처한다. • 확장되는 서비스를 위한 권고안에 대한 충분한 타당성의 설명과 함께, 예산 A와 동시에 제출해야 한다.

사서가 갑작스런 재정상의 문제점들에 대처하다 보면 감정적으로 지칠 수도 있다. 얼마 안 되는 자원들을 가지고 기능을 수행하느라 씨름하는 조용한 시기 중에 예산 버전을 만들어내는 경우에는, 더 좋은 의사 결정이 이루어질 수 있다. 예산의 다른 측면에서 보면, 도서관에 최적의 회계 상황을 만들어 주는 "블루 스카이"(blue sky) 예산은 정치적으로 매우 강력할 수 있을 것이다. 자금을 지원하는 사람들과 시민들은 도서관이 지역 사회의 삶의 질 그리고 지역 사회의 개인들의 삶에 실제로 얼마나 기여하게 되는지에 대해 아주 제한적으로 이해하는 경우가 많다. 도서관의 여러 가능성의 창(窓)을 제공해

주는 목표들과 행동들, 뒷받침이 되는 예산 정보는 도서관의 업무를 향상시킬뿐만 아니라 권력을 가진 사람들이 도서관의 가능성과 지역 사회에 가져다 주는 혜택에 대해 더 명확하게 인식하도록 실제로 교육시킬 수도 있다.

6.5. 구 매

대개 도서관은 공공 부문 구매에 관한 명확한 규정들을 따라야 한다. 이러한 것들은 적법한 모든 벤더들(vendors)이나 계약자들에게 공공 비즈니스의 공유 기회를 보장하고, 필요한 제품이나 서비스를 최소 비용으로 확보하고 그렇게 함으로써 공공 자금을 가장 잘 활용하도록 하며, 공익과 사리(私利)의 상충(conflict of interest)이나 선거에서 기여한 회사에 대해 호의를 베푸는 것 등과 같은 의혹을 살만한 비즈니스 거래를 피하는 것을 목적으로 하고 있다. 더 복잡한 규정들은 상당한 규모의 지출에 주로 적용된다. 왜냐하면 적은 금액을 절약하기 위해 모든 사소한 구매에 대해 추가의 서류 작업을 요구하게 되면 자금이 전혀 절약되지 않을 것이기 때문이다.

입찰은 공공 부문 비즈니스를 할당하는 주요 수단이다. 대부분의 도서관들은 상위 관할 기관의 일부로서, 적절한 규정들을 따르게 될 것이다. 어느 경우에는 로컬의 구매 대행 기관이나 부서가 입찰 절차를 포함한 구매의 모든 상세한 부분들을 처리할 것이다. 제안 요청서(RFP: request for proposals)에 포함시켜야 할 기준에 대해 세심한 주의를 기울여야 한다. 불완전하거나 부적합한 정보가 포함되게 되면, 필요한 직무를 수행할 수 없는 낮은 입찰이 이루어질 수도 있을 것이다. 나아가 벤더/계약자가 약속한 것을 실제로 해낼 수 있는지를 평가하기 위해 입찰을 세심하게 분석해야 한다. 지시 사항들이나 입찰자의 약속들이 충분한 생각과 분석 없이 진행될 때는 입찰 프로세스의 제반 파라미터 내에서 많은 불행한 일들이 발생하게 된다.

앞서 살펴본 것처럼, 도서관 장서를 하나의 단위로 간주하여 자본적 지출

(capital outlay) 아래의 예산에 열거하는 경우에는 도서관이 직면할 수 있는 한 가지 어려움이 발생한다. 또 하나의 문제는 예를 들어 로컬의 공무원이 도서관의 연간 도서 또는 정기 간행물 계약을 도매상들 중에 최저가 입찰자에게 제공하고자 할 경우에 발생할 수도 있다. 그와 같은 경우에는 할인만으로는 가장 좋은 벤더를 확인하지 못하며, 도서관은 받게 되는 서비스에서 비용 절약과는 균형이 맞지 않는 너무 과도한 서류 작업을 요구하지 않도록 보장하는 명세서를 개발할 의무가 있다.

입찰이 필요한 많은 품목들에 대해서는 명세서가 필요하다. 품목들이 표준적인 경우는, 구매 담당자가 무엇을 명시해야 할지에 대해 알 것이다. 그러나 어떤 품목이 도서관에서 특별히 필요로 하는 것이면, 요건들을 알리는 것은 도서관의 책임이다. 특정 벤더의 제품이 좋은 것으로 알려져 있는 경우라고 하더라도, 입찰 절차의 요건은 직접 주문서를 보내는 것을 금지하고 있다. 그러나 사서와 구매 담당자는 경쟁사에 비해 우수한 해당 제품의 특성들, 장기적으로 도서관의 자금을 절약해줄 수도 있는 특성들을 확인할 수 있다. 도서관 자료와 장비들은 빈번한 사용을 견딜 수 있게 내구성(耐久性)을 갖는 좋은 품질의 것이어야 한다. 크기와, 무게, 요망되는 형태, 색상, 에너지 소비, 전기적 요건, 마무리, 기계 작업, 자재의 유형, 운영 속도, 납품 일자와 같은 제반 사항들을 고려해야 하며, 이를 상세하게 설명해야 한다. 자동화 시스템과 같은 장비를 고려할 때는, 성능과, 특정 "벤치마크" 테스트(반응 속도에 관심을 두고, 사용 강도의 다양한 조건들 아래에서 이루어지는 장비의 실제 운용)의 성공적인 통과, 비슷한 규모를 가진 도서관의 유사한 장비에 대한 검토에 관한 구체적인 표현을 포함시켜야 한다. 그러고 나서 확인된 모든 특성들을 명세서에 포함시키게 된다. 자신들의 신청이 명세서에 부응하지 못하는 입찰자는 누구든 부적격자로 간주된다. 주문이 완료되었을 때, 설정된 기준 이하의 제품이나 서비스는 어느 것이든 수용할 수 없는 것으로 간주할 수 있으며, 계약자나 벤더에 대해서는 결함을 보충하도록 요구할 수 있다.

6.6. 책무성

책무성(accountability)은 공공 부문뿐만 아니라 민간 부문에서도 하나의 명령으로 등장하고 있다. 책무성의 정의 중 하나는 예산이 편성된 기금의 신중한 사용에 관련되어 있다. 공공 기금을 지출하는 모든 공무원은 항상 그에 대한 책무성을 가지고 있다. 이것은 기금들을 적절하고 공인된 목적을 위해서만 사용하도록 보장하기 위해 재무 기록을 관리하고 감사를 시행하며, 기금의 오용(誤用)이 없었고, 계약이나 구매에서 공익과 사리(私利)의 상충(conflict of interest)과 같은 부적절한 관행들이 없었음을 의미한다. 공무원으로서, 사서는 공공 자금의 지출과 보호에 대해 책임을 가지고 있다. 기금들은 가능한 한 현명하게 사용해야 하며, 기록은 정연하게 정리해야 하고, 모든 자금에 대해서는 보고를 해야 한다. 어떠한 부주의도 나타나지 않도록 잘 피해야 한다.

소규모의 일상적인 지출을 위해서는, 필요할 때 사용할 수 있는 소액의 현금 기금을 가지고 있는 것이 도움이 된다. 전시 자료나 페이퍼백과 같은 작은 품목들이 갑작스레 필요할 수도 있고 현금 구매가 유리한 응급 상황들이 가끔 발생한다. 소액의 현금을 사용할 때는, 가능하면 영수증을 받아둔다. 어느 경우에든, 일자와 목적, 공급자와 함께, 지출에 대한 기록을 관리한다. 소액의 현금 기금은 정상적인 방식으로 주문하고 대금을 청구할 수 있는 품목들에 대해 이를 사용하는 것을 피하기 위해, 대개 소규모로 유지하며 모자라게 될 때 보충한다.

현금 영수증은 매일 카운트하고 현금은 예치할 때까지 안전한 곳에 보관한다. 우표와 용품(소모품)들은 잘 관리해야 한다. 현재의 정상적인 요구에 충분하게 보관하고, 모든 사람들이 직접 접근할 수 있도록 해야 한다. 그와 같은 세심한 정책은 스탭에게 지나칠 정도로 엄격하게 보일 수도 있고, 심지어는 그들의 정직성을 반영한 것이기는 하지만, 그것은 실제로는 보호인 것이다. 공공 소유 재산의 낭비나 무관심, 개인적인 사용은 아무리 사소한 것이라도, 세금을 부담하는 공공에게는 가장 불행한 인상을 줄 수 있다. 그와 같은 관행이 나타나는 것 자체를 피하고자 열심히 노력하는 것이 현명하다.

오늘날에는 **책무성**이라는 용어가 더 광범위한 의미를 띠고 있다. 공공 기금을 받는 공복(公僕)들에 대해서는 정직하고 주의 깊을 뿐만 아니라 그들에게 맡겨진 자금을 사용하여 결과를 만들어낼 것으로 기대하고 있다. 이러한 결과들은 공무원들과 시민들이 자신들의 자금들이 그들을 위해 무엇을 샀는지를 정밀하게 알 수 있게 측정할 수 있도록 해야 한다. 측정 가능한 결과들은 도서관이 측정 가능한 목표들을 개발하고 산출 척도들(output measures)에 관련된 데이터를 관리한다면 얻어낼 수 있을 것이다. 산출 척도의 결과들을 추적하고 기획 프로세스 중에 설정된 목적과 목표들의 진척을 모니터하는 회계 보고서는 도서관이 지역 사회의 니즈(needs)에 어떻게 부응하고 있는지 확인해준다. 이러한 데이터들은 월간 보고서 및 연간 보고서에 삽입할 수 있다. 결과의 평가는 무엇을, 언제까지, 누구의 책임 내에서 완수할 것인지를 설명하기 위해 목표들과 행동들을 설계한 기획 프로세스의 최종 단계이다. 이 프로세스는 프로그램 예산과 결합하여, 예상되는 성과를 명확하게 정의하며, 이러한 성과의 평가는 간단하다.

그러나 양적 보고(quantitative reporting)가 아주 중요한 위치를 차지하고 있기는 하지만, 질적 보고(qualitative reporting)나 일화적(逸話的)인 보고(anecdotal reporting)도 아주 중요할 수 있다. 예를 들면 대출 데스크에 대해 많은 흥미롭고 의미 있는 스토리들이 이야기되고 있다. 이러한 스토리들은 도서관이 인간의 삶에 미치는 영향의 사례들로서 자금을 지원하는 사람들이나 시민들에게 전달할 필요가 있다. 결과적으로, 도서관의 이용은 자료 이용 측면에서뿐만 아니라 근로자들과 기업의 효과 개선, 가정과 정원의 매력 증가, 주민의 건강 증진, 지역 사회의 관심사와 중요한 문제들에 대한 시민들의 정보 향상 등의 측면에서도 설명할 수 있을 것이다. 일화적인 정보는 인간의 관심사적 측면에서 설명되면, 도서관 위원회 자체에 대해 괄목할만한 것이 될 수 있으며, 거의 항상 도서관이 그 지역 사회에 대해 의미하는 것에 대한 더 좋은 그림을 공무원들과 일반 공공에게 제공해준다. 단순한 통계조차도 인간적인 측면에서 보고되면, 더 많은 의미를 갖게 된다(〈표 6-2〉를 참조하라).

〈표 6-2〉 통계의 해석과 전달

단순한 통계	인간적 측면의 통계
연간도서관대출: 10,000건	• 서비스대상주민: 1,000 • 가구당 도서관세의 영향: $15 • 1인당 연간대출: 10건 • 자료당 평균비용: $30 • 1인당 총가치: $300

그러나 이러한 유형의 책무성은 아직 빙산(氷山)의 일각에 불과하다. 책무성은 도서관 위원회의 입장에서는 재정적인 책무뿐만 아니라 측정 가능한 결과를 의미한다. 지역 사회의 정보 니즈(information needs)의 확인과 이러한 니즈에 대한 도서관의 반응이라는 맥락에서 보면, 결과는 상호 이익에 대한 인식을 통해 가장 훌륭한 커뮤니케이션이 이루어지게 된다. 이것은 기획 프로세스를 통해 내용과 방향을 제공받게 되는 파트너십 모델로, 지역 사회와 도서관은 상호 이익을 추구하는 파트너로서 간주된다. 공공 도서관의 최종적인 책무성은 그 지역 사회의 정보 센터와 삶의 질의 증진 기관으로서 성공적으로 서비스하는 것이다.

※ 새로운 천년을 맞으면서 생각해 보아야 할 것들 ※

◆ 나는 항상 우리 도서관의 예산을 예산 청문회에서 프레젠테이션 하고 있는가? 우리 도서관 위원회의 위원장은 청문회에 나를 동반하는가, 그리고 예산에 대해 프레젠테이션 하는가?

◆ 나는 기금을 받기 위한 제안서를 작성하고자 노력하고 있는가? 나는 이연 기부(deferred giving)에 관한 소책자를 작성하고 있는가? 나는 다른 유형의 보충적인 자금 조달을 모색하고 있는가? 우리의 자금 지원자들은 그와 같은 자금 지원이 공적으로 자금 지원이 이루어지는 지원을 대체하는 것이 아니라는 사실을 이해하고 있는가?

◆ 우리 도서관은 도서관의 친구들(Friends group)을 가지고 있는가?

◆ 우리 도서관의 연간 보고서는 어떻게 보이는가? 그것은 구성원들의 칼럼(들)으로 구성되는가? 지역 사회에 대한 도서관의 공헌을 생생하게 전달하기 위해 어떤 스토리들을 포함시킬 수 있을 것인가?

◆ 각 시민에 대한 혜택을 반영하기 위해 통계들을 어떻게 제공할 수 있을 것인가?

◆ 나는 어떤 예산 형식을 사용하고 있는가? 품목별 예산을 제출하도록 요청받는 경우에, 나는 프로그램 예산을 작성하기 위해 기꺼이 시간을 낼 것인가?

◆ 세 개 예산을 개발하는 것은 기업가적일 수도 있기는 하지만, 또한 시간이 소요된다. 나는 이러한 접근법에 대해 실험해 볼만큼 충분히 모험가인가?

제7장

인사 관리

7.1. 인사 정책
7.2. 인사 기능
7.3. 스텝의 레벨
7.4. 보 상
7.5. 근무 조건
7.6. 능력 배양과 승진을 위한 계 교육

제7장
인사 관리

경험에 비추어 보면 어느 공공 도서관에서나 그 예산의 대부분, 일반적으로는 60 내지 80퍼센트는 스탭의 비용, 즉 급여 및 관련 제반 급부에 투입된다. 이러한 엄청난 경제적 투입 때문에, 인간적 레벨에서든 경제적 레벨에서든, 스탭이 도서관에서 갖는 중요성에 대한 깊은 인식을 가지고 인사 관리라는 토픽에 대해 접근하는 것이 타당한 것 같다. 나아가 정보 산업 내의 경쟁이 증가하고 입수할 수 있는 정보의 양이 기하학적으로 늘어남에 따라, 고객과 그들이 찾고 있는 정보 사이의 매개자로서 자리 잡은 상태에서, "경쟁의 최일선"(competitive edge)이 되는 것이 바로 스탭이다. 따라서 스탭의 지식과 능력은 크든 작든, 도서관을 위한 책무성의 가장 훌륭한 수단이다.

도서관 경영의 다른 측면들과 마찬가지로, 인사에 관한 의사 결정들은 서비스 대상이 되는 지역 사회를 반영해야 한다. 지역 사회에 대한 연구(community study)는 스탭 선발과, 수 및 전문 영역, 과업들의 성격과 배분과 같은 인사의 많은 고려 사항들에 관한 길잡이를 제공해준다. 대학 커뮤니티에 서비스를 제공하는 도서관은 공업 타운이나 시골 지역에 서비스를 제공하는 도서관과는 다른 전문 지식과 기술을 제공해야 할 수도 있을 것이다. 베드 타운과 퇴직자나 유아의 비율이 높은 타운들은 특유의 요건을 갖게 될 것이다.

지역 사회의 니즈(community needs)에 적합한 스탭의 프로필은 다른 도서관 서비스들 못지않게 또는 그보다 더 중요하며, 인사상의 의사 결정을 내릴 때는 이 개념을 명심해야 한다. 스탭 프로필에는 사서 I, 사무원 I 등과 같은 직위(positions)의 유형(적절하게 작성된 직무 기술서(job descriptions)와 함께), 각 유형의 직위들의 수, 성공적인 지원자가 갖추어야 할 속성들이 포함된다. 확보할 수 있는 스탭과 지역 사회의 니즈를 바탕으로 하는 단기 및 장기 계획은 서로 매치되어야 한다. 일반적으로, 이상적인 충원(充員: staffing) 상황은 어떤 사람들을 확보하여 고용할 수 있는가 하는 현실에 따라 조절해야 한다. 그러나 다른 경영상의 의사 결정과 마찬가지로, 의사 결정 프로세스를 알린다는 목적을 항상 명심해야 한다.

그렇지만, 개개 지역 사회의 니즈에 관계없이 적용할 수 있는 인사 업무의 일반적인 원칙들이 있다. 업무의 조직과, 직위 및 급여의 분류, 책임 및 권한의 위양(委讓), 코칭(coaching) 및 성과 검토(performance review), 교육 훈련(training) 기회의 개발 등은 어느 곳에서나 상당히 공통적인 인사 관리의 측면들이다. 따라서 도서관장과 도서관 위원회의 위원들이 인사 관행에 익숙하지 않을 경우에는, 인사 관리뿐만 아니라 문헌정보학의 여러 문헌에서 많은 것들을 배워야 한다. 모든 도서관들은 스탭의 규모에 관계없이, 표준적인 인사 원칙들을 채택하거나 그에 맞도록 조정하여, 유능하고, 효율적이며, 접근 가능하며, 지속적으로 성장하는 종업원들에 대한 도서관의 니즈(needs)와 경쟁력 있는 급여와 양호한 근무 조건, 직무 만족, 업무의 다양성, 전문적 성장 기회에 대한 스탭의 니즈 사이에서 적절한 균형을 유지해야 한다. 그러나 유의해야 할 것은 오늘날의 근로자는 일차적으로 급여와 근무 조건에 초점을 맞추고 있는 직무 속성들에 대해서는 더 이상 만족하지 않으며 — 그것들이 분명히 중요하기는 하지만 ―, 의미 있는 업무와 "차별화해주는"(make a difference) 것이 가치가 높다는 사실이다.

소규모 공공 도서관에서, 스탭은 대개 밀접하게 맺어진 그룹이다. 대규모 도서관에 존재할 수도 있는 공식성들(formalities)이 소규모 도서관에서는 무의미할 것이다. 스탭들은 팀으로서 일하게 될 것이며, 모든 사람들이 다른 모든 사람들의 개인적인 관심사들에 대해 일반적으로 알게 될 것이다. 어느 정도는, 비공식성이 도서관 이용자들과의 관계까지 확장될 것이다. 이러한 모든 친숙한 주고 받기(give-and-take)는 자연스럽고 불가피한 것이며, 지역사회에 대한 도서관의 상호 작용을 증진시켜 줄 수 있다. 이를 통해 형성되는 우호적인 환경은 스탭이 업무에서 느끼는 기쁨을 높여 주고 도서관을 이용할 때 공공이 갖는 즐거움을 증가시켜 주게 된다.

그러나 모든 좋은 일들은 적당하게 이루어져야 하며, 도서관의 업무를 우선해야 한다. 비공식성을 감당할 수 없다면, 일정 변경과 특별한 특권들을 앞뒤 가리지 않고 인정한다면, 우정 때문에 사서의 권위가 약화되는 지경에 이른다면, 도서관 자체도 약화될 것이다. 비즈니스와 같은 환경은 물론 친숙한 환경도 필요하며, 지시뿐만 아니라 본보기를 통해, 효율성과 따뜻한 우정 간의 적절한 균형을 설정하는 것이 바로 도서관장의 책임이다.

그와 같은 균형을 이루어내는 한 가지 방법은 제반 임무들과 책임들을 세심하게 부여하는 것이다. 스탭이 소규모일 때는, 유연성과 상호 교환 가능성이 있을 것이다. 그러나 각 업무에 대한 일차적 책임은 한 개인에게 부여해야 한다. 구기 종목 팀의 경우와 마찬가지로, 각 구성원은 맡아야 할 하나의 특정 직위(포지션: position)를 가지고 있다. 따라서 소규모 도서관 팀에서는 각 개인이 특정 영역(들)에 대해 선도적인 책임을 가져야 한다. 이것은 각 스탭에 대한 명확하게 작성된 직무 기술서를 통해 가장 잘 이루어지게 된다. 일인 도서관에서는 모든 업무상의 임무를 한 개인의 일차적인 책임으로 한다는 사실 ― 자원 봉사자나 학생 조무원들에게 위양을 할 수도 있을 것이다 ― 때문에 상세한 직무 기술서의 필요성과 특히 변화가 이루지면서 이루어지는 성과 검토(performance review) 중에 이루어지는 해당 문서에 대한 연간 재평가의 필요성이 없어지는 것은 **아니다.**

나아가 업무들이 제대로 된 톤(tone)을 가지고 용이하게 이루어지도록 하기 위해 일정과 휴식, 그 밖의 인사상의 측면에 관한 정책들을 개발해야 한다. 그러면 우정과 비공식성이 설정된 지침 내에서 존재할 수 있을 것이며, 도서관 스탭은 지역 사회의 존경뿐만 아니라 직무 만족도 함께 얻게 될 것이다.

7.1. 인사 정책

공식적인 정책의 작성은 인사 관행의 일관성을 유지하기 위해 필요한 골격을 제공해준다. 다음과 같은 포인트들은 인사 정책에 포함해야 할 중요한 사항들이다.[1)]

1. 도서관의 각 직무, 책임의 정도, 필요로 하는 교육 및 그 밖의 자격, 필요로 하는 특별한 능력이나 기술, 직무에 따르는 급여 체계(salary scale)에 대한 기술(記述)
2. 최소 및 최대 급여나 임금, 인상액, 인상 사이의 기간 등을 제시해주는 정규 급여 체계
3. 수습직의 채용 규정(명시된 기간 포함)
4. 적절한 난방, 채광, 화장실 등의 근무 조건에 관한 설명
5. 정규적인 주당(週當) 근무 일수를 구성하는 것에 관한 개요(구체적인 시간수 포함)
6. 업무 중 휴식의 횟수와 길이에 관한 설명
7. 사회 보장 제도와 부가 급부(fringe benefits)의 기재 — 해당하는 경

1) Virginia G. Young, ed., *The Library Trustee: A Practical Guidebook*, 4th ed. (Chicago: American Library Assn., 1988), p.174의 내용을 수정하였음.

우 다른 공무원들이 이용할 수 있는 것들, 즉 입원, 그 밖의 보험, 연금 제도, 근로자의 보상 범위, 휴가 및 그 밖의 개인적인 휴가(유급이나 무급), 병가, 휴일 등과의 조정

8. 부당한 해직(discharge)이나 강임(降任) 또는 강등(demotion)에 대한 이의 제기(appeals)와 그 밖의 항의에 대한 설명
9. 도서관 회의에 대한 출석에 관한 설명 — 누가 출석하는지, 회의로 빠진 시간에 대한 급여나 여비의 지급 여부
10. 추가의 교육 훈련 기회 및 유급으로 시간이나 수업료를 제공하는지의 여부에 대한 설명
11. 자발적이든 자발적이 아니든, 해고(termination)에 관한 표현(필요한 통보의 요지와 사직은 서면으로 요청해야 한다는 조항 포함)과 징계 조치 및 코칭(coaching)에 대한 지침에 관한 표현
12. 필요할 때 대체 스탭을 고용하기 위한 규정
13. 도서관의 관리에 대한 사서의 책임과 도서관 정책 마련에 대한 도서관 위원회의 책임에 대한 설명
14. 성과 검토(performance review)의 내용과 빈도를 기술해주는 설명

일단 이러한 지침들을 포괄적인 인사 정책으로 법규화하게 되면, 인사 관리의 다른 측면들을 효과적으로 실행할 수 있다.

7.2. 인사 기능

"인사 관리"(personnel management)라는 총체적이고 포괄적인 용어 내에서는 많은 기능들이 수행된다. 이하의 소절들에서는 몇 가지 기본적인 기능들에 대해 살펴보고자 한다.

7.2.1. 채용과 면접

스탭을 모집할 수 있도록 하기에 앞서, 직위 기술서와 직무 기술서를 작성해야 한다. 그러한 것들이 이미 존재하는 경우에는, 현재의 도서관의 니즈(needs)와 기대에 부응하도록 이것들을 검토하고 갱신해야 한다. 직위 기술서와 직무 기술서는 실제로 차이가 있다. 이러한 구별은 대규모 도서관에 더 적합할 수도 있겠지만, 각각의 독특한 특성에 대해 주목할 필요가 있다. 직위 기술서(position description)는 사서 I 또는 도서관 사무원 I과 같은 분류에 초점을 맞추고 있으며, 누가 그 직위를 가지고 있는지와는 무관하다. 그러나 직무 기술서(job description)는 직위 기술서의 요소들을 특정 개인이 가지고 있는 특정 직무에 적용한다. 예를 들어, 직위 기술서에서 "어린이 자료들을 편목한다"라고 명시하고 있는 경우에, 직무 기술서에서는 "해당하는 경우 OCLC와 QuickCard를 활용한, 어린이 자료의 편목에 대한 책임"이라고 기록할 수도 있을 것이다. 이 후자(後者)의 표현이 그 특정 도서관에서 이용 가능한 메커니즘을 분명하게 명시해주며 컴퓨터 기반 시스템을 사용할 수 있는 스탭의 능력을 강조해준다.

〈표 7-1〉에 제시된 두 개 예들은 인용된 직위에 대한 전형적인 직무 기술서들을 나타내고 있다. 많은 소규모 도서관들의 경우보다는 더 대규모의 스탭을 가정하고 있다. 그러나 도서관 규모에 관계없이, 해당하는 경우 여러 원칙들을 적용할 수도 있을 것이다. 각 스탭에 대한 유사한 직무 기술서들은 각 직위의 임무와 책임들을 명확하게 해준다. 물론 상세한 사항들은 도서관에 따라 다양할 것이다. 그리고 이러한 변형들은 기본 원칙을 명심하고 있는 한에서는 중요하지 않다. 각 스탭은 해당 직위의 분류와 급여에 적합한 기술들을 필요로 하는 과업에서 가능한 한 많은 시간을 일해야 한다.

〈표 7-1〉 직무 기술서의 예

사서보 (아동사서로도 근무)	도서관 조무원 (행정보조 겸 비서로도 근무)
• 사서 부재시 도서관을 감독한다. • 예산편성을 지원한다. • 어린이에 대한 서비스를 감독한다. • 어린이 업무에 대해 도서관조무원들을 교육한다. • 어린이자료들을 선정한다. • 어린이업무를 수행하는 도서관 조무원을 감독한다. • 어린이단체와의 지역사회업무를 감독한다. • 학교와 도서관의 관계에 대한 책임을 맡는다. • 성인과 청소년에 대한 열람 및 참고서비스 제공을 지원한다. • 어린이자료들을 편목한다. • 성인자료의 편목을 지원한다.	• 사서의 전반적인 감독 아래, 데스크 조무원과 급사를 감독한다. • 사서와 사서보에 대해 비서 역할을 한다. • 필요할 경우 타이핑을 도와준다. • 재무기록을 관리한다. • 대출 및 그 밖의 통계를 관리한다. • 디스플레이 및 그 밖의 공공관계업무를 지원한다. • 필요할 때 대출대에서 일한다. • 연체, 벌금 등에 관한 이용자의 불평을 처리한다. • 전화에 응답하고 바쁠 동안 임시로 독자들을 지원한다. • 도서관의 일상적인 일에 대한 책임을 가지며 개선된 방법을 제안한다.

서로 다른 직위들 간의 관계는 조직도(organization chart)에 그래프로 묘사할 수 있는데, 이것은 권한과 책임의 라인을 단번에 명확하게 해준다. 한 예로, 두 명의 사서와 두 명의 보조 스탭, 학생 조무원, 약간 명의 무급 스탭을 가진 소규모 도서관의 경우, 조직도는 〈그림 7-1〉에 제시된 것과 같은 어떤 것이 될 수도 있을 것이다.

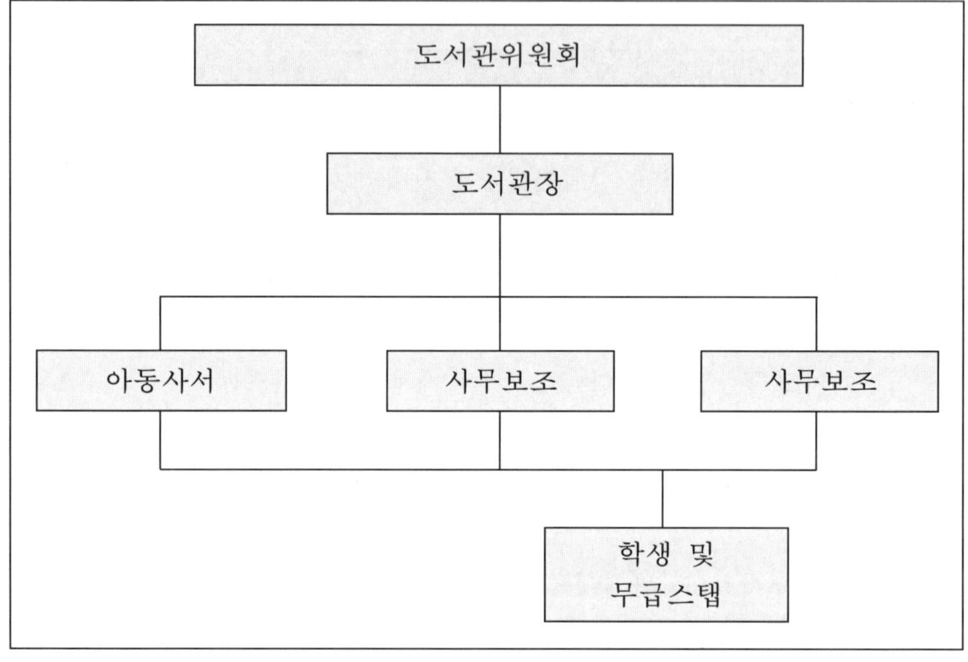

〈그림 7-1〉 표본 조직 도표

직무 기술서와 조직도는 수정할 필요가 있다. 각 스탭의 재능과 경험, 능력은 다른 어떤 도서관의 경우나 마찬가지로 소규모 도서관에서 최대한 충분하게 활용해야 하며, 스탭의 변화가 있을 때는 임무들을 재분배할 수도 있을 것이다. 예를 들면, 신입 데스크 조무원이 아름다운 디스플레이를 할 수도 있을 것이다. 이것은 도서관에서 무시할 수 없는 재능이다. 임무들을 다시 할당할 때는 그것들이 직무 분류(job classifications)와 일관성을 갖도록 하는 것이 중요하다. 더욱이 중요한 변화가 생겼을 때는 직위의 분류를 검토해야 한다. 이상적으로는, 각 스탭의 직무 기술서는 성과 검토(performance review) 때 연간으로 검토해야 한다. 이것은 직무 기술서가 직무 자체와 일관성을 갖도록 할 수 있는 기회이다. 왜냐하면 직무는 시간이 흐르면서 자연적으로 그리고 스탭의 기술 및 재능과 함께 서서히 발전하기 때문이다.

미국의 경우, 도서관들은 로컬과 주, 연방의 차별 철폐 조치(affirmative action)

의 규칙과 규정들에 따라야 한다. 고용의 기회 균등(equal opportunity)을 어떤 직위에 지원한 각 지원자에게 부여해야 하며, 프로세스에 대한 자료 정리를 세심하게 해야 한다. 광고에 사용하는 언어는 자치 단체의 해당 부서에 제출하여 순응하고 있음을 보장받아야 한다. 지역 사회는 전체 관할 지역의 고용 프로세스를 감독하는 차별 철폐 조치 또는 인사 담당자를 두고 있을 수도 있다. 초빙 및 적격 심사 위원회(search and screen committee)는 각각의 지원에 대해 적용하게 될 일단의 기준들을 포함하여, 일단의 고용 절차를 개발해야 한다. 이러한 기준들을 포인트 시스템에 배정할 수 있으면, 선발 프로세스는 단순화된다.2)

일단 지원에 대한 사전 적격 심사가 완료되면, 최종 후보자들 또는 "선발 후보자 명단"(short list)을 다시 고려하게 된다. 그리고 면접(interview)을 위해 어떤 후보자를 초청할 것인지에 관한 결정이 내려진다. 오늘날에는 전화 면접이 대개는 사전 면접으로서 그리고 가끔은 유일한 면접으로서 일반화되고 있다. 재정이 허락하는 경우에는, 면대면(面對面) 최종 면접을 실시하는 것이 도서관과 후보자 양측 모두에게 도움이 된다. 어떤 유형의 면접 중에든, 일관성과 공정성을 보장하기 위해 각 후보자에게 하나의 리스트의 질문들을 물어야 한다.

면접은 일반적으로 도서관과, 직위, 지역 사회에 관한 초빙 위원회 위원장의 소개말과 함께 구성된다. 그러고 나서 후보자에 대한 질문들이 이루어지며, 후보자가 질문할 기회도 주어진다. 사전 적격 심사 프로세스의 경우와 마찬가지로, 다시 한 번 일관성과 공정성에 대한 관심을 가지고, 평가 시스템(rating system)을 면접에 적용해야 한다. 추천서를 받는 것은 고용 프로세스의 중요한 부분이다. 그러나 모든 사람의 시간이 제약되어 있기 때문에, 최종 후보자로 면접을 받게 될 후보자에 대한 추천서(reference letters)만을 요청하는 것이 바람직하다. 가능성이 있는 모든 후보자에게 추천서를 요구하

2) Darlene E. Weingand, *Managing Today's Public Library: Blueprint for Change* (Englewood, Colo.: Libraries Unlimited, 1994), p.80.

는 것은 추천서를 작성해야 하는 사람에게 상당한 부담이 될 수도 있다. 또한 추천서를 요청하는 외에 전화로 추천인을 체크하는 것도 중요하다. 추천인으로 기재된 많은 사람들은 문서화된 의견과는 반대로 구두(口頭)로 이루어지는 의견에서 더 솔직해질 것이다. 각 추천인에 대해서는 동일한 질문들을 해야 한다.

일단 신입 직원을 채용하게 되면, 오리엔테이션 기간을 제공하는 것이 필수적인 다음 단계가 된다. 서로 다른 도서관 기능들의 다양한 직무 과제들(job assignments)을 표본삼아 볼 기회를 제공하는 것은 새로 고용된 사람과 도서관 양측 모두에게 매우 도움이 될 수 있다. 그와 같은 광범위한 오리엔테이션은 신입 스탭이 자신의 직무를 전반적인 도서관 업무들과 연결시킬 수 있는 유용한 맥락을 제공해준다. 마지막으로, 양식을 완성하고, 열쇠를 불출하는 등의 하우스키핑(housekeeping) 과업들이 있다.

7.2.2. 스탭의 평가

효과적인 도서관 서비스는 상당한 정도는 스탭들의 능력에 좌우된다. 대단히 훌륭한 장서라 하더라도 전문 스탭의 인터페이스가 없으면 고객의 니즈(needs)에 부응할 수 없다. 인사를 관리할 때는, 필수적으로 이익을 얻었으면 보상을 실시하고 만족스런 업무를 수행할 수 없는 사람들은 스탭에서 면직되도록 하는 절차를 마련하는 것이 필수적이다. 보상을 나누어주는 것은 언제나 즐겁지만, 해고로 이어질 수도 있는 징계의 조치들을 거치는 것은 어려운 일일 수 있다. 특히 모든 사람들이 서로 알고 지내는 소규모 지역 사회에서는 더욱 그러하다.

그러나 성과를 평가하는 전 프로세스가 부정적인 경험으로 이루어져야 하는 것은 아니다. 취지는 기획과 목적 설정의 하나로, 지난 해의 성과를 이러한 맥락에서 검토하고 다음 해의 목적들을 설정하는 것이다. 그것은 단순한 연습 이상의 것이어야 한다. 이것은 성장과 발전을 위한 훌륭한 기회인 것이다.

7.2.3. 새로 고용된 사람들을 위한 수습 기간

물론 인사상의 문제점들이 발생할 수도 있고 또한 실제로 발생하기도 한다. 도서관이 부당하거나 자의적인 행위를 한 것으로 장래에 제기될 수도 있는 주장으로부터 스스로를 어느 정도 보호할 수 있는 한 가지 방법은 모든 신입 직원들에게 수습 기간을 설정하는 것이다. 새로 고용된 사람들의 경우, 보조 스탭에 대해서는 대개 6개월의 수습 기간이 주어지고 전문 스탭에 대해서는 일년의 수습 기간이 주어지는데, 이 기간 동안 정기적인 성과 보고서를 수집하게 된다. 공무원 규정을 적용할 경우에는, 간격이 미리 정해진다. 신입 직원에게 어디에 부족한 부분이 있는지를 말해 줌으로써 상황을 개선하기 위한 시도를 할 수 있도록 하는 공정성이 필요하다. 보고서들은 간격을 두고 서면으로 제공하여 문제가 있다는 사실에 대해 어떤 의문이 있으면 언급할 수 있도록 해야 한다. 이 보고서들은 해당 직무의 임무들과 필요한 자격들, 개인이 임무들을 완수하고 자격에 도달하는 방법, 훌륭한 업무를 인정하고 개선이 필요한 곳을 지적해주는 일반적인 의견 등을 명시해야 한다. 따라서 해고가 필요할 경우에는, 근거가 존재하게 되며 직원이 청문(聽聞: hearing)을 요청하면 설명할 수 있게 된다. 그와 같은 청문은 직원의 권리이다.

7.2.4. 연간 성과 검토

신입 스탭에 대한 초기의 수습 기간 이후에는, 대개 인사 보고서가 연간으로 작성된다. 모든 스탭은 성과 검토(performance review)를 받을 자격을 부여받는다. 검토는 "성적표"가 아니라, 개인의 업무에 직접적으로 관련된 기획 프로세스에 참여하는 기회인 것이다. 다음 해에 달성할 수 있는 목적들과 목표들을 개발하고, 지난 해의 목적들과 목표들에 대한 진척을 평가한다. 성과 검토는 긍정적인 경험이 되어야 하며 개인적 그리고 전문적 성장을 위한 자극이 되어야 한다. 피드백은 커뮤니케이션의 필수적인 부분으로, 이것은 스탭의 중요한 권리이다.

올바르게 구성된 성과 검토는 다음과 같은 몇 가지 중요한 목적에 도움을 주게 된다.[3)]

- 만족스런 성과 수준을 만들어주고 이를 유지시켜 준다.
- 필요한 개선과 성장을 위한 영역들을 확인해준다.
- 목적 및 목표 설정이라는 맥락에서 감독자와 직원 간의 대화를 만들어 낸다.
- 한 걸음 물러서서 직무와 지난 해 동안 그것이 얼마나 변경되었는지를 평가할 기회를 제공해준다. 그 결과 직위 기술서의 개정을 가져 오게 된다.
- 우수한 경우에 대해 적절히 보상하기 위한 기준을 설정해준다(그리고 부적합한 성과를 처리하기 위한 프로세스에 착수하게 해준다).

성과 검토는 인사 관리의 필수적인 구성 요소이며 아주 신중하게 이루어져야 한다. 감독자와 스탭이 함께 매년 스탭을 위한 합리적인 목적들과 목표들의 리스트를 마련한다. 이러한 것들은 물론 도서관의 일반적인 목표들과 구체적인 연간 운영 계획에 관련되어 있다. 예를 들어, 당해 연도를 위한 도서관의 구체적인 목표들이 "이야기 시간과 여름 독서 프로그램을 통해 최소한 50명의 어린이들에게 서비스를 제공할 것"을 포함하고 있다면, 어린이를 대상으로 일하는 스탭에게 적절한 개인적인 목표들을 규정하는 것은 어렵지 않을 것이다. 그것이 타당하도록 보장하기 위해, 목표를 어떻게 달성할 수 있는지에 대한 일부 개념이 목표가 채택되기 이전에 이미 마련될 것이다. 따라서 어린이 사서는 예를 들면, 일정 수의 탁아소와 학급들로부터 정기적으로 방문을 받게 될 것이고, 그와 같은 탁아소와 학급들의 도서관 방문 목표치에 대한 일정을 조정하게 되리라는 사실 등에 대해 동의할 생각을 갖게

3) Darlene E. Weingand, *Managing Today's Public Library: Blueprint for Change* (Englewood, Colo.: Libraries Unlimited, 1994), p.81.

될 것이다.

모든 스탭이 이러한 분명한 통제 수단을 갖는 것은 아니다. 예를 들어, 참고 사서(reference librarian)의 경우는, 얼마나 많은 질문들을 받고 대답하게 될는지 예측하기가 어렵다. 측정 가능한 측면에서 열거할 수 있는 것들은 확장 서비스(outreach), SDI(지역 사회 구성원의 확인된 니즈(needs)에 부응하기 위해 일단의 정보를 밖으로 보내는 것), 홍보 및 개인적인 교육 훈련 노력의 측면에서 이루어지게 될 노력들이다.

정책들의 공식화와 마찬가지로, 개인적인 목표들의 설정은 스탭에게 그와 같은 합의된 목표들의 파라미터 내의 직무상에서 더 많은 자유를 주게 된다. 그와 같은 지침들 내에서 업무를 수행하면서, 스탭은 자신의 방식으로 목표들을 달성하고자 노력할 수 있을 것이다. 연간 성과 검토 회의는 목표들과 목표들을 완수하거나 완수하지 못한 정도에 집중해야 할 것이다. 도서관의 계획의 경우와 마찬가지로, 검토의 목적은 비난을 퍼붓기 위한 것이 아니라, 어떤 목표들이 일찍 또는 늦게 달성되거나 아니면 전혀 달성되지 못한 이유를 결정하고 이 정보를 다음 해를 위한 더 현실적인 목표들을 설정하기 위해 활용하기 위한 것이다. 이러한 유형의 연간 검토는 스탭이 가질 수도 있는 창의성과 이니셔티브(initiative)를 그것이 어느 것이든 이런 식으로 발산하게 하며, 동시에 감독자에게는 합의된 목표들을 양측 모두가 분명하게 설명을 듣고 이해하도록 보장할 필요가 있음을 확인해준다.

검토의 일부로서, 그리고 분명히 일년 내내, 직원의 기대들을 고려해야 한다. 일반론으로서 설명할 수도 있는 이러한 기대들은 직무 설계상에 새로이 나타나는 시각들과 상호 연결되어 있는데, 오늘날의 근로자에게 존재하는 다음과 같은 태도들과 느낌들을 반영하고 있다.[4)]

---

4) Herbert S. White, *Library Personnel Management* (White Plains, N.Y.: Knowledge Industry Publications, 1985), pp.127-128.

1. "우리 (감독자와 직원) 양측 모두가 귀하(감독자)가 나에게 기대하고 있는 것을 이해하고 있다는 사실을 분명히 해둡시다." 이것은 기본 원칙들(ground rules), 즉 성과를 판단하게 될 기대들을 이해하기 위한 간단한 요구이다.
2. "나를 그냥 좀 내버려 두세요." 개인적인 영역과, 자기 자신의 장소, 자기 자신의 일을 규정된 지침의 한계 내에서 조직하고 수행하고자 하는 권리에 대해 인정해줄 필요성이 있다고 강력하게 느끼고 있다.
3. "도움을 요청하면 좀 도와주세요." 모순은 아니지만, 이 설명은 불확실성이 존재할 때는 질문에 대해 격려해주는 환경이 필요함을 암시하고 있을 뿐이다.
4. "제가 어떻게 했었어야 하는지를 가르쳐 주세요." 모든 직원은 칭찬을 통해서든 건설적인 비판을 통해서든 피드백을 받을 자격이 있다.
5. "제가 수행했던 방법에 상응하는 보상을 해주세요." 유형(有形)의 보상제도는 피드백이 실제로 의미가 있음을 보여 주는 진정한 지표로 간주된다.

7.2.5. 징계 조치

모든 조직에서는, 나중에 표면화될 수도 있는 문제점들을 수습 기간에 간파해내지 못할 때가 있다. 일단 신입 직원의 수습이 지나가면, 전 직원 중에서 그 직원을 떼어내기가 더 어려워진다. 그러나 그렇게 하는 것이 불가능한 것은 아니다. 노조나 공무원 규정들이 마련되어 있는 곳에서는, 그러한 규칙들을 정확하게 따라야 한다. 그러나 일반적으로 말하면, 경영자가 고려해야 하는 몇 가지 선택권들(options)이 있으며, 모든 조치들은 서면으로 문서화하여 직원의 인사 파일에 보관해 두어야 한다.

- **코칭**(coaching). 해당 직무의 필요성과 요건들 그리고 직원의 결점을 분명하게 확인해주는 일련의 정기적인 회의 일정을 마련할 수 있을 것이다. 성과 검토에서 사용하는 것과 유사한 방법으로, 상호간에 합의된 목표들을 설정한다. 후속의 각 회의에서는, 이러한 목표들과 진척 또는 진척되지 못하고 있는 상태에 대해 주목한다. 어느 경우에는, 이것이 직원이 바른 길로 돌아가게 하기 위해 필요한 유일한 단계가 된다. 코칭 프로세스의 중요한 일부는 직원 자신의 이익을 위해 다른 직장을 알아보도록 직원에게 권하는 것이 될 수도 있을 것이다.
- **교육**(education). 고통스런 직무 성과는 부적합한 지식이나 기술의 결과일 수도 있을 것이다. 직원으로 하여금 적절한 교육 기회를 갖도록 하여 문제점을 해결할 수도 있을 것이다.
- **인사 이동**(transfer). 인사 이동이 선택권일 때는, 감독자와 직원 간의 논의의 포인트로서 이를 이용할 수 있을 것이다. 아마도 다른 업무 상황이 문제점을 해결할 수도 있을 것이다.
- **징계**(discipline). 다른 방법들이 성공적인 것으로 입증되지 않을 경우에는, 다양한 징계 조치들을 시작할 수 있을 것이다. 문제점을 개괄적으로 제시하는 편지를 작성하는 것을 비롯하여, 그것을 직원과 공유하고, 그러고 나서 그것을 직원의 인사 파일에 보관한다. 후속의 경고들도 상세하게 문서화해 둠으로써 해고가 필요할 경우 진술 자료로 사용할 수도 있을 것이다. 허용될 때는, 벌금을 징수할 수도 있을 것이다. 징계 과정을 더 내려가면, 일시적인 정직이나 장기적인 정직으로 더 심각하게 진전된다.
- **해고**(termination). 이것은 라인의 마지막으로 최종적인 징계 결정이다. 이 포인트에 이르기에 앞서, 모든 중간 단계들이 성공적이지 못하였음을 입증해야 하며, 이의(異議) 제기(appeals)를 포함한 규정상의 필요한 모든 조치들을 취했어야 한다.

징계라는 미로를 뚫고 애써 나아가는 것은 결코 즐거운 일이 아니다. 그러나 이것은 인사 관리의 필수적인 구성 요소이다. 적합한 적격 심사 절차들(screening procedures)과 직무 기술서를 갖추고, 고용의 채용 및 수습 단계에 충분한 관심을 기울이면, 나중에 발생할 수도 있는 상당수의 문제점들을 피할 수 있을 것이다. 인사 관리는 저글링(juggling)과 다를 게 없다. 문제점이 발생했을 때 필요한 많은 공들보다는 초기 고용 단계를 나타내는 몇 개의 공들을 공중에 두고 하는 것이 더 쉬운 것이다.

7.2.6. 업무의 조직

공공 부문에서, 스탭 사이에 업무를 나누고 그에 따라 지급해야 할 급여를 포함하여 각 직위에 필요한 자격들을 결정하기 위한 일반적인 방법은 분류 및 급여 계획(classification and pay plan)을 작성하는 것이다. 그와 같은 계획은 다음과 같은 목적을 달성하게 된다.

1. 그러한 계획은 가장 고도의 기술을 갖춘 스탭에게 가장 전문화된 업무를 부여하고, 그렇게 함으로써 높은 급여를 받는 사람들이 적절한 레벨에서 근무하고 있고 더 복잡한 업무가 유능하게 수행되리라는 점을 납세자에게 확신시켜 준다. 이것은 예를 들면, 사서는 전문적 과업에 대부분의 시간을 쏟아야 하며 대출대에서는 고객과 밀접한 관계를 유지하는 일부로서 또는 비상시에 가끔씩만 나가서 도와주어야 한다는 의미이다. 유사하게, 대학이나 전문직 교육 훈련을 받지 않은 경우가 많은 데스크의 조무원에 대해서는 가끔씩 발생하는 지시적 질문(directional questions)이나 간단한 질문의 경우를 제외하고는, 일반적으로 참고 업무를 수행하리라고 기대하지 않을 것이다. 이러한 분업(分業)의 원칙을 지키지 않으면 잠재적인 문제점들을 야기하게 된다. 즉 인사 담당자는 어떤 직무를 가지고 있는 사람이 너무나 오래 동안 등급 이하의

일을 수행할 경우에는 그 직무를 너무 낮게 분류할 수도 있을 것이고, 특별한 교육을 필요로 하지도 않는 일에 너무나 많은 시간을 허비하는 사서는 불행할 수도 있을 것이며, 일례로 상당량의 참고 업무를 수행하는 보조 스탭은 사서의 급여가 왜 더 높은지에 대해 의문을 가질 수도 있을 것이다. 책무성(accountability)이라는 이슈도 존재한다. 즉 스탭이 자신의 직위에 적합한 수준 이상 또는 그 이하의 업무를 수행하는 데 많은 시간을 보내는 것은 비효율적이며 아마도 비효과적일 것이다. 분명히, 더 높은 급여를 받는 스탭이 일반적으로 더 낮은 급여를 받는 직위에 부여되는 과업들을 수행하는 데 상당량의 시간을 보낸다는 것은 사리에 맞지 않는다.

2. 분류 및 급여 계획은 도서관의 급여 및 분류가 전 관할 지역의 다른 공공 서비스에 종사하는 직원의 급여 및 분류와 대등해질 수 있도록 해주며, 그렇게 함으로써 다른 공공의 직위들과 관련하여 도서관의 직위들을 부여하게 된다. 이러한 분류가 처음으로 이루어질 때는, 그로 인해 지역 사회의 상응하는 등급들에 연결되는 분명한 등급들이 존재한다고 가정하여, 대개는 도서관 스탭의 급여들이 인상된다. 인사 담당 부서가 있으면 이 부서에서는 도서관에서 무엇을 하고 있고, 그 일을 적절하게 수행하기 위해서는 어떤 자격들이 요구되며, 얼마나 많은 감독이 필요하고, 어떤 직위를 가지고 있는 사람에 의해 얼마나 많은 사람들이 감독을 받고 있는가에 대해 연구하게 될 것이다. 이 연구 이후에, 전체 공공 서비스에서 예컨대 도서관 데스크의 사무원은 어디에 분류하는 것이 가장 좋고 사서는 어디에 분류하는 것이 가장 좋은지를 결정할 수 있게 될 것이다. 도서관 업무에 대해 처음으로 상세한 조사를 하는 인사 담당자들은 대부분 그 복잡성을 알고는 놀란다. 이 만남에서 중요한 것은 수행되는 업무의 유형과 이를 효과적으로 수행하기 위해서는 어떤 교육이 필요한지를 사서가 분명하게 하는 것이다. 예를 들어, 인사 담당자가 참고 업무는 주로 사전이나 시티 디렉토리에서

찾는 것으로 이루어진다고 인식하게 되면, 그와 같은 업무의 진정한 복잡성을 입증하기 어려울 것이다. 오늘날과 같은 동등한 비교 가치(comparable worth)의 시대에는, 전문어를 남발하지 않으면서 명확한 언어로 작성되고 연간으로 갱신이 이루어지는 주의 깊게 만들어진 직무 기술서가 공정성과 균등성을 추구하는 필수적인 도구가 된다.

3. 직무 분류(job classification)는 각 직위에 대한 임무들에 대한 설명과 일정 기간에 걸쳐 산정된 소요되는 시간의 표본들에 바탕을 둔 관련 직무 기술서를 필요로 한다. 이러한 시간 표본들을 얻은 뒤에, 사서는 어떤 잘못된 배정이 있다는 사실을 인정하게 될 수도 있을 것이다. 예를 들면, 모든 스탭이 공공과 함께 보내는 시간의 양이 요망되는 것보다 전체 근무 시간의 비율이 더 낮은 것으로 판명될 수도 있을 것이다. 따라서 분류에 대한 어떤 제안이 이루어지기에 앞서 시간의 표본을 추출하는 예비 조치를 취해야 하며, 어떤 외부의 공식적인 분류자도 기대하지 않는 경우에조차도 조정을 해야 할 것이다. (부수적인 이익은 사서가 스탭 시간을 할당하는 방법을 결정할 수 있게 될 것이라는 점이다. 이것은 프로그램 예산 편성 및 기획의 일부로서 도서관 서비스들에 대해 비용들을 배정하기 위해 필요한 중요한 정보이다).

인사 관리의 기본 원칙들을 위배하지 않고서도, 추가의 교육 훈련이 스탭의 가치를 부가시켜 준다면, 부가적인 교육 자격을 갖춘 스탭에게 추가 보상을 제공할 수 있다. 아트 교육 훈련, 일년 간의 비즈니스 스쿨, 일년 이상의 대학, 일년 이상의 관련된 비 도서관 경험, 관련된 계속 교육, 이 모든 부가된 경험들은 비록 직무 기술서에서 그러한 것들을 요구하지 않는다고 하더라도, 스탭들의 유용성을 증진시킬 수 있다. 그와 같은 추가의 교육이나 경험을 인정해주는 한 가지 방법은 일년 간의 관련된 교육 및 경험이나 그에 상응하는 것들에 대한 호봉 승급(step increase)과 같은 급여 격차(salary differential)를 두는 것이다. 도서관은 도서관 위원회의 승인을 받아 문서화된 정규적인 정책을 설정하고 이를 따라야 하며, 상황이 극히 유별나고 타당성을 입증할 수 있는 경우가 아니면 예외들을 만들어내는 것은 피해야 한다.

분류 계획(classification plan)은 최대 및 최소 범위를 보여 주는 급여 계획(pay plan)과 대개 연관되어 있다. 미국의 경우, 정기적인 승급이 이루어지는 다섯 단계가 일반적이며, 호봉 승급은 고정된 금액이나 비율로 이루어진다. 공무원이나 인사 관리가 중앙 집중화된 경우에는 비율로 이루어지는 경우가 더 많다. 〈표 7-1〉에서 살펴본 도서관은 〈표 7-2〉에 나타나 있는 것과 같은 계획을 가지고 있을 수도 있을 것이다. "전형적인" 급여들을 제시하기 어려울 것이므로, 표에는 어떤 달러 금액도 제시하지 않았다. 왜냐하면 이러한 금액들은 다양하고 또한 아주 빨리 낡은 자료가 되기 때문이다. 이 차트의 목적은 특정 도서관을 위한 급여 및 분류 계획을 어떻게 설정할 수 있는지를 보여 주는 것이다. 유의해야 할 점은 인플레이션 기간 중에는, 생계비 증가에 따라 호봉 승급이 보충되는 경우가 많다는 사실이다.[5]

〈표 7-2〉 급여 및 분류 차트의 견본

직위수	직 급	활동하는 직책	급 여	호봉승급
1	사서	도서관장	$000-000	$000
1	도서관보조원	어린이사서	$000-000	$000
2	사무원 I	사무보조	$000-000	$000
2	학생	도서관급사	$000/시간	$000
x	무급	자원봉사자	미적용	

5) 급여에 대한 연간 실태 조사에 대해서는 *American Libraries*를 보라.

7.3. 스탭의 레벨

전형적으로는, 도서관들은 전문 스탭(전문 직원: professional staff)과 보조 스탭(보조 직원: support staff)이 어느 정도 믹스되게 될 것이다. 앞서 살펴본 여러 원칙들 내에서, 각 지역 사회의 도서관 관리자는 해당 도서관의 충원 필요성을 결정해야 한다.

7.3.1. 전문 스탭

예산이 서너 명의 전문직을 허용한다면 — 대개는 그럴 가능성은 적겠지만 —, 청소년 서비스 사서(youth service librarian)와 같은, 최소한 한 명의 연령 레벨 전문가를 둘 수도 있을 것이다. 공공 서비스의 제공에 항상 참여하게 될 것이고 또한 참여해야 하는 도서관 관리자의 관심과 기술이 당연히 나머지 스탭에게 필요한 기술들을 결정하게 될 것이다. 도서관장이 참고 업무나 어린이 서비스에 능숙하다면, 이 영역들에는 추가의 전문가들의 필요성이 적어질 것이다. 다만 도서관장의 전문 영역들을 보충하게 될 스탭들을 두어야 할 것이다. 지역 사회에 대한 연구와 그 결과로 도출된 목표들은 스탭에게 필요한 전문 지식의 유형들에 관한 결정의 주요 지침이 될 것이다. 스탭이 도서관장과 한 두 명의 보조원들로 구성되는 곳에서는, 노력의 배분이 상당히 다를 것이다. 따라서 지역 사회에 대한 연구를 통해 고도의 서비스가 필요하고 이를 제공할 스탭이 필요한 것으로 나타날 수도 있겠지만, 도서관은 현실적으로는 이것을 장기간에 걸쳐 점차적으로 달성해야 할 목적으로 삼아야 할 수도 있을 것이다.

소규모 스탭을 가지고서는, 그리고 도서관장이 유일한 전문 스탭인 상당수의 소규모 공공 도서관에서는, 완전한 전문화는 거의 불가능하다는 사실을 명심해두는 것이 중요하다. 참고 데스크에서 도움을 줄 수 없는 아주 훌륭한 편목 담당자나, 도서관장이 예산 업무를 하고 있는 동안 성인 참고 데스크에서 기꺼이 대리로 근무하고 싶어 하지 않는 어린이 사서는 각자가 자신의 선택 영역에서 아무리 재능을 갖추고 있다고 하더라도, 원하는 유형의 사람에 해당하지 않는다. 채용 가능성이 있는 스탭들을 면접할 때는, 그들이 자신들의 임무에서 융통성을 가질 수도 있다는 사실을 확실하게 해두는 것이 중요하다. 또한 신입 직원에 대한 공정성의 측면에서는, 적응성의 방식에서 무엇을 기대하는지와 전문화와 전문 영역의 권한의 측면에서 무엇을 제공하는지에 대해 그 직원이 인식할 필요가 있다.

과거에는, 서비스 대상 주민의 규모에 따라 필요로 하는 스탭의 수와 전문직의 비율을 연결시키는 수치로 된 기준을 설정했었다. 예를 들면, 서비스 대상 지역 사회의 주민 2,000명 당 유지 보수 담당 스탭을 제외하고, 한 명의 스탭과, 전문직 당 두 명의 비전문직(사무직 및 준전문직)을 규정하는 것이 그것이다. 오늘날에는 충원 패턴들은 지역 사회의 니즈(needs) 그리고 그와 같은 니즈의 분석으로부터 도출되는 서비스들과 연결되는 것이 더 적합하다는 사실을 폭넓게 인식하고 있다.

공식적인 문헌정보학[6] 교육 훈련의 필요성에 관해서는 광범위한 견해가 있다. 교육 훈련을 받지 않은 아주 성공적인 사람과 충분한 자격증을 가지고도 성공적이지 못한 사서들을 언제든 지적해낼 수 있다는 의심의 여기가 없는 사실에도 불구하고, 논리의 무게는 전문 교육 훈련 쪽으로 기울고 있다. 소규모 도서관의 가장 일반적인 위험은 내향적이 될 수 있다는 점이다. 즉 다른 곳에서의 경험이나 교육 훈련이 전혀 없는 사서들이 연속해서 근무하면서, 각 사서가 다음 사서를 훈련시킬 때는 실질적인 필연성(virtual certainty)이 될 가능성이 있는 것이다. 전문직의 전망과 배경은 개선이 필요한 영역들을 분별해낼 기회를 늘려 주고, 새로운 방법들을 도입하며, 도서관으로 하여금 진정으로 정보의 세계를 향해 열려 있는 지역 사회의 창(窓)이 되도록 도움을 주게 된다.

---

6) 역자주: 원문은 도서관 학교(library school)로 되어 있는데, 이 책에서는 국내의 학과명과 관련하여, 별도의 설명이나 각주 없이 모두 문헌정보학과로 통일하여 번역하고자 한다.

그러나 미국의 경우, 이 현실 세계에서는, 많은 지역 사회들은 석사 학위를 가진 문헌정보학과 졸업생을 채용할만한 여유를 갖지 못하고 있다. 실제로 미국의 경우, 많은 소규모 공공 도서관들은 주당 40시간 이하로 개관하고 있으며, 대학원을 준비하는 충분한 자격을 갖춘 사서를 채용하는 것이 틀림없이 바람직하기는 하지만, 재정적으로는 불가능할 수도 있을 것이다. 이러한 상황 때문에 미국의 위스콘신(Wisconsin) 주에서는 공공 도서관장들의 공식적인 인증 제도(structure of certification)를 만들어 내고 있다. 이 제도는 지역 사회의 규모를 결정 요인으로 하고 그에 따라 교육적인 요건들을 부여하고 있다. 〈표 7-3〉은 지역 사회의 규모와 필요로 하는 교육 사이의 관계를 개괄적으로 보여 주고 있다. 이 제도는 지역 사회의 니즈와 재정적인 제약들을 둘 모두 고려하고 실행 가능한 절충안을 제공하고 있다. 아울러 의무적인 재인증 요건들도 마련하고 있는데, 5년간의 간격을 두고 있다.

〈표 7-3〉 위스콘신 주의 공공 도서관 관리자들을 위한
지역 사회 규모와 교육적 요건 사이의 관계[7)]

등급	지역사회 규모	교육적 요건
I	6,000명 이상	학사학위 및 미국도서관협회(ALA) 인증 프로그램의 5년 학위
II	3,000-5,000	학사학위 및 다음 각 영역의 3학기 수료 — 공공도서관 관리, 자료선택, 자료조직, 참고서비스
III	3,000명 미만	54 이수단위(중등과정 이후)의 성공적인 이수(그 중 절반은 순수이론학문(liberal arts and sciences)이어야 함) 및 기초 도서관경영 과정의 성공적인 이수

7) Donald K. Lamb, *Certification Manual for Wisconsin Public Librarians* (Madison: Wisconsin Dept. of Public Instruction, 1994), pp.2-3.

7.3.2. 보조 스탭

소규모 도서관에서 보조 스탭(보조 직원: support staff)의 중요성을 과대평가할 수 있는 경우는 거의 없다. 보조 스탭은 모든 면에서 도서관 팀의 완전한 구성원이다. 그러므로 그들의 선발과 교육 훈련은 매우 중요하다. 또한 직무 기술서와 정기적인 성과 검토(performance review)도 표준적인 관행으로 삼아야 한다.

보조 스탭들은 일반적으로 로컬에서 모집한다. 지역 사회에서 도서관이 가지고 있는 명망(名望)이 로컬의 훌륭한 인재를 불러 모을 수 있는 능력에 상당한 기여를 한다. 도서관장과 도서관 위원회의 위원들은 광범위한 배경들을 가진 사람들이 저녁과 주말 시간의 근무 가능성에도 불구하고, 도서관에서 근무하고 싶어 하도록, 도서관의 구직 기회(job opportunity)를 가능한 한 도전적이고 매력적으로 만들고자 노력해야 한다.

도서관의 보조 스탭을 지칭하기 위해, 여러 용어들을 때로는 상호 교환할 수 있는 용어로 그리고 때로는 혼동하여 사용하고 있다. **준전문직**(paraprofessional)은 전문적인 업무를 도와주고 대개는 약간의 대학 교육을 받은 사람들을 말한다. **도서관 기능직**(library technician)은 미국의 경우 대개 커뮤니티 칼리지(community college)에서 제공하는 2년제 대학 프로그램의 졸업생으로, 대출 업무와 서지적 탐색, 간단한 목록 루틴들, 시청각 장비의 관리와 사용 등과 같은 도서관의 구체적인 기술적 과업들에 대한 준비를 갖춘 사람을 설명하기 위해 사용하는 용어이다. 이러한 교육 훈련을 제공하는 커뮤니티 칼리지 인근에 소재한 소규모 지역 사회는 도서관 기능직을 찾아서 고용할 수 있을 것이다. 물론 더 일반적인 경우는 그런 사람들은 인근 도시의 센터들을 찾을 것이다. **도서관 보조원**(library associates) 또는 **예비 전문직**(preprofessional)은 대학원 문헌정보학과에 입학할 자격을 갖추고 있거나 입학을 위해 일할 것으로 예상되는 사람에게 붙일 수 있는 용어들이다. **도서관 연수생**(library trainee)은 대학 졸업생을 설명하는 또 하나의 용어이다. 그러한 사람은 실제로 문헌정보학과의 시간제 학생일 수도 있을 것이다.

보조 스탭의 일부인 **사무직 조무원**(clerical assistants)은 대출대에서 근무하는 사람들과 비즈니스계에서도 볼 수 있는 타자수와 비서, 경리와 같은 스탭을 포함한다. 도서관에서 이 그룹은 대개 대출 임무 이외에, 마킹이나 수리 등과 같은 이용을 위한 자료의 물리적 준비에 대한 업무를 수행할 수도 있을 것이다. **급사**(pages)(또는 **배가원**(配架員: shelvers))는 대개 하교 후에 시간제로 근무하는 고등학교나 대학교 학생으로 자료들을 서가에 배열하는 것을 주 임무로 하고 있다. 다만 그들도 때때로 다른 과업들을 부여받을 수도 있을 것이다.

용어들에 대한 이러한 혼동은 복잡할 수도 있는데, 이 책에서는 모든 용어들을 **보조 스탭**이라는 용어 아래에 포함시키고자 한다. 도서관 근로자의 또 한 그룹으로 **무급 스탭**(unpaid staff)을 포함시킬 수도 있는데, 이들은 **자원봉사자**(volunteers)라고 부르는 경우가 많다. 이 무급 스탭들은 신뢰할 수 없다는 전통적인 평판을 가지고 있다. 그러나 이러한 신화는 직무 기술서와 성과 검토와 같은 적절한 수단들을 마련하면 위험성을 줄일 수 있을 것이다. 무급 스탭이 급료를 제외하고는, 유급 스탭과 동일한 파라미터 내에서 근무하는 도서관 팀의 소중하고 도움이 되는 구성원으로 대우받게 되면, 태도가 아주 긍정적이 될 수도 있을 것이다. 어떤 도서관도 무급 스탭이 도서관 업무에 가져다주는 중요한 혜택들을 무시할 수 없을 것이며, 그것은 틀림없이 상호 이익을 인식하는 호혜적 관계가 될 것이다.

7.4. 보 상

전문직의 급여는 유능한 전문 스탭에게 매력을 주기에 충분할 정도로 높게 책정해야 한다. 미국의 경우, 점점 더 많은 도서관 협회들이 최소 적정 급여에 관한 성명을 만들어내고 있으며, 이 정보는 자금 지원 당국의 중요한 지침이 될 수 있다. 급여의 비교 기준을 찾고 있는 공무원들은 때로는 인근 도서관들에서 지불하는 급여들의 실태를 조사하기도 한다. 이러한 실태 조사는 겉보기에는 논리적인 것 같지만, 항상 진정한 양상을 제시하지는 못할 수도 있을 것이다. 인접 타운의 사서가 교육 훈련도 받지 않은 채 수 년간 근무한 후에 지역 사회에 정착했거나, 또는 사서가 로컬에 고용된 배우자와 결혼한 경우에는, 그 사서는 충분히 동일한 직위를 대체할 때 필요로 하는 것보다 더 낮은 급여를 받을 수도 있을 것이다. 적절한 급여를 요청하지 않는 사서는 따라서 후임자를 찾을 시기가 왔을 때 문제를 야기할뿐만 아니라 인근 도서관들의 모집을 더 어렵게 만들어준다. 신임 도서관장의 급여는 현재의 시장 상황을 바탕으로 동등한 자격들을 갖춘 자치 단체의 다른 경영자들에게 지불되는 것에 상응해야 한다. 어떤 지역 사회에서는, 로컬의 학교 교사들의 급여 체계(salary scale)를 기준으로 사용한다.

보조 스탭의 급여들은 대개 지역 사회의 유사한 직무들의 일반적인 체계들을 바탕으로 한다. 이직(離職)은 추가의 교육 훈련 시간과 서비스 효율성의 상실 때문에 비용이 많이 소요된다. 도서관은 로컬의 훌륭한 인재들을 얻기 위해 경쟁하여 그들을 확보해야 한다. 고등학교 졸업이 데스크 직원에 해당하는 최소 요건으로, 가능하면 비즈니스 코스나 그 밖의 관련 교육이 포함되거나 추가된다. 보조 스탭은 좋은 모습을 보여야 하며, 정확하게 말하고 써야 하고, 공공을 정중하게 호의를 가지고 만나야 하며, 불평을 조용하고 능률적인 방식으로 다루어야 하고, 도서관 자료의 내용에 대해 어느 정도 친숙해야 한다. 아울러 그들은 또한 키보드를 조작할 수 있어야 하며, 워드프로세싱과 스프레드시트를 사용하고, 통계를 관리할 수 있어야 하며, 정확하고 체계적이어야 한다. 컴퓨터 기술들은 스탭의 능력에 필수적인 요소가 되고 있다. 최고 수준의 보조 스탭은 감독 책임을 가질 수도 있을 것이다. 유능한 보조 스탭들을 발견하게 되면, 그들을 확보하기 위해 물론 급여가 들어가게 될 것이다.

보상은 금전적인 고려 사항들에만 국한시킬 필요는 없다. 독창적인 도서관장은 칭찬받을만한 스탭에게 "특전"(特典)과 계발 기회들을 제공하는 메커니즘을 개발하게 될 것이다. 보상이 경제적 측면과 전혀 무관할 수는 없으며, 근무 시간 자유 선택제(flex time)와 시간 보상 제도(compensatory time)의 허용, 전망 좋은 데스크나 프라이버시의 제공, 추가의 교육 기회 권장, 흥미있는 프로젝트의 제공 등과 같은 전략을 포함할 수도 있을 것이다. 스탭의 열정과 성과를 자극해주는 방법은 많으며, 그것은 도서관장에게는 지속적인 도전이 된다.

부가 급부(fringe benefits)는 급여선의 30퍼센트 이상까지 올라갈 수 있는 보상의 또 한 부분이다. 부가 급부의 예로는 병가(病暇: sick leave), 퇴직 패키지, 정기 휴가 및 그 밖의 형식의 유급 휴가, 의료 보험 등이 있다. 이러한 것들은 스탭의 모집과 보유에 결정적일 수도 있는 중요한 사기(士氣) 요인들이다. 부가 급부 패키지를 마련할 때, 도서관 위원회는 지역의 유사한 직위들이 어떤 것을 확보할 수 있는지 조사하는 것이 중요하다. 물론 이것은 부가 급부가 모든 자치 단체의 직위들 전반에 걸쳐 표준이 아닌 경우에 한한다.

7.5. 근무 조건

전임 직원의 근무 시간은 미국의 경우, 일반적으로 주당 37시간에서 40시간이다. 일부 소규모 도서관들은 이 기준을 충족시킬 수 있지만, 어떤 도서관들은 앞서 살펴본 것처럼, 이를 충족시킬 수 없다. 로컬의 상황에 관계없이, 한 가지 중요한 원칙은 설명해 두어야 한다. 즉 도서관의 주당 개관(開館) 시간이 도서관 스탭의 고용 시간과 직접적으로 관련되는 것은 아니라는 것이다. 도서관의 일상 업무의 상당 부분은 닫힌 문 뒤에서 계속 진행해야 하며, 실제로 도서관이 공공에게 개방되어 있지 않을 때 더 효율적으로 이루어진다. 도서관의 고객들이 서비스를 필요로 하고 서비스를 받아야 할 시간 동안에 스탭이 기획과 그 밖의 경영에 관련된 활동들에 임하리라고 기대하는 것은 비현실적이다. 데스크를 벗어나서 이루어지는 사고 및 기획 시간의 필요성을 이해하지 못하는 도서관 위원회는 이러한 경영 현실에 대해 교육을 받고 이에 대해 납득할 필요가 있다.

저녁 및 주말 시간은 인사 관리에 하나의 도전을 제시해주고 있다. 어떤 도서관에서는, 이러한 교대제로 근무하는 사람들에게 약간 더 높은 급여율을 제공하고 있다. 어떤 도서관에서는, 노조 계약에서 그와 같은 시간에 직원을 배치하는 방법, 또는 배치할 것인지의 여부에 대해 명시한다. 그러나 대부분의 도서관에서는, 저녁 및 주말 시간은 단지 "일상적으로 있는 방식의 일부"이며, 스탭들은 분담하여 이 서비스를 제공한다. 하지만 도서관 개관 시간의 설정은 지역 사회에 대한 연구 중에 수집된 데이터의 결과로서 결정되고 그와 같은 시간들은 주민들의 시간과 편의성에 대한 니즈(needs)를 반영하는 것으로 생각된다.

근무 조건에는 그러나 근무 시간 이상의 것들이 포함된다. 냉난방과 조명, 청결성, 매력적인 환경 모두가 스탭 — 그리고 고객 — 의 만족에 기여한다. 쾌적한 주위 환경을 갖춘 환영 받는 분위기는 스탭의 태도와 사기에 크게 기여할 수 있다. 아울러 도서관장의 경영 스타일이 의사 결정에 대한 스탭의 참여에 우호적인 경우에는, 그 결과로 나타나는 개인의 재능과 잠재력에 대한 능력 부여는 도서관 서비스의 진정한 자극제가 될 수 있다.

대개 "근무 조건" 아래에서는 고려되지 않으나, 아마도 개인적으로 가장 중요한 "조건"은 직무 자체의 설계일 것이다. 오늘날의 직장에서는, 직무 설계가 급속하게 다음과 같은 특성들을 망라하기 시작하고 있다.[8)]

- 자신의 업무 및 그 수행 방법에 대한 직원의 통제 제고 및 방법이 아닌 결과를 기반으로 한 평가
- 사회적 상호 작용의 기회
- 전 작업 단위들을 만들어내고 그에 따라 성취감을 증진시킬 수 있는 기회
- 학습 경험뿐만 아니라 성장을 제공해주고 지루함을 피하기 위한 다양한 기술들의 사용
- 직원의 업무가 조직의 목적과 목표들에 대한 전반적인 시각 내에서 고려될 수 있도록 하는 직원에 대한 피드백의 제공. 직원은 자신이 거기에 존재하고 노력하는 것이 어떤 차이를 만들어내는지에 대해 어떤 이해를 가져야 한다.

이러한 직원에 대한 권한 부여(employee empowerment)에 대한 강조는 탁월한 것이기는 하지만, 그러나 적합한 물리적 근무 조건의 중요성을 무시하는 것은 아니다. 그것은 직원의 만족 그리고 최종적으로는 서비스의 유효성에 결정적인 영향을 미치게 될 것이다.

---

8) Herbert S. White, *Library Personnel Management* (White Plains, N.Y.: Knowledge Industry Publications, 1985), pp.125-126.

7.6. 능력 배양과 승진을 위한 계속 교육

계속 교육(continuing education)의 기회는 대학교와 도서관 협회, 도서관 시스템, 벤더, 그 밖의 소스들을 통해 얻을 수 있다. 이러한 기회들은 성격상 학점이 있을 수도 있고 없을 수도 있다. 그러나 평생의 학습 과정에서는 모두가 그 존재 의미를 갖는다.

7.6.1. 능력이라는 이슈

모든 직위에 있는 모든 직원은 자신의 교육을 계속할 필요가 있다. 직무 책임에 관계없이, 정보 산업은 지속적으로 변화하고 있으며, 각 직원은 이러한 변화들에 대해 최신성을 유지해야 한다. 어떤 변화들은 직무에 직접적으로 영향을 미치며, 어떤 변화들은 도서관이 운영되는 환경에 영향을 미친다. 그러므로 계속 교육은 지속적인 윤리적 의무인 것이다. 중요한 이슈는 직원의 학습 욕구를 적절한 교육 이벤트들과 매치시키는 것이다. 도서관장은 이 점에서 중요한 카운슬러가 될 수 있다.

직전(職前) 교육(preservice education)과 마찬가지로, 계속 교육은 매슬로우(Abraham Maslow)의 욕구 단계에 나타나 있는 것처럼, 개인의 삶의 우선 순위 및 욕구들과 자동적으로 연결된다. 매슬로우의 욕구의 순위 부여는 이 단계가 점진적이라는 사실, 즉 개인은 더 기본적인 레벨이 성취될 때까지는 더 상위의 욕구를 달성하기 위해 노력하지 않을 것이라는 사실을 제시하고 있다. 그가 주장한 다섯 개 레벨은 〈그림 7-2〉에 나타나 있다. 이러한 레벨들은 대개 레벨 5를 정점으로 하는 피라미드로 묘사되는데, 간격을 두고 도달할 수는 있지만 너무 "뾰족"해서 그 위에 오래 동안 앉아 있을 수가 없다. 바꾸어 말하면, 레벨 5는 얻고자 노력해야 하는 목적, 즉 도달은 가능하지만 때때로 미끄러져 내려오게 되는 목적인 것이다.

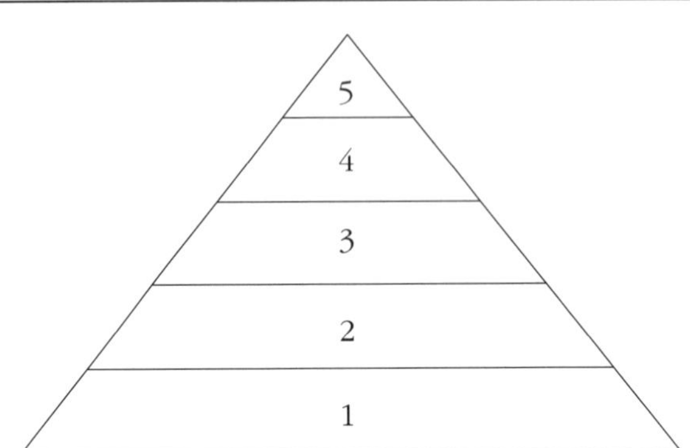

1. 생리적 욕구(physiological needs): 음식, 물, 주거와 같은 것
2. 안전 욕구(safety needs): 안정성과 보호
3. 사회적 욕구(social needs): "소속감," 친밀감, 사랑
4. 존중 및 에고 욕구(esteem and ego needs): 자존심과 타인들로부터의 존중
5. 자아 실현(self-actualization): 자기 실현 및 자아 성취

〈그림 7-2〉 Maslow의 욕구의 단계9)

이 단계의 함의(含意)들은 감독자가 인간 행동을 이해하는 데 중요하다. 어떤 직원의 생존 욕구(레벨 1)가 적절하게 충족되지 않으면, 모든 에너지는 살아 남는 데로 갈 것이며 상향적인 발전은 기대할 수 없을 것이다. 그러므로 개인 전체를 고려하여, 직원을 그들의 3차원적인 총체에서 대하는 것이 도서관장의 의무이다. 총체적인 시각은 결과적으로 더 인간적인 그리고 최종적으로는 더 훌륭한 경영을 가져오게 된다.

---

9) Abraham Maslow, *Motivation and Personality* (New York: Harper and Row, 1954)의 내용 일부 수정.

7.6.2. 승 진

소규모 공공 도서관에서는, 실제적인 진급의 측면에서 승진 기회는 드물 것이다. 왜냐하면 확보할 수 있는 직위들이 너무나도 적기 때문이다. 그렇지만 고려할 수 있는 진급의 특정 측면, 즉 경력 사다리(career ladders)가 있다. 관련된 원칙에서는 직원을 막다른 직위에 방치해 두어서는 안 되며, 승진 및 현장 훈련(OJT: on the job training)의 기회를 제공해야 한다고 주장하고 있다. 현대의 인사 이론은 경력 사다리의 개념을 전통적인 수직적 진급형 승진으로부터 충실화(enrichment)의 아이디어를 망라하는 수평 사다리를 포함하도록 확대하고 있다. 수평 사다리는 수직적 진급이 제한될 수도 있는 소규모 공공 도서관의 환경에서 특히 중요하다. 수평적 이동을 위한 전략들로는 직무 공유(job sharing)나, 직무 교환(job exchange), 특별 프로젝트가 있을 수 있는데, 모두 지평 확장 및 추가적인 학습의 기회를 담고 있다.

앞서 살펴본 것처럼, 도서관의 모든 직위에 대해 특정의 교육적 요건들을 명시해야 한다. 경험을 통한 직무 승진에 대해 약간의 철학적 뒷받침이 있기는 하지만, 적절한 교육적 준비의 중요성을 도외시해서는 안 된다. 스탭들이 승진을 위한 교육적 자격은 결여되어 있지만 야망을 가지고 있고 문헌정보학을 직업으로 삼고자 한다면, 관리자는 그들을 돕기 위해 무엇을 할 수 있을 것인가? 다음과 같은 가능성들이 추가의 전략들을 제시해줄 수도 있을 것이다.

1. 계획된 독서와 연구를 권장한다.
2. 가능하면 학점을 따기 위한 과정 선택을 권장한다. 학점이 없는 과정들을 활용할 수 있고 그것이 로컬의 교육적 요건들을 충족하면, 이러한 과정들의 선택을 용이하게 해주어야 한다. 그와 같은 프로그램을 도와주기 위해 일정들을 조정해주고, 가능할 경우에는 수업료 환급(tuition reimbursement)을 제공한다.
3. 가능할 경우에는 텔레커뮤니케이션 테크놀로지를 활용하여, 다양한 포맷의

교육 기회들에 대한 정보를 입수하기 위해 도서관과 그 네트워크의 자원들을 이용한다. 개방 대학과, 외부 학위 프로그램, CLEP (College Level Examination Program) 시험, 대학의 주말 학급을 통한 대안이 되는 강좌들을 조사한다.

4. 동일한 자원들로부터 장학금과 그 밖의 재정 지원에 관한 정보를 입수한다.
5. 추천서를 작성하고 도움이 될 수도 있는 다른 연락처들을 활용하여 도움을 준다.
6. 도서관의 친구들(Friends of the Library)에게 장학금을 위해 그 자금의 일부를 사용하거나 기금을 조성할 것을 고려하도록 제안한다.

직원이 이미 대학의 학점이나 학부의 학위를 가지고 있으면, 문제는 상당히 더 쉬워진다. 그러나 대부분의 동일한 단계들이 그와 같은 사람이 학부 공부를 계속하고 해당하는 경우 문헌정보학과로 옮겨가는 데 도움을 줄 수 있을 것이다. 도서관에서의 경험과 사서의 추천서는 둘 모두 학과의 입학 허가를 받는 데 도움이 된다. 미국의 경우, 대학원은 물론 학부 프로그램에 지원하는 마이너리티(minority)에 대해서는 종종 특별 프로그램과 재정적 지원이 제공되기도 한다.

모든 도서관 직위들이 대학원 교육을 필요로 하지 않고, 또한 어느 정도는 직무에서 터득할 수 있는 기술들이 많기는 하지만, 대학원의 교육 훈련으로부터 받는 것이 감독자가 지적이고 적극적인 직원에게 전수할 수 있는 "요령"의 범위를 훨씬 더 넘어서게 된다. 도서관이 그 스탭을 내부에서 훈련시키고, 그러한 피훈련자들을 감독 역할까지 진급시킨다면, 도서관이 새로운 기술과 아이디어들의 채택에서 앞서 나갈 가능성은 적어지게 될 것이다. 문헌정보학과에서는 전망, 즉 지식의 전 영역과 지식 이전(移轉)(knowledge transfer) — 생산자들(저자, 출판사, 영화 제작사, 음악가 등)로부터 중개자(사서, 교사, 미디어)를 거쳐 최종 소비자로 가는 — 에 대한 감각을 제공해준다. 이것이 바로 사서가 업무를 수행하는 영역, 즉 커뮤니케이션 영역인 것이다. 우리는 무엇이 커뮤니케이션 되고 있는지 뿐만 아니라 어떻게 커뮤니케이션 되고 있는지 알아야 한다.

대학원에서는 다른 교육적 자격들이 표면화된다. 구두(口頭) 커뮤니케이션 및 문서 커뮤니케이션 능력은 사서를 위한 중요한 자격들이다. 생산자들의 독창적인 에너지와 고객들의 니즈(needs) 간의 중개자로 일하는 사람은 말하는 기술과 글 쓰는 기술을 훌륭하게 구사해야 한다. 미국의 경우, 어떤 지역에서는, 사서가 영어 이외의 하나 이상의 언어에 유창해야 할 것이다.

이상에서 살펴본 제안들이 반드시 수직적 경력 사다리의 패턴을 뒷받침하는 것은 아니지만, 그러한 제안들은 개인에게 만족을 주고 고용주에게도 만족스러울만한 경력을 갖추기 위한 훨씬 더 좋은 기회들을 다음과 같은 방식으로 직원에게 제공하게 될 것이다.

1. 모든 교육적 요건들을 완료한 직원들은 더 편안하고 더 인정받고 있다고 느끼게 될 것이다. 그들은 능력을 갖추었다고 느끼게 될 것이며 그 결과로 더 많은 자신감을 갖게 될 것이다.
2. 훌륭한 보통 교육을 받고 전문적인 교육을 보완한 직원들은 훌륭한 직무를 수행할 준비를 갖추게 될 것이며 따라 잡아야 할 격차와 그러한 지속적인 필요성이 없을 것이다.
3. 대학원을 통해 획득한 지식과 기술은 그러한 것들을 필요로 하는 도서관 직무에 쉽게 이전될 수 있을 것이다.
4. 대학원 연구에서 터득한 전망과 이론적 지식 덕분에, 직원은 수행된 것을 더 비판적으로 판단하고, 변화들을 권고하며, 경영자적 사고 방식을 개발하고, 그렇게 함으로써 더 상위의 직위에 대비할 수 있다.

인사 관리는 예술인 동시에 기술이다. 배워야 할 프로세스들과 절차들이 있기는 하지만, 인간의 성공적인 상호 작용은 경청하는 기술과, 분명한 커뮤니케이션, 공감에 대한 센스, 의사 결정을 내릴 수 있는 능력을 필요로 한다. 이 장은 도서관의 가장 중요한 자원으로서의 도서관 스탭에 대한 논의로 시작하였다. 도서관장은 사람들을 관리하는 방법을 배우고 이를 위해 상당한 에너지를 쏟아 붓고 헌신해야 한다.

※ 새로운 천년을 맞으면서 생각해 보아야 할 것들 ※

◆ 스탭 비용이 우리 예산의 최대 항목이라는 사실을 나는 알고 있는가? 스탭이 우리 도서관 위원회와 자금을 지원하는 사람들로부터 우리 도서관의 가장 중요한 자원으로 인정받고 있다는 사실을 나는 어떻게 확인할 수 있는가?

◆ 책무성(accountability)의 측면에서, 우리 스탭과 나 자신의 능력을 유지시키고 증진시키기 위해 나는 어떤 조치들을 취하고 있는가? 나는 계속 교육과 회의 참석에 대해 자금을 지원하기 위한 경우를 성공적으로 처리하고 있는가?

◆ 우리 도서관은 인사 정책을 가지고 있는가? 매년 그 정책을 검토하고 있는가?

◆ 성과 검토(performance review)는 연간 이벤트로 이루어지고 있는가? 그 당시에, 직무 기술서를 검토하고 갱신하는가?

◆ 우리 도서관은 고용과, 평가, 코칭, 징계 조치, 해고에 대한 표준화된 절차들을 갖추고 있는가?

◆ 우리 도서관의 팀워크는 얼마나 좋은가? 모든 스탭에 대해 전문적인 자세를 기대하고 있는가? 자원 봉사자들은 무급 스탭으로 도서관 팀의 구성원으로서 간주되고 있는가?

◆ 보상에 관해 다루어야 할 필요가 있는 이슈들이 있는가? 근무 조건들은? 부가 급부들은?

제8장

도서관의 제품들을 지원해주는 업무들

8.1. 장서 관리
8.2. 장서 개발
8.3. 자료들의 이용 준비
8.4. 장서의 통제
8.5. 대　출

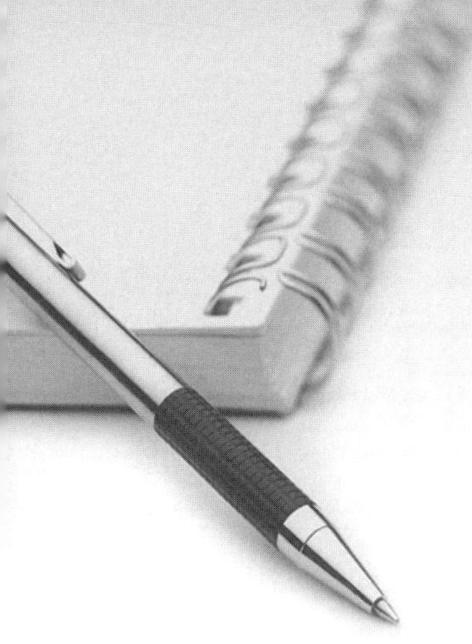

제8장
도서관의 제품들을 지원해주는 업무들

제4장에서 살펴본 것처럼, 도서관의 제품들은 일반적으로 장서, 서비스, 프로그램의 세 개 범주에 해당한다.[1] 때로는 도서관이 푸드 서비스, 선물 가게와 같은 추가의 제품 라인들을 만들어내게 될 것이다. 그러나 장서와 서비스, 프로그램의 세 개 라인은 모든 도서관의 업무의 주산물들이다(〈표 4-1〉을 보라). 이러한 각 제품 라인 내에서, 구체적인 제품들이 설계될 것이며, 그 윤곽을 살펴보면 다음과 같은 어떤 것이 될 수도 있을 것이다.

- 장　서: 도서, 정기 간행물, 영화, 녹음 자료, 비디오
- 서비스: 대출, 도서관 상호 대차, 재택(在宅) 주민(homebound) 방문, 참고 서비스, 인터넷 접속
- 프로그램: 스토리 시간, 영화 및 비디오 시리즈, 읽고 쓰기 튜토링(literacy tutoring)

---

1) Darlene E. Weingand, *Marketing/Planning Library and Information Services,* 2d ed. (Englewood, Colo.: Libraries Unlimited, 1999), pp.81-98.

도서관의 제품들은 지역 사회의 니즈(community needs)에 대한 확인에 부응하여 결정되고 개발된다. 의사 결정에 도움을 주기 위한 비용/효과 비율을 제공하기 위해 이러한 제품들을 생산하고 제공하는 비용을 산정한다. 가장 적합하고 효과적인 유통 경로들(channels of distribution)을 선정한다. 일단 촉진적 커뮤니케이션 전략들을 시작하게 되면, 이제 기획 및 마케팅 노력들이 실현될 수 있도록 해주게 될 기술적 메커니즘에 초점을 맞추어야 한다.

〈표 8-1〉 도서관의 제품들을 지원해주는 활동들

장서 지원	서비스 지원	프로그램 지원
• 자료의 선정(예를 들면 도서, 정기간행물, 신문, 문서, 녹음자료, 비디오, 영화, 소프트웨어) • 이러한 품목들에 대한 발주 및 주문기록에 관련된 다양한 문서업무 • 주문자료의 수령, 주문기록의 소거, 송장(送狀)의 체크, 지불 또는 청구서 지불의 승인 • 신착자료의 분류 및 편목 • 대출을 위한 자료의 장비 • 장서의 제적 — 낡고 더 이상 필요하지 않은 품목들의 체계적인 제거 • 제본대상자료의 발송 및 기록유지 • 간격을 두고 이루어지는 장서점검의 실시 • 평가기준의 개발	• 기록보관, 연체통보 등을 포함한 대출정책 및 절차의 개발 • 해당하는 경우, 자동화시스템 이용 및 프로토콜에 대한 스탭의 교육훈련 • 도서관상호대차 정책 및 절차의 개발 • 재택(在宅)주민서비스를 위한 자원봉사자의 모집 • 참고면담기법에 대한 스탭의 교육훈련 • 온라인탐색 프로토콜에 대한 스탭의 교육훈련	• 스토리시간에 사용하기 위한 자료의 선정 • 공예용품, 인형 등의 구매 • 프로그램용 영화 및 비디오의 선정 • 시청각장비의 조작에 대한 스탭의 교육훈련 • 읽고 쓰기 튜터 자원봉사자의 교육훈련

모든 도서관의 무대 뒤에서는 도서관 제품들에 대한 지원에 필요한 다양한 활동들이 이루어져야 한다. 제품 라인들을 사용하여, 지원 활동들은 〈표 8-1〉에 제시되어 있는 것처럼 분류할 수 있다. 이 장에서는 자료의 선정을 비롯하여, 효과적인 장서 관리를 위해 필요한 기술들의 개발을 뒷받침해주는 기본적인 업무상의 기능들에 대해 살펴보고자 한다. 이러한 기능들은 장서에 초점을 맞추며 장서를 통해 서비스와 프로그램 둘 모두를 지원해준다.

8.1. 장서 관리

몇 가지 기능들이 장서의 전반적인 관리를 구성하고 있다. 이러한 기능들로는 선정, 제적, 대체(replacements)의 결정, 평가 기준의 개발 등이 있다.

8.1.1. 선 정

제5장에서는 도서관의 자료 선정 정책 취지문(material selection policy statement)과 취지문이 담고 있는 일반적인 결정들의 종류들에 대해 살펴본 바 있다. 지역 사회에 대한 연구와 도서관의 목표들에 확고한 뿌리를 두고 있는 이러한 원칙들을 바탕으로 하여, 도서관은 적절한 포맷으로 된 자료들을 수집하게 될 것이다. 도서관의 소장 자료들은 "도서"와 "시청각 자료"보다는 오히려 "정보 패키지"(information packages)로 보는 것이 더 현명하다. 정보를 수납(受納)할 수 있는 포맷들이 급증하면서, 도서관은 더 이상 단순히 도서들을 위한 장소로만 간주할 수 없게 되었다. 정보 패키지 개념은 현재의 포맷들뿐만 아니라 미래의 테크놀로지의 발전에 대해서도 고려하고 있다.

선정 프로세스 자체는 비록 그 자체가 상당 부분은 새로이 발행되는 자료들에 관련되기는 하지만, 추가해야 할 기증 자료들의 선정, 분실 자료나 낡은 자료들의 대체, 주제 영역에 의한 체계적인 장서 구성도 다루고 있다. 아울러 효과적인 장서 관리는 또한 고객들이 필요할 때 참고할 수 있는 도서관의 벽을 벗어난 자원들이 있음을 인정한다. 그와 같은 외부 자원들의 존재는 도서관의 구입 전략에 영향을 미치게 될 것이다.

선정 보조 도구로는 다음과 같은 일곱 개 범주가 있다.[2)]

- 인쇄 자료용 최신 정보원
- 출판사/제작자 목록, 전단, 광고지
- 최신 서평(current reviews)
- 국가 서지(national bibliographies)
- 온라인 데이터베이스
- 권장 목록(recommended lists)
- 주제별 서지(subject bibliographies)

이러한 보조 도구들은 도서관 스탭이 입수 가능한 자료들에 대해 정보를 가지고 의사 결정을 내릴 수 있도록 도움을 준다. 특정 자료를 더 이상 입수할 수 없을 경우에, 가능한 복본들을 찾아내는 데는 중고 도서와 재고품 서비스들(remainder services)이 유용할 수도 있을 것이다.

소규모 도서관은 다음에 제시하는 모든 포맷들과 장르들을 요망되는 만큼 심도 있게 수집할만한 여유가 없을 수도 있을 것이다. 그러나 도서관 시스템에 대한 회원 가입과 도서관 상호 대차 네트워크들이 기회의 세계를 확장시키기 위해 많은 것들을 할 수 있을 것이다. 어떤 도서관들은 광범위한 포맷들이 제공할 수 있는 중요한 공헌은 인식하지 못한 채, 거의 전적으로 인쇄 자료에 초점을 맞추는 실수를 범하고 있다. 또한 선호하는 학습 스타일의 개념 — 각 개인은 아주 개인적인 방식으로 학습하는 것을 선호하는데, 어떤 사람들은 독서를 통한 학습을 선호하고, 어떤 사람들은 듣기나 보기, "실제의" 경험을 통한 학습을 선호한다는 것 — 을 뒷받침하는 많은 연구들이 있다. 그러므로 사서는 예산을 "도서" 예산이라기보다는 오히려 "자료" 예산으

2) G. Edward Evans, *Developing Library and Information Center Collections*, 4th ed. (Englewood, Colo.: Libraries Unlimited, 2000), pp.106-108.

로 간주하고 지역 사회의 니즈(needs)와 도서관의 목표들에 부응하는 자료 및 정보 패키지들을 구입하는 것이 중요하다.

1) 신간 도서

신간 도서의 선정은 전문적 과업 가운데 가장 중요한 것들 중의 하나이며, 저자와 삽화가, 출판사, 다른 벤더들에 대한 상당한 지식을 필요로 하는 과업이다. 장서 업무를 도서관 시스템에 가입하고 있는 회원 도서관들의 결합된 스탭들에게서 발견되는 모든 지식과 기술들을 참고로 하여, 회원 도서관들과 공동으로 수행할 수 있을 때는, 전체 그룹이 혜택을 얻게 된다. 이러한 수준의 협력이 가능하지 않으면, 비공식적인 네트워킹이 유용한 지원 시스템을 제공할 수 있을 것이다. 신간 도서들은 도서관의 리스트들과 서평 미디어에서 선정한다. 도서관 시스템의 회원 도서관은 신간 자료들을 전시하는 검토실을 이용할 수도 있을 것이다. 서평과 리스트에 더해지는 이러한 혜택은 상당한 가치를 가질 수도 있을 것이다. 검토실이 존재하지 않으면, 사서는 상당 부분을 서평 미디어와 도서관 고객들의 추천에 의존해야 한다. 지역 사회와 도서관의 목적 및 목표들에 대한 스탭의 지식에 의해 선정은 더 용이하게 그리고 더 초점에 맞게 이루어질 수 있다.

2) 정기 간행물

때로는 소규모 도서관에서는 간과되기도 하지만, 정기 간행물은 중요한 정보원으로 색인들 덕택에 접근하기 쉽다. 정기 간행물을 통해 도서관은 주제에 의한 수록 범위를 상당히 유용하면서도 정확하게 확장할 수 있다. 다만 최근 몇 년간에는 가입 비용들 때문에 선정 프로세스가 훨씬 더 중요해지고 또한 도전적이 되고 있다. 많은 도서관들은 자신들의 정기 간행물 선정 결정을 부분적으로는 책들이 도서관이 가지고 있는 색인들에 포함되어 있는지의 여부와 연결시키고 있다. 색인들은 InfoTrac과 같이 전자적일 수도 있고, *Reader's Guide to Periodical Literature*와 같이 인쇄본일 수도 있다. 그러므로 고객들이 읽고 훑어보기를 즐겨하는 대중적이고 읽기 쉬운 잡지들 외에, 도서관은 지역 사회가 필요로 하게 될 중요한 정보의 범위를 확대해주는 색인이 이루어지는 그 밖의 잡지들을 구입한다. 과월호들은 니즈(needs)와 공간이 존재하는 한 보존하게 될 것이다. 많은 도서관들은 최소의 공간에 과월호들을 보관하기 위해 마이크로 형태 자료나 CD-ROM 테크놀로지를 사용한다.

3) 신 문

신문들은 최신호들을 제외하고는, 종종 마이크로필름에 저장된다. 로컬의 신문들은 보존해야 하며, 여분의 복본은 다른 정보원들에서는 발견되지 않는 중요한 로컬 자료들을 위해 클리핑할 수도 있을 것이다. 도서관은 가능하면, 인근 대도시의 신문이나 미국의 경우 *New York Times*와 *Wall Street Journal*과 같은 신문의 구독을 고려해야 한다. 때로는 도서관 시스템이 *New York Times*에 대한 색인을 제공할 수도 있고, 직접적이든 레퍼럴(referral)을 통해서든, *New York Times*와 그 밖의 신문들에 대한 컴퓨터화된 색인의 서비스를 제공할 수도 있을 것이다.

4) 정부 간행물

주문 및 색인 작업의 복잡성 때문에, 정부 간행물들은 종종 소규모 도서관에서는 기피되고 있다. 그러나 미국의 경우, 연방 정부는 권위 있고 가치 있는 문헌들의 주요 발행처이다. 팸플릿과 몇몇 정기 간행물, 가끔씩 발행되는 제본된 책자와 CD-ROM들을 구입하기 위해 연방 정부의 최신 리스트들을 입수하여 활용해야 한다. 몇몇의 극히 중요한 참고 자료들을 이 정보원에서 얻을 수 있으며, 점점 더 많은 정부 간행물들이 전자 형식으로 나타나고 있다는 사실에 유의해야 한다. 나아가 소규모 도서관은 정부 간행물의 포괄적인 장서를 소장할 수 없지만, 미국의 경우 모든 주의 하나 이상의 도서관들은 공식적인 정부 리포지토리(repositories)로 서비스하고 있으며, 출판물들을 이러한 자원 도서관들(resource libraries)에서 확보할 수 있다.

5) 녹음 자료

도서관 자원의 또 하나의 중요한 구성 요소는 녹음 자료 장서이다. 도서관 장서에서는 다양한 포맷들과 장르들을 발견할 수 있다.

① 포 맷

- 콤팩트디스크 또는 CD
- 오디오 카세트
- 디지털 오디오테이프
- 포노디스크(phonodiscs)(수 년간 유행했으나, 현재는 거의 수집되지 않는다)
- 8트랙 테이프(한때 유행했으나, 더 이상 생산되지 않는다)
- 릴투릴 테이프(reel-to-reel tapes)(일반 공공보다는 오디오 애호가들이 더 많이 사용한다)

② 장 르

- 음악: 클래식 음악, 세미 대중 음악(semipopular), 최신 대중 음악, 재즈, 종교 음악, 행진곡, 아동 음악, 성악 및 기악의 유명 연주자, 오페라 및 오페레타, 뮤지컬 코미디, 뉴 에이지
- 어학용 녹음 자료: 사람들이 여행을 위해 또는 더 심층적으로 외국어를 학습하는 데 도움을 주기 위한 녹음 자료. 어떤 것들은 인쇄 자료들과 함께 사용하도록 디자인될 수도 있을 것이다.
- 희곡: 세익스피어의 극, 그 밖의 희곡, 로컬의 연극단에서 사용하도록 하기 위한 사운드 효과
- 시: 시인들의 자작시 낭송 및 그 밖의 낭송
- 다큐멘터리 녹음 자료: 실생활 연설 및 중요 사건들, 역사적 사건들의 재연
- 비즈니스: 스트레스 관리, 시간 관리, 까다로운 사람 상대하기와 같은

토픽들; 투자, 효과적인 경영 방법, 고객 서비스에 관한 조언

- 자연: 새의 울음 소리(bird calls); 폭포, 파도, 강우, 뇌우(雷雨), 흐르는 시냇물과 같은 소리
- "녹음 도서"(talking books): 시각 장애인이나, 학습 장애인(persons with learning disability), 교외 통근자(commuters), 단지 벽면 페인트 작업이나 다리미질 등과 같은 잡일들로 바쁜 사람들에게 유용하다. 카세트뿐만 아니라 CD 포맷으로 입수할 수 있는 교육용 텍스트와 대중 소설책을 포함한다.

6) 시각 매체

인쇄 매체에서 발견되는 대부분의 토픽들은 하나 이상의 시각 매체로 나타날 수도 있다. 시각 매체는 정보 접근의 가능성을 확장시켜 준다. 입수할 수 있는 포맷들은 다양하다.

- 비디오: 대중 영화부터 교육용 및 자립 토픽들에 이르기까지 어떤 주제 영역을 다룬다(대부분의 도서관에서 영화를 효과적으로 대체하고 있다). 고객 대출용이나 도서관 프로그래밍용으로 유용하다. VHS 비디오카세트 포맷에서 가장 대중적이다.
- DVD(digital videodiscs): 디지털 비디오디스크는 최신의 포맷이며 전용 재생 장비나 DVD 드라이브를 갖추고 있는 컴퓨터와 함께 사용할 수 있다.
- 영화: 일반적으로 광범위한 주제 영역들을 다룬다(한때는 일반적으로 도서관 장서에서 8mm와 16mm로 나타났으나, 현재는 종종 비디오로 대체되고 있다.
- 슬라이드: 예술품 판화(art print), 여행 씬(travel scenes)
- 필름 스트립(film strips): 어린이용 스토리, "실용서" 정보(오늘날에는 수집하는 경우가 거의 없다)

7) 컴퓨터 소프트웨어

많은 도서관 장서에서 발견되는 컴퓨터 소프트웨어 프로그램은 대개 도서관 내에서 사용하기 위한 것이지만, 때로는 빌려가기 위해 이용할 수도 있다. 여기에서는 시청각 매체의 경우와 마찬가지로, 지역 사회의 가정과 학교에서 어떤 포맷과 장비를 이용할 수 있는지에 대해 아는 것이 중요하다. 점점 더 많은 테크놀로지들이 출현함에 따라, 적절한 구매는 지역 사회의 니즈(community needs) 및 관심과 연계해야 한다.

저작권 이슈들은 모든 정보 패키지들에 존재한다. "공정 사용"(fair use) 조항이 가정이나 교육적 상황에서의 사용에 적용된다. 컴퓨터 소프트웨어와 그 밖의 미디어의 경우, 대출 및 공연을 허용해주는 라이선스를 구입할 수 있는 경우가 많다. 셰어웨어(shareware)와 같은 일부 소프트웨어는 어떤 제약도 담고 있지 않을 것이다.

8) 팸플릿

도서관들은 팸플릿을 필요로 하게 될 것이다. 그러나 지나치게 상업적이거나 편향된 것들을 무료이거나 값이 싸다는 이유 때문에 주문하는 것은 피해야 한다. 몇몇 팸플릿들은 논란의 소지가 있는 이슈에 관한 장서의 균형을 유지하는 데 도움을 주게 될 것이다. 그러나 일부 선전 단체에 주문을 하게 되면 도서관을 메일링 리스트에 올리게 될 것이고, 추가로 밀려오는 자료의 홍수를 겪을 수도 있을 것이다.

9) 그 밖의 자료들

앞서 살펴본 포맷들 외에도, 그 밖의 자료들이 몇몇 도서관 장서의 일부를 구성하게 된다. 이러한 다양한 자료들은 다음과 같은 것들을 포함하게 될 것이다.

- 예술품 판화(art print): 다양한 예술 스타일로, 대개는 장기간에 걸쳐 빌려 가기 위해 이용할 수 있다.
- 게임: 교육용 및 오락용
- 지구의(地球儀: globes): 지구의 및 천체의(天體儀)
- 지도: 평면 지도 및 입체 지도(relief map)
- 마이크로 형태 자료: 마이크로필름, 마이크로카드, 마이크로피시
- 복합 매체 패키지/키트(kits): 인쇄 자료, 청각 자료, 시각 자료 등의 조합
- 음악: 인쇄본 연주용 및 연구용 악보
- 인형: 봉제 동물 인형, 교육용 게임, 블록 등
- 공구: 수공구(hand tools), 기본적인 동력 공구(power tools)

8.1.2. 제 적

소규모 도서관들은 지속적으로 더 많은 자료들을 필요로 하기 때문에, 사서들은 간혹 납세자와 공무원들, 그리고 가끔은 심지어는 다른 사서들과 도서관 위원회 위원들에게 몇몇 자료들을 장서에서 제거해야 한다는 사실을 납득시키기가 어렵다는 사실을 발견하고 있다. 특히 제적해야 할 자료들이 양호한 상태인 것처럼 보일 때는 의문들을 제기할 가능성이 있다. 이러한 폐기가 왜 필요한가? 그것은 납세자의 돈을 낭비하는 것이 아닌가? 충분히 낡을 정도로 자료를 사용하지 않았다면, 처음부터 그것들을 구입할 때 실수가 있었던 것은 아닌가?

연구 도서관은 연구자들을 위해 10년에 겨우 한번만 사용할 수도 있는 많은 자료들을 보관하는 것이 정당화된다. 그러나 소규모 도서관은 잡초들이 완전히 뒤덮지 않도록 하기 위해, 잡초를 제거하고 가지를 잘라내야 한다. 소장된 장서의 숫자에 대한 자부심, 어떤 재산적 가치를 가질 수도 있는 공공 재산을 폐기하는 데 주저하는 것, 햇빛을 본 자료를 누군가가 요청할 수도 있다는 희미한 가능성, 생생하고, 매력적이며, 사용 가능한 도서관을 유지

한다는 가장 중요한 점을 살리기 위해 이러한 모든 고려 사항들은 단호하게 배제해야 한다.

어떤 것을 제적하고, 어떤 것을 보관하며, 어떤 것을 대체할는지에 대한 해답은 그리 쉽지 않다. 장서 이용상의 경험, 지역 사회에 대한 지식, 표준 리스트의 이용을 통해 몇몇 해답들을 얻을 수 있을 것이다. 사서는 또한 서로 다른 영역들의 다양한 이용 감소율(rates of obsolescence)을 염두에 두어야 한다. 대부분의 과학 영역에서는 새로운 지식이 급속한 속도로 추가되고 있다. 따라서 많은 과학 자료들은 비교적 빨리 시대에 뒤떨어지게 된다. 기술 및 지역에 초점을 맞춘 몇몇 자료들도 급속하게 노쇠화(老衰化)된다. 반면에 어떤 것들은 더 오래 생명력을 갖기도 한다. 자동차와 냉장고, 라디오, 텔레비전 세트의 수리에 관한 자료들은 더 새로운 모델들이 시장에 출시되고 새로운 자료들이 그 작업을 설명한다고 해서 꼭 쓸모가 없는 것은 아니다. 더 오래된 차와 냉장고, 라디오, 텔레비전 세트들을 지역 사회에서 여전히 사용할 수도 있는 것이다. 따라서 지역 사회에 대한 분석이 이러한 유형의 의사결정에 도움을 줄 수 있을 것이다.

더 완만한 속도로 변화하는 주제들은 인문 과학의 상당수가 포함된다. 그러나 여기서도 주의가 필요하다. 어떤 도서관도 일례로 기번(Gibbon)의 『로마 제국 쇠망사』(*The Decline and Fall of the Roman Empire*)나 그 밖의 한 권의 저작을 소장하고 있기 때문에, 후기 로마 시대를 적절하게 다루고 있다고 생각해서는 안 된다. 기번은 고전으로서 입수할 수도 있을 것이다. 그러나 사서는 이전의 결론들을 수정하는 해당 시기에 대한 새로운 연구에 대해 알고 있어야 한다. 일반적으로 몇몇 고전들은 보관해 두어야 한다. 그러나 도서관이 부실하게 만들어진 버전들만을 가지고 있을 경우에는, 포맷에 관계없이, 이러한 것들은 가능하면 새롭고 매력적인 구입 자료들로 대체해야 한다. 또한 모든 대작가(大作家)나 영화 제작자, 예술가 등의 중요하지 않은 모든 작품들을 사거나 보관해 두어야 하는 것은 아니다.

제적의 정규 프로세스를 설정해 두어야 한다. 제적 프로세스를 체계화하기 위한 로컬의 선호가 어떻든 간에, 어떤 절차에 착수하는 것이 중요하다. 이 중요한 기능이 장기간에 걸쳐 표류하도록 방치하기가 아주 쉽다.

8.1.3. 대 체

대체(replacement)는 제적과 관련되어 있다. 해지거나, 더럽거나, 찢어진 책들, 여러 부분들이 꼬이거나 손상된 영화나 비디오, 건너뛰거나 잼(jam)에 걸리거나 음질이 고르지 못한 오디오 자료들, 이 모든 것들을 체계적인 제적 프로세스 동안에 찾아내야 한다. 고객의 의견들을 통해 대체가 필요한 자료를 표적화하는 경우가 많다. 용이하고 때로는 자동적인 대응은 여전히 구입을 통해 입수할 수 있으면 해당 아이템을 대체하는 것이다. 그러나 동일한 대체물을 주문하기에 앞서 두 가지 질문을 던지고 그에 대해 대답해야 한다. 도서관에서는 여전히 이 주제에 관한 자료를 필요로 하는가? 교체해야 할 더 새롭거나 더 좋은 자료가 만들어져 있는가? 첫 번째 대답은 “예”이고 두 번째는 “아니오”일 경우에만 동일한 대체를 고려해야 한다. 그리고 그 때도 적절한 포맷에 대한 질문을 던져봐야 한다.

8.1.4. 평가 기준

선정에 대한 의사 결정을 할 때는 많은 요인들을 고려해야 한다. 이러한 기준에는 사실의 정확성, 내용의 조직화, 이용 의도, 기술적 품질, 포맷의 적합성, 물리적 내구성(耐久性), 그리고 모든 의사 결정의 기초가 되는 지역사회의 니즈(community needs)가 포함된다.

구입을 위한 신간 자료의 선정과 제적 및 대체의 여러 활동들은 모두 장서 관리라는 더 큰 프로세스의 일부이기 때문에, 의식적으로 그것들을 관련지어야 한다. 대부분의 도서관들은 새로운 자료들을 모든 문헌정보학과 졸업생들과 실무 사서들에게 친숙한 정규의 선정 보조 도구들(selection aids)에서 주문한다. 이 가운데 몇 가지를 예로 들어보면 *Library Journal, School Library Journal, Booklist, Wilson Library Bulletin, Public Library Catalog, Schwann Catalog*(녹음 자료용), *Ulrich Periodicals Directory, NICEM(National Information Center for Educational Media)*의 디렉토리들이 있다. NICEM Net(http://www.nicem.com)은 주제와 연령층, 매체 유형별로 전체 데이터베이스를 탐색할 수 있게 해주고 있는데, 이것은 시청각 자료의 *Books in Print*에 해당하는 것이다.

자금이 부족하기 때문에, 사서들은 자신들이 요구가 있을 것으로 알고 있는 자료들을 선정하고 유용하기는 하지만 곧바로 필요하지는 않은 표준적인 타이틀들에 대한 판단은 유보하는 경향이 있다. 그들은 어떤 주제에 관한 몇몇의 좋은 일반 타이틀들이 특정 시즌 동안에 발행되는 경우가 많다는 사실을 알고, 그러한 것들을 선택하기 위해 기다리는 것을 선호한다. 이러한 식으로 사서들은 장래에 고려하기 위한 타이틀들의 파일을 개발하게 되는데, 현재 요구되고 있는 타이틀들의 구입에 예산의 대부분을 써버리게 될 경우에는 그 상당수는 전혀 구입할 수 없을 것이다.

몇몇 도서관에서 사용하고 있는 절차는 이러한 가능성을 예방하는 데 도움을 준다. 사서는 통상의 벤더들로부터 최신의 대중적인 타이틀들을 계속하여 정기적으로 주문한다. 유용할 수도 있는 표준적인 타이틀들은 노트한 뒤 DDC의 범주들과 같은 하나의 분류 시스템에 따라 “대기” 파일에 배열해둔다. 매달 서로 다른 분류 섹션들에 대한 작업을 수행한다. 예를 들어, DDC를 바탕으로 하는 파일의 경우는, 주류 300의 일정을 1월에 계획하고 있으면, 그 달 동안에 서가와 녹음 및 시각 매체 영역의 300 섹션을 제적하고, 서지들을 참고하고, 대기 파일을 체크하고, 대체 자료들을 주문한다. 2월에는 다른 섹션을 평가한다. 여름에는 소설과 어린이 자료라는 대규모 범주들의 일정을 잡을 수 있을 것이다. 도서관이 그와 같은 계획에 따르게 되면, 예산이 최신 및 대중적인 타이틀들과 표준적인 저작들 사이에서 나누어지고, 장서는 신선하게 최신성을 유지하게 되며, 스탭은 그 자원들에 대해 공부하게 되어 더 나은 서비스를 제공할 수 있게 된다.

8.2. 장서의 개발

장서의 전반적인 관리 이외에도, 이용을 위해 자료들을 확보하고 처리하는 프로세스들이 있다. 이러한 프로세스들은 시간을 필요로 하며 가능한 곳에서는 언제나 합리화라는 목적을 가지고 지속적으로 모니터링 해야 한다. 이 절에서는, 자료를 확보하기 위한 정책들에 대해 초점을 맞추어 논의하고자 한다.

8.2.1. 수 서

도서관에서 자료들을 주문하는 벤더들의 세 가지 일반적인 소스(sources)는 도매상, 로컬의 판매 업자, 출판사/제작자이다. 이러한 각 소스들은 그 장단점을 가지고 있다.

도매상(jobber/wholesaler)은 배포자(판매자나 도서관)와 출판사/제작자 사이의 중개자이다. 도매상의 창고에는 많은 출판사/제작자들의 최신 및 기존 출판물들의 다수의 복본들이 소장되어 있을 것이다. 따라서 도매상은 대부분의 도서관에서 필요로 하는 것들을 처리할 수 있게 될 것이다. 도매상은 대개 상당한 할인을 제공해주며, 서비스는 만족할만하다. 일단 도서관이 도매상의 절차들(주문은 어떻게 발주하고, 어떤 순서로 리스트를 작성하며, 얼마나 자주 보고서를 발송하는가 등)을 터득하게 되면, 수서는 단순화된다. 단 하나의 회사의 절차를 따라야 할 것이기 때문에, 서류 업무는 줄어들게 된다. 일반 자료들을 구입하는 대부분의 도서관에서는, 훌륭한 도매상은 최선의 선택이다.

로컬의 판매 업자(local dealer)는 도서관 위원회가 도서관의 비즈니스를 제공하고자 할 수도 있는 로컬의 소매 상인(즉 도서나 오디오, 비디오 가게)이다. 판매 업자는 이러한 거래를 위해 압력을 행사할 수도 있을 것이다. 인근에 있기 때문에, 로컬의 판매 업자는 경우에 따라서는 응급의 니즈(needs)

에 신속하게 부응할 수 있다. 판매 업자는 대개는 판매 업자의 서지나 리스트를 사용하거나 재고품을 훑어 보고자 하는 도서관 직원을 환영하게 될 것이다. 이러한 플러스 요인들을 상쇄시키는 것으로, 많은 단점들도 고려해야 한다. 로컬의 판매 업자의 재고는 대개 도서관의 니즈를 처리할만큼 충분히 크지 못하다. 예를 들면 대학 타운의 대학 서점조차도 소규모 공공 도서관이 필요로 하는 모든 것을 갖추지 못할 것이다. 도서관은 대부분의 타이틀의 한 권만을 주문하게 될 것이기 때문에, 서점은 상당량의 추가적인 작업을 해야 할 것이며 아마도 서점 주인이 기대했던 것만큼 많은 이익을 얻지는 못하게 될 것이다. 서비스는 아마도 대규모의 자료들에 대해서는 도매상의 경우보다 더 늦을 것이며, 할인도 아마 더 적을 것이다.

출판사/제작자로부터 직접 구입하는 것이 때로는 장점을 제공하는 것으로 나타날 수도 있을 것이다. 몇몇 출판사/제작자들은 중개자가 개입되지 않기 때문에, 도매상보다 더 높은 할인을 도서관에 제공해준다. 적정 예산을 가지고 있는 소규모 도서관은 대개는 도매상으로부터든 출판사/제작자로부터든 많은 할인을 받을 수 없다. 다만 소규모 도서관들의 시스템은 규모의 경제(economy of scale)를 통해 할인을 받을 수도 있을 것이다. 출판사/제작자들은 각각 한 권씩 구입하는 수많은 소규모의 개별 도서관의 비즈니스를 처리하는 데 어려움을 겪고 있다. 그들은 대개 그와 같은 배포를 유일한 기능으로 하는 도매상만큼 효율적으로 그와 같은 비즈니스를 처리할만한 준비를 갖추지 못하고 있다.

그러나 출판사/제작자들과 거래하면서 겪는 주된 단점은 그와 같이 많은 벤더들에게 적응하고 그들과 커뮤니케이션을 해야 한다는 데 있다. 각 벤더는 따라야 할 서로 다른 절차들을 가지고 있으며, 주문을 완수하지 못한 경우나 주문을 부정확하게 완수한 경우, 복본이 불완전한 경우 등에 관한 서신 왕래가 필요할 때는 하나의 벤더가 아니라, 많은 출판사/제작자들과 커뮤니케이션을 해야 한다.

출판사/제작자와 직접 거래하는 또 하나의 예는 어떤 회사가 출판 예정

자료 목록을 설명하기 위해 도서관들을 방문하는 순회 판매 대리인(traveling representatives)이나 판매 스탭을 두고 있을 때 나타난다. 사서들은 이러한 방문을 즐기면서 판매 대리인들과 충분히 친숙해져 하나 이상의 벤더들의 제품들을 구입하도록 하는 유혹에 접해볼 수도 있을 것이다.

벤더들이 제공하는 서비스는 다양하며, 사서와 도서관 위원회는 장점과 단점을 주의 깊게 평가하고 할인만을 바탕으로 선정하고자 하는 유혹을 피해야 한다. 구매 부서가 의사 결정에 관여하는 경우에는, 관련된 그 밖의 요인들 — 주문 완수의 속도와 정확성, 아직 공급하지 못한 자료들에 대한 신속하고도 정기적인 보고, 절차의 용이성과 경제성(정확한 송장(送狀), 알파벳순 청구서 등) — 을 설명할 필요가 있을 수도 있을 것이다. 대규모 할인을 제공해주는 특가(特價) 벤더들은 도서관으로 하여금 높은 할인이 제공하는 가치보다 시간상으로 더 많은 대가를 지불하도록 할 수도 있을 것이다. 사서는 할인이 양호하면서도 서비스 역시 높은 기준을 유지하는 벤더를 찾아내야 할 책임을 가지고 있다.

그렇지만 벤더로부터 제공되는 훌륭한 서비스는 일방 통행이 아니다. 도서관의 불완전한 주문, 저자명의 철자 오기(誤記), 일자나 판차, 출판사/제작자의 누락, 판독하기 어려운 여러 부의 주문 양식은 도서관이 벤더의 사랑을 받지 못하게 하는 원인이 된다. 그와 같은 관행들은 부실한 비즈니스 절차들이다. 벤더의 부실한 서비스들을 도서관에서 수용할 수 없는 것과 마찬가지로, 그러한 것들은 벤더들에게도 수용하기 어려운 것이다. 완전히 자동화된 도서관조차도 벤더들에게 의뢰하는 모든 것들을 교정하고 검증할 책임이 있다.

주문하는 자료의 유형에 따라, 일반적인 주문 패턴에는 불가피하게 다음과 같은 약간의 변화가 있을 것이다.

- 시청각 자료와 정기 간행물들은 이러한 자료들에 전문화된 벤더들에게 주문해야 한다. 정기 간행물은 한 대행 업체(agent)에 주문해야 하며, 이 업체는 납품되지 않은 호들에 대한 클레임(claims)을 처리할 수 있

어야 한다.

- 팸플릿들은 벤더에게 주문할 수도 있을 것이다. 어떤 것들은 출판사에 직접 주문해야 할 수도 있을 것이다.
- 미국 정부 간행물들은 워싱턴(Washington, D.C.)의 미국문서관리국(SuDoc: Superintendent of Documents)에 직접 주문해야 한다. 가능하면 지불 금액을 공제하게 될 예치금을 맡겨 두어야 한다. 이것은 주문 프로세스를 단순화시켜 준다. 미국 의회의 관할 지역 대표부는 몇몇 문서들을 무료로 확보할 수도 있을 것이다. 미국의 주(州) 도서관 에이전시(library agency)는 주의 문서를 확보하는 최선의 방법을 제안할 수 있을 것이다. 상당수의 주 도서관 에이전시들은 자체에서 이러한 자료들의 리스트를 작성하고 자료들을 배포하고 있다. 로컬의 문서들은 사서의 지방 정부에 대한 지식과 로컬의 공무원들과의 친분을 통해 확인되고 확보되는 것이다. 이것은 그와 같은 접촉의 가치를 보여 주는 또 하나의 예이다.
- 로컬에서 관심을 가지고 있는 민간의 인쇄 자료들은 출판사에 직접 주문해야 한다.
- 필요하게 될는지 또는 적합할는지를 사서가 확신할 수 없는 가끔씩 발행되는 자료들은 조건부 일괄 주문(approval)에 따라 반송의 특권과 함께, 주문해야 할 수도 있을 것이다. 이 특권은 일반적으로 대규모 도서관들에 부여되는데, 소규모 도서관들은 필요할 때만 이를 요청해야 할 것이다.

8.2.2. 주문, 수령, 지불 절차

벤더에게 있어서 자료 주문의 필수적인 요소는 도서관이 원하는 것을 정확하게 지시하는 것이다. 도서관에 있어서 그것은 현재 주문 중인 것(수령한 자료들을 체크하고 원치 않는 복본을 피하기 위해 사용하는 정보)과, 각 주문을 보낼 벤더, 각각의 주문 일자(오래된 주문을 체크하거나 취소할 수 있도록)를 말해 주는 기록이다. 수작업(手作業) 절차를 이용하든 자동화된 절차를 이용하든, 많은 도서관들은 여러 부를 주문하는 주문 양식(multiple-copy order form)이 이러한 목적에 가장 잘 맞는다는 사실을 알고 있다. 이 양식의 다양한 부분들은 다음과 같이 사용할 수 있다.

- 벤더에게 보낸 주문 자체(벤더는 그것을 표제나 출판사/제작자에 의해 배열하거나 지연된 주문을 위해 보류하는 등 절차에 적합한 어느 방식으로도 사용할 수 있을 것이다)
- 도서관의 알파벳순 수작업 파일이나 컴퓨터파일 안에 있는 주문에 대한 기록(그 기록이 벤더명 — 또는 도서관이 하나의 정규 판매 업자를 가지고 있을 경우는 가끔씩 있는 예외의 이름들 — 과 주문 일자를 포함하고 있으면, 그와 같은 기록은 도서관의 니즈를 상당히 잘 충족시켜 준다.)
- 주문한 자료에 대한 목록 카드(사용하는 경우)를 구입하기 위한 양식

자료들을 판매 업자로부터 수령했을 때는, 상자를 열고 송장(送狀)에 열거한 자료들이 상자에 담겨 있는지(상자의 내용물에 상응하는 것으로 추정되는 리스트가 동봉된다) 그리고 자료들이 실제로 도서관에서 주문한 것들인지를 확인하기 위해 곧바로 체크해야 한다. 명백한 불완전한 상태도 이 때 점검해야 한다. 그러나 대부분의 도서관들은 스탭의 시간상 비용이 너무 많이 든다는 이유로, 상세한 검수 관행을 포기하고 있다. 이러한 작업들은 장서인의 날인이나 마킹(marking), 풀 붙이기(pasting)가 이루어지기 이전에 수행해야 한다.

판매 업자들의 청구서는 가능한 한 빨리 지불해야 한다. 때로는 청구서가 송장과 동일하다. 즉 청구서의 사본을 송장을 제공하기 위해 사용하고 있는 것이다. 그렇지 않을 경우에는, 실제로 수령한 자료들에 대해서만 도서관에 청구하고 있음을 확실히 하기 위해 송장과 대조하여 청구서를 체크해야 한다. 말할 필요도 없이, 어떤 도서관도 도서관 자체나 수령 권한을 부여받은

정리 센터(processing center)에서 자료를 수령할 때까지는 자료에 대한 지불을 하지 않는다. 경우에 따라서는 이 규칙에 예외가 있을 수도 있을 것이다. 왜냐하면 중요한 도서 세트나 녹음 자료, 비디오는 다른 방식으로 주문할 수 없으므로, 그에 대한 가입은 선불로 이루어지기 때문이다. 그와 같은 예외들은 최소한으로 유지해야 하며, 관련되는 출판사/제작자나 판매 업자가 신뢰할만한 것으로 알려져 있을 때만 인정해야 한다.

8.3. 자료들의 이용 준비

도서관에 익숙하지 않은 이 장의 독자들은 도서관이 계속적으로 자료들을 제공받고 그러한 것들이 이용되도록 준비하기 위해 필요한 업무량에 놀라고 그에 대해 우려할 수도 있을 것이다. 자료들은 이용자들이 쉽게 접근할 수 있어야 하며, 이를 가능하도록 하기 위해서는 몇 가지 조치들을 취해야 한다.

8.3.1. 분류와 편목

전문적 기술을 필요로 하면서, 특히 많은 시간이 소요되는 과업이 이용자들이 목록이나 서가 배열을 통해 자신들이 원하는 것을 찾도록 각 자료를 분류하고 편목하는 것이다. 이 업무가 시간상으로 그와 같이 많은 비용이 들기 때문에 자체 편목(original cataloging)을 실시하는 도서관들의 수가 점점 더 줄어들고 있다. 특유의 자료들이나 특이한 자료들만 현장에서 편목해야 할 수도 있을 것이다. 오늘날의 도서관들은 발행되는 대부분의 자료들을 기술하고 분류하는 작업을 집중화시키는 하나 이상의 다음과 같은 서비스들을 이용하고 있다.

1. 그들은 카피를 공급하기 위해 OCLC나 그 밖의 컴퓨터화된 시스템에 접촉한다. 데이터베이스에 온라인으로 연결되는 로컬의 터미널이 필요하다. 미국의 경우, 몇몇 주들은 OCLC 데이터베이스와 상호 작용하는 주 전체 데이터베이스를 개발하고 있다. 몇몇 예에서는, 가장 작은 도서관조차도 그 인쇄 레코드들을 기계 가독 형식(machine-readable form)으로 변환할 수 있도록 해주고, 결과적으로는 주 전체 데이터베이스에 그리고 최종적으로는 OCLC 데이터베이스에 포함될 수 있도록 해주는 로컬의 컴퓨터 프로그램을 설계하고 있다. OCLC는 또한 카드 목록을 사용하고 있는 도서관들을 위해 카드도 공급하고 있다.
2. 그들은 기술(記述)과 청구 기호, 주제명 표목을 이러한 것들을 포함하고 있는 몇몇 선정 보조 도구(예를 들면 *Booklist*)나 자료 자체(예를 들면 CIP(Cataloging-in-publication)로부터 그대로 채택하거나 수정하여 사용한다.
3. 카드 목록을 사용하고 있는 도서관들은 미국의회도서관(LC)에서 카드를 구입하거나, 도서관 납품 업자로부터 카드 그리고 아마도 물리적 정리 작업을 구입하여 공급받거나, 미국의 경우 주 도서관 에이전시나 도서관 시스템이 운영하는 정리 센터를 이용한다.

이러한 편목 레코드의 외부 소스들은 스탭 시간의 상당 부분을 줄여 준다. 또한 컴퓨터화된 데이터베이스와의 상호 작용은 로컬 도서관의 영역을 넘어서서 여러 레코드에 대한 접근을 증가시켜 준다.

8.3.2. 정리 센터와 상용(商用) 서비스

외부의 기술 서비스(technical services)를 이용하는 장점은 분명하다. 이 가운데 최고의 장점은 시간의 절약이다. 서비스의 유효성에서 어떤 비용도 들이지 않고, 이용자 서비스(public services)를 위해 더 많은 시간을 가용

(可用)할 수 있다. 많은 소규모 공공 도서관에서 동일한 자료에 대한 개별적인 준비에 소요되는 시간은 낭비적인 성격의 중복으로 오랜 동안 비판을 받아 오고 있다. 즉 각각의 도서관은 동일한 체킹을 하고, 동일한 분류 작업을 하고, 동일한 편목 업무를 해오고 있다. 이러한 과업들을 중앙 집중식으로 하면 더 효율적으로 수행되리라는 것은 아주 타당한 것으로 보인다. 중앙 집중화 했을 때는, 효율성을 증진시켜 주는 기계와 장비들의 장점을 살리면서, 전문가들이 그 작업을 수행할 수 있다. 중앙 집중식 서비스는 미국의 경우 미국의회도서관(LC)의 인쇄 레코드는 물론 온라인 편목 서비스들을 접근하게 될 것이다. 중앙 집중식으로 자료들을 구입하면, 더 큰 규모의 주문들 덕택에 할인이 늘어날 수도 있을 것이다.

도서관을 위해 외부의 정리 서비스를 선정할 때는, 다음과 같은 요인들을 고려해야 한다.

1. **비용**(cost). 서비스를 위해 지불되는 총액은 산정하기가 용이하다. 다만 처음 보기에 그 금액은 사서와 특히 도서관 위원회의 위원들에게는 높은 것처럼 보일 수도 있을 것이다. 추정하기가 훨씬 더 어려운, 그러나 전체 양상의 일부를 이루는 것이 바로 그 서비스가 대체해주는 로컬 업무의 비용이다. 정리로 가게 되는 전체 스탭 시간에 대한 정직한 체크, 그리고 그와 같은 시간이 나타내는 급여들은 눈이 휘둥그레질 만한 것으로 나타날 가능성이 있다. 물론 도서관 위원회의 위원들과 자치 단체의 공무원들은 더 높은 인식 수준, 고객 상호 작용 및 지역 사회 확장 서비스(community outreach)의 중요성을 인정하는 수준으로 교육할 필요가 있다. 왜냐하면 너무나도 많은 보통 사람들은 사서들의 업무와 사무직 작업자들의 업무를 동등하다고 생각하고 있기 때문이다. 용품(소모품)들과 장비의 비용도 하나의 요인이기는 하지만 작은 요인이다. 정리 시간 동안에 제공할 수 있었던 도서관 서비스의 가치는 금액으로 측정할 수 없다. 그럼에도 불구하고 반드시 이를 고

려해야 하며, 이것은 정말로 고려해야 할 중요한 요인이다. 또 하나의 무형(無形)의 종종 간과하고 있는 것이 바로 정리 업무가 차지하고 있는 공간이 서비스와 효율성 면에서, 도서관에 대해 갖는 가치이다. 가용(可用)한 다양한 서비스들의 상대적인 비용들은 실제 가격뿐만 아니라 서비스의 양과 질의 차이를 고려하여 생각해야 한다.

2. **서비스의 품질.** 수많은 요인들이 도서관에서 필요로 하는 서비스의 종류에 영향을 미친다. 제공되는 분류와 편목의 유형은 주요한 품질상의 고려 사항이다. 더욱이 가장 상세한 편목과 가장 긴 청구 기호를 제공해주는 서비스가 꼭 최선은 아니다. 도서관의 니즈(needs)를 고려할 때, 사서는 목록과 청구 기호의 기능은 특정 자료들의 신속한 소재 확인을 가능하게 하고 그와 같은 자료의 안에 있는 정보를 용이하게 접근할 수 있도록 해주는 것이라는 사실을 명심해야 한다. 고려 중인 서비스들은 특정 도서관을 위해 이러한 기능들을 수행할 때의 유효성에 비추어 측정해야 한다. 기술 편목법(descriptive cataloging)의 완전성은 거의 도움이 되지 않을 수도 있으며, 청구 기호의 길이는 오히려 방해가 되는 것으로 나타날 수도 있을 것이다. 더욱이 점점 더 많은 도서관 목록들이 온라인 목록으로 변형됨에 따라, 주요한 품질 고려 사항에 정확성과 속도, 접근 용이성, 다운로드 시간이 포함되고 있다.

3. **수록 범위**(coverage). 가능성이 있는 서비스가 제공하는 타이틀이나 자료들의 유형이 제한되어 있다면, 그에 따라 유용성도 제한된다. 서비스를 통해 이용할 수 있는 자료들이 도서관이 구입하게 될 모든 또는 대부분의 자료의 종수/유형을 포함하고 있으면, 이러한 제한은 아무런 문제도 야기하지 않는다. 그러나 많은 중요한 타이틀들을 누락한다면, 고려 중인 서비스는 로컬에서 이루어지는 정리의 보충 수단으로만 간주할 수도 있을 것이다. 예를 들면, 정리된 책들을 판매하는 상업 서비스는 도서관이 필요로 하는 모든 책들을 처리하지 않을 수도 있을 것이다. 그와 같은 공급자를 이용한다면, 사서는 공급자가 입수할 수

있는 것만을 구입하려는 유혹을 경계해야 한다. 그와 같이 하는 것은 사실상 공급자에게 도서관 자료 선정에 지나치게 큰 영향력을 미치도록 허용하는 것이다. 도서관 업무의 모든 측면은 물론 선정의 측면에서, 사서의 눈은 항상 고객과 지역 사회의 니즈에 초점을 맞추어 두고 있어야 한다.

4. **속도**(speed). 자료 수령의 상대적인 속도는 벤더들을 비교할 때 고려해야 할 요인이기는 하지만, 소규모 도서관에서는 때로는 속도에 너무 많은 비중을 두고 있다. 분명히 도서관은 자료를 너무 오래 기다리고자 하지 않을 것이고, 신속한 서비스가 훌륭한 것이다. 그러나 너무나도 자주 일어나는 자료 수령의 지연은 외부의 서비스를 사용하는 데 주저하는 이유가 되고 있다. 자체의 정리를 수행하는 소규모 도서관들은 베스트셀러들을 도착하고 나서 아주 곧바로 이용할 수 있도록 해주는 것이 사실이다. 정리 센터들은 신속하게 그러한 것들을 거의 제공하지 못한다. 반면에 정리 센터는 대개 신간 자료들의 상당 부분을 도서관 자체에서는 그것들을 겨우 준비하기 훨씬 이전에 수령하여 보내준다. 한편으로는, 베스트셀러 도서나 비디오를 열성적인 고객의 손에 한 두 주 먼저 들어가도록 하는 것이 갖는 상대적인 중요성과 다른 한편으로는, 대부분의 자료들을 더 신속하게 추가하는 것이 갖는 가치를 도서관의 전반적인 목표들과 관련하여 고려해야 한다. 고려해야 할 또 하나의 시간 요인은 외부의 서비스는 대개 일년 내내 멈추지 않고 계속되지만 도서관 자체에서 이루어지는 편목은 휴가나 질병, 스탭의 변경 때문에 정지될 수도 있다는 사실이다.

정리 센터(processing center)를 이용하고자 하는 사서가 직면하게 될 문제점들로는 다음과 같은 것들이 있다.

1. **도서관 위원회와 공무원들의 동의 얻기.** 외부에서 이루어지는 정리(outside processing)에 의존하고자 하는 사서들은 비용을 정당화하기가 때로는 어렵다고 보고하고 있다. 보통 시민들은 편목과 자료의 장비작업에 왜 그리 많은 비용이 드는지 — 그들에게는 그렇게 보일 것이다 — 에 대해 이해하기 어렵다. 사서에게는 낮은 가격이 도서관 위원회의 위원들이나 자치 단체의 공무원들에게는 높은 것으로 나타날 수도 있을 것이다. 그들은 무엇 때문에 분류와 편목이 그리 복잡한지 그리고 왜 상당히 훌륭한 교육을 받은 사람이 청구 기호를 배정하고 자료들에 대해 저자명 저록과 서명 저록, 주제명 저록을 작성할 수 없는지에 대해 이해하기 어렵다는 것을 알고 있다.

   이러한 반응은 놀라울 게 없다. 이것은 배관 수리 비용이나 텔레비전 수선 비용, 편도선 제거 비용에 대한 사서를 포함한 일반 공공의 반응과 동일한 것이다. 우리는 교육 훈련과 경험, 판단력에 대한 대가(代價)를 지불하며 지식을 습득하고 직업이나 전문직의 도구들을 구입하고 그 최신성을 유지하는 데 들어간 투자(스탭 개발 포함)에 대한 대가를 지불하는 것이다. 지식 없이 수행되는 업무는 그 결과에서 만족스럽지 못하다. 아마추어가 편목하고 분류한 도서관을 점검하는 사서는 부실한 서비스에 반영되지 않을 수 없는 결점들을 곧바로 발견할 수 있다. 공공의 인식 변화가 도전적이기는 하지만, 이러한 변화는 필수적으로 발생하기 마련이다. 그러나 사서가 효과적인 전달자가 되어, 니즈(needs)를 어떻게 확인하고 있고 도서관에서 제공하는 혜택들이 그러한 니즈에 어떻게 부응하는지에 대해 자금을 지원하는 사람들과 지역 사회에 분명하게 해줄 때까지는, 아무 것도 이루어질 수 없는 것이다.

   외부에서 이루어지는 정리에 대해 도서관 위원회와 공무원의 승인을 얻는 것은 전체 도서관 기획이라는 맥락에서 고려하면 성공을 거둘 가능성이 더 높다. 전면적인 마케팅 감사(marketing audit)를 통한 지역사회에 대한 연구에 의해 부응하지 못하고 있는 니즈와 제공하지 못하고 있는 서비스를 확인한 경우에는, 스탭의 시간과 일부 도서관 공간의 상당 부분을 풀어주는 것은 이러한 시간과 공간을 활용하여 수행할 수 있는 것들에 비추어 볼 때 의미를 갖게 된다. 기술적인 프로세스들은 그 자체가 목적이 아니라 이용자 서비스들(public services)을 위한 수단인 것이다. 따라서 외부 정리 서비스에 가입하는 것은 하나의 목적으로서가 아니라 도서관에서 제공하고자 하는 이용자 서비스들의 일부를 제공해주는 수단으로서 제시해야 할 것이다. 도서관의 여러 목표를 공유하고 있는 도서관 위원회와 공무원들은 그와 같은 목표들을 수행할 수 있는 기회를 제공해주는 변화의 제안에 대해 우호적으로 반응할 가능성이 높다.

2. **새로운 서비스에 맞도록 장서를 조정하기.** 외부에서 정리된 자료들을 수령하는 도서관이 이러한 자료들이 정확하게 도서관에서 자체적인 방법으로 이전에 준비했던 것들에 상응하는 것으로 파악하는 경우는 실제로는 거의 없다. 전기의 분류나 소설의 배열, 필명(筆名)의 사용, 대출 카드의 위치 등은 자주 나타나는 변형들의 몇 가지 예들이다. 새로운 정리 서비스에 적응할 때, 사서는 미래 지향적으로 생각해야 하며 과거 지향적이어서는 안 된다. 시간이 지나면서, 정리 센터에서 들어오는 새로운 자료들이 그 양도 더 많아질 것이고 또한 가장 빈번하게 이용되는 자료들이 될 것이다. 새로운 자료들을 과거의 것들에 맞도록 변경하는 것은 근시안적(近視眼的)인 것이다. 변경이 필요하면, 그것은 기존의 자료들을 새로운 방식에 맞도록 하는 것이어야 한다. 그러나 사서는 산뜻함과 일관성만을 위해 변경을 하고자 하는 유혹을 경계해야 한다. 이용자 서비스를 위해 필요한 변경만을 고려해야 하며, 이러한 것들은 가능한 한 간단해야 한다.

대출 루틴들은 아마도 대출 카드 위치의 변형 때문에 심각한 지장을 받지는 않을 것이다. 1-2년 이내에 제적할 수도 있는 자료들을 굳이 비용을 들여 상당한 변경을 할 필요는 분명히 없을 것이다. 목록과 서가 목록의 상호 참조(cross references)로 저록(著錄: entry)과 주제명 표목, 분류의 변형들은 충분히 관리할 수 있을 것이다. 새로운 위치의 심벌들을 지시해주는 이전 위치의 더미(dummies)나 그 밖의 공고문은 이전 것들과 새로운 것들을 함께 묶어 주게 되며 대부분의 경우 도서관이 이행(移行) 기간을 거쳐 가는 데 적합할 것이다.

3. **새로운 서비스에 맞도록 스탭을 조정하기.** 이론상으로는 사서가 외부에서 이루어지는 정리를 통해 주어지는 시간들을 활용하기 위한 훌륭한 계획을 가질 수도 있겠지만, 영향을 받게 되는 것은 문서상의 계획이 아니라 실제 사람들인 것이다. 여러 해 동안 전적으로 모든 편목 업무를 수행해온 직원을 어떻게 참고 사서나 확장 서비스 담당자로 전환시킬 것인가? 데스크 조무원이 날인과 풀칠, 재킷 관리에 사용하던 고객들 사이의 시간을 확장 서비스 프로그램에 관련되는 사무직의 시간으로 어떻게 활용할 것인가? 이러한 실제적인 문제에 직면하게 되는 사서들은 시간과 직원을 분명히 추상적으로 고려하고 있는 실태 조사나 연구들에서는 거의 어떤 도움도 얻지 못하게 된다.

각 도서관의 스탭은 서로 다르기 때문에, 전환을 위한 엄격한 절차를 정하는 것은 실제적이지 못하다. 이용자 서비스에 대한 스탭의 태도 변화와 관련하여 앞서 제시했던 제안들이 도움이 될 수도 있을 것이다. 업무를 전환한 목록 담당 사서의 문제점은 특유의 것이 아니다. 수천 명의 근로자들과 마찬가지로, 이 스탭은 어떤 유형의 자동화로 대체되고 있으며 다른 유형의 도서관 업무를 위해 재교육과 오리엔테이션을 받아야 한다. 근로자들을 재교육시키고 업무를 재부여해야 한다는 사실이 기업이나 산업체가 어떤 프로세스를 자동화하는 데 걸림돌이 되어서는 안 되는 것과 마찬가지로, 그 프로세스가 직원에게 어렵고 사서에게 쉽지 않을 수도 있다는 사실이 변화를 이루지 못하는 이유가 되어서는 안 된다. 소규모 도서관에서는, 틀림없이 직원이 내내 수많은 친숙하고 편안한 다른 도서관 과업들을 수행해오고 있다는 점이 이행(移行)을 더 쉽게 해줄 것이다.

변화를 효과적으로 다룰 때의 중요한 전략은 스탭이 아주 잘 수행해온 이전의 중요한 작업의 정당성을 입증하는 것으로, 이 작업은 이루고자 하는 변화의 튼튼한 기초를 다져주게 된다. 어느 누구도 자신이 여러 해 동안 수행해온 것이 갑자기 무의미하다거나 도태된다고 생각하고 싶어 하지 않는다. 그보다는 오히려 업무 흐름은 하나의 실무로부터 다른 실무로 움직이는 연속체로, 각각의 변화는 이전의 훌륭한 작업을 바탕으로 하는 것이다.

주요한 변화를 예상하고 이를 실행하는 것은 상당한 관리상의 기술을 필요로 하는 과업이다. 사서는 아마도 인간 관계 요인들뿐만 아니라, 스탭의 여러 의무들에 대한 재연구의 필요성에 직면하게 될 것이다. 확장 프로그램을 위해 필요한 기술들은 이전에는 공공을 대상으로 서비스할 기회를 갖지 못했던 스탭의 개발을 위해 이용할 수도 있을 것이다. 사서는 틀림없이 새로운 업무의 일부를 개인적으로 맡게 될 것이다. 얻어진 자유 시간을 충분히 활용하기 위해서는 세심한 기획이 필요하게 된다. 예를 들어, 데스크 조무원의 시간을 사용하는 데는 대출 절차의 개정이나 대출대 뒤에 있는 공간 배열의 변경이 필요할 수도 있을 것이다. 각 직원이 각 과업에 대해 소요하는 시간의 양을 도표화해주는 타임 로그들(time logs)(〈표 4-3〉을 참조하라)을 일시적으로 사용하면 사서가 어떤 변경이 이루어져야 할는지를 결정하기 위해 과업들뿐만 아니라 각 과업을 수행하는 사람의 경험/급여를 분석하는 데 도움을 줄 수 있다. 타임 로그는 또한 도서관의 다양한 제품과 서비스의 비용을 분석하기 위한 중요한 데이터도 제공해준다.

8.3.3. 신착 자료의 처리

시스템이 어느 것이든, 자료의 장비 작업에는 상당한 처리가 필요하게 된다. 이것은 특히 세심하게 검토할만한 영역으로, 검토 결과에 따라 단순화가 가능하게 된다. 특정 업무 영역과 많은 단순한 장치들의 사용은 업무의 속도를 상당히 높여줄 수 있다. 가능하면 자료들은 조립 라인(assembly line)을 기초로 하여 작업장에서 작업장으로 이동해야 한다. 모든 작업장에 동시에 스탭을 배치할 수 없는 경우에도 마찬가지이다. 테이블에서 북 트럭으로 자료를 옮겼다가 다시 테이블로 옮기는 것은 낭비로, 이러한 일들은 배제해야 한다. 그러나 작업 공간 때문에 조립 라인식 레이아웃이 불가능하면, 자료들을 손으로 들어 한 곳에서 다른 곳으로 옮기는 관행보다는 북 트럭을 사용하는 것이 분명히 더 낫다.

대규모 시스템과 정리 센터에서조차도, 자료의 장비 작업은 부분적으로는 개별 자료별로 이루어지는 업무가 되고 있다. 대규모 부서에서는, 대출 카드와 포켓(사용하는 경우)을 기계를 사용하여 복제할 수 있으며, 풀칠하는 기계와 주의 깊게 기획된 레이아웃을 통해 소규모 도서관에서는 미칠 수 없는 경제성을 얻어낼 수도 있을 것이다. 대출 기능들을 자동화하는 프로세스에 있는 몇몇 도서관들은 더 이상 카드 포켓을 사용하지 않으며, 그 대신에 각 자료에 부착된 바코드 스트립과 "반납 일자" 통보용 슬립에 의존하고 있다. 자동화된 시스템에서는 자료의 바코드와 고객의 도서관 카드의 바코드들을 라이트 펜(light pens)을 사용하여 읽게 되며, 데이터는 시스템의 기억 장치에 직접 입력된다.

8.4. 장서의 통제

다양한 활동들을 통해 장서는 좋은 상태로 유지하고 최신성을 가질 수 있게 된다. 훌륭한 장서 관리를 위해서는 이러한 지속적인 유지 보수가 필수적이다.

8.4.1. 제본과 수선, 제적, 대체

어떤 자료의 물리적 상태가 부실해지면, 도서관은 두 레벨에서 결정을 내려야 한다. 첫 번째는 전문적인 것으로, 그 저작이 장서에 대해 갖는 중요성과 관련이 있다. 그것은 그 자료를 가지고 있어야 할는지의 여부, 즉 그것이 다른 자료들로 대체되고 있는지의 여부나, 그 인기가 줄어들고 있는지의 여부, 도서관에 충분한 복본들이 남아 있는지의 여부, 도서관 상호 대차나 상호 협력 협약을 통해 그것을 입수할 수 있는 가능성은 충분할 것인지의 여부, 그것이 고객의 니즈(customer needs)에 가장 적합한 포맷인지의 여부를 결정하는 것을 포함한다.

해당 자료가 보관해야 할 정도로 충분히 중요하면, 두 번째 결정 — 이번에는 기술적인 결정 — 을 해야 한다. 해당 자료를 보수할 수 있고 또한 보수해야 하는가, 아니면 새 복본을 주문해야 하는가? 급여가 상당히 낮아 도서관에서 근무하는 상당수가 거의 자원 봉사자들이었던 초창기의 공공 도서관에서는, 자료와 스탭의 시간의 상대적 가치가 오늘날의 상황과는 상당히 달랐다. 당시에는 대체본들을 구입할 수 있을 때조차도, 자료들을 보존하기 위해 이를 수선하는 데 시간을 쏟아 부을만한 가치가 있었다. 가끔은 도서관에서 여전히 이러한 관행을 따르고 있는데, 경제성은 의문스럽다. 항상 명심해야 할 것은 오늘날에는 도서관 예산의 60 내지 80퍼센트가 스탭의 비용이며, 이 중요한 자원을 현명하게 사용해야 한다는 사실이다.

중요하지만 구할 수 없는 책이 다시 제본할 수 없을 정도로 낡았을 때는, 수선을 해야 할 수도 있을 것이다. 예를 들면 로컬에서 중요하게 취급되는 전기는 이미 재제본했다고 하더라도 더 많은 관심을 가져야 할 수도 있을 것이다. 그 종이가 바스러지기 쉬워서 재제본을 할 수 없을 수도 있을 것이다. 그와 같은 경우에는 세심하게 보수해야 할 것이다. 그러나 일반적으로 보수는 최소한으로 유지해야 한다. 어떤 책을 가지고 있어야 하는 경우에는, 대개 대체하거나 재제본하게 될 것이다. 어떤 절차를 따라야 할 것인지는 여러 가지 요인들에 좌우될 것이다. 재제본은 대개 상업용 제본(trade binding)보다 더 튼튼하며 따라서 단단한 재질이 예상되는 경우에는 더 만족스럽다. 반면에 재제본된 책들은 외관상 새 책들보다 마음이 끌리지 않을 수도 있을 것이다. 또한 안쪽 여백이 줄어들어 읽기가 어려울 수도 있을 것이다. 제대로 된 도서관 제본의 비용은 싸지가 않으며, 때로는 책 자체의 원래 가격에 근접하기도 한다.

오디오 및 비디오테이프와 필름은 사용을 늘이기 위해 스플라이스(splice)[3] 시킬 수도 있을 것이다. 그러나 스플라이스 작업의 품질과 장기간에 걸쳐 누적되는 스플라이스의 수는 자료의 성능 그리고 고객에 대한 최종적인 유용성에 영향을 미치게 된다. 포노디스크(phonodiscs)는 스크래치(scratch)가 너무 쉽게 생기기 때문에, 많은 도서관들은 오디오카세트와 콤팩트디스크(CD)와 같은 다른 오디오 포맷들로 방향을 돌리고 있다. 그러나 어느 한 포맷이 다른 포맷보다 관리하기가 더 용이하다고 하더라도, 다양한 유형의 소프트웨어를 고려할 때는 지역 사회에서 이용할 수 있는 재생 장치를 일차적인 결정 요인으로 삼아야 한다.

8.4.2. 장서 점검

많은 소규모 도서관들은 매년 장서 점검(inventory)을 실시한다. 이것은 비용이 많이 들어가기 때문에 대부분의 대규모 도서관들에서는 불가능한 관행이다. 그와 같이 빈번하게 이루어지는 장서 점검은 결과를 놓고 보면 정당

3) 역자주: 두 개의 테이프나 필름을 이어붙이는 것.

화하기 어려울 수도 있을 것이다. 일반적으로 장서를 자주 사용하여 일하는 사서는 공식적인 장서 점검을 하지 않고서도 분실된 자료들을 인식하게 되며 대체 자료들을 주문하기에 앞서 그러한 자료들이 없어졌는지 확인하기 위해 체크해볼 수 있다. 도서관이 불행스럽게도 대출 프로세스를 통해서가 아니라 직접적인 도난을 당해 상당히 많은 자료들을 분실했을 경우에는, 장서 점검이 필요할 수도 있을 것이다. 아울러 장래에 있을 수 있는 권한이 없이 이루어지는 "대출"을 통제하기 위한 대책도 강구해야 한다. 현재는 많은 효과적인 보안 시스템(security system)이 출시되어 있다. 그러나 보안 스트립(security strips)을 붙이는 데 소요되는 시간 및 비용 요인들도 고려해야 한다.

장서 점검은 아마도 도서관이 적절한 조직을 갖추지 못한 채 계획성 없이 성장하고 있는 경우에 필요할 수 있을 것이다. 예를 들면, 신임 사서가 목록에는 나타나지 않는 자료들을 장서에서 발견하기도 하고 자료들은 분명히 없는데도 목록에서 저록들(著錄: entries)을 발견하는 경우에는, 장서 점검을 해야 할 수도 있을 것이다. 그러나 일반적으로 사서는 스탭 시간의 비용과 서비스에 대한 지장 등에 비추어 빈번하게 이루어지는 장서 점검의 가치를 세심하게 고려해야 한다.

8.4.3. 효율적인 절차

일상적이고 반복적인 모든 활동에서는, 업무 단순화를 위한 진지한 노력을 통해 많은 것들을 이루어낼 수 있다. 실행 중인 각각의 프로세스에 대해 다음과 같은 질문을 던져야 할 것이다.

- 이 프로세스는 정말로 필요한가?
- 이 프로세스를 수행하지 않을 경우에 필요하게 될 별도의 루틴보다 이 프로세스가 더 많은 시간을 소비하고 있는가?
- 이 프로세스는 서비스에 얼마나 많은 기여를 하고 있는가?

어떤 프로세스가 필요하다면, 그 다음에는 다음과 같은 질문을 던져야 한다.

- 현재의 방법은 효율적인가?
- 작업 공간의 재배치는 프로세스를 더 용이하고 더 신속하게 해줄 것인가?
- 해당 업무는 교육 훈련과 급여가 해당 직무에 적합한 스탭에 의해 이루어지고 있는가? 아니면 교육 훈련과 기술이 더 낮은 다른 사람이 그 업무를 수행할 수 있는가?
- 해당 업무를 몇 개의 작업들로 세분할 수 있고 그렇게 하면 더 효율적으로 업무를 수행할 수 있는가?
- 해당 업무를 기계에 의해 수행할 수 있을 것인가?
- 다른 가구와 장비, 예를 들면 더 낮은 테이블과 더 많은 트럭, 바퀴달린 하이 스툴들(high stools)을 사용하면 효율성을 증진시킬 수 있는가?

이러한 질문들을 던져봄으로써, 많은 도서관들은 주목할 만한 개선을 이루어낼 수 있었다. 몇몇 도서관들은 오랫 동안 간직해온 레코드들을 포기하고 있다. 예를 들면 도서 원부(accession book)는 현장에서 거의 완전히 사라지고 있다. 때로는 지극히 단순한 변경들이 이루어지고 있다. 계산기의 구입이나 작업실의 재배치, 소모품에 대한 약간 더 많은 비용의 지출 등이 그 예이다. 일단 스탭이 "왜"라는 질문을 던지고 업무를 수행하는 더 좋은 방법들을 모색하는 습관을 만들어내게 되면, 놀라운 결과를 얻을 수 있는 것이다.

8.5. 대 출

대출 업무는 소규모 도서관에서는 종종 너무나도 많은 시간을 차지하는 경우가 있다. 특히 고객에 대한 실제 지원과 비교해보면 그러하다. 예를 들어, 단 한 명의 스탭만 근무하는 한가한 시간에, 그 직원은 확장 서비스(outreach)가 아니라 대출 업무에 시간을 쏟고 있는 것이다. 직접적인 서비스를 제공해주는 충분한 스탭이 없으면 목표들은 달성할 수가 없다. 필요하기는 하지만 생산적이지 못한 과업들에 더 많은 부분의 시간을 투자하면 할수록, 목표의 측면에서 보면, 달성할 수 있는 목표들의 수는 더 줄어들게 된다.

많은 고객들에게는 대출 업무가 도서관의 대표적인 과업이다. 이 잘못된 관념에 대해서는 검토가 이루어져야 한다. 왜 우리는 책들을 확인하고 대출해 주는가? 물론 그 대답은 기일이 되었을 때 책들이 반납되지 않으면 그 책들이 어디에 있는지를 알기 위한 것이다. 대출된 자료들의 대부분이 반납기일 이전에 되돌아온다는 것을 고려하면, 대출에 소요되는 시간의 양은 우리를 주저하게 한다. 수행된 작업의 상당 부분은 불필요하기 때문에 전혀 이용되지 않고 있다. 그 모든 시간은 자료들을 정시에 반납하지 않고 있는 소수의 대출자들을 확인하기 위해 허비되고 있는 것이다.

낭비되는 움직임을 피할 어떤 방법이 있을까? 도서관은 회계 책무성(fiscal accountability)을 갖는다. 이것은 어떤 종류의 대출 관리를 일반적인 관행으로 하도록 요구하고 있다. 그러나 특히 소규모 지역 사회에서는, 대부분의 독자들이 자료들을 정시 또는 바로 그 직후에 반납한다. 그러므로 벌과금을 받는 이슈에 대해 면밀한 관찰을 해야 할 것이다. 스탭 비용은 도서관 예산의 주요 항목이기 때문에, 벌과금을 걷기 위해 소요되는 스탭의 시간과 우편 요금 등의 비용을 실제로 줄여야 한다. 많은 도서관에서는 이러한 활동으로 얻는 것보다 더 많은 것들을 잃고 있다. 아울러 무벌과금 정책을 채택하는 도서관의 경우는 공공 관계(public relations)를 개선시킬 수 있다. 이것은 장서의 통제를 포기하라는 말이 아니다. 많은 도서관에서는, 분실 자료에 대한 전체 비용 청구서를 한 두 달이 지난 뒤에 고객에게 보내게 된다. 그러고 나서 해당 자료가 반납되면, 청구서의 의도는 달성되는 것이며, 어떤 벌과금도 부과되지 않는다.

도서관은 대출 시스템에서 다음과 같은 단 두 가지, 또는 기껏해야 세 가지 사실을 알면 된다. 누가 반납 기일이 초과된 특정 자료를 가지고 있는가? 언제가 반납 기일이었는가? 얼마나 많은 자료들이 특정일에 대출되고 있는가? 평가를 위해 이루어지는 특정 자료들의 대출에 대한 무작위 추출 검사(spot check)와 같은 그 밖의 상세한 부분들은 도서관이 자동화된 대출 시스템을 갖추고 있지 않을 경우에는 수작업(手作業)으로 이루어져야 할 것이다. 자동화된 시스템을 갖추고 있는 곳에서는, 비용을 얼마 들이지 않고서도 보고서를 용이하게 만들어낼 수 있다.

대출 기능들을 아직 자동화하지 못하고 있는 소규모 도서관에서는, 기계화된 사진 촬영 시스템을 포함한 단순화된 방법들 덕택에 이전에 수행하던 일부 과업들을 하지 않아도 되게 되었다. 예를 들면 이러한 도서관들은 다음과 같은 작업들을 하지 않아도 된다.

1. 이름별로 이용자 파일을 관리하는 것(그리고 주소를 변경하는 데 아주 많은 시간을 들이는 것). 왜냐하면 주소와 함께 대출자의 신분을 촬영하기 때문이다.
2. 카드 번호순으로 대출자들의 파일을 관리하는 것.
3. 반납된 책들에 슬립이나 카드를 끼우는 것.
4. 대출할 때 두 세 곳에 반납 일자의 스탬프를 찍는 것. 왜냐하면 스탬프를 미리 찍어둔 반납 일자 슬립을 사용하기 때문이다.
5. 몇 가지 대출 기한에 맞는 별도의 스탬프와 레코드들을 관리하는 것. 왜냐하면 모든 자료들에 대해 단 하나의 대출 기간을 설정하고 있기 때문이다(따라서 시간을 절약하고 실수도 피하게 된다).
6. 너무 짧은 대출 기간으로 인한 도서의 갱신이 필요한 것. 갱신 없이 더 긴 대출 기간을 설정하고 있기 때문이다.

대출 프로세스를 효율화할 수 있는 그 밖의 방법들로는 다음과 같은 것들이 있다.

1. 한 주나 두 주 더 기다리거나 벌과금을 완전히 없애버림으로써 더 적은 수의 반납 기일 초과 통지를 보내는 것(대부분의 반납 기일 초과 자료들은 첫 두 주 이내에 반납된다.)
2. 데스크 스탭의 업무에 대한 감독자들의 체크 횟수를 줄이는 것(스탭이 일상적인 대출 루틴을 터득한 후에는, 체크 비용이 가끔씩 일어나는 실수의 비용보다 더 많아지게 된다.)
3. 이전에는 스탭에 의해 이루어지던 업무의 일부를 고객에게 넘기는 것(셀프 서비스 체크아웃 시스템이 현재 출시되어 있으며 많은 도서관에서 이를 채택하고 있다.)

이미 살펴본 주요한 혜택, 즉 더 중요한 업무를 수행하기 위한 시간의 절약 이외에, 그와 같은 단순화된 루틴들이 갖는 혜택 중에는 대출된 자료들이 이전보다 더 신속하게 장서로 되돌아가게 된다는 점이 있다. 이 장점은 원하는 자료들을 더 자주 입수할 수 있도록 해주며 거의 자료 예산을 증가시키는 것과 같은 효과를 갖게 된다. 아울러 단순화된 루틴들은 대출과 관련하여 공공 관계를 더 나은 방향으로 증진시켜 준다. 대출은 사서들이 수행하는 것이라는 공공의 일반적인 가정이 수정될 수도 있을 것이다. 나아가 데스크에서 오래 기다리면서 생기는 짜증이나, 자료들을 이미 반납했을 때 통지서를 받는 일, 자료들을 완전히 다 읽거나 사용하기 전에 반납해야 하는 경우, 너무나도 짧은 대출 기간 때문에 갱신을 해야 하는 일, 이 모든 것들이 줄어들게 될 것이다. 도서관의 관료적 형식 주의(red tape)의 이러한 모든 측면들은 까다롭고 접근을 어렵게 하는 장소로서의 도서관에 대한 공공의 이미지를 강화시켜 주고 있다.

소규모 도서관은 자동화된 대출 시스템의 설치를 통해 시간을 허비하는 이러한 관행들의 상당 부분을 없앨 수 있지만, 모두가 이러한 진척을 이룰 수 있는 것은 아니다. 많은 지역에서는, 도서관 시스템이 자동화된 시스템을 설치하고 회원 도서관들이 비용을 납부하고 있다. 이러한 협약 아래에서는, 모든 회원 도서관의 전체 소장 장서들이 입력되며, 모든 대출들은 각 회원 도서관의 터미널에 기록된다. (고객 자신들이 셀프 서비스 스테이션을 통해 이 레코드를 만들어낼 수 있다. 그러나 이것이 소규모 도서관에서는 아직 일반적인 관행은 아니다.) 각 회원 도서관은 언제든 자체의 도서들 중 어느 것이 어디에 있고 누가 그것들을 가지고 있는지를 알 수 있다. 반납 기일 초과에 대해서는 언제든 전화할 수 있으며, 몇몇 자동화된 시스템들은 통지용으로 사용할 수 있는 출력물을 제공해준다. 나아가 컴퓨터화된 시스템은 상호 협력하는 도서관들이 자원을 공유할 때 큰 이점을 갖는다. 어떤 자료를 소장하고 있지 않아 그것을 빌리고자 하는 도서관은 터미널에서 어떤 회원 도서관이 그것을 소장하고 있는지는 물론 해당 자료가 대출되었는지의 여부까지 결정할 수 있다.

자동화된 시스템들은 물론 수작업 시스템보다 더 비싸다. 그러나 하드웨어 비용은 특히 사용이 증가함에 따라, 역사적으로 볼 때 하락하는 추세를 보이고 있다. 사서들과 도서관 위원회의 위원들은 자동화된 시스템들에 대한 지식을 갖추고 발전과 비용을 주의 깊게 관찰해야 한다. 도서관은 적절하다고 판단되면 곧바로 그와 같은 시스템의 구입을 검토해야 한다. 총체적인 혜택들이 분명히 추가적인 비용을 능가한다. 테크놀로지의 지속적인 진전은 스탭이 기계적인 과업을 수행하느라 시간을 허비하는 데서 벗어나게 해주고 더 많은 고객 접촉과 서비스에 초점을 맞출 수 있도록 해줄 수 있을 것이다.

※ 새로운 천년을 맞으면서 생각해 보아야 할 것들 ※

◆ 우리 도서관은 장서 개발 정책을 가지고 있는가? 매년 그 정책을 검토하고 필요할 때 갱신하고 있는가?

◆ 정기적인 제적(weeding)과 대체(replacement)를 위한 프로세스가 작동하고 있는가?

◆ 선정과 수서, 처리 절차를 효율화하는 데 대한 사고를 하고 있는가? 추가의 효율성을 얻을 수 있는 가능성이 있는 것으로는 어떤 것들이 있는가?

◆ 고객의 구매 우선 순위와 학습 스타일을 확인하기 위해 지역 사회 분석이 이루어지고 있는가?

◆ 우리 도서관의 장서에는 어떤 포맷들이 있는가? 나는 장서를 "책"보다는 정보 패키지(information packages)를 포함하고 있는 것으로 생각하고 있는가? 장서를 구축할 때 구매 패턴의 조정이 이루어져야 하는가?

◆ 우리 도서관이 지역 사회에 제공하는 제품들을 생각할 때, 장서 관리의 중요한 구성 요소로서 다른 기관으로의 적절한 레퍼럴(referral)을 고려하고 있는가? 고객의 니즈(needs)에 부응하고 있음을 확실히 하기 위해 이러한 레퍼럴에 대한 사후 점검을 실시하고 있는가?

◆ 우리 도서관의 어떤 업무들에 관련하여 다루어야 할 이슈들이 있는가?

제9장

도서관 시스템과 상호 협력 협약

9.1. 도서관 시스템
9.2. 주 단위 네트워크와 전국적인 네트워크
9.3. 다른 도서관과 에이전시들과의 상호 협력

제9장
도서관 시스템과 상호 협력 협약

로컬의 공공 도서관은 글로벌 정보 네트워크의 노드(node)이며 정보의 세계로 열린 창(窓)이다. 이 메시지는 이 책에서 여러 번 설명한 바 있지만, 여기에서 다시 반복할 필요가 있다. 도서관의 역사는 소규모 지역 사회의 공공 도서관들을 자료와 서비스의 측면에서 지역 사회에 아주 적합한 것으로 제대로 묘사하고 있다. 그러나 도서관과 정보 전달의 범위가 너무나도 극적으로 발전하고 있기 때문에 어떤 공공 도서관도 더 이상 허공에 존재할 수 없으며, 모든 도서관은 정보의 영역에 실제적으로 또는 잠재적으로 연결되어 있다.

분명히 소규모 도서관의 목적들과 목표들을 가용(可用) 자원들을 바탕으로 하는 현실적인 시각에서 결정해야 하지만, 확인되는 제한점들은 어느 것이든 도서관 관내에서 무엇을 제공해야 하는지에 일차적으로 적용된다. 오늘날의 소규모 도서관은 로컬에서 제공할만한 여유가 없는 서비스들을 더 이상 전적으로 보류하고만 있을 수는 없다. 따라서 레퍼럴(referral)과 네트워킹, 도서관 상호 대차(interlibrary loan)의 기능들이 전면(前面)에 등장하고 있다. 소규모 도서관에서는, 이러한 기능들이 가능한 서비스들의 범위를 지금까지는 훨씬 더 대규모의 도서관에서만 제공하던 다양한 것들로 확장시켜 주고 있다.

9.1. 도서관 시스템

오늘날의 소규모 도서관들은 수십 년 전의 도서관에서는 상상할 수도 없었던 커넥션들(connections)을 가지고 있다. 첫 번째로, 소규모 도서관은 어떤 도서관 시스템의 회원이 되는 경우가 점점 더 많아지고 있다. 그 시스템은 또한 하나 이상의 네트워크들에 연결될 수도 있을 것이다. 이러한 커넥션들은 어디에 살든 그리고 로컬 도서관의 규모가 어떻든 관계없이, 모든 시민이 비즈니스나 공부, 개인적인 흥미를 영위하기 위해 필요한 자료들과 정보에 접근할 수 있도록 설정되고 있다. 이러한 커넥션들은 소규모 도서관에 매우 소중한 것이다.

시스템에 대한 회원 가입을 통해 소규모 공공 도서관이 이용할 수 있는 자원들과 서비스들에 대해서는 이 장 전체에 걸쳐 언급하게 될 것이다. 여기서는 편의상 소규모 도서관에서 제공하는 것들을 개선시키고 확장시킬 수 있는 시스템의 제반 활동과 프로그램의 개요를 제시하고자 한다. 그러나 시스템과 상호 협력으로 가는 움직임이 상당히 진전되고 있기는 하지만, 모든 도서관들이 여러 가능성을 활용하거나 나아가 그 가능성들을 파악하고 있는 것은 아니다. 시스템에 대한 회원 가입의 여러 혜택은 너무나도 잘 나타나 있기 때문에 기획 및 마케팅 프로세스의 일부로서 회원 가입을 검토하는 것은 모든 소규모 도서관의 의무가 되고 있다.

시스템 운동은 완벽하다거나 완전하다고 할 수는 없지만, 모든 것을 고려해 볼 때, 아주 성공적이다. 몇몇 시스템들은 여전히 너무 작고 너무 약하다. 몇몇은 조직상의 문제점을 안고 있으며, 몇몇은 재정적인 어려움을 겪고 있다. 소규모 공공 도서관은 시스템의 회원이든 아니든, 이러한 문제점들을 무시해서는 안 된다. 시스템 내의 도서관들은 조직과 커뮤니케이션의 개선이나 추가의 자금원 발굴을 통한 개선 작업을 실시할 수 있다. 어떤 시스템의 회원 가입을 고려하고 있는 도서관들은 물론 확인 가능한 단점에 비추어 잠재적인 혜택들을 평가해야 한다. 하지만 혜택들은 충실하고 점차 늘어나고 있는 반면 단점들은 부딪쳐 해결할 수 있는 문제점들로 이루어져 있다면, 회원 가입은 여전히 좋은 선택이 될 것이다. 불과 몇 년 전만 하더라도 시스템에 대한 회원 가입의 문제는 정말로 하나의 논점으로, 신중하게 논의되는 경우가 많았고 때로는 거부되기도 하였다. 그러나 오늘날에는 상호 협력과 네트워킹의 필요성은 선택이라기보다는 오히려 하나의 의무가 되고 있다.

9.1.1. 시스템의 조직

미국의 경우 시스템의 구조와 법률적 기반에 영향을 미치는 성문법(成文法)은 주에 따라 다양하지만, 예를 들 수 있는 시스템의 유형으로는 다음과 같은 네 가지가 있다. 즉 통합형 시스템(consolidated system), 도서관구 시스템(library district system), 상호 협력 또는 연합 시스템(cooperative or federated system), 네트워크 또는 멀티타입 시스템(network or multitype system)이 그것이다.[1)]

통합형 시스템(consolidated system)은 대규모의 대도시 도서관과 그 분관 그리고 하나 이상의 카운티(county)들을 포함할 수 있을 것이다. 또 하나의 모델은 대개는 카운티의 경계선을 넘어 이루어지는, 둘 이상의 도서관 관할 구역의 법률적 합병을 포함할 수도 있다. 이사회(board of trustees)는

1) Gene Martin and Frederick J. Raithel, "Library Systems," in *The Library Trustee: A Practical Guidebook*, 4th ed., ed. Virginia G. Young (Chicago: American Library Assn., 1988), p.115.

일반적으로 업무적이며, 정책을 설정하고, 자금을 확보하며, 법에 의해 규정된 권한을 통해 제공되는 그 밖의 법률적 책임들을 이행한다.

도서관구 시스템(library district system)은 둘 이상의 카운티의 구들(districts)이 각각의 도서관 위원회의 결정을 통해, 하나의 이사회가 관할하는 행정상의 도서관 시스템을 구성하는 것이다. 이사회의 이사진은 시스템을 구성하는 개별 구들의 이사들(위원들)로 구성된다.

상호 협력 또는 연합 시스템(cooperative or federated system)은 회원 도서관들에게 특정의 지정된 자료들이나 서비스, 프로세스를 제공하기 위해 공식 협약이나 계약을 통해 일군(一群)의 도서관이나 도서관구들(library districts)의 공동 활동에 의해 개선된 도서관 서비스를 만들어내는 시스템이다. 각 도서관이나 도서관구는 그 자체의 도서관 위원회가 관할하게 된다. 공통의 자료들과 제반 활동들은 대개 자문 위원회에서 조정하고 기획한다. 연합 시스템은 법령에 의한 조치에 의해 설립될 수도 있다.

네트워크 또는 멀티타입 시스템(network or multitype system)은 연합 시스템의 개선된 형식으로, 특정 지역의 모든 관종(館種)의 도서관들(공공 도서관, 학교 도서관, 대학 도서관, 전문 도서관 등)이 공식 협약이나 계약을 통해 회원 도서관들에게 특정의 자료들과 서비스들을 제공하기로 합의하는 것이다. 최근 몇 년간 미국에서는 몇몇 주에서 그와 같은 네트워크 개발의 선봉으로 멀티타입 입법이 이루어지고 있다. 또한 공공 도서관들을 링크하기 위해 만들어진 시스템이 모든 관종의 도서관들을 포함하도록 그 초점을 확장하는 경우가 많다.

9.1.2. 시스템에 대한 회원 가입의 제한점과 혜택

혜택들은 로컬의 제한점이라는 맥락에 비추어 가장 분명하게 인식할 수 있다. 왜냐하면 시스템에 대한 회원 가입이 가장 큰 영향력을 가질 수 있는 것은 로컬 서비스의 개선과 향상에 있기 때문이다. 로컬 레벨에서 가장 쉽게 확인할 수 제한점들은 다음과 같은 일반적인 범주들이다.

1) 도 서

주제별 수록 범위(coverage by subject)는 소규모 도서관에서는 들쭉날쭉하고 깊이도 부족할 수 있다. 어떤 주제들은 전혀 나타내주지 못할 수도 있을 것이다. 한 두 명의 시민들이 이따금씩 필요로 하는 토픽들은 로컬에서는 커버할 수가 없다. 외국어 자료들은 범위와 깊이 양면에서 모두 한계를 가질 수도 있다. 더 오래된 절판 자료들은 일반적으로 입수가 불가능하다.

반면에, 시스템들은 회원 도서관에 장기간 대출해주기 위해 때로는 도서들의 장서들을 구입하기도 한다. 사서는 로컬에서 소장하지 못하고 있는 150 내지 300개 타이틀을 선정하여 6개월 이상의 장기 대차를 통해 로컬의 독자들이 그 자료들을 사용할 기회를 가질 때까지 보유할 수 있을 것이다. 그러고 나서 그 도서들은 다른 회원 도서관들이 빌려갈 수 있도록 시스템으로 돌려보내고, 로컬 도서관은 또 다른 선정을 하게 된다. 다른 시나리오에서는, 시스템은 적극적으로 장서를 구축하지 않고, 변상을 받으면서 자원 도서관(resource library)으로서 서비스하게 되는 대규모 도서관을 영역 내에 지정하게 될 것이다. 시스템들은 로컬에서 가능한 범위를 훨씬 넘어서는 견실한 참고 장서를 가지고 있는 경우가 많다. 중앙 시스템의 장서를 통하거나, 회원 도서관들의 자원 공유(resource sharing)를 통하거나, 또는 이 둘 모두를 통해, 시스템들은 개별 이용자들의 니즈(needs)에 부응하기 위해 요청에 따라 빈번하고 신속한 대출을 할 수 있을 것이다. 요청의 신속한 커뮤니케이션이 일반적으로 제공되고 있는데, 팩스를 이용하는 경우가 점차 많아지고 있다. 회원 도서관들 사이의 종합 목록(union lists)이나 공유된 컴퓨터 네트워크도 종종 나타나고 있다. 대개는 시스템 소유의 배달용 트럭이 며칠 이내로 자료를 가져다 주거나, 상업 서비스가 동일한 기능을 수행할 수도 있을 것이다. 시스템은 대개 시스템 레벨에서 자신들이 충족시킬 수 없는 요청들을 주(州) 단위의 네트워크나 다른 소스로 전달해주는 서비스도 시행하고 있다.

2) 정기 간행물

잡지들은 대부분의 고객들에게는 일차적인 최신 정보원이 될 수 있을 것이다. 그러나 로컬의 근로자들에게 상업 저널들을 제공하고, 교사와 물리학자, 변호사, 그리고 그 밖의 전문가들에게 전문 저널들을 제공하며, 학술적인 프로젝트를 수행하면서 집에서 일하는 퇴직한 학자나 저자에게 학술 저널을 제공할 수 있는 소규모 도서관은 드물다.

대규모 장서를 포함하고 있거나 그러한 장서에 용이하게 접근하는 시스템들은 해당호 자체를 빌릴 수 없을 경우에는 대개 특정 저널들이나 잡지들의 기사들의 복사본을 보낼 수 있다. 그와 같은 복사는 물론 저작권법의 "공정이용"(fair use) 조항의 영향을 받게 될 것이다.

3) 시청각 자료

더 많은 도서관들이 필름에서 비디오로 옮겨감에 따라, 고가의 필름들을 구입하는 제한점에 대한 주장은 줄어들고 있다. 그러나 비디오도 특히 교육용 세트나 시리즈물은 상당한 비용이 소요될 수 있을 것이다. 디지털 비디오 디스크(DVD: digital video discs)의 출시(出市)는 도서관 장서에 또 하나의 선택권을 제공해주고 있다. 포노디스크든, 카세트든, 콤팩트디스크든, 녹음자료들은 개별적으로 로컬의 구입 능력의 범위 내에 있을 수 있다. 그러나 클래식이나 대중 타이틀과 성악 및 기악의 전 장서를 수집하는 것은 일반적으로 가능하지 않다.

이러한 미디어를 수집하는 것은 시스템의 빈번하면서도 가장 유용한 서비스이다. 어느 한 소규모 도서관이 그와 같은 자료들을 수집하기 위해 상당규모의 경비를 지출하는 것을 정당화할 수는 없겠지만, 통합된 대규모의 주민을 대상으로 함께 서비스하는 20 내지 30개 도서관들로 이루어진 시스템은 회원 도서관들의 공동 이용을 위해 이러한 중요한 자료들의 수집을 정당화하기에 충분할 정도로 자료들을 이용하게 될 것이다.

4) 스 탭

소규모 도서관이 언제나 교육 훈련을 받은 어린이 사서와 기술을 갖춘 편목 담당자, 유능한 참고 사서, 컴퓨터 기술자를 둘만한 여유를 가질 수 있는 것은 아니다. 가장 빈번하게 나타나는 이러한 전문 기술들과 관리자가 일반적으로 소규모 도서관의 스탭 예산과 기술들을 소진시키고 있는 것이다. 시청각 전문가나 공공 관계(public relations) 전문가, 비즈니스나 장애인, 그 밖의 특수 그룹에 대한 서비스의 기술을 갖춘 사서, 계속 교육 컨설턴트를 가지고 있는 소규모 도서관은 거의 없다. 컴퓨터가 도서관의 업무들과 서비스에 점차 더 많은 영향을 미치게 됨에 따라, 테크놀로지 전문가에 접근하는 것은 점점 더 필수적이 되고 있다.

도서관 시스템 자체는 소규모 도서관을 지원할 수 있는 관리 기술을 갖춘 디렉터(director)를 두게 될 것이다. 또한 시스템에서 고용을 하든 아니면 어느 한 회원 도서관을 통해 활용이 가능하든, 로컬 도서관에서 해답을 제시하지 못한 질문들을 보낼 수 있는 기술을 갖춘 참고 스탭을 두게 될 것이다. 시스템들은 회원 도서관들의 니즈(needs)에 따라, 어린이 전문가들과 그 밖의 연령층별 서비스 담당 사서들을 고용하는 경우가 많다. 이러한 사서들은 컨설턴트로서 기능을 수행하게 되며 장서와 서비스에 도움을 주고 로컬의 스탭을 교육 훈련시킨다. 주제 전문가들(subject specialists)과 표적 고객 시장(target customer market)(예를 들면 비즈니스나 장애인, 민족 그룹, 재택(在宅) 주민이나 시설 수용자)에 전문화되어 있는 서비스 담당 사서들은 시스템을 통해서든 아니면 회원 도서관을 통해서든 활용이 가능할 수도 있을 것이다. 도서관 시스템들에 아주 일반적인 것이 시청각 담당 사서와 공공 관계 담당 인력이다. 시청각 담당 사서는 미디어 장서를 개발하고 회원 도서관들의 다양한 미디어 자원들의 이용을 지원한다. 공공 관계 담당 인력은 시스템 전반에 대한 홍보(신문, 라디오, 텔레비전 등)를 준비하며 로컬 도서관들의 자체 홍보를 지원하기 위해 활용할 수도 있을 것이다. 회원 도서관들의 계속 교육

(continuing education)과 스탭 개발 니즈에 부응하기 위해 컨설턴트를 임명하는 경우도 많을 것이며, 미국에서는 어느 경우에는 주(州)에서 시스템으로 하여금 그와 같은 서비스들을 제공하도록 요구하고 있다.

5) 관리 기술

소규모 도서관의 관장은 도서관의 업무들을 관리하고 전반적인 도서관 업무를 분담한다. 바쁜 사람들로 구성되어 있는 도서관 위원회는 대개 그 시간과 기술을 아낌없이 제공해준다. 그러나 현대의 예산 편성과 측정, 책무성(accountability), 그 밖의 경영 기술들은 계속해서 더 복잡해져 가고 있다. 연구가 필요할 수도 있을 것이다. 기획이나 조직 개편(reorganization), 건축에 도움을 받는 것이 바람직할 수도 있을 것이다.

시스템 디렉터의 기술들을 활용할 수 있는 가능성 외에도, 자신의 도서관이 회원 도서관으로 있는 다른 관리자들은 회의에 출석하게 될 것이며 공유할만한 기술과 전문 지식을 갖추고 있을 수도 있을 것이다. 도서관 시스템은 자금 지원 기관들로부터 새로운 서비스에 대한 특별 연구와 실험을 위해 보조금을 받을 수도 있을 것이다. 미국의 경우, 몇몇 주에서는, 주 및 연방 기금들을 시스템들을 통해 배분하고 있다. 어느 경우이든, 소규모 도서관은 그와 같은 배분된 자금들의 수혜자가 될 수도 있을 것이다.

이상의 범주들에 대해, 모든 사서는 소규모 도서관의 다른 니즈(needs)를 추가할 수도 있을 것이다. 이러한 모든 니즈에 대해 도서관 시스템에 대한 회원 가입을 통해 부응할 수는 없을 것이다. 그러나 상당수에 대해서는 부응할 수 있을 것이다.

9.1.3. 시스템의 회원 도서관으로서의 소규모 도서관

중요한 것은 도서관 시스템은 소규모 도서관의 관리를 넘겨 받아가는 외부 업무가 아니라는 사실을 인식하는 것이다. 관리를 넘겨주게 되면, "소규모 도서관"은 독립적인 단위로 존재하는 것을 멈추고 분관(分館: branch library)이 되어 버린다. 어떤 환경에서는, 이러한 선택권에 대한 제한이 없을 수도 있고 그것이 어떤 혜택을 제공할 수도 있을 것이다. 그러나 이 책과 관련해서는, 자치적인 단위로서 지속하고자 하는 독립적인 소규모 도서관을 가정하고 있다 — 대개는 이러한 경우에 해당한다. 그 자체로, 그러한 도서관은 제공되는 혜택들을 세심하게 고려한 후 자발적으로 도서관 시스템에 가입하게 된다. 도서관 시스템의 회원으로서, 도서관은 시스템을 위해 내리는 의사 결정에 참여하고 종종 시스템의 스탭을 선발하는 데도 관여한다. 그러나 도서관은 시스템의 회원 도서관이 되기는 하지만, 그 자체의 로컬 업무들의 자치성은 계속해서 향유하게 된다. 그것은 시스템의 존재가 로컬의 업무에 영향을 미치지 않을 것이라는 말은 아니다. 시스템이나 다른 회원 도서관이 특별한 영역의 장서를 구축하고 있는 경우에, 로컬 도서관은 해당 토픽에 대해 로컬에서 그 정도를 제공할 필요성을 느끼지 않을 수도 있을 것이다. 시스템이 분담 편목(shared cataloging)을 제공하는 경우에, 로컬 도서관은 이전에 편목에 투입했던 시간과 공간을 절약하여 로컬에서 필요한 다른 어떤 서비스에 착수하거나 이를 확대할 수 있을 것이다.

독립적인 공공 도서관의 시스템에 대한 회원 가입은 일상적인 루틴의 일부 변경을 요구할 수도 있고 아마도 요구하게 될 것이며, 회의에 참석해야 할 것이고, 로컬 도서관은 다른 도서관들의 자원들을 공유함으로써 얻는 혜택뿐만 아니라 자체의 자원들을 공유할 것으로 기대하게 될 것이다. 이러한 변경들과 시간 및 자료들의 비용을 제반 혜택들, 시스템이 제공하는 현직 교육 훈련(in-service training) 워크샵의 가치, 시스템 전문가들의 조언, 전 지역의 홍보, 많은 더 전문화된 자료들의 이용 가능성 — 하루나 이틀 이내에 전달될 수도 있고 아니면 시스템의 회원 도서관들은 종종 지리적으로 근접해 있는 경우가 많기 때문에 그러한 자료들을 필요로 하는 고객에 의해 인근 도서관에서 본인이 직접 빌리거나 사용할 수도 있다 — 등에 비추어 검토하게 될 것이다.

이러한 혜택들은 엄청나며, 그 증거는 오늘날의 도서관들 사이에서 도서관 시스템과 상호 협력체들의 수와 그에 가입하는 도서관의 수가 급속하게 증가하고 있다는 사실에 나타나고 있다. 오늘날에는 회원 도서관들로 공공 도서관뿐만 아니라 대학 도서관과 학교 도서관, 전문 도서관(기업체, 박물관, 역사 협회, 의학, 법률 등)을 포함하고 있는 멀티타입 시스템으로 나아가는 추세이다. 이러한 회원 가입의 확대는 입수할 수 있는 자원과 전문 지식을 증가시켜 주고 소규모 공공 도서관의 잠재적 가능성을 증진시켜 준다.

오늘날 도서관계에서 상호 협력에 점차 더 많은 관심을 갖는 또 하나의 이유는 자원들을 위한 기금이 줄어드는 것과 관련이 있다. 세금 기금이 감소하면서 도서관 자금으로 구입할 수 있는 것들이 급속하게 줄어들고 있다. 도서관은 상업적인 기업체와는 달리, 증가된 비용을 고객에게 떠넘길 수가 없다. 도서관의 경우에, 고객은 납세자이며, 오늘날의 납세자는 과거에 가능했던 정도로 모든 공공 서비스를 계속해서 기꺼이 지원하고자 하지도 않을뿐더러 그럴 수도 없다. 도서관이 이전에 이용 가능했던 모든 서비스들을 계속해서 제공할 수 있도록 하고자 기대한다면, 그리고 고객들의 점점 더 증가하는 기대들에 부응하고자 한다면, 시스템의 상호 협력 노력을 통하거나 다른 어떤 형식의 레퍼럴(referral)을 통해 그와 같이 해야 할 것이다.

9.1.4. 시스템 서비스의 비용

미국의 경우 많은 주에서는, 도서관 시스템들을 위한 기금을 주나 연방의 자금원에서 제공한다. 그렇지만 시스템의 회원 도서관들은 일부를 지불해야 할 수도 있을 것이다. 회비를 요구하든, 대응 자금(matching funds)의 형식을 요구하든, 중앙 집중식 자료 처리나 자동화 시스템의 공유와 같은 특정 서비스들에 대한 직접적인 지불을 요구하든, 그것은 로컬 예산의 기금을 필요로 하게 될 것이다. 따라서 때로는 로컬의 공무원들과 납세자들은 전문직이 시스템을 경제적이라고 간주하는 이유를 이해하기 어렵다.

그 대답은 로컬 도서관은 현금을 더 적게 지출한다는 의미에서는 자금을 절약하지는 못하지만, 시스템에 대한 회원 가입은 로컬에서 제공할 경우에는 훨씬 더 많은 비용이 들어가게 될 서비스들을 "사게" 된다는 것이다. 예를 들면, 15개 회원 도서관들의 스탭과 함께 업무를 수행하는 시스템의 어린이 담당 사서는 어린이용 자료의 선정과 스토리 시간, 하계 독서 클럽, 그 밖의 그룹 서비스 등에서 회원 도서관의 스탭에게 도움을 준다. 중앙 집중식 편목 서비스(centralized cataloging service)는 모든 회원 도서관들을 위한 편목 ― 대개는 상당수의 동일한 타이틀의 ― 을 수행하게 되며, 따라서 로컬 도서관의 편목 시간에 들어가는 비용을 절약해준다. 또한 어떤 개별 도서관이 지불할 수 있는 것보다도 훨씬 더 많은 금액을 시스템이 지불한 장서에서 선정한 자료들에 대한 장기 대차와 개별적인 요청 서비스를 통해 로컬의 장서를 보완할 수도 있을 것이다. 따라서 로컬의 도서관은 그 예산을 줄일 수 있다는 의미에서는 자금을 "절약"하지 못하지만, 그 자금에 대해 이전보다 훨씬 더 많은 것을 받게 된다.

규모의 경제(economy of scale)는 시스템에서 사용하는 주요 원칙으로, 이는 1,000명의 주민 중 한 사람이 이용할 수도 있는 책의 예를 통해 설명할 수 있다. 동일한 책은 100,000명의 도시에서는 그 구입을 정당화하기에 충분할 정도로 아주 많이 이용할 수도 있을 것이다. 그러나 10,000명 미만의 타운에서는, 특히 비교적 고가(高價)일 경우에는 그것을 구입한다고 확신할 가능성이 줄어들게 된다. 따라서 시스템 개발을 통한 대규모 고객 베이스의 구축은 다른 식으로는 입수하지 못할 수도 있는 자료들의 구입을 가능하게 해준다. 이 예를 계속 들어 보면, 그 책이 거의 사용되지도 않고 너무 비싸기 때문에 시스템조차도 그 책을 구입하는 것을 정당화할 수 없을 경우에, 고객이 그 책을 요청할 때는 네트워크와 상호 대차를 요청할 수도 있다.

9.2. 주 단위 네트워크와 전국적인 네트워크

도서관 시스템은 로컬의 관할 구역을 넘어서서 확장해 나가는 일련의 집중적인 링크의 중요한 첫 번째 고리이다. 이러한 링크들은 주와 국가 레벨들을 연결해주며 사회가 성격상 더 글로벌화되어 감에 따라, 국제적인 시장까지 뻗어나가고 있다.

9.2.1. 주 단위 네트워크

주 단위 네트워크(state network)는 도서관 시스템의 범위를 넘어서 있다. 이 용어는 대개 시스템의 경계를 넘어서서 이루어지는 자료와 정보에 대한 요청들의 레퍼럴(referral)을 위한 주 전역에 걸친 구조를 설명하기 위해 사용되고 있다. 네트워크에 대한 일반적으로 인정되고 있는 한 가지 정의는 컴퓨터 기반의 것으로, 네트워크의 여러 노드들(nodes)이 접속하는 데이터베이스에 자료들 그리고 때로는 정보가 저장되는 로케이션들(locations)을 말한다. 어느 경우에는, 네트워크가 노드들 사이의 커뮤니케이션 수단을 제공해주기도 할 것이다. 그러나 **네트워크**라는 용어는 도서관 상호 대차(interlibrary loan)나 상호 협력에 의한 참고 서비스나 편목 서비스를 위해 도서관들 사이에 존재하는 채널화된 커뮤니케이션 시스템에 대해 사용하는 경향이 있다.

미국의 경우, 대부분의 주 내에서, 각 시스템은 네트워크의 노드이며 따라서 그것을 로케이션 정보를 가지고 있는 컴퓨터 데이터베이스에 연결해 주거나, 규정된 채널을 따라 요청들을 보낼 수 있도록 해주는 이메일이나 팩스와 같은 커뮤니케이션 시스템에 연결해 주거나, 이 둘 모두에 연결해주는 터미널에 접속하게 될 것이다. 따라서 로컬의 도서관이 시스템의 회원 도서관이면, 그 고객의 요청들은 다음과 같은 곳에서 체크하게 될 것이다.

1. 로컬의 도서관에서. 만일 그곳에서 발견되지 않으면,
2. 시스템의 본부나 자원 센터 — 이곳에서는 시스템의 회원 도서관들의 소장에 대한 레코드를 가질 수도 있다 — 에서. 만일 그곳에서 발견되지 않으면,
3. 주 전체 네트워크 — 이곳에서는 대개 주 도서관 에이전시의 도서관을 포함하고 있지만, 그에 국한된 것은 아니다 — 에서. (일반적으로 이것은 전문 장서를 포함하여, 주의 모든 주요 장서들에 접근하게 될 것이다.) 만일 그곳에서 발견되지 않으면,
4. 주 전체 네트워크의 범위를 넘어서서 전국적인 네트워크로.

9.2.2. 전국적인 네트워크

미국에서는 주 전체 네트워크들이 대부분의 주에서 개발됨에 따라, 전국적인 네트워크들이 숫자는 물론 역량에서도 점차 증가하고 있다. 전국적인 서지 데이터베이스는 어떤 규모의 도서관에 대해서나 대단한 혜택들을 제공할 수 있다. 소규모 도서관에서 일하는 많은 사서들은 자신들의 기존 서비스를 고품질의 제품을 갖춘 서비스로 향상시키는 수단으로서 서지 유틸리티(bibliographic utility)의 활용이 비용 효과적이라는 사실을 알 수 있다.

서지 데이터베이스는 편목과 도서관 상호 대차, 수서 프로그램, 전거 통제(authority control), 소급 변환(retrospective conversion) 서비스, 아카이브 테이프(archival tapes), 전문 장서에 대한 접근 등을 포함한 다양한 서비스들을 제공해주는 상업적 단체 또는 비영리 단체이다. 소규모 그룹의 도서관들이 LC(Library of Congress)에서 제공하는 MARC(Machine Readable Cataloging) 레코드들에 대한 실험을 시작했던 1960년대 말에 시작된 이 움직임은 오하이오(Ohio)의 일군의 대학 도서관들이 1967년에 상호 협력에 의한 시분할(時分割: time-sharing) 시스템을 개발하면서 성장하였다. 이 시스템은 MARC 데이터베이스에 대한 접근을 제공하였고 모든 회원 도서관들의 입력된 목록을

수집하였다. 이 상호 협력체는 원래 이름은 Ohio College Library Center (OCLC)였는데, 그 이름을 여러 번 변경하였다. 그러나 대중적으로는 여전히 OCLC라고 말하고 있다. LC의 MARC 레코드들이 입력 도서관들(contributing libraries)에 의해 정기적으로 추가되고 있으며, 오늘날에는 영국의 MARC 레코드(UK MARC)도 포함하고 있다. 이것은 국제적인 링크의 좋은 예이다. 마이크로컴퓨터 기반의 연속 간행물 관리 시스템과 대출 관리 시스템, 온라인 열람 목록(OPAC: online public access catalog) 시스템을 포함한 일련의 서비스들을 제공하고 있다. OCLC는 전 세계 도서관들을 위한 목록 데이터의 주요 소스이다.[2)]

OCLC에 대한 대안으로 개발된 것으로 RLIN이 있는데, 이것은 RLG (Research Libraries Group)의 회원 도서관들과 비회원 기관들의 자료 처리와 공공 서비스 요건들에 부응하기 위해 RLG에서 개발한 데이터베이스와 컴퓨터 시스템의 결합형이다.[3)][4)] WLN(원래는 Washington Library Network였으나, 나중에는 Western Library Network로 변경됨[5)])은 미국의 태평양 북서부 지역에서 개발된 지역의 서지 유틸리티이다.

네트워크들은 미국의 경우 일반적으로 주나 지역에서 서지 접근 서비스를 조정하지만, 몇몇 네트워크들은 이메일과 마이크로컴퓨터 교육 훈련, 상호 협력에 의한 구매 프로그램, 전거 통제, 테이프 처리 서비스와 같은 부가적인 서비스들을 제공해준다. 이러한 서비스들을 제공해주는 몇몇 주요 네트워크들로는 NELINET, SOLINET, AMIGOS, BSR, CLASS 등이 있다.[6)]

---

2) Neil F. Doherty, “OCLC,” in *International Encyclopedia of Information and Library Science*, eds. John Feather and Paul Sturges (London: Routledge, 1997), p.323.

3) Edie M. Rasmussen, “Research Libraries Group (RLG),” in *International Encyclopedia of information and Library Science*, p.402.

4) 역자주: RLIN은 2006년에 OCLC에 통합되었다.

5) 역자주: WLN은 1999년에 OCLC와 합병되어 현재는 OCLC Western Service Center의 역할을 하고 있다.

6) Liz Bishoff, “Bibliographic Utilities,” in *The How-to-Do-It Manual for Small Libraries*, ed. Bill Katz (New York: Neal-Schuman, 1988), p.219.

9.2.3. 참고 서비스의 확장

또한 소규모 도서관의 참고 서비스 역량을 확장시켜 주는 전국적인 네트워크도 있다. 앞서 살펴본 것처럼, 소규모 도서관의 예산상의 능력으로는 제한된 장서만을 갖추게 된다. 그 결과 고객의 정보 요구들에 대한 대응 능력이 로컬의 니즈(needs)와 기대를 만족시키지 못할 수 있을 것이다. 도서관 시스템과 주 네트워크들은 로컬에서 처리할 수 없는 질문들의 레퍼럴(referral)을 위한 훌륭한 자원들이지만, 전국적인 네트워크와의 상호 작용은 더 광범위한 자원들을 도서관에 제공해줄 수 있다.

컴퓨터 데이터베이스와 텔레커뮤니케이션 링크는 참고 서비스의 새로운 전망을 열어주고 있다. 그와 같은 상호 작용은 컴퓨터와 모뎀, 전화선이나 케이블 ― 그에 상응하는 상당액의 회선 이용료와 함께 ― 을 필요로 할 수도 있을 것이다. 그러나 오늘날에는 ERIC과 DIALOG, LISA, 그리고 윌슨(Wilson)사(社)의 다양한 색인들은 CD-ROM 포맷으로도 구입할 수 있으며, 이것은 가장 작은 도서관에도 값비싼 회선 이용료 없이 확장된 참고 서비스 능력을 제공해준다. CD-ROM 테크놀로지가 온라인의 "느낌"을 제공해주는 것은 사실이지만, 인용 자료들의 최신성은 전화로 연결된 온라인의 즉시성에 비해 3개월 내지 8개월이 지난 것일 수도 있을 것이다. 그러나 대부분의 고객 요구들은 이 수준의 최신성으로 충족시킬 수 있을 것이다. 가장 전문화된 고객들만이 완전한 즉시성을 요구하며, 이러한 요구들은 시스템 레벨로 패스할 수 있을 것이다.

소규모 공공 도서관의 사서와 도서관 위원회는 그와 같이 복잡한 서비스들이 로컬에 유용하거나 필요한지에 대해 의문을 가질 수도 있을 것이다. 그러나 사회가 기술적으로 더 정교해짐에 따라 확대된 서비스를 필요로 하거나 그에 대해 고맙게 생각하는 현재의 고객들 및 잠재 고객들의 수는 늘어나고 있다. 규모에 관계없이, 모든 지역 사회는 다음과 같은 일부 시민들이 있다. 대학 교수, 대학원생, 제조업 분야의 연구 개발 종사자, 그 밖의 연구직 종사자, 신문 및 그 밖의 매스미디어 종사자, 공무원, 기업 경영자 등등, 리스트는 늘어난다. 이러한 사람들은 현재 학교나 직장에 있을 수도 있고, 퇴직했지만 계속적으로 전문적인 관심을 가지고 활동을 할 수도 있을 것이다. 시스템의 범위를 넘어서는 네트워크를 통한 주요 자원들의 입수 가능성은 이러한 고객들에게는 중요할 것이다.

소규모 도서관의 포인트가 되는 것은 자원들이 존재한다는 사실을 알고 지역 사회, 특히 전문적이고 정교한 니즈(needs)를 가지고 있는 고객들에게 그러한 자원들을 입수할 수 있고 또한 로컬의 도서관을 통해 구할 수 있다는 사실을 알리기 위해 모든 노력을 기울이는 것이다. 또 하나의 필수적인 포인트를 간과해서는 안 된다. 즉 사서는 이러한 확장된 자원들에 대해 아는 것만으로는 충분하기가 않다. 열람 데스크에서 의무를 수행하는 모든 유급 및 무급 스탭은 그 풍부한 자원들을 바로 그 데스크에서 시작하는 프로세스에 의해 접근할 수 있다는 사실을 알아야 한다.

9.3. 다른 도서관과 에이전시들과의 상호 협력

모든 소규모 공공 도서관은 동일한 지역 사회 내에서든 아니면 상당한 거리를 두고서든, 다른 도서관과 에이전시들과 직접적으로 상호 협력할 기회를 갖고 있다. 학교 도서관 미디어 센터와 대학 도서관, 전문 도서관(기업 도서관, 의학 도서관, 법률 도서관, 교회 도서관 등), 다양한 로컬의 에이전시들(유치원, YMCA, 스카우트단, 유나이티드웨이(United Way)[7] 등)이 가능할 것이다. 중요한 것은 이러한 단체들의 사람들이 전문적 수준에 대해 서로 알고 고객 그룹들에게 이익이 되도록 하기 위해 도서관 서비스를 어떻게 설계하고 제반 책임들을 어떻게 분담할 수 있는지를 결정하기 위해 정기적으로 만나는 것이다. 예를 들면 공공 도서관과 학교 도서관 미디어 센터의 상호 협력의 측면에서 보면, 다음과 같은 것들에 관한 결정들을 내릴 수 있을 것이다.

7) 역자주: 미국의 자선단체.

1. 도서관과 목록, 정기 간행물 색인의 이용에 관한 교육
   - 누가 이러한 기술들을 가르칠 것인가?
   - 그들은 언제 교육을 받을 것인가?
   - 어떤 조정이 도움이 될 것인가?
2. 학생들의 공공 도서관 방문과 공공 도서관 사서의 학교 학급 방문에 대한 조정
   - 그와 같은 방문들을 어떻게 그리고 언제 조정할 수 있을 것인가?
   - 어떤 것들을 수행해야 할 것인가? 그리고 누가 할 것인가?
   - 교사와 학교 도서관 미디어 전문가, 공공 도서관 사서의 입장에서 무엇을 준비해 두는 것이 바람직할 것인가?
3. 학생들이 공공 도서관 사서들과 학교 도서관 미디어 전문가들로부터 받아야 하는 도움의 양에 관한 합의
   - 학생들이 얼마나 많은 것들을 지원 없이도 해낼 것으로 기대할 수 있을 것인가?
   - 사서가 너무 많은 도움을 줌으로써 과제의 목적을 헛되이 할 가능성이 있는가?
   - 기존 자료를 고려할 때 교사는 언제 학생에게 너무나 많은 것들을 기대하는가?
4. 과제들을 부여 받기 전에 이루어지는 컨설팅
   - 적절한 자료를 입수할 수 있는가? 얼마나 많은 학생들을 위해?
   - 그것은 내용과 독서 수준에서 적합한가?
   - 그것은 학생들이 쉽게 발견할 수 있는 곳에 있는가, 아니면 그것은 사서만 알고 있을 것으로 기대할 수 있는 참고 도서들을 통한 탐색이 필요한가?
   - 도서관 상호 대차(interlibrary loan)와 학생들과 자료들 사이의 연결을 용이하게 하기 위해 이루어지는 전시를 통해 자료들을 수집할 수 있는가?

그와 같은 질문들은 개인적으로 그리고 집단적으로, 두 관종(館種)의 도서관 모두가 기획 프로세스를 명확하게 하는 데 도움을 준다. 유사한 질문들은 상호 협력 방법들을 논의할 때 일단의 또는 일군(一群)의 도서관과 에이전시들 사이의 협상 포인트들이 될 수도 있다.

소규모 지역 사회에서는, 때로는 도서관들 간에 장서들을 어느 정도 공유할 수 있다. 공공 도서관이 두 개의 문학 잡지를 구독하고 싶지만 하나를 구독할만한 여유밖에 없을 경우에는, 로컬의 학교 도서관이나 대학 도서관이 다른 잡지를 선택함으로써 시민들은 두 개 구독 잡지에 모두 접근하게 될 것이다. 물론 공유 메커니즘은 어느 것이든 두 도서관 모두에 대한 시민들의 접근을 허용해주는 정책과 절차들의 개발을 바탕으로 하게 될 것이다. 때로는 사유(私有) 자료들을 가지고 있는 기업체 도서관의 경우와 같이, 오픈 액세스(open-access) 정책을 채택할 수 없을 수도 있다거나, 변경해야 할 법률상의 제한이 있을 수도 있을 것이다. 어떤 것이 가능한지 조사하고 가능할 경우에는 언제나 오픈 액세스 환경을 만들어내기 위한 전략들을 개발하는 데 시간을 투자할만한 가치가 있다.

9.3.1. 도서관 상호 대차

도서관 상호 대차(interlibrary loan)는 도서관들이 자원들을 공유하기 위한 중요한 방법이다. 자금 지원이 더욱 제한되어 감에 따라, 소유(ownership) 대 외부 대출이라는 이슈는 점점 더 중요해지고 있다. 이 새로운 세기에 있어서 효과적인 도서관 서비스의 키가 되는 것은 접근(access)이다. 그 접근이 입수된 자료들에 의해 충족되는지 아니면 도서관 상호 대차에 의해 충족되는지의 여부는 적합성이 줄어들고 있다. 다른 도서관관들 및 에이전시들과의 협력 관계의 개발과 기존의 도서관 상호 대차 네트워크에 대한 참여, 이러한 것들은 접근이라는 목적에 부응하는 전략들이다. 최근의 전국적인 실태조사에서는 미국에는 대략 760여 개의 도서관 네트워크와 상호 협력체들이 존재하는 것으로 보고한 바 있다.[8] 이러한 것들은 공식적인 네트워크들이며,

이 수치는 도서관과 그 밖의 에이전시들 간에 개발되고 있는 많은 비공식적인 연결 관계들은 포함하지 않고 있다.

소규모 공공 도서관에 있어, 도서관 시스템은 도서관 상호 대차를 요청하게 되는 통로가 될 것이다. 그렇지만 로컬의 도서관에게는 예산 기획 프로세스 동안에 고려해야 할 비용들이 존재할 것이다. 그와 같은 비용들은 (1) 스탭의 시간, (2) 전화 서비스와 이메일, 모뎀(modem), 회선 이용료, 네트워크비(해당하는 경우)와 같은 네트워크 및 커뮤니케이션 비용, (3) 복사비, (4) 용품(소모품)과 유지 보수 및 장비, (5) 배달비, (6) 스탭의 교육 훈련 및 감독 시간 등이 포함된다. 이러한 비용 범주들은 도서관 상호 대차 프로세스의 대표적인 예이며, 정확한 비용과 절차들은 상황마다 다양할 것이다. 로컬의 도서관은 더 정확한 수치들을 산정하기 위해 시스템의 대표자와 상의해야 할 것이다.

이러한 비용들은 몇몇 소규모 공공 도서관들이 받아들이기에는 너무 많을 수도 있지만, 결국에는 점차 구름이 걷히고 태양이 드러나게 될 것이다. 모든 규모의 도서관에서 점차 인터넷을 사용할 수 있게 됨에 따라, 그 테크놀로지가 고비용의 도서관 상호 대차에 대한 해결책을 제공할 수도 있을 것이다. 저작권 문제에 대해서도 대처해야 하는데, 비용뿐만 아니라 접근 속도에 미치는 영향 등에 관한 몇몇 문서들을 웹에서 다운로드할 수 있을 것이다.

그러나 가장 작은 공공 도서관이라고 하더라도, 일단 그 소장 자료들이 전자 네트워크에 포함되게 되면, 요청하는 도서관(의뢰 도서관)이 될뿐만 아니라 제공하는 도서관(제공 도서관)이 될 수 있다. 많은 특유의 타이틀들을 로컬의 장서에서 발견할 수도 있을 것이다. 미국의 경우는 전국도서관상호대차법(National Interlibrary Loan Code)이 일반적인 가이드라인들을 제공해주고 도서관들 간에 대출해주고 대출받는 업무를 조정하는 데 도움을 준다. 이 가이드라인들에 대해서는 〈표 9-1〉에서 개략적으로 살펴보고자 한다.

8) Lisa S. Payne, "The Library Environment," in *Reinvention of the Public Library for the 21st Century*, ed. William L. Whitesides Sr. (Englewood, Colo.: Libraries Unlimited, 1998), pp.46-47.

〈표 9-1〉 전국도서관상호대차법(National Interlibrary Loan Code)의 개요[9)]

요청하는 도서관	제공하는 도서관
• 대출자들을 위해 도서관상호대차 정책을 설정하고 이를 유지보수하고 입수할 수 있도록 해야 한다. • 요청들을 적시에 처리해야 한다. • 요청받은 자료들을 소장하고 있고 이를 제공할 수도 있는 도서관들을 확인해야 한다. • 요청서를 보내기에 앞서 특별지시사항과 제한, 요금청구에 대한 정보에 대한 잠재적인 공급자들의 정책들을 체크한다. • 공급하는 도서관에서 부과하는 인증된 모든 요금청구에 대해 책임을 갖는다. • 소재를 확인할 수 없는 자료들에 대한 요청들을 "소재확인불능"이라는 설명을 달아 요청받은 자료들을 제공할 수도 있는 도서관에 보내야 한다. • 요청들의 부담을 소수의 도서관들에 보내는 것을 피해야 한다. • 모든 도서관상호대차 요청들을 사용되는 전자네트워크나 전송시스템의 프로토콜들에 따라 표준적인 서지포맷으로 전송해야 한다. • 미국도서관의 경우, 미국저작권법과 그에 수반되는 가이드라인들에 따르도록 보장해야 한다. 각 사본요청서를 전송하기에 앞서 그에 대한 저작권 준수를 결정해야 하며, 저작권준수 설명서를 각 사본요청서에 포함시켜야 한다.	• 대출자들을 위해 도서관상호대차 정책을 설정하고 이를 유지보수하고 서면이나 전자포맷으로 입수할 수 있도록 해야 하며, 요청에 따라 이를 제공해야 한다. • 전자네트워크에서 설정한 시간프레임 이내에 요청들을 처리해야 한다. 전자적으로 전송할 수 없는 요청들은 유사한 시간프레임에서 처리해야 한다. • 각 자료와 함께 원래 요청서의 사본이나 요청서를 확인하기에 충분한 정보를 포함해야 한다. • 대출하는 자료들의 어떤 상태나 제한점을 설명하고 어떤 특수포장이나 선적상의 요건들을 명시해야 한다. • 요청서나 자료상에 반납예정일자나 대출의 지속기간을 밝혀야 한다. • 선적시 손상을 방지할 수 있도록 해당자료를 포장해야 한다.

요청하는 도서관	제공하는 도서관
• 대출받은 자료들이 제공하는 도서관을 떠나는 시점으로부터 되돌아가 제공하는 도서관이 수령할 때까지 해당자료에 대한 책임을 갖는다. 손상이나 분실이 발생하면, 요청하는 도서관은 제공하는 도서관의 선호에 따라 변상이나 대체에 대한 책임을 갖는다. • 해당자료의 기한이 만료되기 이전에 갱신을 요청해야 한다. 제공하는 도서관이 응답하지 않으면, 요청하는 도서관은 원래의 대출과 동일한 기간 동안 갱신이 인정된 것으로 간주할 수 있을 것이다. • 자료들을 반납예정일자까지 반납해야 하며 제공하는 도서관이 해당자료를 회수하게 되면 즉시 응해야 한다. • 이 규정의 조항들을 준수할 책임을 가지고 있다. 어떤 조항이든 계속적으로 무시하게 되면 제공하는 도서관이 대출 특권들을 보류하는 이유가 될 수도 있을 것이다.	• 요청을 충족시킬 수 없을 때는 즉시 요청하는 도서관에 통보해야 하며, 가능하면 요청을 충족시킬 수 없는 이유를 설명해야 한다. • 갱신에 대한 요청에 신속하게 응답해야 한다. 제공하는 도서관이 응답하지 않으면, 대출받는 도서관은 원래의 대출기간과 동일한 기간 동안 갱신이 인정된 것으로 간주할 수 있을 것이다. • 자료들을 언제든 회수할 수도 있을 것이다. • 이 규정의 조항들을 따르지 못하는 요청하는 도서관에 대한 서비스를 보류할 수도 있을 것이다.

9) 요청하는 도서관에 대한 주기: Mary Jo Lynch, "Some Basic Figures," in *Whole Library Handbook 2: Current Data, Professional Advice, and Curiosa About Libraries and Library Services*, comp. George M. Eberhart (Chicago: American Library Assn, 1995), as quoted in *Reinvention of the Public Library for the 21st Century*, ed. William L. Whitesides, Sr. (Englewood, Colo.: Libraries Unlimited, 1998), pp.47-48.
제공하는 도서관에 대한 주기: "National Interlibrary Loan Code for the United States," RQ 33, no. 4 (summer 1994), pp.477-479, as quoted in *Reinvention of the Public Library for the 21st Century*, ed. William L. Whitesides, Sr. (Englewood, Colo.: Libraries Unlimited, 1998), pp.48-49.

기획과 프로세스, 경비 등의 측면에서 도서관 상호 대차에 대해 더 심층적인 조사에 관심이 있는 도서관들은 바우처(Virginia Boucher)의 『도서관 상호 대차 실무 핸드북』(*Interlibrary Loan Practices Handbook*)을 참고하기 바란다.[10)]

이 장을 시작할 때, 공공 도서관은 세계로 열린 지역 사회의 창(窓)이라고 설명한 바 있다. 그러한 글로벌 정보 네트워크의 노드로서의 역할을 인식하고, 상호 협력과 협조의 잠재적인 기회들에 대해 적극적으로 대응하고, 활용할 수 있는 해당하는 모든 링크에 참여함으로써, 로컬의 공공 도서관은 그 고객들을 위한 그와 같은 창(窓)이 되는 것이다.

---

10) Virginia Boucher, *Interlibrary Loan Practices Handbook*, 2d ed. (Chicago: American Library Assn., 1996).

※ 새로운 천년을 맞으면서 생각해 보아야 할 것들 ※

◆ 우리 도서관은 도서관 시스템에 속해 있는가?

◆ 우리 도서관이 시스템으로부터 받고 있는 혜택들은 무엇인가? 그와 같은 혜택들은 우리 도서관 위원회에 명확하게 전달되고 있는가? 자금 지원자들에게는? 지역 사회에는?

◆ 나는 도서관 시스템에 대한 회원 가입과 받고 있는 혜택들의 실제 비용, 그리고 무형의 것들 사이의 관계에 대해 생각해보고 있는가?

◆ 이 장에서 살펴본 범주들과 관련하여 나는 어떤 구체적인 혜택들을 확인할 수 있는가?
- 도 서
- 정기 간행물
- 시청각 자료
- 스 탭
- 관리 기술

◆ 도서관 시스템에 대한 회원 가입에는 의무들이 존재하는가? 만약 그렇다면, 어떤 것들이 있는가? 이러한 이슈들을 시스템 관리층에게 제기한 적이 있는가?

◆ 우리 지역[11]에는 어떤 네트워크들이 존재하고 있는가? 우리 도서관은 이 네트워크들을 어떻게 이용하고 있는가?

◆ 우리 도서관에서는 어떤 전국적인 네트워크들을 이용할 수 있는가? 우리 도서관은 그것들을 어떻게 이용하고 있는가?

◆ 우리 도서관이 이러한 지역[11] 및 전국적인 네트워크들을 활용할 수 있는 다른 더 좋은 방법들이 있는가?

◆ 우리 지역 사회에는 다른 도서관 및 에이전시들과 상호 협력하고 협조할 수 있는 어떤 가능성이 있는가? 우리 도서관은 이러한 파트너십 기회들을 활용해오고 있는가? 만일 그렇다면, 조사해야 할 다른 것들이 있는가? 만일 그렇지 않다면, 얼마나 빨리 시작할 수 있을 것인가?

---

11) 역자주: 원본에는 "state"로 되어 있음.

제10장

새 천년을 맞는 도서관 서비스를 위한 아울렛

10.1. 전자적 접근
10.2. 도서관 건물
10.3. 도서관 시설 개선을 위한 단계
10.4. 건축과 리모델링에 대한 결정
10.5. 비 용
10.6. 에너지에 대한 고려
10.7. 가 구
10.8. 장 비
10.9. 신축 건물
10.10. 용도 전환과 리모델링
10.11. 기존 건물의 재단장
10.12. 추가의 유통 방법들

제10장
새 천년을 맞는 도서관 서비스를 위한 아울렛

공공 도서관은 그 서비스들의 총체이다. 그것은 어떤 물리적인 아울렛 이상, 훨씬 더 이상의 것이다. 그것은 고객의 정보 니즈(information needs)와 정보 세계의 연결 포인트이다. 이 연결 포인트로서 서비스하는 과정에서, 공공 도서관은 건물, 간이 건물(kiosks), 우편 서비스, 전화 참고 서비스, 이동 도서관(book mobile), 그리고 점차 늘어나고 있는 컴퓨터 시스템 및 케이블 텔레비전과 같은 전자 네트워크 등의 다양한 아울렛들을 사용할 수도 있을 것이다. 도서관 경영자가 유통 경로들(distribution channels)로 사용하기 위해 선택하는 아울렛들은 제공되는 서비스들에 상당한 기여를 하게 될 것이다.

첫째, 환경에서 편리하고, 사용하기 쉬우며, 안락한 유통 경로들을 제공해주는 도서관은 도서관 이용을 유발하는 환경을 만들어준다. 둘째, 쉽게 접근할 수 있고 작업을 효율적으로 할 수 있는 유통 경로들은 고객들뿐만 아니라 스탭이 도서관 자원들을 효과적으로 이용할 수 있게 해준다. 아울러 유효성과 효율성, 매력을 겸비하고 있는 도서관은 그 자체로 비효율적이고 접근하기 어려운 유통 방법에 의해 만들어진 도서관과는 미묘하지만 아주 분명하게 다른 이미지를 만들어낸다.

많은 도서관은 그 비전(vision)을 단일 건물의 한계 내에서 제공할 수 있는 것으로 제한시키고 있으며, 결국 동일한 자료들과 동일한 스탭을 가지고 건물을 개선하는 방향으로 계속 나아가고 있다. 그러나 단지 공공이 패키지에 의해 제품을 판단해왔기 때문에 도서관이 로컬에서 갖는 명성이 현저하게 높아졌다는 사실을 발견하고 있다. 패키지가 확장된 제품의 역할을 하고 각각의 고객에게 최대한의 유효성을 제공한다면 무엇이 가능할는지를 상상해보라.

10.1. 전자적 접근

로컬의 공공 도서관은 바람직하기로는 도서관 시스템과 상호 협력하여, 그 지역 사회를 위해 지식과 정보, 다양한 아이디어에 대한 접근을 제공하고 조정하는 책임을 가지고 있다. 접근(access)은 건물이나 그 밖의 물리적 시설의 소재 확인, 업무 시간, 도서관의 자료들에 대한 서지적 접근, 새로운 접근 통로들을 가능하게 해줄 수도 있는 테크놀로지들의 시연(試演) 등을 포함한다. 공공 도서관의 전통적인 접근 포인트는 건물이었지만, 점점 더 높은 비율로 지역 사회에서, 전자적 접근을 통해 본질적인 이득을 얻고 있다. 많은 도서관들은 도서관의 온라인 목록에 접속하고, 자료들을 예약하고 픽업 장소를 요청하며, 이메일을 통해 참고 질문을 하는 등을 할 수 있는 능력을 지역 사회에 제공해준다. 소규모 공공 도서관은 단독으로 이러한 혜택들을 제공하는 데 어려움을 겪을 수도 있지만, 도서관 시스템에 대한 회원 가입을 통해 많은 것들이 가능해질 수도 있을 것이다.

공공 도서관들은 여러 가지 방법으로 점차 늘어나는 정보 테크놀로지에

대한 접근 가능성의 영향을 받고 있다. 그 예로는 다음과 같은 것들이 있다.[1)]

- **도서관 업무들이 자동화되고 있다.** 가장 작은 공공 도서관들조차도 대출을 자동화하고 지역 사회를 위해 인터넷 접속을 제공하고 있다. 아직 일반적으로 그런 것은 아니지만, 경향은 분명히 이 방향으로 가고 있으며, 도서관들은 테크놀로지를 사용할 수 있게 되자 마자 그것을 사용하고 있다.
- **도서관의 제반 기능들 사이의 구분이 적어지고 있으며, 이것은 더 많은 교차 교육 훈련(cross training)과 재교육을 필요로 한다.** 어떤 변화나 기술의 업그레이드를 필요로 하지만, 테크놀로지에 관련된 변화들은 더 잦은 빈도를 가지고 발생하며, 스탭에 대한 계속 교육(continuing education)이 실제적으로나 윤리적으로 필수적이다.
- **전 세계의 도서관들과 사서들은 온갖 컴퓨터 플랫폼을 통해 한결같이 데이터를 공유하고 데이터에 접근하고 있다.** 고객들이 필요로 하는 정보의 소재를 확인하는 도서관 스탭의 능력은 테크놀로지의 사용을 통해 극적으로 개선되고 있다. 시간과 거리의 장애들은 사서들이 자신들의 로컬의 지역 사회의 범위를 훨씬 넘어서서 접속할 수 있게 되면서 해결되고 있다.
- **고객들은 정보에 대해 더욱 균등하게 접근하고 있다.** 도서관은 진정으로 정보의 세계로 열린 지역 사회의 창(窓)이다. 테크놀로지를 통해, 글로벌 정보에 대한 접근은 극적으로 증가하고 있으며, 가장 작은 지역 사회에 있는 도서관의 중요성은 이러한 개선을 반영해야 한다.

물론 현재의 그리고 제안되는 전자 도서관의 모든 관행들은 도서관의 사명(mission)과 비전(vision) 그리고 지역 사회에 대한 분석을 통해 터득한 것들에 확고한 뿌리를 두고 있어야 한다. 기획 및 마케팅 프로세스들을 적극

1) Fran White, "Technology and Libraries," in *Reinvention of the Public Library for the 21st Century,* ed. William L. Whitesides Sr. (Englewood, Colo.: Libraries Unlimited, 1998), p.105.

적으로 채택하지 않고 있는 도서관은 테크놀로지의 혼란에 대한 아무런 고려 없이 도약할 수도 있을 것이다. 테크놀로지에 대한 투자는 일회성 비용이 아니다. 이러한 투자는 계속적인 것이며, 그 결과로 생기는 비용들도 고려해야 한다. 실제로 도서관들이 자동화를 하고는 프린터용 종이와 유지 보수에 대한 비용을 예산에 포함시키는 것을 잊어버리는 경우들이 있다. 디지털 세계는 매력적이고 효과적이다. 그러나 도서관은 항상 확인된 지역 사회의 니즈(community needs)와 자금원을 고려하여, 무엇이 로컬에 적합한지의 측면에서 여러 가능성들을 생각해야 한다.

전자적 접근의 비용은 항상 하나의 요인이 되지만, 혜택들은 상당하며, 몇몇 예에서는 전자 소스들을 이용할 수 있을 때는 인쇄 자원들은 중단할 수도 있다. 그러나 고객의 기대들도 증가하게 될 것이며, 추가의 더 신속하고 이용자에게 더 친숙한 전자 자원들에 대한 수요는 점차 상승하게 될 것이다. 새로운 접근 테크놀로지와 시스템을 도입할 때는, 도서관이 지역 사회에서 수행하는 역할도 변화하게 될 것이다. 예를 들면, 고객들은 온라인 목록을 사용하는 방법과 인터넷에 접속하는 방법, 전자적으로 예약을 하는 방법 등에 대한 교육을 받아야 할 것이다. 아울러 기존의 정책들을 재검토하고 해당하는 경우에는 개정해야 할 것이며, 새로운 정책들을 마련해야 할 수도 있을 것이다.

그러나 비용과 자원 등에 대한 실제적인 관심에도 불구하고, 접근이라는 이슈가 가장 중요하다. 어떤 가족들은 가정에서 인터넷에 접속할 수 있는 개인 자산을 가지게 될 것이며, 어떤 가족들은 그와 같은 가능성을 요원하거나 비현실적인 꿈으로 간주할 수도 있을 것이다. 공공 도서관은 인터넷 접속을 모든 사람들에게 가능하도록 해줌으로써 지역 사회의 시민들을 위해 "공평한 경쟁의 장을 마련해줄" 수 있는 특유의 입장에 있는 것이다.

10.2. 도서관 건물

전자적 접근은 공공 도서관에 특정의 가상적(假想的) 속성들을 가져다 주고 있다. 그러나 장소로서의 도서관은 여전히 아주 중요한 지역 사회의 보고(寶庫)이다. 도서관 건물에 대한 지역 사회의 자부심은 개개 시민들이 그 안에 들어가 본 적이 있든 없든, 일반적으로 아주 높다. 도서관 건물의 중요성은 실제적인 의미뿐만 아니라 심리적인 의미를 담고 있기 때문에, 세심하게 그리고 지역 사회의 니즈에 유의하여 시설을 디자인하는 것이 중요하다. 도서관의 물리적 환경은 벽 안에서 이루어지는 활동과, 스탭의 태도 및 효율성, 고객의 안락함과 사용의 용이성에 영향을 미칠 수 있다.

도서관 서비스들을 위한 장소를 제공해주는 물리적 시설도 접근에 직접적인 영향을 준다. 건물의 익스테리어(exterior)는 많은 사람들이 도서관을 판단하곤 하는 첫 번째 기준을 제공해준다. 부실하게 유지 보수되고, 페인트는 벗겨 떨어지고 있으며, 바닥은 꾀죄죄하고, 간판은 너절한 매력 없는 건물은 이용과 자금 지원에 영향을 미치게 될 것이다. 삶의 많은 영역의 이미지의 개념과 마찬가지로, 도서관이 세상에 보여주는 얼굴은 처음에는 물리적인 얼굴이 될 수도 있을 것이다.[2)]

공공 도서관 건물은 들어가서, 읽고, 듣고, 보고, 학습하고자 하는 주목하지 않을 수 없는 매력을 주어야 한다. 건물은 변화하는 이용 및 서비스 패턴에 충분히 융통성을 가지고 부응할 수 있어야 한다. 그리고 범위와 포맷의 다양성이 증가하는 장서들을 수용하기 위해 확장이 가능해야 한다. 건물들은 이용자들은 물론 스탭을 위해서도 최대한의 효율성을 거둘 수 있도록 설계해야 한다.[3)]

---

2) Beth Wheeler Fox, *The Dynamic Community Library* (Chicago: American Library Assn., 1988), p.64.

3) *Wisconsin Public Library Standards* (Madison: Wisconsin Dept. of Public Instruction, 1987), p.38.

10.2.1. 도서관 위원회를 위한 결정

도서관이 아주 다행히도 충분히 넓고, 기능적이며, 물리적으로 매력적인 건물을 가지고 있지 않으면, 사서와 도서관 위원회의 위원들은 도서관 서비스를 위한 더 효과적인 환경을 갖추기 위해 가능한 것은 무엇이든 해야 할 것이다. 도서관이 공간의 부족이나 부실한 품질의 물리적 상황, 더 나은 장소의 필요성 때문에 새로운 공간을 필요로 할 때는 다음과 같은 많은 질문들을 고려해야 한다.

- 신축 건물이 필요한가? 기존의 구조를 리모델링해야 하는가? 원래 다른 목적을 위해 구조를 갖춘 적절한 건물을 리모델링할 수 있을 것인가? 장소를 임대하는 것은 어떤가?
- 새로운 또는 재단장한 도서관은 어느 곳에 위치해야 하는가?
- 다양한 선택안의 어느 것에 대한 자금을 어디에서 찾아낼 것인가?
- 어떤 별도의 유통 아울렛들을 이용할 수 있는가? (상황으로 볼 때 둘 이상의 물리적 아울렛이나 전자적 또는 그 밖의 가능성들 사이에서 배포 서비스를 제공할 수 있을 것 같아 보이면, 이러한 선택들은 새로운 또는 리모델링된 건물의 규모와 그에 대한 기획에 영향을 미치게 될 것이다.)

운영 단체이든 자문 단체이든, 도서관 위원회는 건물 프로젝트를 고려할 때 중요한 책임을 갖게 될 것이다. 도서관 위원회는 도서관의 제반 정책에 대한 경우와 마찬가지로, 건물 프로젝트의 감독과 방향을 제공해주게 될 것이다. 법률적 권한은 물론 회계적 권한은 도서관 위원회의 역할의 일부가 될 수도 있을 것이다. 위원회는 실제적인 책임과 권한을 가질 수도 있고, 아니면 법률적으로 책임을 가지고 있는 정부의 단위나 부서를 확인하고 그들과 함께 열심히 일해야 할 수도 있을 것이다. 〈표 10-1〉에 개괄적으로 제시하고 있는 단계들은 개별 지역 사회에서는 다소 다른 순서로 나타날 수도 있을 것이다. 그러나 이러한 단계들은 어떤 도서관 건물 프로젝트에나 포괄적인 전형적인 것이다.

〈표 10-1〉 도서관 건물 프로젝트에서 수행하는 도서관 위원회의 역할4)

프로젝트 상태	주요 단계
프로젝트 계획수립	• 건축프로그램이 필요하다는 결정을 내린다. • 건물프로그램에 반영해야 할 서비스 기획을 지휘하기 위해 유자격 전문직사서를 선발한다(유자격사서를 이미 고용하고 있지 않은 경우). • 광범위한 인구통계적, 경제적, 그리고 그 밖의 경향들을 포함하여, 지역사회에 대해 연구한다. 왜냐하면 그러한 것들은 도서관의 서비스니즈(service needs)를 정의해주기 때문이다. • 지역사회연구를 바탕으로 니즈평가를 시작한다.
초기의 기초작업	• 새로운 시설이나 확장된 시설의 필요성을 지역사회에 알리기 위한 캠페인을 지휘한다. • 현재 및 미래의 건물의 니즈(needs)를 설명해주는 명문화된 건물프로그램 명세서를 승인한다. • 도서관위원회의 위원들 중에서 건물위원회를 구성하거나, 도서관위원회가 아주 소규모일 경우에는, 도서관위원회의 위원 전원을 지명한다.
의사결정 단계	• 유자격의 도서관건축 컨설턴트를 선발하고 임명한다. • 유자격의 건축가를 선발하고 임명한다. • 변호사를 선발하고 임명한다. • 인테리어 전문가를 선발하고 임명한다. • 기획팀의 조언과 지원을 받아 장소를 선정하고 구입한다. • 예비적인 계획들과 가구 및 장비의 레이아웃을 승인한다.
기금조성 단계	• 신축건물의 운영비용을 산정하고 일단 그것이 완성되면 적절한 운영자금을 보장받고자 노력한다. • 프로젝트가 기증으로 이루어지는 것이 아닌 경우에는 기금들을 확보한다. 캠페인이나 주민투표, 또는 재정적으로 필요한 것은 무엇이든 활성화한다.
실행단계	• 최종계획들을 승인하고 건물을 위한 입찰의 제안을 정식으로 허가한다. • 건축계약을 승인한다. • 가구 및 장비계약을 승인한다. • 송장(送狀)들을 승인하고 지불한다.
축하연 단계	• 개관식과 오픈하우스를 조정하고 공공에게 공지한다. • 공공이 현재 가능하고 이용할 수 있는 새로운 서비스들과 프로그램들과 친숙해지도록 도와준다.

4) Anders C. Dahlgren and Charles E. Reid, “The Trustee and Library Buildings,” in *The Library Trustee*, 5th ed., ed. Virginia G. Young (Chicago: American Library Assn., 1995), pp.91-92.의 일부 수정.

그러나 프로젝트를 뒷받침하는 것은 마케팅 감사(marketing audit) 및 지역 사회 연구를 통해 수집한 데이터를 바탕으로 한 지역 사회의 도서관 서비스에 대한 니즈(needs)에 대한 철저한 이해일 것이다. 도서관 위원회와 스탭은 반드시 지역 사회의 니즈와 그와 같은 니즈가 도서관의 공간에 대한 니즈에 어떻게 영향을 미치는지에 대한 견실한 지식을 가져야 한다. 정치적인 바람이 변덕스럽게 불어올 수도 있고 갑작스런 유증(遺贈)이 바라던 기금들을 제공해줄 수도 있을 것이다. 그러나 만일 도서관 위원회와 스탭이 지역 사회의 니즈를 세심하게 평가하고 그와 같은 니즈를 공간의 요건들로 변환하지 않으면, 충분한 지식 없이 또는 감정을 바탕으로 성급하게 의사 결정을 내릴 수도 있을 것이다. 이러한 고려 사항 외에도, 계획을 수립하는 사람들은 제반 결점들은 물론 변화 기회들에 대해 함께 유의하면서, 현 건물의 상태를 점검해야 한다. 이루어진 이러한 평가를 바탕으로, 도서관 위원회와 그 밖의 로컬의 기획자들은 비로소 선택안들을 평가할 수 있는 것이다. 평가에 따르면 도서관은 10퍼센트의 더 많은 공간을 필요로 하는 것으로 나타나는가? 50퍼센트? 20퍼센트? 현재 건물을 수리할 수는 없는가? 확장된 건물이 필요한가? 장서들이 상당 부분의 전자 포맷들로 발전해감에 따라, 도서관이 실제로 더 적은 공간을 필요로 할 수도 있을 것인가?

많은 요인들이 물리적 공간과 도서관 서비스 간의 관계에 영향을 미친다. 공간상의 니즈와 서비스 예측을 결정할 때는, 다음과 같은 단계들은 유용한 벤치마크들이 된다.

1. 도서관의 예상되는 서비스 대상 주민을 확인한다.
2. 미래의 서비스 요건들에 부응하기 위해 도서관이 장서에서 필요로 하게 될 자료들의 수를 추정하고, 그 예상되는 장서를 수용하기 위해 얼마나 많은 건평(建坪: floor space)이 필요한지를 확인한다.
3. 도서관이 장서의 관내 이용을 수용하기 위해 필요로 하게 될 좌석수와 그와 같은 좌석들이 얼마나 많은 건평을 필요로 하게 되는지를 추정한다.

4. 스탭의 예상되는 일상적인 업무들을 지원하기 위해 필요하게 될 스탭의 작업 장소들의 수와 그와 같은 장소들이 얼마나 많은 건평을 필요로 하게 되는지를 추정한다.
5. 도서관이 필요로 하게 될 회의실의 유형 및 수용 능력과 그와 같은 회의실들이 얼마나 많은 건평을 필요로 하게 되는지를 추정한다.
6. 공공과 스탭이 이용할 잡다한 공간을 배치할 분량을 산정한다.
7. 현관과 난방실, 화장실, 그 밖의 유형의 지정할 수 없는 공간을 배치할 분량을 산정한다.
8. 여섯 개 유형의 공간에 대한 추정치들을 공간 니즈에 대한 전체 추정치로 합산한다.[5)]

아울러 현재의 그리고 제안된 물리적 시설들을 평가할 때는, 다음과 같은 기준들이 도움이 될 수 있을 것이다.

- 도서관은 도서관의 포괄적인 장기 계획과 그 밖의 서비스 기준들과 일관성을 갖는 완전한 범위의 도서관 서비스들을 실행하기 위해 적합한 공간을 제공하고 있다.
- 적어도 5년에 한번씩, 도서관 위원회는 도서관의 장기적인 공간에 대한 니즈(space needs)의 평가에 대한 준비를 지휘한다.
- 도서관 건물은 미국을 예로 들면, 물리적 접근성에 대한 주 및 미국장애인법(Americans with Disabilities Act)의 요건들을 충족시키고 있다(여러 층으로 된 구조물들은 필요할 경우 엘리베이터나 리프트를 제공하고 있다).
- 적절하고 편리한 주차장을 도서관 고객들과 스탭이 도서관 부지나 그 인근에서 이용할 수 있으며, 필요로 하는 주차 공간의 최소수는 로컬의

5) Anders C. Dahlgren, *Public Library Space Needs: A Planning Outline* (Madison: Wisconsin Dept. of Public Instruction, 1988), p.1.

조례에 의해 관리할 수도 있을 것이다.

- 도서관의 익스테리어(exterior)는 조명이 잘 갖추어져 있으며 거리에서 표지판들을 보고 분명하게 확인할 수 있다.
- 출입구는 분명하게 볼 수 있으며 대부분의 이용자들이 접근하는 건물의 측면에 위치해 있다.
- 응급 시설들은 해당하는 규정들에 맞게 갖추어져 있다. 대피로와 비상구, 소화기의 위치는 분명하게 표시되어 있다. 도서관은 지정된 폭풍 대피소를 갖추고 있다.
- 조명도(lighting levels)는 미국의 경우 IESNA(Illuminating Engineering Society of North America)에서 발행하는 기준들을 준수한다.
- 도서관은 도서관이 폐관되어 있을 때 도서관 자료들을 반납하기 위한 시설들을 제공하고 있다. 근무 시간 이후에 운영되는 도서 리포지토리는 방화가 이루어져야 할 것이다.
- 도서관은 자체 프로그램을 실시하기 위해 그리고 그 밖의 지역 사회 그룹들이 이용할 수 있도록 하기 위해 공공 회의 장소를 갖추고 있다.
- 도서관은 모든 자료들을 쉽게 입수할 수 있는 어린이와 가족이 이용하기 위한 공간을 배정하고 있으며, 어린이들이 이용하기 위해 설계된 가구와 장비를 제공하고 있다.[6)]

10.2.2. 건물 프로그램 취지문

〈표 10-1〉에서 볼 수 있는 것처럼, 건물 프로그램 취지문(building program statement)은 어느 건물 프로그램의 경우나 그 핵심이 된다. 도서관 위원회는 주요한 자산 프로젝트(capital project)를 고려할 때는 언제나, 명문화된 건물 프로그램 취지문을 준비해야 한다. 이 취지문은 건축가에 대한 지시 사항들을 담게 되며 다음과 같은 것들을 포함하게 된다.

---

6) "Access and Facilities," *Wisconsin Public Library Standards*, pp.39-40.

1. 도서관 공간상의 니즈(needs)(공간의 구분이나 조직화 방법 포함)
2. 각 부서나 서비스 부문에서 수행할 예정인 것(최소한 이러한 일상적인 업무들을 뒷받침하기 위해 필요하게 될 가구와 장비의 예비 리스트 포함)
3. 그와 같은 부서나 부문들이 최적의 효율성을 갖도록 상호 연결시키는 방법
4. 그 밖의 정보(도서관의 약사(略史), 도서관의 목적 및 목표들의 개요, 현 건물에 대한 설명, 확장되는 시설의 건축 예산 및 운영 예산에 대한 예비 견적 등)[7)]

건물 프로그램 취지문은 사서나 건축 컨설턴트에 의해, 또는 양측의 공동 노력을 통해 작성할 수 있을 것이다. 어떤 지역 사회에서는, 전문 지식이나 관심을 가지고 있는 한 명 이상의 도서관 위원회 위원들이 참여하고자 할 수도 있을 것이다. 취지문이 작성되면, 전체 위원회의 검토와 승인을 받아야 하며, 사본들을 자치 단체의 자금을 지원하는 당국과 공유해야 한다. (로컬의 법적 의무에서 자금을 지원하는 당국도 프로그램 취지문에 공식적으로 승인하도록 요구할 수도 있을 것이다.)[8)] 〈표 10-2〉는 건물 프로그램 취지문의 일반적인 개요를 제시하고 있다.

명심해야 할 중요한 사실은 마케팅 감사를 구성하고 있는 도서관의 다양한 환경들에 대한 분석과 마찬가지로, 건물 프로그램 취지문은 "현재"의 스냅 사진이며 따라서 상황들이 바뀌면 개정해야 하는 유동적인 문서라는 점이다.

---

7) Anders C. Dahlgren and Charles E. Reid, "The Trustee and Library Buildings," in *The Library Trustee*, 5th ed., ed. Virginia G. Young (Chicago: American Library Assn., 1995), p.96.

8) Anders C. Dahlgren and Charles E. Reid, "The Trustee and Library Buildings," in *The Library Trustee*, 5th ed., ed. Virginia G. Young (Chicago: American Library Assn., 1995), pp.96-97.

〈표 10-2〉 건물 프로그램 취지문의 일반적인 개요[9)]

부 문	설 명	세 목
Ⅰ. 도서관 약 사	도서관의 역사와 지역사회에서의 역할을 요약하는 몇몇 단락	
Ⅱ. 도서관 서비스 철 학	도서관의 사명취지문	
Ⅲ. 도서관의 목적과 목 표, 전 략	도서관의 서비스 영역내에서 시민들의 현재 및 미래의 도서관과 정보니즈에 부응하기 위한 계획	
Ⅳ. 제안된 시 설	이상에서 개괄한 목표들에 도달하기 위해 필요한 확장된 자원장서들과 서비스영역들의 제공을 수용하기 위한 공간상의 니즈, 제안된 시설의 모든 기능상 영역의 리스트	• 필요로 하는 사용가능 면적은 얼마인가? • 이 영역에서는 어떤 일이 이루어지는가? • 이 영역은 다른 영역들과 어떤 관련이 있는가? • 이 영역에는 얼마나 많은 스탭이나 공공을 수용하게 될 것인가? • 환경적 요건들은 어떤 것들이 있는가? • 설비의 요건들은 어떤 것들이 있는가? 컴퓨터터미널을 위한 데이터전송은? 전기콘센트는? 전화는? 물은? 그 밖의 것은? • 이 영역에는 어떤 가구와 장비를 갖추어야 하는가? • 이 영역에는 어떤 도서관자료를 소장해야 하는가? 인쇄자원들과 필름, 필름스트립, 녹음자료, 오디오카세트, CD, 비디오디스크 및 카세트, 마이크로형태자료, 그 밖의 비인쇄장서들

9) Lance Finney, "The Library Building Program: Key to Success," *Public Libraries* 23 (fall 1984), pp.79-82.의 일부 수정.

부 문	설 명	세 목
		• 빌트인장비나 가구를 필요로 하는 특수프로그램이나 품목들이 있는가? • 이 영역에는 어떤 바닥재를 사용해야 하는가? • 다른 특별한 요건들이 있는가? 조명은? 보안은? 습도관리는? 시각관리(visual supervision)는? 그 밖에는?
V. 프로젝트 예 산	자금원(funding sources)은 물론 추정 예산을 포함해야 한다.	• 자금원의 세분 • 기획 및 자문료, 건축비, 부지매입, 부지조성, 건설, 가구 및 장비, 임시비용에 대한 최선의 견적을 포함한 추정예산
VI. 일반 사항	건축가에 대한 지시사항, 건물기획위원회의 선호사항, 미해결문제들과 같은 토픽들	• 접근상의 요건들 • 도서보관소 • 건자재(유지보수의 용이성) • 일반설계명세서의 일부로서의 빌트인 • 밀집서가(장단점) • 에너지보존문제 • 창문내기(창의 위치, 사용가능하거나 고정된 유리) • 난방, 환기, 에어컨디셔닝(HVAC) 시스템(습도조절, 기계실의 위치, 자동온도조절장치의 위치) • 전 망 • 조명(자연 또는 인공, 인공조명의 유형, 필요로 하는 조명도) • 개방된 공간 대 벽이 있는 영역들 • 스탭과 공공, 장애인, 운반차량을 위한 주차장 • 식수 조림(인테리어 및 익스테리어, 관리의 용이성) • 미래의 확장을 위한 대비 • 서가(목재나 금속재, 높이, 깊이) • 다목적공간 / 회의실 / 어린이 프로그램영역

10.3. 도서관 시설 개선을 위한 단계

이 장에서 공간 기획 및 디자인에 대한 포괄적인 가이드를 제공할 수는 없지만, 많은 지표들은 아이디어를 제공하고 추가의 연구에 힘을 실어줄 수 있을 것이다. 하나의 개관으로서, 〈표 10-3〉에 제시되어 있는 단계들은 시설 기획을 위한 골격으로, 신축이라는 결과를 요망하든 리노베이션(renovation)[10] 이라는 결과를 요망하든 관계없이 적용할 수 있을 것이다.

〈표 10-3〉 성공적인 건물 프로그램을 위한 단계[11]

단 계	제 반 활 동[12]
오리엔테이션 / 기존문헌의 검토	• 건물기획에 관련된 문헌을 조사한다. • 건축워크샵에 참석한다. • 최근에 건물확장을 완료한 사서들과 도서관위원회의 위원들을 인터뷰한다.
니즈평가	• 지역사회의 니즈와 현 시설의 불편함을 평가한다. • 앞으로 20년 사이에 지역사회에서 필요로 하게 될 장서와 서비스들을 예상하여 미래의 서비스 니즈에 대한 공간상의 요건들에 대한 최초추정치를 산출한다. • 마케팅감사에서 수집한 데이터를 바탕으로 보고서를 준비한다. • 승인을 얻기 위해 보고서를 도서관위원회에 제출한다.
대안평가	• 다양한 선택안들의 조사(신축이나 기존건물의 증축, 기존건물의 미사용부분의 리모델링, 도서관으로 이용하기 위한 다른 기존구조물의 용도전환 포함)

10) 역자주: "기존 건축물을 헐지 않고 개보수해 사용하는 것을 말하며, 흔히 리모델링(remodeling)과 리폼(reform) 등과 비슷하게 쓰이지만 가장 넓은 의미의 건축용어로 건축법규에 따른 증·개축, 대수선, 용도 변경까지 포함한다."(네이버용어사전 <http://terms.naver.com/item.nhn?dirId=104&docId=14985>).

11) *Wisconsin Public Library Trustee Handbook* (Madison: Wisconsin Dept. of Public Instruction, 1989), 40-45.의 일부 수정.

12) 제반활동은 별도로 지시하지 않는 한 도서관장의 활동을 말한다.

단 계	제 반 활 동
건물프로그램 취지문	• 이상의 섹션들에 열거한 요소들을 포함한다. • 확장되는 시설에서 도서관이 수행하고자 하는 것을 명시한다. • 전반적인 공간상의 요건들을 기술한다. • 확인된 니즈를 기능별 부문이나 영역들로 분류한다. • 영역들간의 잠재적인 상호관련성을 기술한다.
프로젝트팀	• 위원회의 대표들, 도서관장, 건축가, 도서관건축 컨설턴트(선택사항이지만 권장사항임), 자치단체의 자금지원당국, 변호사, 건축검사원(building inspector)들의 대표자들, 도서관의 친구들, 인테리어 디자이너로 구성되는 팀을 결성한다.
부지선정	• 가시성(可視性)과 접근(가장 중요함), 확보가능성, 비용, 자산규모, 확장가능성, 주차 등을 고려한다.
건축재정	• 비용추정치와 예산을 준비한다. 일반건축과 배관, 기계작업, 전기작업, 특수한 건축상의 특징, 부지매입, 부지조성, 건축가 및 전문가 비용, 가구 및 장비, 이사비용, 그리고 최소한 추정건축계약금의 5%에 상당하는 우발위험준비금(contingency fund)에 대한 배분을 포함한다. • 자치단체지출금이나 차용, 민간기금조성(private fundraising), 미국의 경우는 연방건축기금(즉 LSCA), 주민투표 및 공채발행을 통해 자금을 확보한다.
건축상의 구현	• 건물프로그램취지문의 이행함에 있어 건축가의 계획을 검토한다. 인테리어 및 익스테리어상 요건들의 개략적 설계와 구조 및 기계, 전기 엔지니어들과의 상호협력에 관한 상세한 사항들을 포함한다. • 도서관위원회의 승인을 받기 위해 시공도(working drawing) 및 시방서 전체를 제출한다.
인테리어디자인	• 건축가나 인테리어 디자이너가 개발한 계획들이 구조계획들과 동시에 진전됨에 따라 그것들을 정기적으로 검토한다. • 계획들이 거의 완성되면, 구입해야 할 가구와 장비의 상세한 리스트를 준비한다. • 입찰요청프로세스를 시작한다.

단 계	제 반 활 동
계획분석	• 프로세스 초기에 잘못들을 찾아낼 수 있도록 공식적인 승인을 얻기 위해 다양한 개발단계에 있는 계획들을 도서관위원회에 제출한다.
입찰 및 계약협상	• 계획의 최종판에 대해 도서관위원회의 승인을 얻은 뒤 입찰요청에 대한 위원회의 위임을 받는다. • 신문과 업계신문을 통해 합법적으로 통지한다. • 입찰들에 대해 기술적 및 법률적 검토를 마친 뒤에 공개회의(public meeting)에서 접수한 입찰들을 공개한다. • 입찰대상을 추천한다(자격을 갖춘 최저의 것들인 경우가 많다). • 입찰에 대한 도서관위원회의 승인을 얻는다. • 계약을 체결한다.
건 설	• 계약자: 부지상의 제반활동에 대한 법률적 책임과 여러 계획에 명시된 대로 프로젝트를 완료할 의무를 견지한다. • 건축가: 도서관의 대표자 및 기술전문가로서 활동한다. • 도서관위원회: 건설은 물론 대금지불에 대해 지속적으로 전반적인 책임을 갖는다.
이사 및 헌정	• 장서의 규모, 신축건물로 옮겨야 할 기존가구의 수량, 이동거리, 가용한 자금지원을 고려하는 조기계획을 수립한다. • 프로젝트에 관여한 모든 사람들의 공헌에 대해 감사하는 헌정식을 갖는다. • 새 시설들과 서비스들에 대해 광고한다.
입주후 평가	• 도서관위원회: 새 시설내에서의 단기간의 업무수행 후에 건물의 기능성, 제반 서비스의 개선, 원래 개념의 변용 등을 평가하고, 추가의 변경들에 대해 예측한다.

이러한 것들은 중요한 단계들이지만, 전체 환경에 영향을 미치는 다른 요인들도 있다. 신축 건물, 리모델링, 에너지 보존, 공채 발행, 장애를 가진 시

민들이 이용하기 위한 접근성, 이러한 것들은 도서관 경영자가 직면할 수 있는 여러 고려 사항들의 일부에 불과하다. 도서관 건축의 많은 상세한 사항들은 이 책과 같은 책의 범위를 넘어서는 것이다. 예를 들면 도서관을 리모델링하거나 재건축할 때는, 건축 자재, 난방 및 에어컨디셔닝, 배선(wiring), 바닥재에 관한 다양한 결정들을 내려야 한다.[13)]

중요한 요인은 소음을 제어하는 것으로, 이것은 공공 장소이든 뒤쪽의 보이지 않는 장소이든 마찬가지이다. 소음은 집중과 생산성을 억제하는 효과를 가지고 있다. 소리를 적절하게 통제하면 다른 환경적 요인들의 질을 상당히 향상시킬 수 있다. 그러나 소음 제어는 또한 홍보적 측면도 가지고 있다. 즉 도서관에는 대화와 활동을 허용하고 나아가 권장하는 공간이 있어야 한다. "조용히" 해야 하는 장소로서의 도서관의 옛날의 이미지는 단지 옛날의 이미지일 뿐인 것이다. 공공 도서관은 정보 센터이며 지역 사회 센터이다. 그런 점에서, 조용한 환경에서 공부하는 것은 물론 다른 사람들과 아이디어를 공유하는 고객들의 권리들은 존중되고 그에 대해 대비해야 하는 것이다.

온도 조절(climate control)은 도서관 이용에 직접적으로 영향을 미칠 수 있는 물리적 시설 관리의 또 하나의 구성 요소이다. 너무 덥거나, 너무 춥거나, 환기가 제대로 되지 않는 건물에서 일하는 것은 스탭으로서든 도서관 고객으로서든 분명히 힘든 것이다. 신체적으로 편안함을 느끼게 하는 데 도움이 되는 환경은 학습이 이루어질 수 있는 자극은 아니라고 하더라도, 그 기회는 제공해줄 수 있다.

건축가는 물론 토건 업자의 전문가적 조언은 리모델링이나 건물 건축의 위험 수위를 성공적으로 처리하는 데 필수적이다. 많은 도서관들은 건축 컨설턴트를 고용하는 것이 아주 현명한 투자라는 사실을 발견하고 있다. 왜냐

---

13) 이러한 결정들을 내리기 위한 추가의 도움을 얻기 위해서는, 다음의 자료들을 참고하라. Sandra Nelson, Ellen Altman, and Diane Mayo, *Wired for the Future: Developing Your Library Technology Plan* (Chicago: American Library Assn., 1999); Jeannette Woodward, *Countdown to a New Library: Managing the Building Project* (Chicago: American Library Assn., 2000).

하면 훌륭한 컨설턴트의 특수한 전문 지식은 컨설턴트 비용으로 지불된 금액의 몇 배를 절약해줄 수 있는 경우가 많기 때문이다.

이 장에서는 기본적으로 사서가 가장 잘 제공할 수 있는 지식을 필요로 하는 건물 및 그 밖의 도서관 아울렛들에 관한 전반적인 고려 사항들에 초점을 맞추고 있다. 지역 사회에 어떤 유통 경로들이 필요한가를 결정할 때 명심해야 할 중요한 이상적인 것은 고객 만족이다. 어떤 경로들이 적절하면서도 편리한 시간과 장소에서, 필요로 하는 정보에 접근할 수 있는 고객의 능력을 증진시킬 것인가?

10.3.1. 구체적인 건물의 요소들

모든 도서관은 어떤 공통적인 요소들을 포함하게 되며, 신축 건물을 고려 중이든 리모델링 상황을 고려 중이든, 이러한 요소들은 다음과 같은 것들을 포함해야 한다.

- 주 출입구(main door)는 1층에 설치하여, 모든 사람이 접근할 수 있도록 해야 한다. 대부분의 고객들은 도서관 자료들을 가지고 다닐 것이기 때문에, 조작하기 용이한 것이 중요하다.
- 간판의 표시(signage)는 분명하면서도 매력적이어야 한다.
- 대출대는 접근이 용이하도록 하기 위해 논리적으로 입구 근처에 위치하도록 해야 한다. 대출대의 높이는 주의 깊게 고려하되, 스탭이 편안함을 느낄 수 있도록 해야 한다.
- 목록은 고객들과 스탭이 쉽게 접근할 수 있도록 해야 한다. 여전히 카드 목록을 사용하고 있는 경우라고 하더라도, 온라인 목록이 설치될 때를 예상하여 충분한 전기 콘센트들을 갖추어 두어야 한다.
- 장서 공간은 성인과 어린이, 청소년의 대출과 같은 예상되는 고객의 이용에 따라 구분해 둘 수도 있을 것이다. 배열은 특정의 목적과 고객 그

룹의 니즈(needs)에 부응해야 한다.

- 각 유형의 장서 공간 내에서 발견되는 자료들은 미디어의 유형별로 정리하거나 따로 배열할 수 있을 것이다.
- 작업 공간은 스탭이 충분한 규모를 갖추고 사용하기 편리하도록 배열해야 한다.
- 행정 사무실 공간은 가장 작은 시설의 경우에도 포함해야 한다. 이 공간은 작업 공간들과는 구분해야 하며 행정적인 목적과 스탭이나 고객들과의 사적 회의를 위해 사용할 수 있을 것이다.
- 스탭들이 휴식을 취하거나 식사를 할 수 있는 직원실(staff room)은 라운지는 물론 주방 설비들을 갖추어야 한다.
- 회의실들은 가능한 경우에는 강력하게 추천한다. 왜냐하면 회의실은 다양한 지역 사회 그룹들이 도서관 내에서 회의를 하기 위해 모일 수 있도록 해주고 상호 협력을 위한 기회들을 갖기 쉽도록 해주기 때문이다.
- 수위실은 벽장만큼 작을 수도 있고 완전한 작업장만큼 클 수도 있을 것이다.
- 화장실은 필수적인 구성 요소이다. 남녀용으로 별도의 시설을 갖출 수 없으면, "남녀 공용"의 시설을 절충하여 수용할 수도 있을 것이다.
- 다양한 냉난방 시스템과 온수기 등을 위한 기계실을 별도로 마련해야 한다.
- 잡다한 품목들과 오늘날과 같은 컴퓨터의 시대에는, 수리하기 위한 장비를 내보내기 위해 보관해야 하는 많은 컴퓨터 관련 상자들을 보관하기 위한 미배정 공간이 항상 필요하다.

이러한 요소들은 모든 도서관 상황에 절대적으로 필요하다. 면적을 산정할 때는, 이러한 각 요소들의 공간 요건들에 대한 상세한 고려가 전체 기획 프로세스의 일부가 되도록 해야 한다.

재건축이나 리모델링에 대한 결정을 확정하기에 앞서, 도서관 위원회의 위원들과 주요 시민들은 신축 및 리모델링된 도서관 건물의 슬라이드나 사진들 또는 가능하면 건물 자체를 보아야 한다. 새롭고 다른 도서관 상황에 대한 전망을 통해 생겨나는 즐거움과 흥분을 가지고 바라보는 것의 효과는 성공적인 건축 캠페인과 도서관 서비스 전반에 대한 새로운 개념의 시작을 알리는 신호탄이 되는 경우가 많다.

10.4. 건축과 리모델링에 대한 결정

도서관 건물을 신축하는 비용은 높기 때문에, 시민들과 도서관 위원회 위원들 공히 첫 번째 느낌은 현재의 시설을 확장하는 것인 경우가 많다. 카네기(Carnegie) 건물들이나 같은 시대의 다른 건물들의 성공적인 리모델링이 몇몇 곳에서 성공적으로 이루어지고 있다. 그러나 그 비용은 새로운 구조물을 만들어내는 비용에 거의 육박할 수도 있을 것이다. 그렇지만 지역 사회의 정서가 너무나도 강력하거나 그 건물이 역사적 유물로 등록되어 있으면 독창적인 리모델링이 정치적으로 가장 현명한 해결책이 될 수도 있다. 그러나 도서관의 위치가 적절하지 못하다거나 새로운 배치를 통해 기능을 수행할 수 없을 정도의 구조를 가지고 있는 경우에는 리모델링이 바람직스럽지 못할 것이다. 예를 들면 공공의 이용 영역을 몇 개의 작은 방들로 분리하고 있는 리모델링은 감독과 동선(動線: traffic flow)의 문제들을 야기하게 된다. 때로는 역사적 도서관 시설에 대해서는 다른 목적을 찾아보고 현재와 미래의 니즈(needs)에 부응하게 될 신축 도서관을 세우는 방안을 모색하는 것이 더 현명할 것이다.

사서와 도서관 위원회는 구조물과 전기, 기계, 배관의 주요 분야들에 관심의 초점을 두고, 현재 시설에 대한 예비적인 실태 조사를 실시해야 한다. 장애를 가지고 있는 고객들을 위한 요건들에 대해서도 특히 유의해야 한다. 이러한 실태 조사의 결과들은 리모델링이나 확장, 신축 건물, 어느 것을 추천해야 할는지를 분명하게 보여줄 것이다. 〈그림 10-1〉에 나타나 있는 질문들은 현 건물을 돌아보는 데 도움이 될 것이다.

〈그림 10-1〉 구조물과 전기, 기계, 배관에 대한 실태 조사[14)]

A. 구조물 실태 조사	
접 근	• 도서관과 장서, 서비스에 대한 배리어프리(barrier-free)[15)] 한 접근이 제공되고 있는가?
기초 및 보도	• 기초나 외벽에 심각한 균열의 조짐이 나타나고 있는가? • 위층이나 아래층의 여러 부분에 심각한 습기 유출의 조짐이 나타나는가? • 노출된 석조 건물의 모르타르(mortar)의 상태는 어떠한가? • 외부의 보도와 계단 바닥들은 평평하고 파손이 없는가?
바닥과 계단, 문턱	• 바닥은 짐을 실은 북트럭을 이동할 때 밟으면 단단한 느낌을 주는가? • 바닥에 분명하게 나타나는 흰 부분은 없는가? • 내부계단들은 밟으면 단단한 느낌을 주고, 난간은 안전하게 조여져 있는가? • 문턱들의 나무가 썩거나 다른 퇴화의 조짐이 있는가? • 창문들은 과도하게 힘을 가하지 않아도 잘 닫히는가? • 문들은 문틀과 아귀가 잘 맞는가? • 문들이 바닥을 파손하는 조짐이 있는가?
벽과 천정	• 내부벽들의 상태는 어떠한가? • 건물을 건축할 때 석면을 사용했던 증거가 있는가? • 건물의 어느 부분이든 정기적인 침수의 증거가 있는가?
지 붕	• 지붕의 상태는 어떠한가? • 천정의 빔들은 휘어져 있는 것 같은가?

14) Raymond M. Holt, *Wisconsin Library Building Project Handbook,* 2d ed. Rev. by Anders C. Dahlgren (Madison: Wisconsin Dept. of Public Instruction, 1990), pp.26-27.의 일부 수정.

15) 역자주: "고령자나 장애인도 살기 좋은 사회를 만들기 위해 물리적 · 제도적 장벽을 허물자는 운동"(Naver 백과사전).

B. 전기 실태 조사	
조 명	• 조명은 건물의 모든 부분에서 수행되는 과업들에 적합한가? (컴퓨터 스크린들이 조명요건들에 미치는 영향을 고려하라.) • 등들이 깜박이거나 흐릿한가?
전 기	• 얼마나 자주 회로자동차단기를 리셋하거나 퓨즈를 교체하고 있는가? • 새로운 장비를 수용하기 위해 추가의 배선공사가 필요했던 적이 있는가? • 언제 건물의 전기시스템을 마지막으로 수선하였는가? • 공과금청구액이 상당히 증가하고 있는가? • 건물이 전기시스템과 관련하여 이전에 어려움을 겪은 적이 있는가? • 스위치패널(switch panel)에 추가의 회로들을 위한 수용공간이 있는가?
데이터전송	• LAN에 연결된 컴퓨터들을 지원하거나 메인프레임에 연결된 대출터미널과 열람용목록을 지원할 수 있도록 건물전체에 걸쳐 데이터전송능력을 이용할 수 있는가? • 전기콘센트들은 현재는 물론 앞으로 10년간 도서관뿐만 아니라 사용중인 사무실장비를 위해 숫자와 부하용량(load capacity), 위치로 볼 때 적합한가? 20년간은? (모든 유형의 자동화된 장비의 특수한 전력요건들에 유의하라.)
미 래	• 조명과 전기, 데이터전송시스템들은 이용패턴의 변화를 반영하고 새로운 장비를 수용하기 위해 쉽게 변경할 수 있는가?
C. 기계 실태 조사	
난방, 환기, 에어컨디셔닝(HVAC)	• 현재의 난방 및 환기장비는 얼마나 되었는가? • 현재의 난방 및 환기장비는 사계절 내내 건물을 만족스런 온도로 유지시켜 주고 있는가? • 지난 몇 년간 난방시스템용으로 적합한 연료를 확보하는 데 어려움을 겪은 적이 있는가? • 에너지효율등급은 어떠한가?

온도조절	• 공공이나 직원에게 너무 덥거나, 너무 춥거나, 외풍이 있다는 불평을 야기하는 구역들이 도서관에 있는가?
단열재	• 천정과 벽면, 바닥에 적절한 단열재를 사용하고 있는가?
장 비	• 기계장치가 과도한 소음을 전송하고 있는가? • 현재의 장소에서 기계장치를 서비스하는 것과 관련하여 어떤 특별한 문제점들이 있는가? • 기계장치를 유지보수하기 위해 도서관은 매년 무엇을 소비하고 있는가?
D. 배관 실태 조사	
고정설비	• 화장실 고정설비들의 수는 적절한가? • 고정설비들의 숫자와 종류는 장애를 가진 고객들의 요건들에 부응하고 있는가? • 세면장과 화장실, 싱크대들은 표면이 거의 어떤 흠집과 파손도 없이 양호한 상태를 유지하고 있는가?
급 수	• 건물에 들어가는 급수와 수압은 적절한가?
파 이 프 와 배수관	• 바닥이나 벽면, 천정에 누수되는 파이프나 고정설비의 흔적이 있는가? • 도서관이 지역의 다른 구조물들보다 더 자주 수도관이 얼어 어려움을 겪는 것으로 보이는가? • 화장실에는 물이 넘치는 것을 방지하기 위한 바닥배수관이 있는가? • 배수관들은 만성적으로 흐름이 느린가? • 해빙기 동안 지붕과 지면으로부터 적절한 배수가 이루어지고 있는가?
보수이력	• 매년 얼마나 자주 배관공을 불러야 하는가? • 도서관이 배관과 고정설비들을 광범위하게 교체하거나 리노베이션한 적이 있는가? 있다면, 언제인가?

〈그림 10-1〉에 제시되어 있는 질문들 외에, 로컬이나 주(미국의 경우), 국가 당국들이 시행할 수도 있는 접근성에 관련된 특정의 지침들과 요건들이 있다. 이러한 요건들은 기준들과 법령들을 지속적으로 검토할 때 일상적으로 조사해야 할 것이다.

10.5. 비 용

건물 비용은 최근 몇 년에 걸쳐 급속하게 늘어나고 있으며, 이러한 증가율이 둔화되리라는 조짐도 없다. 신축 도서관 건물이나 리모델링된 도서관 건물을 얻기 위해서는 상당한 금액의 자금이 필요하리라는 사실에는 의문의 여지가 없다. 대부분의 도서관들에 의해 이전에 이루어진 대규모의 자본 지출을 구성하는 주요한 건설의 경우, 기금들을 확보하기 위해 몇 가지 방법들을 사용하는 경우가 많다. 여기에는 건축 기금의 저축, 공채 발행을 통한 차용, 리스-구매 협약(lease purchase arrangement) 등이 포함된다.

가장 오래된 방법인 건축 기금의 저축은 이전에는 현명한 선택이었을 수도 있을 것이다. 그러나 이것은 비용들이 급속하게 증가함에 따라, 오늘날에는 실용성이 훨씬 떨어지고 있다. 계획들을 세우고, 부지를 확보하고, 기금들을 확보하기 위한 캠페인을 시작하고, 신축 건물을 위해 매년 예산의 일정 금액을 따로 떼어두도록 스케줄을 짤 수도 있을 것이다. 그러나 예상 비용은 구하던 금액을 수중에 넣을 때까지는 십중팔구 엄청나게 증가하게 될 것이다. 부유한 기증자나 관대한 관할 기관이 아주 신속하게 자금을 기꺼이 제공하고자 하지 않는 한, "빚을 내지 않고 현금을 지불하는" 방식은 오늘날의 경제 상황에서 아주 성공적이지는 못하다.

공채를 발행하여 자금을 차용하는 것은 도서관들이 가장 자주 사용하는 방법이다. 일반적으로 그것은 주민 투표와 캠페인을 필요로 하게 된다. 도서관의 친구들(Friends of the Library)은 이러한 상황에서 유권자들에게 필요성을 설명하고 포스터와 책갈피, 그 밖의 캠페인 자료의 대금을 지불하는 데 도움이 된다. 공채 발행의 경우에조차도, 필요로 하는 금액을 산정하는 일자와 기금을 실제로 입수할 수 있는 시기 사이에 시간 지체(time lag)가 존재한다. 입찰 가격이 예상보다 훨씬 높은 경우가 많으며, 계획의 수정이 필요한 경우도 자주 있다. 대부분의 도서관들 — 시나 카운티(미국의 경우)의 공식 서비스로서 — 은 투표 용지에 도서관 공채 발행 자리를 마련해둘 필요성이 있음을 과세 단체에 납득시켜야 할 것이다. 공채의 마케팅과 상환의 실제 비즈니스는 관할 기관의 정규 채널을 통해 처리될 것이다. 별도의 도서관 구(區)는 건물의 재정 확보와 관련하여 해야 할 일이 더 많을 것이다.

관할 기관이 모든 공식적인 공채 발행을 처리하는 곳에서는, 그 기관이 자동적으로 그와 같은 재정 지원을 한 모든 건물들을 소유할 수도 있을 것이다. 그와 같은 경우에, 공채의 상환에 대한 대금을 도서관의 예산에서 청구하지 않고 일반적인 채무 상환 기금에 의해 관리하게 될 것이다. 이 지엽적인 장점은 주 법률이나 로컬의 조례에서 요구하는 관할 기관의 기채 제한(debt limitation) — 관할 기관이 일정 금액을 넘어서는 채무를 지는 것을 금지하는 — 때문에 균형을 잃을 수도 있을 것이다. 그러한 경우에는, 도서관 공채 발행에 대한 투표는 다른 채무들이 상환될 때까지 기다려야 할 수도 있을 것이다.

리스-구매 협약은 가장 돈이 많이 드는 자금 조달 방법일 가능성이 있다. 그러나 심각한 재정적 압박을 받는 시기에는 이를 고려해야 할 수도 있을 것이다. 하지만 미국의 경우 몇몇 주와 지역에서는 공공 건물을 건축하기 위해 리스-구매를 사용하는 것은 불법이다. 리스-구매는 법률적으로나 기술적으로, 그 이름이 나타내고 있는 것처럼, 몇 년간에 걸쳐 건물을 임대하고 그 기간이 만료되는 시기에 그것을 구매하는 선택권(option)을 갖는 것이다. 대부분의 그와 같은 거래에서는, 마지막 임대료를 지불하면 구매가 완료되도록, 임대료를 구매 가격에 적용하게 된다. 도서관의 시방서(specifications)에 따라 도서관을 위해 건물을 짓고, 도서관이 이를 차지할 수도 있을 것이다.

협약이 완료될 때까지는 소유권이 건설 회사에 귀속된다. 임대료(또는 "분할 불입금")는 대개 공채 발행을 통해 자금을 조달했을 경우에 동일한 건물에 대해 도서관이 지불하게 되는 금액보다 상당히 많아지게 된다. 하지만 지불이 기술적으로는 임대이기 때문에, 그것이 관할 기관의 공채 발행에 따르는 채무액을 증가시키지 않으며 따라서 법률적 제한에 걸리지도 않는다. 다만 그로 인해 리스 협약 기간 동안 도서관의 운영 예산은 실질적으로 증가하게 된다.

10.6. 에너지에 대한 고려

과거에는 도서관 위원회와 도서관장들을 위한 도서관 건물에 대한 조언은 유연성과 편리성의 원칙들을 중심으로 하는 경향이 있었다. 난방과 에어컨디셔닝과 같은 문제들은 중요하기는 했지만, 전반적인 건물의 문제들과 공통적인 것이 더 많기 때문에, 토건 업자들의 영역으로 간주되어 왔다. 이러한 사실은 아직도 그러하지만, 오늘날 도서관 건물에 대한 기획 책임을 가지고 있는 사람들은 에너지 소비와 그것이 건물 비용에 미치는 영향을 진지하게 고려하지 않을 수 없다.

미래를 확실하게 예측할 수는 없지만, 실제적으로 모든 부대 설비비(utility costs)는 지속적으로 상승할 것이고 이러한 비용을 줄이도록 고려하는 것이 기획에서 중요해지게 될 것 같다. 나아가 에너지 비용은 하나 이상의 건물 계획에 영향을 미칠 수도 있을 것이다. 분관(分館)이나 이동 도서관(bookmobile)의 설립에 대한 선택은 이전에는 이동 도서관을 선호하는 결정을 내릴 수도 있었겠지만, 현재의 유가에 비추어 보면 재고해야 할 수도 있을 것이다. 분관을 짓기로 선택한다면, 그 공과금은 몇 년 전에 꿈꾸었던 것보다 더 많을 것이다. 미래의 에너지 이슈들이 사람들의 이동 습관에 어떤 영향을 미칠 수 있을 것인지는 여전히 알려져 있지 않다. 사람들이 멀리 그리고 자주 운전해 가는 것을 중단한다면, 이것이 도서관 아울렛에는 어떤 의미를 갖게 될 것인가?

하나의 가능성은 다수의 컨설턴트들이 이전에 제시한 조언 속에 예측되어 있다. 즉 쇼핑 센터 근처에 건물을 세우거나 하나로 모든 것을 겸하는 공간을 임대한다는 것이다. 사람들의 운전 습관이 미래에 정말로 줄어든다면, 도서관은 다른 필수적인 방문 포인트들 인근에 위치하고, 그렇게 함으로써 특별한 이동 없이도 편리해지도록 하는 것이 더 실용적일 것이다. 이것은 어쨌든 중요한 고려 사항이 될 수 있을 것이다. 마찬가지로 기존의 대중 교통 루트를 따라 위치하는 것에 대해서도 진지하게 고려해야 할 것이다.

소수의 몇몇 신축 도서관들이 태양 에너지를 이용하고 있다. 이 테크놀로지는 계속 발전하고, 더 효과적이 되고, 다른 에너지원에 비해 비용이 적게 들어갈 것으로 보인다. 기존 도서관 건물들에서 사용하는 기존 유형의 연료 비용 때문에 기획가들은 건물 비용 및 부대 설비비가 더 상승하기 전에, 곧바로 건물을 짓는 것을 고려하려 하고 있다. 그와 같은 계획들은 그 곳에 적합한 단열 기법들을 필요로 하는 경향이 있다. 지금 건물을 세우는 것은 건축가들과 기획가들이 미래의 발전에 적응할 수 있는 도서관 건물을 디자인하고 건축하고자 시도한다면, 현명할 수도 있을 것이다.

10.7. 가 구

사서들은 이해할 수 있는 일이기는 하지만 가구와 장비를 선정하는 것보다는 자료들을 선정하는 데 더 숙달되어 있다. 그러나 어느 경우이든, 사서의 책무의 하나는 입수할 수 있는 것은 어떤 것이 있고 선정을 위한 기준들은 무엇인지에 대해 아는 것이다.

최소 저항선(line of least resistance)을 택하고 위탁한 딜러의 목록에서 모든 것을 주문하는 것은 마음이 끌리기는 하지만, 꼭 최선의 길은 아니다. 세심하게 이루어지는 가구 선정에서는 엄격한 도서관 사양에 따라 만들어진 품목들과 도서관 납품 업자에게서 안전하게 선택할 수 있는 것들을 구별해야 한다.

가구를 고려할 때는, 튼튼하고, 내구성이 강하며, 기능성이 있는 것을 찾아야 한다. 그러나 이것이 상상력이 없거나 획일적인 것들을 감수하라는 의미는 아니다. 도서관 납품 업체들은 한 두 세대 이전의 육중하고, 친숙하기 어려운 제품들과는 현저한 차이를 보이는 매력적인 가구들을 개발해내고 있다. 테이블과 의자들은 강하고, 가볍고, 기능성을 갖는 한, 도서관에서 사용하기 위해 특별하게 제작할 필요는 없다. 몇몇 도서관, 특히 소규모 도서관들은 격식을 갖추지 않은 유형의 원형 테이블만 사용하고 있다. 때로는 직사각형의 테이블들을 제공하고, 브라우징 영역에는 격식을 더 갖추지 않는 가구를 제공하기도 한다. 일반적으로 말하면, 4인 내지 6인용의 작은 테이블이 긴 테이블보다 더 좋다. 왜냐하면 그런 테이블들이 새로운 공간 배열에 더 용이하게 어울리고 고객들도 일반적으로 선호하기 때문이다. 현실적으로는 두 사람은 4인용이나 6인용으로 디자인된 테이블에 앉게 될 것이며, 따라서 개인 공간에 대한 이러한 필요성을 고려해야 한다. 컴퓨터용 전기 콘센트를 갖춘 소수의 연구용 개인 열람석들(study carrels)은 한 번에 몇 시간씩 일하고, 많은 노트를 하며, 일정 기간 동안 많은 정보원들을 이용하는 고객들로부터 좋은 평가를 받게 될 것이다.

몇몇 품목의 가구들은 세심하게 제작해야 하며 대부분 필연적으로 도서관 납품 업체로부터 구입하게 된다. 이러한 품목들로는 조정이 가능하고 다양한 크기의 자료들을 수용해야 하는 서가와 대출대가 있다. 아울러 다양한 유형과 크기의 시청각 자료들을 전시하기 위한 진열대도 디자인되고 있다. 세심하게 기획된 대출대는 도서관의 가장 중요한 가구의 하나로, 대출 시스템은 물론 스탭의 니즈(needs)와 선호를 고려하여 디자인해야 한다. 어떤 데스크들은 스탭이 일어서거나 높은 의자를 사용해야 하는 반면, 어떤 것들은 스탭이 앉을 수 있도록 만들어져 있다. 데스크의 경우는 충분한 보관 공간뿐만 아니라 다른 작업 영역에 대한 접근 가능성이 필수적이다.

도서관의 다른 데스크들은 항상 "도서관용" 가구일 필요는 없다. 참고 서비스와 독자 안내 서비스를 제공하는 아주 바람직한 보조용 열람 서비스 데스크는 기업체 납품 업체나, 학교 납품 업체, 도서관 가구 딜러로부터 구입할 수 있다. 정기 간행물의 체크와 정리 및 그 밖의 기술 서비스, 재배가(再配架)와 같은 도서관의 막후에서 이루어지는 기능들을 수행하기 위한 작업 공간은 벽을 따라 마련한 빌트인(built-in)으로 된 서가형 작업장에 의해 가장 효과적으로 제공할 수 있을 것이다.

가구와 서가는 도서관의 일반적인 익스테리어와 기능들에 적합하면서도, 공간의 유연한 이용을 증진시켜야 한다. 도서관의 목표들이 무엇이 필요할는지를 결정할 것이다. 그러나 현 건물 또는 예정된 건물의 연식(年式)과 성격도 영향을 미치게 될 것이다.

10.8. 장 비

이전의 몇 장에서는 전체적인 도서관 상황에서 스탭 시간의 중요성과 업무 단순화 및 적절한 노동 절감용 장비들의 이용을 통해 일상적인 직무에 소요되는 시간을 줄일 필요성을 강조해왔다. 다른 많은 의사 결정들의 경우와 마찬가지로, 사서는 가용한 장비와 테크놀로지들을 선정하거나 기각할 때 로컬의 상황에 적합한 길을 선택해야 한다. 이러한 것들 중 어떤 것들은 분명히 경제적이고 대규모의 업무에는 적합하지만, 고려는 하되 주의를 기울여 자세히 검토할 수도 있을 것이다. 장비 자체의 비용 더하기 서비스 비용도 절약되는 실제 시간에 비추어 고려해야 한다. 많은 상황에서는, 이러한 상세한 검토 결과 특정 유형의 하드웨어가 적합하지 않을 수도 있다는 사실을 마지못해 인정하기도 한다.

장비를 현명하게 선정하는 데는 무엇이 존재하는지에 대한 지식과, 그것의 가능한 용도에 대한 상상력이 풍부하면서도 현실적인 접근, 그리고 출시(出市) 중인 장치들에 대한 어떤 비교 평가 수단이 필요하다. 무엇이 존재하는지를 알기 위해, 사서는 다음과 같은 몇몇 소스들을 참조할 수 있을 것이다.

- 입수 가능한 것과 그 작동 방법을 실제로 살펴보기 위한 ALA 및 주 도서관 협회(미국의 경우의 예)의 전시회(그러나 말솜씨가 능란한 판매 담당자의 과잉 선전에는 유의해야 한다.)
- 전문 저널들의 목록과 광고, 특히 미국의 경우 *Library Journal*의 "Annual Buying Guide"와 같은 편집물
- 다른 도서관들의 방문 및 다른 사서들과의 업무에 대한 대화
- 사무 관리 정기 간행물(도서관용으로 사용할 수 있는 물품들과 장비를 열거하는 경우가 많다.)
- 사무용 가구점의 방문
- 인테리어 디자인 전문가들과의 상담

아울러 많은 종류의 비즈니스 업무들은 도서관의 업무들과 유사한 일상적인 일들을 이용하고 있다. 기민한 사서는 은행을 방문하거나 공항에서 대기할 때 눈여겨 지켜보고, 업무들은 어떻게 운영되고, 작업장들은 어떻게 설정되어 있으며, 고객들의 편의와 흐름은 어떻게 처리되고 있는지에 대해 주목한다. 민간 부문에서는 이러한 배치에 대해 많은 비용을 들인 연구 및 조사가 이루어지고 있는데, 가치 있는 아이디어들을 도서관 상황에 옮겨올 수 있는 경우가 많다.

10.9. 신축 건물

신축 도서관 건물이 결정되면, 주요한 의사 결정은 이미 내려진 것이다. 그러나 훨씬 더 중요한 결정이 뒤따라야 한다. 도서관은 역사상의 전환점에서 있는 것이며, 고도의 지혜와 판단력이 요구된다. 다음과 같은 두 종류의 판단력이 필요하다. 하나는 내부에서 오는 것으로, 도서관의 프로그램 및 제반 활동과 그것이 서비스하는 특정 지역 사회에 대한 지식으로부터 오는 것이고, 다른 하나는 외부, 즉 건물 전문가들의 노하우로부터 오는 것이다.

10.9.1. 부지의 선택

도서관의 미래는 지역 사회의 미래와 밀접하게 관련되어 있다. 이것은 모든 도서관 활동에 해당하지만, 특히 건물에 대한 계획을 수립하는 경우에 그러하다. 신축 건물은 오랜 기간 동안 서비스할 것이라는 기대를 받게 될 것이다. 지역 사회가 10년 이내에 얼마나 커질 것인가? 20년 이내에는? 여기에서는 예상되는 성장 패턴들이 도움이 된다. 어떤 방향으로 지역 사회가 성장하고 있으며, 성장이 이루어짐에 따라 어느 곳이 비즈니스 및 쇼핑 활동의 중심이 될 것인가? 교통 패턴들은 어떠하며, 그 패턴이 어떻게 변할 것으로 예상되는가? 이러한 중요한 질문들을 처리하기 위해서는 기획 업무를 시작할 때 상공 회의소와 로컬이나 카운티, 주의 기획가들에게 상담을 해야 한다. 지역 사회의 성장에 뒤처지거나, 잘못된 추측이나 근시안적(近視眼的)인 의사 결정 때문에 매력적이면서도 비교적 새로운 도서관 건물이 이차 교통로에 묶여 있다면 그것은 지역 사회 자원을 낭비하는 것이다.

소규모의 좋은 부지와 대규모이지만 위치가 마땅치 않은 부지 사이에서 절충을 해야 한다면, 많은 사서들은 덜 악한 것으로 좁은 부지를 선택하고, 중이층이나 이층 구조를 디자인에 통합시킴으로써 더 많은 건평(建坪)을 얻기 위한 계획을 세울 것이다. 공무원들은 때로는 좋은 장소에 대한 비용을 지불하는 데 주저하는 경우가 있다. “사람들이 도서관을 사용하고자 원하면 그들은 도서관을 찾을 것이다”라는 것이 자주 듣게 되는 주장으로, 이것은 도서관이 자금 지원 당국과 가지고 있는 관계를 반영하는 것이다. 어느 지역 사회나 그 주민 중에는 그들에게 어떤 어려움과 불편함이 있더라도 도서관을 찾아내어 이용하게 될 많은 사람들이 있는 것은 사실이다. 이 비율은 지역 사회의 성격에 따라 다양할 것이다. 그러나 그다지 많지는 않다. 또한 연속선상의 반대편 끝에 있는 사람들의 그룹, 즉 도서관이 옆집에 있다고 하더라도 이용하지 않을 사람들도 있다. 이들 역시 대개는 전체 주민의 작은 일부에 해당한다.

최대 그룹은 이 두 극단적인 사람들 사이에 해당하는 사람들로 이루어진다. 그들의 이용에 대비하는 도서관은 접근하기 용이하고, 그들의 삶의 패턴에 편리하며, 그들이 자주 방문하는 쇼핑 지역과 그 밖의 지역들에 인접하여 위치하게 되면, 그들의 삶의 중요한 부분이 될 것이다. 자금을 지원하는 당국이 적합한 부지를 제공하는 데 주저하면, 단순한 설득보다는 더 많은 "숙제"를 해야 한다. 이제는 도서관이 서비스의 우수성과 자금 지원 당국과의 커뮤니케이션, 책무성과 혜택들에 대한 설명에 신경을 쓸 때인 것이다. 이 기초 작업이 건물 프로젝트를 통해 표현되는 명백한 협상들보다 우선해야 한다.

기획가들과 공무원들은 종종 도서관을 시민을 위한 일단의 다른 건물들에 멋있고 적절하게 덧붙이려고 생각하는 경우가 있다. 그와 같은 조합은 계획이 이루어지고 조화를 이룬다면, 대개는 매력적인 절충안이 된다. 그러한 것들은 사람들에게 지역 사회에 대한 자부심을 주고, 예산 프레젠테이션과 다른 자치 단체 공무원들과 함께 하는 필요한 그 밖의 회의들과 같은 공식적인 행사들을 편리하게 해준다. 하지만 시청이나 카운티 법원, 박물관이나 자치 단체의 강당은 필연적으로 대규모의 사람들이 방문하는 번잡스런 장소가 될 것이 뻔한 시설의 최선의 파트너가 되지 않을 수도 있을 것이다. 부지 선정에 대한 책임을 가지고 있는 사람들은 맨 처음에 그리고 지속적으로, 사람들을 빈번하게 정기적으로 끌어 모으는 그 밖의 다른 곳이 인근에 있는지를 물어야 한다. 바꾸어 말하면, 지역 사회로 하여금 서비스와 자료, 스탭, 건물에 대한 투자 가치를 최대한으로 깨달을 수 있도록 해주게 될 가능한 최선의 부지는 어떤 것인가?

건물 기획의 경우와 마찬가지로 부지를 선정할 때, 사서는 현재의 이용에 너무 많이 의존해서는 안 된다. 현재의 건물이 어린이들에 의해 많이 이용되지만 성인들에 의해서는 그렇지 않다면, 부지는 이유가 될 수도 있을 것이다. 새 부지가 때로는 운동장 근처의 공원에 선정되기도 한다. 왜냐하면 그것은 어린이들에게 이상적이며, 매력적인 건물을 위한 양호한 환경을 제공해주고, 지역 사회가 이미 공원 부지를 소유하고 있어서, 다른 부지의 경우에 소요되게 될 자금을 절약해주는 부차적인 이점을 갖기 때문이다. 그 결과로 종종 더 크고 더 훌륭한 어린이실을 갖추게 되어, 지역 사회의 청소년에게는 훌륭한 서비스를 제공해주지만 성인들에게도 서비스를 제공해야 하는 도서관의 의무에 부응하지 못하는 상황을 초래하기도 한다.

주차는 소규모 지역 사회에서는 대규모 지역 사회의 경우처럼 주요 고려 사항이 되지는 않을 수도 있을 것이다. 그러나 어느 지역 사회나 근무 시간 중에는 주차하기가 어려운 혼잡한 중앙 섹션이 있다. 점점 더 많은 경우에, 도서관 건물에 부속된 주차장이 필요하며, 따라서 부지 규모에 영향을 미치게 된다.

10.9.2. 건축가와 컨설턴트

훌륭한 건축가, 바람직하기로는 도서관 건물들의 작업을 한 경험을 갖춘 건축가는 필수적이다. 건축가 비용을 지불하지 않으려고 회피하는 "경제성"은 잘못된 경제성이다. 왜냐하면 신축 건물은 훌륭하게 기획되고, 기능성을 갖추며, 심미적으로 즐거움을 주어야 하기 때문이다. 그러나 도서관장과 도서관 위원회는 현실 주의자들이며 건축가는 도서관 전문가가 아닐 것이라는 사실을 인식하고 있다. 신축 도서관 건물의 기획에는 사서만이 이해하는 측면들이 있다. 건축가는 예를 들면 작업실로 얼마나 많은 공간이 필요한지, 또는 어린이실은 얼마나 커야 하는지에 대해 알지 못할 것 같다.

도서관 건물을 기획하면서 건축가와 함께 일하는 것은 대부분의 사서들에게는 단 한번만 찾아올 수도 있는 경험이다. 이러한 이유로, 다른 전문가인 건축 컨설턴트(building consultant)를 고용하도록 일반적으로 조언하고 있다. 컨설턴트는 다른 곳에서 성공을 거두었거나 실패한 건축 계획에 관한 정보를 제공하고 고려 중인 건물에 대한 제안들의 실제성을 평가할 때 매우 중요하다. 바람직한 컨설턴트는 다양한 규모와 유형의 건물 프로젝트에 관해 사서들과 도서관 위원회에 조언한 다양한 경험을 갖춘 사람이다. 예산 때문에 건축가 이외에 건축 컨설턴트를 도저히 고용할 수 없는 경우에는, 미국의 경우 주(州) 도서관 에이전시가 도움을 줄 수도 있을 것이다.

10.9.3. 로컬의 의사 결정

도움을 줄 전문가들을 갖추었다고 하더라도, 사서와 도서관 위원회의 위원들은 많은 의사 결정들을 내려야 한다. 도서관 및 건축 분야 저널의 논문들을 읽고, 새로이 인식한 눈으로 은행에서 관공서에 이르는 모든 종류의 건물들의 배열과 자료, 가구를 관찰하고, 현재 존재하는 것이 아니라 미래에 존재할 수도 있는 것을 염두에 두고 도서관 서비스들을 세밀하게 고찰하는 것, 이러한 것들은 사서와 도서관 위원회, 스탭의 중요한 활동이 된다.

이와 같이 도서관의 현재 업무를 새로이 바라보는 것이 가장 의미가 있는 것이다. 오래되고 혼잡한 도서관 건물에서 일하는 스탭들은 얼마나 많은 그들의 활동이 환경에 맞추어 이루어지고 있는지에 대해 항상 알고 있는 것은 아니다. 예를 들면 사서들은 필요한 작업실 공간을 과소 평가하는 경우가 많다. 왜냐하면 혼잡한 근무 조건에 적응하는 것이 그들에게는 너무나도 부차적인 성격의 것이 되어 버렸기 때문에 약간 더 많은 작업 공간이 엄청난 것 같기 때문이다. 현재 건물의 이용 패턴도 위험스런 지침이다. 고객들이 도서관에서 작업하기보다는 오히려 자료들을 집으로 가져가는 경향이 있는 것 같다면, 그것은 불충분한 연령 그룹별 구분과 견디기 힘든 학습 조건과 함께, 공간이 부적합하거나, 조명이 부실하거나, 도서관이 시끄럽기 때문은 아닐까? 이러한 환경들이 변한다면, 사람들의 이용 습관도 변하지 않을까? 도서관은 일반적으로 관내 이용을 위해 보유하는 많은 자료들을 대출함으로써 이러한 문제점들에 순응하고 있는가? 만약 그렇다면, 사서는 신축 건물에서 좌석들과 다양한 장서들을 배치하기 위한 적합한 공간이 확보되도록 유의해야 한다.

이러한 것들은 기획을 할 때 빠지기 쉬운 함정의 일반적인 예들이다. 덜 분명한 다른 것들도 예를 들 수 있을 것이다. 때로는 개인적인 희생을 요구하기도 하는데, 과거의 상황에는 훌륭하게 적용되었던 사서의 가장 소중한 아이디어의 하나가 신축 건물에는 부적합한 것으로 판명되는 경우가 그렇다. 사서는 "우리가 이 건물에서는 이런 방식으로 해야만 하기 때문에 그렇게 하는 것인가 아니면 어느 건물에서나 이 방식이 최선이기 때문에 그렇게 하는 것인가?"에 대해 고려해야만 한다.

이제 장기적인 질문들을 던져야 할 시점이다. 이전에는 현장에서 수용하고 있던 업무들의 일부를 나중에 다른 곳에서 수행하게 될 가능성이 있는가? 정리 센터에 가입하거나 상업 서비스를 이용하면 자료 준비 공간 문제를 해소해줄 것인가? 보존 공간에 대한 니즈(storage needs)는 거의 사용되지 않는 자료들에 대한 도서관 시스템의 저비용 보존 공간 제공이나 효율적이고 신속한 시스템의 도서관 상호 대차 서비스에 의해 영향을 받을 것인가? 도서관은 신문과 저널의 과월호들에 대해 마이크로 형태 자료들을 고려함으로써 공간을 절약해야 할 것인가? 아니면 도서관 시스템에서 팩스 전송 등을 통한 효율적인 배달과 함께, 중앙 집중식 마이크로필름 정기 간행물 서비스를 계획하고 있는가? 현재 및 미래의 컴퓨터 구성(computer configuration)과, 서지 유틸리티들(bibliographic utilities)과의 연결, 시스템이나 주(州)의 종합목록과의 링크, 팩스 전송 장비, 새로운 또는 추가의 마이크로폼 리더(microform readers)와 시청각 장비용으로 어떤 유형의 전기 콘센트들이 필요한가? 도서관은 분관(分館)이나 이동 도서관(book mobile), 메일 북, 전자 전송과 같은 별도의 배달 경로를 통해 서비스를 제공할 가능성이 있는가? 도서관은 짐을 싣고, 선적하고, 추가의 작업들을 하기 위한 설비들이 필요하게 될 것인가? 이러한 장기적인 고려 사항들은 새로운 물리적 공간에 관한 모든 의사 결정의 하나의 요인으로 포함해야 한다.

10.10. 용도 전환과 리모델링

어떤 지역 사회에서는, 도서관의 건물 프로젝트가 기존 건물의 리모델링과 확장을 포함한다. 이 상황에서는, 부지 문제가 서로 인접한 부동산들에 초점을 맞추게 된다. 그 부동산들은 취득할 수 있는가? 충분히 큰 규모인가? 비용은 얼마나 할 것인가? 그 부동산들은 기존 구조를 유용하게 할 정도로 적절한 방향을 잡고 있는가? 그 부동산들을 활용하면 접근과 안전의 새로운 문제점들을 야기할 것인가? 그 부동산들은 지질이나 지형, 매설물들의 숨겨진 문제점들을 드러내고 있는가? 확장 프로젝트의 타당성은 이러한 질문들 및 유사한 질문들에 대한 응답들에 좌우될 수도 있을 것이다.[16)]

도서관이 아닌 기존의 건물을 도서관용으로 용도를 전환하는 것은 신축에 대한 매력 있는 대안이 될 수 있다. 그러나 이러한 리모델링이 성공을 거두려면 몇 가지 기준들을 충족시켜야 한다. 이 기준들은 〈표 10-4〉를 참고하기 바란다.

다른 목적을 수행하기 위한 의도를 가진 건물을 취득하여 리모델링하는 것은 많은 도서관들의 공간 문제에 대한 만족스런 해결책이 되어오고 있다. 새로운 장소가 신축 도서관 건물이나 리모델링된 도서관 건물만큼 도서관이라는 목적을 위해 제대로 기능을 수행할 수도 있고 그렇지 않을 수도 있을 것이다. 그러나 많은 내력벽 덕택에 공간이 무너지지 않고, 바닥이 채워지는 서가의 상당한 하중을 견뎌낼 수 있다면, 그것은 기능을 아주 잘 수행해낼 수도 있을 것이다. 따라서 자동차 매장과 슈퍼마켓들은 성공적으로 도서관으로 리모델링되고 있다. 그러나 개인 주택들은 도서관의 니즈(needs)에 적합할 가능성이 더 적다. 실제로 유럽에서는 이전의 교회들을 용도 전환하여 서비스를 아주 잘하고 있는 것으로 입증되고 있는 예들이 많으며, 신용 조합이나 은행들과 같은 몇몇 사무실 공간들도 그러한 과업을 잘 수행하고 있다. 이러한 해결책을 도서관에서 신중하게 고려하고 있을 경우에는, 신축 건물의

16) Raymond M. Holt, *Wisconsin Library Building Project Handbook* (Madison: Wisconsin Dept. of Public Instruction, 1978), p.14.

〈표 10-4〉 용도 전환 기준[17)]

기 준	논의사항
구조물의 전반적 규모	• 건물프로그램의 공간상의 니즈를 충족시켜 주는가, 아니면 증축이 필요하게 될 것인가?
지지기둥의 위치와 간격	• 기둥들이 배가(配架)패턴에 영향을 주어서는 안 된다.
내력벽(耐力壁)의 위치와 개수	• 이것은 고려중인 구조물의 융통성에 도움을 주거나 제한을 가하게 될 것이다.
바닥의 하중강도 (1층 및 상층)	• 대부분의 서가배열은 평방피트 당 최소한 150파운드를 지탱하게 될 바닥을 필요로 하며, 대부분의 도서관 이외의 건물들은 그 정도로 강하지 않다.
천장높이	• 천장은 10피트의 최저지상고(minimum clearance)를 제공해야 한다.
화장실시설의 위치	• 예를 들면 상업용건물의 화장실은 공공건물에서 필요로 하는 것들과 아주 다른 경우가 많다.
전기콘센트의 위치와 개수	• 이것은 필요한 추가의 건축작업의 융통성과 양에 영향을 미치게 될 것이다.
조명설비의 위치와 유형	• 조명은 업무와 연구를 용이하게 하기 위해 사용할 수 있으며, 인테리어 디자인을 강조하거나 개선시킬 수도 있다.*
창문의 위치와 개수	• 창문의 패턴은 서가와 비품의 배치에 악영향을 미칠 수도 있을 것이다.
냉난방시스템의 상태와 유형	• 보존문제는 물론 고객과 스탭의 안락함에 대해 고려해야 한다.*
구조물의 용도변경 방법에 대한 조사는 적용 가능한 건축 법규에 영향을 미칠 수도 있다.	• 건축법규는 빈번하게 개정되는 경우가 많으며 모니터링을 해야 한다.*

* 저자가 추가한 내용임.

17) Anders C. Dahlgren, *Planning the Small Public Library Building*. Small Libraries Publication no. 11 (Chicago: American Library Assn., 1985), p.21.의 일부 수정.

경우와 마찬가지로 전체 상황에 대한 신중한 조사와 기획이 필요할 것이다.

임대한 건물이 때로는 유용한 경우도 있다. 그러나 대개는 신축 건물이 올라가고 있는 중이나 분관 부지의 탐색이 진행되고 있는 중인 동안 등과 같은 단기간에만 그러하다. 임대한 시설을 도서관용으로 용도 전환하기 위해 필요하게 될 상당한 리모델링이 장기적으로 비용 효과적이 될 것 같지 않다. 그 시설을 자치 단체에서 소유하고 있지 않을 때는 특히 그렇다.

10.11. 기존 건물의 재단장

모든 사서가 신축 건물을 가질 수 있는 기회를 갖는 것은 아니다. 그러나 모든 사서는 현재 사용하고 있는 건물을 가능한 한 매력적이고 효율적이 되도록 하기 위한 대책을 강구할 수 있다. 구조물이 오래되고 친숙한 것이라면, 사서와 도서관 위원회의 위원들은 그것이 신참에게 보이는 것처럼 그것을 바라보지 않을 가능성이 있다. 그들은 누추함과 불편함, 어수선함, 혼잡스런 상황들을 알아채지 못할 수도 있을 것이다.

10.11.1. 도서관의 익스테리어

도서관의 모습과 효율성을 개선하기 위한 첫 번째 단계는 뒤로 물러서서 철저하게 돌아보는 것이다. 익스테리어(exterior)는 많은 사람들이 도서관을 판단하는 기준이다. 페인트는 벗겨지고, 정원은 너저분하고, 간판은 조잡한 매력 없는 건물은 궁극적으로는 이용은 물론 자금 조달에도 영향을 미치게 될 것이다. 앞서 살펴본 것처럼, 이미지는 심각하게 고려해야 하며, 지역 사회는 도서관이 세상에 보여 주는 얼굴을 보고 도서관을 기억하고 판단하게 될 것이다. 도서관의 익스테리어를 재단장하는 것은 다양한 청소년 그룹이나 근린 주민 조직(neighborhood associations), 지역 단체 그룹을 위해서는

유용한 프로젝트가 될 수 있다.[18]

외부에서 볼 때, 지나가는 모든 사람들이 그것을 보고 이것이 도서관이라는 사실을 분명히 알 수 있는가? 그렇지 않다면, 명확하고 매력적인 간판이 필요하다. 건물이 인도에서 떨어져 있고 여름에는 나무들에 가려 일부가 눈에 띄지 않으면, 건물 자체보다는 오히려 그 부지의 앞쪽에 간판을 설치해야 할 수도 있을 것이다. 나아가 도서관의 정확한 위치에 관계없이, 전국적으로 채택되고 있는 상징(figure reading)을 나타내는 일반적인 도서관 로고를 부각시킨 간판들을 주요한 주변 거리에 세워, 공공 도서관의 위치를 가리켜 줄 수 있을 것이다.

건물 외부의 개선은 건축물의 스타일과 건물의 자재, 지역 사회의 성격에 좌우된다. 페인트를 칠하면 어떤 건물들에는 도움이 될 것이며, 대청소 작업을 하면 거의 모든 경우에 외양이 나아질 수 있을 것이다. 풀과 관목들도 잘 돌보아야 한다. 자금이 있으면 구식의 낡은 출입구를 현대식으로 교체하는 것도 효과적이다. 무거운 문을 새롭고 더 가벼운 것으로 교체하는 것은 어린이들은 물론 노인들을 위해서도 도움이 된다. 왜냐하면 소방 규정들은 대개 문들은 바깥쪽으로 열리도록 요구하고 있기 때문이다. 창문들은 깨끗해야 하고 쉽게 여닫을 수 있어야 한다.

10.11.2. 도서관의 인테리어

도서관 건물의 내부는 새로운 방문자에게 어떤 인상을 주고 있는가? 도서관의 인테리어는 온화하고 환영받는 분위기의 장소가 되도록 해야 한다. 창문들과 조명, 디스플레이, 장서의 전반적인 모습과 같은 요소들은 일정한 톤(tone)을 설정하게 된다. 스탭의 우호적인 태도는 특히 방을 밝아지게 한다.

---

18) Beth Wheeler Fox, *The Dynamic Community Library* (Chicago: American Library Assn., 1988), p.64.

그러나 많은 도서관은 어둡고 우중충하며, 곰팡내 서린, 시설들에서 나는 냄새를 풍기고 있다. 자료를 읽고 찾아내는 데 도움을 주기 위해서는 새로운 조명이 필요할 수도 있을 것이다. 오래된 많은 도서관들에서는, 가구와 목제품이 어둡고 육중하다. 대출대는 거추장스럽고 고객이 들어오면서 첫 번째로 보게 되는 위치에 놓여 있는 경우가 많다. 대출대를 출입구의 한쪽으로 옮기거나, 더 나은 방법으로, 그것을 현대적인 것으로 교체하고 중앙 쪽이 아닌 곳으로 배치하는 것은 공간에 대한 감각은 물론 훨씬 더 환영을 받는 듯한 분위기를 만들어주게 될 것이다. 목제품과 벽면들을 더 밝은 색으로 페인트칠하게 되면 건물이 더 밝고 환해지게 되며, 가구를 교체할 수 없을 경우에는 페인트칠을 하게 되면 이러한 것들이 더 생기를 띠게 될 수도 있을 것이다.

적절한 조명은 도서관의 인테리어에 놀랄만한 효과를 발휘한다. 깨끗하고 반짝이는 창문들로부터 들어오는 자연광은 더 넓은 느낌을 줄 수 있다. 컬러와 안내판을 독창적으로 활용하게 되면 색조와 그래픽에 따라, 자극이나 편안함을 제공해주게 된다. 서로 다른 컬러를 가진 카펫은 사람들이 어느 한 장소에서 다른 장소로 이동하는 데 도움을 줄 수 있으며, 벽과 칸막이의 분할 효과에 의존하지 않고서도 영역들을 구분해줄 수 있다.

장서의 제적(除籍)과 낡은 자료들의 제거, 여분의 정돈된 공간의 재활용은 도서관의 모습을 활력 있게 해줄 수 있다. 제적이 새로운 서가를 추가하는 것보다 더 비용 효과적으로 나타날 수도 있을 것이며, 이용자들은 밝고 새로워 보이는 자료들을 담고 있고 상당 부분의 빈 공간을 두고 있는 서가들에 매력을 갖게 된다.

도서관의 인테리어를 고찰할 때 고려해야 할 몇 가지 포인트들 — 도서관경영관리협회(Library Administration and Management Association)의 건물장비분과(Buildings and Equipment Section)에서 제시하고 있는 — 에는 다음과 같은 질문들이 포함되어 있다.

- 건물의 모든 이용자 서비스(public service) 요소들의 위치를 입구에서 쉽게 찾아내게 되어 있는가?
- 입구에 도서 보안 시스템(book security system)을 설치할 수 있을 것인가?
- 안내판과 조명, 컬러, 가구로 구분하면, 어린이/성인/청소년 영역, 목록 영역, 도서/시청각 영역, 참고/정보 영역과 같은 영역들은 두드러지게 나타나는가?
- 가구와 장비들은 도서관의 도서 및 미디어 장서들의 일부를 홍보하고, 선전하고, 전시하고, 도서관의 이벤트들을 공지하는 데 활용되고 있는가?
- 안내판들은 보기 쉽고 따라 가기에 알맞게 논리적으로 되어 있는가?
- 회의용과 프로그램용으로 활용할 수 있는 충분한 전용 공간이 마련되어 있는가?
- 소규모 회의용 공간이 갖추어져 있는가? 조용히 연구하기 위한 공간은?
- 회의실은 폐관 후에도 이용할 수 있고 화장실과 전화도 함께 이용할 수 있는가? 주방은 갖추어져 있는가?
- 동선(動線: traffic flow)은 좋아 보이는가?
- 도서관의 모든 부분에서 목록에 접근할 수 있는가?
- 목록 이용에 대한 설명용 안내판이 마련되어 있는가?
- 건물을 용이하게 유지 보수할 수 있는가?
- 화재 안전, 비상 탈출구, 비상용 조명, 미끄럼 방지 바닥, 안전 유리 등, 안전과 응급에 대한 대비는 갖추어져 있는가?
- 벽지들은 홀과 음수대 주위의 영역에 사용하기에 적합한가?
- 계단들은 최소한으로 유지되거나 배제되어 있는가?
- 복도의 조명은 잘 이루어지고 있는가?
- 마감(finishes)은 쉽게 유지 보수할 수 있고 내구성(耐久性)이 있는가?[19]

---

19) American Library Assn., Library Administration and Management Assn., Buildings and Equipment Section, *Checklist of Library Building Design Considerations*

대부분의 사람들은 자료들을 찾기 위해 도서관에 들어오며, 건물을 비판적으로 살펴보는 사서는 자신들이 원하는 것을 쉽게 그들이 찾을 수 있는지에 대해 물어야 한다. 방향 표시들은 깨끗하고 분명한가? 그 표시들은 그것들이 의미하는 것을 이용자가 이해할 수 있는 말로 말하고 있는가, 아니면 "여행"과 "역사"를 가리키는 대신에 "900대"를 가리키거나 "대출대" — 많은 이용자들이 이해하지 못하고 있는 용어 — 를 가리키고 있는가? 자료들은 옮기고 서가에 붙어 있는 라벨과 사인들은 고치지 않았을 수도 있을 것이다. 목록에는 표시를 해두어야 하며, 도서관에서 사용하는 전문 용어가 아닌 분명하게 설명된 언어로 된 사용 안내를 가까이에 비치해야 한다. 고객이 어디에 가서 도서관 대출 카드를 발급받고, 어디에서 도서들을 반납하며, 어디에서 자료들을 대출하고, 어디에서 정보를 얻고, 어디에 특정의 자료들이 있는지를 물어야만 하도록 해서는 안 된다. 아울러 자료들이 너무나도 빽빽하게 서가에 배열되어 있어 꺼내기가 어렵다거나, 서가들이 너무 높아서 맨 위에 있는 것에 쉽게 닿을 수 없을 경우에는, 도서관은 더 많은 서가나, 더 넓은 공간, 제적의 개선이 필요하게 된다. 고객의 안락함과 편의성을 고려해야 한다. 글을 쓰고 공부할 공간도 이용할 수 있도록 해야 하며, 도서관에서 자료들을 이용하고자 하는 사람들을 위해 몇 개의 안락한 의자들도 제공해야 한다.

낡은 그림들과 조상(彫像), 좋았던 시절에 있었을 법한 그 밖의 품목들과 같은 익숙한 물건들은 매력적이고 컬러풀한 더 새로운 품목들로 대체할 수 있을 것이다. 지역의 가든 클럽에서 제공하는 꽃꽂이를 활용하여 시각적으로 탈바꿈을 할 수도 있을 것이다. 사람의 마음을 끄는 스크린을 사용하면 작업 공간으로 이용하는 코너를 칸막이 해줄 수도 있을 것이다. 낡고 사용되지 않는 벽난로는 전면(全面)을 덮어버리거나 식물들이나 꽃들의 배경으로 사용할 수 있을 것이다. 서 있는 서가들과 테이블들을 재배열하면 더 편리하게 공간

(Chicago: American Library Assn., 1988), pp.11-12. 이 출판물은 다음과 같은 디자인 요소들에 대한 체크리스트를 수록하고 있다: 부지, 익스테리어, 인테리어, 접근성, 대출, 어린이, 청소년, 참고용 시설, 서가, 좌석, 비열람 영역, 편의 시설, 통신 및 전기 장치, 보안 시스템, 기계 장치 및 소음 관리, 미래의 고려 사항들.

을 사용할 수 있으며, 적절한 커튼들과 색깔 있는 블라인드들은 지나치게 간소한 인테리어에 더 부드러운 터치를 줄 수 있을 것이다. 상상력을 발휘하면, 적절한 경비로 많은 변화를 가져올 수 있다.

10.12. 추가의 유통 방법들

이 책에서 "소규모"라고 정의하고 있는 공공 도서관들은 대개는 분관(分館)을 둘 필요가 거의 없다. 그러나 또 하나의 아울렛에 대한 공공의 수요가 있을 수도 있고, 환경에 따라서는 이를 고려하는 것이 적절할 수도 있을 것이다. 지역 사회가 한 방향으로 성장하는 바람에, 대부분의 주민들이 도서관과 약간 떨어져 있는 새로운 지역에 살고 있을 수도 있을 것이다. 멀리 떨어진 새로운 쇼핑 센터가 많은 주민들을 구(舊) 쇼핑 지역에서 주민들을 유인할 수도 있을 것이다. 어떤 경우에는, 최선의 계획은 새 쇼핑 지역으로 도서관을 옮기는 것이 될 수도 있을 것이다. 그러나 서비스는 이전의 지역에도 여전히 필요할 수도 있을 것이다. 사서와 도서관 위원회는 새로이 발전하는 지역을 위한 새로운 아울렛에 대해 진지하게 생각해야 할 수도 있을 것이다. 새로운 아울렛을 설립하기 위한 그 밖의 환경들로는 다차선(多車線) 고속 도로가 신설되어 주민의 절반이 도서관에 용이하게 접근하지 못하게 되는 경우나 새로운 지역이 합병되는 경우 등이 있을 수 있을 것이다.

새로운 지역에는 몇 가지 방식으로 도서관 서비스를 제공할 수 있을 것이다. 가장 간단한 최선의 해결책은 인접 관할 구역과의 상호 협력이나 협약을 통해 도서관 서비스를 필요로 하는 지역에 이를 제공하는 것이 될 수도 있다. 이 협약은 해당하는 시민들을 위해 편리한 곳에 인접한 도서관 서비스가 위치해 있고 그것이 원래의 홈 도서관과 대등한 품질을 갖추고 있을 경우에는 만족스러울 것이다. 인접 도서관에 그 서비스에 대한 대가를 명확하게 지불할 수도 있고, 아니면 두 관할 구역이 모두 동일한 도서관 시스템에 속해 있을 경우에는, 상호 협력 협약을 협의할 수도 있을 것이다.

지역 사회는 분관 도서관이라는 해결책을 더 선호할 수도 있을 것이다. 그러나 도서관 위원회는 이러한 추가의 책임을 감당할 만큼 예산을 확장할 수 있는지, 아니면 새로운 기금들을 확보할 수 있는지의 여부를 주의 깊게 평가해야 한다. 기존 장서와 기존 스탭의 시간을 쪼개어 분관을 설립하는 것은 그 합이 원래의 서비스보다도 더 약해질 수도 있는 두 개의 서비스를 만들어내는 것이다. 고객은 양쪽 어느 곳에서도 분할 이전에 이용할 수 있었던 자료와 스탭의 자원들을 찾아낼 수 없게 된다. 분관은 공간을 제공하거나 임대하는 비용 이외에도 새로운 유형의 비용들을 만들어낸다. 전달 서비스(delivery service) ― 포장과 선적, 기록 관리를 포함하는 ― 가 필요하게 된다. 자료들과 요청들이 왔다 갔다 해야 하며, 용품(소모품)과 장비, 통계, 메모들도 마찬가지이다. 분관이 새로운 부지에 영구적으로 소장하게 되는 장서를 갖추게 되면, 목록이 필요하게 될 것이다. 장서를 순환시키게 되면, 보낸 것에 대한 기록들을 유지해야 할 것이다.

도서관이 광범위하기는 하지만 인구가 드문 지역을 대상으로 서비스하는 경우에는, 추가의 아울렛에 대한 이슈는 바뀌게 된다. 카운티 도서관 또는 멀티카운티 도서관은 이 책의 정의에 의해 소규모 도서관이 될 수도 있을 것이다 ― 다만 그것은 상당한 규모의 지역을 대상으로 서비스할 수도 있을 것이다. 중요한 것은 대개 서비스 대상 지역의 가장 큰 타운에 소재해 있는 중앙 도서관(main library)에서 편리한 거리의 범위 안에 있지 않은 사람들에게 도달하는 방식들에 대해 관심을 기울여야 한다는 사실이다. 사람들은 다른 일로 타운에 오게 될 것이고 이런 경우에 도서관을 이용하게 될 것이라고 추정하는 것만으로는 충분치가 않다. 멀리 떨어져 있는 주민들도 물론 그 도서관의 가장 큰 아울렛에 접근해야 한다. 그러나 그들은 또한 집 가까이에 있는 서비스에 접할 수 있는 엔트리 포인트(entry point)를 가져야 한다.

10.12.1. 이동 도서관

도로가 양호하고 주민들이 적정 거리 내에 있는 많은 시골 지역들의 경우에는, 이동 도서관(book mobile)이 전통적으로 아울렛의 유형으로 선정되어 오고 있다. 이 유형은 다음과 같은 장점들을 가지고 있다.

- 대규모 도서관으로부터 요청한 자료들을 가져올 수 있다.
- 방문할 때마다 새로운 선정 자료들을 제공할 수 있다.
- 도서관의 전체 자원들에 대해 잘 알고 있는 전문직 사서나 재능 있는 준전문직으로 스탭을 구성할 수 있다.
- 소규모의 주민들에게 다양한 주제에 관한 다양한 자료들을 제공할 수 있다(이동 도서관은 장기간 동안 순회하기 때문에, 장서는 상당한 규모의 오디언스(audience)에게 상당히 노출되게 된다).

반면에 이동 도서관 서비스는 다음과 같은 단점들도 가지고 있다.

- 주된 단점은 에너지 보존이라는 이슈와 유가 인상으로 인한 이동 도서관 업무의 비용 상승이다.
- 시골의 이동 도서관은 어느 서비스 포인트에서나 짧은 시간 동안만 머문다. 각 정류소에 머무는 시간이 짧을뿐만 아니라, 시간도 고정적이다. 따라서 서비스 시간이 불가피하게 일부 이용자들에게는 더 불편하다. (타운 내의 이동 도서관은 시골의 경우보다 어떤 장소에 더 자주 들를 수 있고 더 오래 머물 수 있다. 이동 도서관은 서로 다른 인접 장소들을 테스트하고 가장 편리한 곳을 결정할 수 있다. 아울러 시골의 이동 도서관보다 더 짧은 거리를 이동하기 때문에, 타운 내의 이동 도서관은 연료를 더 적게 사용하고 운영하는 비용도 더 적게 든다).

- 시골의 이동 도서관들은 통상 2주일에 한 번씩만 들른다. 매주 들를 수도 있기는 하지만, 신속한 서비스를 받을 기회는 거의 없다.
- 참고 서비스는 비록 제공받을 수 있다고 하더라도, 제한적이다. 스탭은 고객들을 도와주고 스케줄을 지키기에도 바쁘다. 공간은 한정되어 있으며, 사람들은 다른 사람들이 들어올 수 있도록 하기 위해 신속하게 이동해야 한다. 운전사 겸 사무원은 대출 업무에 여념이 없다.
- 이동 도서관은 자리에 앉거나 백과 사전이나 지도책, 그 밖의 참고 정보원의 자료를 복사하기 위한 어떤 설비들도 제공하지 못한다. 보통의 이동 도서관에 복사 장비를 싣고 다니게 되면 자료들을 위해 사용할 수 있는 공간을 먼저 차지해 버리는 것이 될 것이다.
- 일반적으로, 반납되는 자료들은 이동 도서관이 홈 베이스에 도착할 때까지는 서가에 배열할 수 없다. 당연히 운행의 종점 부근의 사람들은 출발지의 사람들보다 더 적은 선택권을 갖게 된다.

이러한 단점들 — 그 일부는 적어도 부분적으로는 독창성과 창의력으로 해결할 수 있는 — 에도 불구하고, 이동 도서관은 서비스 포인트들 사이에 유효한 거리를 가지고 있는 서비스 지역을 위해서는 최선의 선택이 될 수도 있을 것이다. 비용이 증가함에 따라, 그 시간의 상당 부분을 운행에 허비하는 이동 도서관을 위한 계획을 수립하는 것은 매력이 줄어들고 있다. 이것은 연료 면에서는 물론 급여 면에서도 비용이 많이 든다. 왜냐하면 움직이는 차량에서는 할 수 있는 일이 거의 없기 때문이다.

10.12.2. 분 관

소규모의 분관 아울렛은 고려해야 할 대안이다. 이것은 거리가 상당히 멀고 주민이 적은 일부 시골 지역을 대상으로 서비스하기 위한 일반적인 방법이다. 두 가지 유형의 분관들로는 주민이 정기적으로 방문하는 스토어나 그 밖의 건물의 아울렛과 도서관 시설로만 서비스하는 아울렛이 있다. 다음과 같은 세 가지 접근법이 가능하다.

1. **휴대용 구조물이나 키오스크**(kiosk)를 구입하여 쇼핑몰이나 그 밖의 사람의 이동이 많은 부지에 세워둘 수 있다. **임대한 스토어**도 확보할만한 여유가 있고 좋은 위치라면, 아주 적합할 수 있다. 대개는 그곳에 어느 정도 수준의 스탭을 배치하여 자료들을 대출할 수 있을 것이다. 스탭은 도서관의 정규 스탭이나 자원 봉사자들 중 핵심 요원, 또는 아르바이트 학생들 중에서 선발할 수 있다. 파트타임 근로자들이 가장 일반적이기는 하지만, 이 스탭들은 유급이든 무급이든, 도서관의 전체 스탭으로 간주해야 하며, 그 자체로 직무 기술서(job descriptions)와 성과 검토(performance reviews)가 있어야 하고, 스탭 회의에도 초대해야 한다. 임대한 스토어에서는 열거한 다른 대안들보다 더 큰 규모의 장서가 가능하다. 참고 서비스가 필요할 때는, 오늘날의 테크놀로지를 활용하여 전화 회선이나 컴퓨터 링크를 경유하여 정규 도서관과 원격 시설(remote facility)을 연결할 수 있다. 도서관이 온라인 목록을 가지고 있을 경우에는, 아울렛은 이 목록에 접속할 수 있다. 이용자들이 이용 가능한 요청과 참고 서비스에 친숙해지도록 하기 위해 안내판을 붙여둘 수 있다.
2. **몇몇의 도서용 서가들을 소장하고 서비스를 제공하도록 인기 있는 스토어의 주인과 운영자와 협약을 체결할 수 있다.** 이러한 공간과 서비스에 대해서는 적절한 규모의 요금을 지불하게 된다. 스토어의 주인은 도서관 서비스에 많은 시간을 쏟을 수 없거나 그럴 생각이 없을 것이기 때문에, 단순한 업무를 요구해야 한다.
3. 감독 없이 운영되는 시스템(honor system)으로 운영하고 도서관 스탭이 정기적으로 보충해주는 **셀프 서비스 스테이션**(self-service station)을 둘 수 있다. 자작(自作) 요청서 양식(do it yourself request forms)을 제공하고, 본부로 보낼 주소가 적히고 우표가 붙은 우편 요청서용 봉투를 제공할 수 있을 것이다.

이러한 협약들의 한 가지 장점은 편리성이다. 즉 인기 있는 스토어나 쇼핑몰, 그 밖의 지역이 선정되면, 아주 소규모의 지역 사회에 거주하는 모든 사람들이 그곳을 방문하고 적어도 그곳에서 입수할 수 있는 도서관 자료들과 친숙해질 기회를 갖게 될 가능성이 있다. 또 하나의 장점은 시간이다. 즉 아울렛은 이동 도서관보다 더 오랜 시간 동안 이용할 수 있게 될 것이며, 고객들의 니즈(needs)에 알맞은 시간대에 문을 열 수 있고, 노트하거나 복사할 작업 공간을 제공할 수 있다.

원거리에 있는 각 아울렛의 장서는 정기적으로 빈번하게 변경해야 한다. 일단의 선정된 자료들만을 입수할 수 있기 때문에, 그곳을 정기적으로 방문하는 고객들은 관심을 가지고 있는 것의 상당 부분을 아주 신속하게 이용하게 될 것이다. 모든 자료들을 제거하고 완전히 새로운 공급품을 가져올 필요는 없을 수도 있겠지만, 아울렛의 스탭은 여전히 이용되고 있는 것과 더 이상 필요치 않은 것을 알게 될 것이며 다음 선적 때 대체해야 할 자료들로 떼어놓거나 보낼 수 있을 것이다. 아울러 새로운 타이틀들이 통상적으로 도서관에 추가되기 때문에, 새로운 자료들을 정기적으로 받아야 할 것이다. 이러한 방식으로, 원거리에 있는 개별의 아울렛에 영구적으로 배치해둘만한 타당성을 가질 정도로 그곳에서 충분히 유통되지 않는 자료들은 여러 곳을 옮겨 다니면서 충분히 이용될 수 있을 것이다. 이러한 유형의 유동성을 갖는 장서에 대해서는 어느 한 아울렛에 소장하고 있고 다른 아울렛에서 요청을 받은 타이틀들을 회수하기 위해 본부 도서관에서 기록을 관리해야 한다.

10.12.3. 우편에 의한 자료 제공

완전한 도서관 서비스는 아니지만, 도서관 자료들을 전달하기 위해 우편을 이용하는 것은 특유의 장점을 가지며 개인화된 서비스를 제공해준다. 전형적인 시나리오에서는, 소책자형의 목록을 사용한다. 이것은 광범위한 관심의 범주별로 인쇄 자료는 물론 시청각 자료들에 대한 매력적으로 리스트하고 주석을 단 리스트들을 수록하고 있다. 품목들에 대해서는 목록에 도서관의 청구 기호는 아니지만, 번호를 부여한다. 관심을 가지고 있는 시민은 누구나 목록을 여러 부 입수할 수 있다. 안쪽에는 떼어낼 수 있는 우편 요금 별납의 엽서가 붙어 있다. 거기에는 고객의 이름과 주소 그리고 요청하는 책의 번호를 기재할 공간이 마련되어 있다. 고객은 요청서를 우편으로 보내고 우편 가방에 담겨 있는 자료들을 받게 되는데, 그 백은 반납할 때도 사용하게 된다. 우편용 라벨과 그 밖의 요청 카드, 때로는 그 밖의 도서관 리스트들이나 추가 목록들을 동봉하기도 한다.

이 서비스를 위해 선정되는 도서들은 가능하면 페이퍼백(paperback)으로 구입하고 대량으로 구매한다. 이 도서들은 목록 번호순으로 서가에 배열한다. 요구들을 충족시키는 일은 비교적 단순한 일상적인 절차이다.

우편 서비스는 시도되고 있는 대부분의 곳에서는 아주 인기 있는 서비스로 입증되고 있다. 이것은 편리하고 이용하기 쉽다. 시간상의 제약도 없다. 즉 고객은 언제든 편리할 때 요청서를 보낼 수 있을 것이다. 재택(在宅) 주민(homebound)은 집을 떠날 필요가 없다. 시골의 이용자는 자료들을 수령하고 반납하기 위해 우편함에만 가면 된다. 따라서 이 서비스는 원거리에 살고 있는 이용자들에게 도달하는 서비스의 범위를 넘어서는 혜택들을 가지고 있다. 몇몇 도서관들은 이를 위한 자격 기준을 설정하고 그 이용에 대해 홍보하면서, 이를 장애인들이나 타운에 살고 있는 재택 주민들을 위해 사용하고 있다.[20)]

이 서비스의 인기는 알려져 있지만, 우편 요금의 인상 때문에 서비스 가격이 많은 소규모 도서관들의 현실적인 도달 범위를 넘어서고 있다. 그것이 점차 명예로운 과거가 되어버려야만 하는 서비스라고 하더라도, 그것은 많은 고객들에게 훌륭한 서비스를 제공해오고 있으며, 그 성공의 마크가 되고 있는 속성들은 테크놀로지들의 발전을 통해 촉진되는 새로운 서비스들로 변환해야 한다.

---

20) 재택(在宅) 고객들에게 자료들을 전달하기 위해 자원 봉사자 시스템을 활용하는 것도 많은 도서관들의 경우에 아주 잘 운영되고 있다.

10.12.4. 전자적 연결

발전하는 테크놀로지들 덕택에 시간과 거리는 도서관 서비스를 위해서는 점점 더 작은 문제가 되어 가고 있다. 몇몇 지역들에서는, 고객들이 퍼스널 컴퓨터나 때로는 케이블 텔레비전을 사용하여 집에서 편안하게 도서관 목록에 접속하거나, 자료들을 예약하거나, 정보를 찾을 수 있다. 미래는 이러한 라인들을 따라 점점 더 의미 있는 발전을 계속하게 된다.

도서관의 공적 이미지는 도서관이 그 지역 사회에 제공할 수 있는 것을 정확하게 묘사해주는 이미지인가? 아니면 과거의 패러다임이 여전히 건재하고 있는가? 도서관들은 그 지역 사회들에 의해 전통적으로 가치를 부여받아 왔고 동시에 과소 평가를 받아 왔다. 오늘날에는 정보 산업의 경쟁자들이 고객의 관심을 끌기 위해 공격적으로 우열을 다투고 있기 때문에, 공공 도서관이 표현하는 이미지는 추가의 의미를 갖게 된다. 벤튼 재단(Benton Foundation)의 보고서 『건물과 책, 바이트: 디지털 시대의 도서관과 지역 사회』(*Buildings, Books, and Bytes: Libraries and Communities in the Digital Age*)에 따르면, 도서관에 대한 공공의 지지는 여전히 강력하지만, 정보 테크놀로지에 관해서는 도서관들은 "시대에 뒤지고 있으며" 그곳에 머물 가능성이 있다는 인식이 있다.[21)]

〈표 10-5〉는 스탭이 심사 숙고하기 위한 기준으로 사용할 수 있는 공공 도서관에 대한 네 개의 광범위한 "이미지"를 보여주고 있다. 개략적인 특성들을 제시하고 그러고 나서 개선을 이룰 수 있는 방법을 고려하기 위한 노력에 대해 부연하고 있다. 예를 들면 전통적인 도서관(traditional library)은 사실상 지역 사회를 위한 물리적 그리고 문화적 공간으로 서비스하고 있다. 그러나 도서관은 내부적인 업무들에만 초점을 맞출 수도 있으며, 그 서비스들을 지역 사회로 확장하는 것은 가치 있는 개선이 될 것이다. 저항하는 도서관(resisting library)의 경우에는, 테크놀로지를 거부하는 이미지가 도서관

---

21) *The Benton Foundation, Buildings, Books, and Bytes: Libraries and Communities in the Digital Age* (Washington, D.C.: Benton Foundation, 1996). 추가의 정보에 대해서는 <http://www.benton.org/Library/Kellogg/buildings.html.>을 참고하라.

서비스들을 전달하는 데 적절한 테크놀로지를 사용하고 전체 지역 사회를 위한 접근을 개발함으로써 긍정적인 접근법으로 수정할 수 있을 것이다. 적응하는 도서관(adapting library)은 〈표 10-5〉에서는 가장 긍정적인 이미지를 제시하고 있지만, 도서관 스탭의 전문 지식을 강조하고 고객에게 초점을 맞춤으로써 개선이 가능할 것이다. 마지막으로, 흡수된 도서관(coopting library)은 완전히 전념하는 목적과는 반대되는 하나의 도구로서 사명과 역할, 장서, 테크놀로지의 이용에 균형을 맞추기 위해 노력해야 한다.

알아야 할 중요한 사실은 테크놀로지는 지역 사회에서의 도서관의 역할, 고객의 접근과 만족, 고객의 니즈(customer needs)의 확인과 그에 대한 대응과 같은 도서관직의 복합적인 이슈들을 대체할 수 없다는 사실이다.[22] 테크놀로지가 고객들을 그들이 찾고 있는 정보와 연결시켜 주는 점점 더 중요한 도구들을 제공해주고는 있지만, 테크놀로지는 그 자체의 생명을 가지고 있지 않다. 이러한 도구들을 활용하여 질 높은 서비스를 제공하는 것은 바로 도서관의 스탭이다. 이 테크놀로지의 폭발을 따라잡는 것은 단순한 도전 이상의 것이다. 그것은 도서관 스탭의 요건이기는 하지만, 변화율 때문에 도달할 수 없는 목표가 되고 있다. 그러나 사서들은 가능한 한 최신성을 유지하기 위해 모든 노력을 기울이고 모든 스탭들의 직무 기술서에 계속 교육(continuing education)의 중요성을 포함시키는 것이 필수적이다.

전자 테크놀로지에 대한 고려를 포함한 평가 데이터가 리모델링을 제시하든, 확장을 제시하든, 신축 건물을 제시하든, 별도의 유통 옵션들의 개발을 제시하든, 도서관의 서비스를 뒷받침하기 위해 물리적 공간과 전달 시스템(delivery systems)의 가장 바람직한 구성을 만들어내는 것은 복잡하면서도 가치가 있는 것이다. 그와 같은 도전을 통해 도서관 업무들의 다양한 측면들을 다이내믹하게 합성해낼 수 있으며, 이것은 도서관 경영자에게 도서관 서비스가 미래로 나아가는 방향의 모습을 갖출 기회를 제공해주게 된다.

---

22) Bernard Vavrek, "On My Mind: Your Public Library Has a Web Page, So What?" *American Libraries* 29, no. 1 (Jan. 1999), p.50.

〈표 10-5〉 공공 도서관의 여러 이미지들[23)]

이미지	개략적인 특성	이미지 제고 방법
전통적인 도서관	• 물리적, 문화적 공간으로서 존재한다. • 도서와 독서에 초점을 맞춘다. • 공공의 광장/시민포럼을 제공해준다. • 테크놀로지를 서비스제공의 중심으로 간주할 수도 간주하지 않을 수도 있다.	• 지역사회에 확장서비스를 제공한다. • 다양한 포맷들을 추가한다. • 다른 기관들과 때로는 그들의 공간에서 협력한다. • 활용가능한 테크놀로지를 개선시킨다.
저항하는 도서관	• 전통적인 도서관의 가치들을 천명한다. • 정보를 갖고 있지 않은 사람들에게 초점을 맞춘다. • 사서/고객 상호작용에 초점을 맞춘다. • 테크놀로지에 대해 의혹을 품고 있다.	• 부가가치적 이미지를 창출한다. • 모든 사람들을 위한 접근의 평등에 초점을 맞춘다. • 테크놀로지를 상호작용에 활용한다. • 테크놀로지의 혜택들을 바탕으로 한다.
적응하는 도서관	• 정보에 대한 연결포인트로서 서비스한다. • 사서를 항해자(navigator)로 제시한다. • 테크놀로지를 필수적인 역할들에 적응시킨다. • 필수적인 역할들을 테크놀로지에 적응시킨다.	• 고객들에게 가능한 것에 대해 커뮤니케이션한다. • 고객의 시간과 돈을 절약하기 위한 사서의 전문지식을 계발한다. • 도서관스탭을 트레이너로 활용한다. • 고객서비스에 초점을 맞추고 현명하게 적응한다.
흡수된 도서관	• 균형을 잃은 역할들을 가지고 있다. • 전통적인 목적을 상실하고 있다. • 도서와 독서의 가치를 떨어뜨리고 있다. • 테크놀로지를 받아들이고 찬양한다.	• 균형을 유지하기 위해 전념한다. • 전통적인 가치들과 변화하는 기회들을 통합한다. • 모든 포맷들을 정보패키지로서 인정한다. • 적정스케일의 테크놀로지를 이용한다.

23) Douglas Raber and John M. Budd, "Public Images of the Role of Information Technology in Public Libraries: Alternatives and Controversies," *Public Libraries* 38, no. 3 (May/June 1999), p.181의 <Figure 1>의 일부 수정.

테크놀로지와 유통의 설계 및 기능, 자료들의 출판과 복제, 지역 사회의 구성 등에 나타나는 급속한 변화들은 공공 도서관에 대해 다이내믹한 환경을 만들어주고 있다. 또한 이러한 환경 안에는 다음과 같은 것들을 포함한 많은 인간적인 관심들이 뒤얽혀 있다.

- 모든 고객들에 대한 관심 — 경제적으로나 신체적으로 도전을 받고 있는 사람들이나 정보에 충분하게 접근하지 못하고 있는 사람들을 포함한다.
- 스탭들 사이에 그리고 지역 사회의 다른 구성원들과의 사이에서 이루어지는 생산적이고 상호간에 협력적인 업무 관계에 대한 관심
- 도서관이 고객 중심적이고 요구를 충족시켜 주는 서비스를 제공하는 데 대한 관심
- 도서관이 지역 사회의 정보의 세계로 가는 창(窓)으로 서비스하는 데 대한 관심
- 테크놀로지가 삶을 통제하기보다는 삶을 증진시키는 것으로 인식되도록 하는 데 대한 관심

도서관 스탭이 자신들의 직무를 수행하는 방식들은 계속하여 상당한 변형을 겪고 있지만, 공공 도서관의 핵심 가치들과 사명은 변하지 않은 채 그대로 남아 있다. 새로운 천년을 시작하면서, 공공 도서관의 중요성은 지역 사회의 전반적인 삶의 질의 열쇠가 되고 있다. 니즈(needs)를 확인하고 모든 당사자들을 위한 환경들을 개선하는 효과적인 대응책들을 설계하기 위해 도서관과 그 지역 사회가 함께 노력하는 것은 정말로 도전적인 것이다. 도서관과 지역 사회의 이러한 파트너십은 상호 이익이라는 인식에 확고한 바탕을 두어야 한다. 파트너십이 강할 때는, 모두가 이익을 얻게 되어, 진정한 윈-윈 상황이 되는 것이다.

※ 새로운 천년을 맞으면서 생각해 보아야 할 것들 ※

◆ 우리 도서관이 제공하는 테크놀로지는 우리 도서관이 지역 사회에서 수행하는 역할(들)에 어떤 영향을 미치는가? 새로운 테크놀로지를 추가로 도입할는지의 여부를 결정할 때 나는 이러한 관계를 고려하는가?

◆ 인터넷은 우리 지역 사회에서 어떤 역할을 수행하고 있는가? 우리 고객들의 몇 퍼센트가 집에서 접속하고 있는가? 몇 퍼센트가 도서관에 단독으로 접근하고 있는가? 우리 지역 사회에 정보의 평등을 제공하기 위해 나는 무엇을 할 수 있는가?

◆ 우리 도서관의 장서 관리 정책은 전자 자원이나 시청각 자원, 인쇄 자원들의 구입 여부나 구입 시기를 결정하기 위한 지침들을 포함하고 있는가?

◆ 우리 도서관에서는 고객들이 전자 형식으로 활용하는 것이 더 효과적인 어떤 참고 자원들을 현재 인쇄 포맷으로 입수하고 있는가?

◆ 우리가 가지고 있는 현재의 전달 시스템들(delivery systems)은 고객의 편리성과 니즈에 부응하고 있는가? 다른 선택권들을 고려해야 하는가?

◆ 나는 우리 도서관의 건물을 정기적으로 평가하고 있는가? 건물이 어떤 상태에 있는가? 어떤 것들을 개선할 수 있는가? 신축 건물이나 리모델링, 재단장에 관심을 기울여야 하는가? 고려해야 할 다른 옵션들이 있는가?

부 록

부록 A 도서관 권리 선언

부록 B 켄달 공공 도서관의 장기 및 단기 계획 1999-2003

부록 C 도서관법

부록 D 도서관법 시행령

부록 E 도서관법 시행 규칙

부록 F 도서관인 윤리 선언

부록 G 사서 교육 기관의 교육 과정 및 이수 학점

부록 H 도서관자료의 교환 · 이관 · 폐기 및 제적의 기준과 범위

부 록 A 도서관 권리 선언

미국도서관협회(ALA: American Library Association)는 모든 도서관들은 정보와 사상의 광장이며, 다음과 같은 기본 방침들을 도서관 서비스의 지침으로 삼아야 한다는 사실을 천명한다.

Ⅰ. 도서와 그 밖의 도서관 자원들은 도서관이 서비스하고 있는 지역 사회의 모든 사람들의 관심과 정보, 계몽을 위해 제공해야 한다. 자료의 창작에 기여한 사람들의 출신이나 배경, 견해 때문에 그 자료들을 배제해서는 안 된다.

Ⅱ. 도서관은 현재의 이슈들과 역사상의 이슈들에 대해 모든 관점들을 나타내는 자료들과 정보를 제공해야 한다. 당파적으로나 이론상으로 찬성하지 않는다는 이유 때문에 자료들을 금지하거나 제거해서는 안 된다.

Ⅲ. 도서관은 정보와 계몽을 제공하는 책임을 완수하면서 검열에 도전해야 한다.

Ⅳ. 도서관은 자유로운 표현과 사상에 대한 자유로운 접근의 제한에 저항하는 데 관심을 가지고 있는 모든 개인들이나 집단들과 상호 협력해야 한다.

Ⅴ. 도서관을 이용하는 개인의 권리를 출신이나 나이, 배경, 견해 때문에 거부하거나 제한해서는 안 된다.

Ⅵ. 도서관이 서비스 대상으로 삼는 공공으로 하여금 전시 공간과 회의실을 이용할 수 있도록 하고 있는 도서관은 그 이용을 요청하는 개인들이나 집단들의 신념이나 소속에 관계없이, 그와 같은 시설들을 공평하게 이용할 수 있도록 해야 한다.

ALA Council에서 1948년 6월 18일 채택하고,
1961년 2월 2일 및 1980년 1월 23일 개정하고,
1996년 1월 23일 재천명하였다.

부록 B 켄달 공공 도서관의 장기 및 단기 계획 1999-2003

장기 계획

켄달(Kendall) 공공 도서관
Kendall, Wisconsin

비전 취지문

켄달 공공 도서관은 다음과 같은 미래를 내다보고 있다.

- 모든 연령의 사람들은 자신들과 글로벌적인 지식을 연결시켜 주는 확장된 오락적, 정보적, 테크놀로지적 자원들을 발견하게 될 것이다.
- 지역 사회의 젊은이들에게는 재미있고 유쾌한 활동과 경험을 제공해주고 마을의 범위를 넘어서서 더 넓은 세계에 대비하여 준비하도록 해주게 될 자원과 프로그램, 서비스를 발견하게 될 것이다.
- 우리 도서관은 도서관을 지역 사회의 기쁨과 정체성(identity), 참여에 대한 강력한 인식을 갖도록 하기 위한 포커스가 되도록 하게 될 서비스와 프로그램, 자원을 제공하게 될 것이다.

사명 취지문

켄달 공공 도서관의 사명은 즐겁고 환영받는 환경에서, 모든 연령의 사람들에게 만족스런 오락적 경험을 제공해주고, 초·중·고등 학생들에게 학습 지원을 제공해주고, 모든 연령의 사람들에게 개인적 성장과 개발의 기회를 제공해주게 될 자료와 프로그램, 서비스를 제공하는 것이다.

켄달 공공 도서관의 역할

따라서 우리 도서관이 초점을 맞추고 있는 서비스 반응들은 다음과 같은 것들이 될 것이다.

- **일차적 역할: 최신 토픽과 타이틀:** 우리 도서관은 대중적인 문화적 및 사회적 트렌드에 관한 오락적 경험과 정보를 충족시키기 위한 주민들의 욕망을 충족시키는 데 도움을 준다.
- **일차적 역할: 형식적 학습(formal learning) 지원:** 우리 도서관은 학생들의 진척을 촉진시켜 주는 정보 자원과 개인적 도움, 교육적 도구들을 제공해준다.
- **이차적 역할: 평생 학습:** 우리 도서관은 자기 주도적인 개인적 성장 및 개발 기회들을 조성해주는 자료들을 제공해준다.

니즈 평가 / 지역 사회 연구

신축 도서관을 위한 운동에서 도서관 위원회와 마을이 현재 보여주고 있는 높은 수준의 노력 덕택에, 그리고 도서관장이 새로 부임했기 때문에, 이번에는 지역 사회에 대한 광범위한 연구를 실시하지 못하였다. 그보다는 "탐색" 단계의 기본적인 레벨의 노력을 선택하고 있다. 도서관장은 도서관 위원회의 위원들과 한 명의 다른 스탭, 지역 사회의 다양한 구성원들의 의견을 바탕으로 이 과업의 대부분을 처리하고 있다. 도서관장은 기존의 쉽게 접근할 수 있는 정보원(情報源)들로부터 정보를 수집하고 있으며, 정보를 수집하고 미래의 필요한 정보를 수집할 영역들을 목표로 하기 위해 워크폼(workform) C(*Planning and Role Setting for Public Libraries,* Chicago: ALA, 1987의)를 사용하고 있다. 또한 도서관장은 도서관 서비스에 미치는 잠재적인 영향들을 확인하고 가능한 도서관의 반응들을 결정하기 위해 워크폼 D(Planning and Role Setting for Public Libraries)를 사용하고 있다.

미래 예측 스크린

장기 계획은 어느 것이든 미래의 지역 사회의 니즈(community needs), 자원, 스탭 니즈, 도서관 이용의 변화들을 고려하고자 해야 한다.

지역 사회의 니즈

어떤 정치적 반대에도 불구하고, 신축 건물에 대한 자금 지원에서 입증되고 있는 것처럼, 마을에서는 도서관에 대해 상당한 지지를 보내오고 있다. 우리 마을은 지역 사회의 포커스가 되고 자존심의 원천이 되어 온 초등 학교가 없어질 수도 있는 상황에 직면하고 있다. 장기 계획의 목적은 마을의 생활 속에서 도서관의 가시성을 지속적으로 증진시킴으로써 우리 도서관에 대한 공공의 지지를 바탕으로 하면서 이를 증진시키고, 우리 도서관을 지역 사회의 자산으로서 그리고 지역 사회의 정체성의 포커스로서 더 확고하게 자리매김 해주게 될 장서들과 서비스들을 개발하는 것이다.

자 원

우리 지역 사회는 앞으로도 계속 주로 블루 칼라(blue-collar) 저소득 근로자들과 노인층 주민들로 이루어지는 지역 사회가 될 것이다. 그렇지만 양호한 국가 경제와 낮은 실업률은 로컬 수준으로까지 서서히 침투될 것이다. 이러한 요인들은 지가(地價) 상승과 우리 지역에 건축 중인 신축 주택에 이미 반영되고 있다. 비거주 도서관 이용자들에 대한 카운티의 보상은 가까운 장래에 우리 도서관의 자료 기금을 증가시켜 줄 것이며, 그때까지는 그와 같은 자금들의 지출에 대한 세심한 논리와 계획 수립을 보여 주는 것이 특히 중요하게 될 것이다.

이 용

우리 도서관의 이용은 이사 이후에 증가하고 있으며, 더 잘 보이는 위치와 좋은 시설 덕택에 계속해서 증가하게 될 것이다. 인터넷에 대한 강한 관심이 이미 나타나고 있으며 이는 지속적으로 증가할 것이다. 제공되는 새로운 포맷들은 성장을 촉진시키기 위한 마케팅 기법들의 사용 증가도 마찬가지로, 새로운 고객들을 불러오게 될 것이다.

스 탭

우리 도서관의 이용이 늘어남에 따라, 시간제의 사무직 근로자를 스탭에 추가할 필요가 생기게 될 것이다. 소장 자료들을 Wiscat에 입력하는 데에도 자원 봉사자의 도움이 필요하게 될 것이다. 도서관의 친구들 그룹을 적극적으로 찾고 후원하게 될 것이다.

장기 계획의 목적과 목표

목적 1: 우리 고객의 요청들에 신속하게 부응하도록 보장하기 위해 수요가 높은 자료들의 최신 장서를 제공하게 될 것이다.

- 목표 1: 2000년까지 전체 도서 주문 프로세스를 개선하고 용이하게 하기 위한 계획을 개발한다.
- 목표 2: 2001년까지 성인 소설 장서에 대한 고객 만족도 실태 조사를 실시한다.
- 목표 3: 2002년까지 성인 소설의 대출을 5%까지 증가시킨다.
- 목표 4: 2003년까지 청소년 자료들의 대출을 10%까지 증가시킨다.

목적 2: 자료들을 사람들이 원하는 포맷으로 제공하게 될 것이다.

- 목표 1: 2001년까지 비디오의 대출을 10%까지 증가시킨다.
- 목표 2: 2003년까지 오디오북들의 대출을 50%까지 증가시킨다.

목적 3: 우리 도서관은 학생들의 교육 향상을 뒷받침해주게 될 인쇄 정보 자원들을 제공하게 될 것이다.

- 목표 1: 2000년까지 교사들과 도서관의 커뮤니케이션을 개선시킨다.
- 목표 2: 2001년까지 백과 사전 이외의 최소한 15권으로 이루어지는 아동 참고 장서를 개발한다.

목표 3: 2003년까지 아동 논픽션 장서를 15%까지 증가시킨다.

목적 4: 우리 도서관은 학생들의 교육 향상을 증진시켜 주게 될 전자적 접근과 교육용 소프트웨어를 제공하게 될 것이다.

목표 1: 1999년 2월까지 12세 이상의 학생들에게 인터넷 및 Ebsco/UMI 접속을 제공한다.

목적 5: 우리 도서관은 일반적으로 관심을 가지고 있는 아주 광범위한 토픽들에 관한 성인 자료들을 제공하게 될 것이다.

목표 1: 2001년 말까지 성인 논픽션 장서를 10%까지 증가시킨다.

목표 2: 2003년까지 성인 논픽션 대출을 25%까지 증가시킨다.

목적 6: 우리 도서관은 평생 학습에 대한 관심을 증진시키게 될 서비스들을 제공하게 될 것이다.

목표 1: 2000년도까지 브라우징을 권장하기 위해 성인 논픽션 장서를 조직한다.

목표 2: 1999년도까지 공공이 관심을 가지고 있는 영역들의 연구 능력을 향상시키기 위해 인터넷 접속을 제공한다.

평가 전략

우리 도서관은 소규모 스탭을 유지하면서, 장기 및 단기 계획의 결과들을 검토하는 데 있어 기본 레벨의 노력을 활용하게 될 것이다. 도서관장은 자신과 다른 한 명의 스탭의 진행 중인 제반 행동들의 달성을 비공식적으로 모니터링하기 위해 단기 계획에 따르는 차트를 사용하게 될 것이다. 장기 계획 수립 단계의 말미에, 도서관장은 목표들을 얼마나 훌륭하게 달성했는지를 평가하기 위해 부록 A를 사용하고, 목적들을 검토하기 위해 부록 B를 사용하게 될 것이다. 도서관장은 또한 미래의 정보 니즈를 평가하고 전체 기획 프로세스를 검토하여 다음 단계의 권고안들을 만들어내기 위해 부록 C와 D도 사용하게 될 것이다.

장기적인 타임 라인	1999	2000	2001	2002	2003
목적 1: 목표 1					
목표 2					
목표 3					
목표 4					
목적 2: 목표 1					
목표 2					
목적 3: 목표 1					
목표 2					
목표 3					
목적 4: 목표 1					
목적 5: 목표 1					
목표 2					
목적 6: 목표 1					
목표 2					

단기 계획

켄달(Kendall) 공공 도서관
Kendall, Wisconsin

비전 취지문

켄달 공공 도서관은 다음과 같은 미래를 내다보고 있다.

- 모든 연령의 사람들은 자신들과 글로벌적인 지식을 연결시켜 주는 확장된 오락적, 정보적, 테크놀로지적 자원들을 발견하게 될 것이다.
- 지역 사회의 젊은이들은 재미있고 유쾌한 활동과 경험을 제공해주고 마을의 범위를 넘어서서 더 넓은 세계에 대비하여 준비하도록 해주게 될 자원과 프로그램, 서비스를 발견하게 될 것이다.
- 우리 도서관은 도서관을 지역 사회의 기쁨과 정체성(identity), 참여에 대한 강력한 인식을 갖도록 하기 위한 포커스가 되도록 하게 될 서비스와 프로그램, 자원을 제공하게 될 것이다.

사명 취지문

켄달 공공 도서관의 사명은 즐겁고 환영받는 환경에서, 모든 연령의 사람들에게 만족스런 오락적 경험을 제공해주고, 초 · 중 · 고등 학생들에게 학습 지원을 제공해주고, 모든 연령의 사람들에게 개인적 성장과 개발의 기회를 제공해주게 될 자료와 프로그램, 서비스를 제공하는 것이다.

켄달 공공 도서관의 역할

따라서 우리 도서관이 초점을 맞추고 있는 서비스 반응들은 다음과 같은 것들이 될 것이다.

- **일차적 역할: 최신 토픽과 타이틀:** 우리 도서관은 대중적인 문화적 및 사회적 트렌드에 관한 오락적 경험과 정보를 충족시키기 위한 주민들의 욕망을 충족시키는 데 도움을 준다.
- **일차적 역할: 형식적 학습(formal learning) 지원:** 우리 도서관은 학생들의 진척을 촉진시켜 주는 정보 자원과 개인적 도움, 교육적 도구들을 제공해준다.
- **이차적 역할: 평생 학습:** 우리 도서관은 자기 주도적인 개인적 성장 및 개발 기회들을 조성해주는 자료들을 제공해준다.

니즈 평가 / 지역 사회 연구

신축 도서관을 위한 운동에서 도서관 위원회와 마을이 현재 보여주고 있는 높은 수준의 노력 덕택에, 그리고 도서관장이 새로 부임했기 때문에, 이번에는 지역 사회에 대한 광범위한 연구를 실시하지 못하였다. 그보다는 "탐색" 단계의 기본적인 레벨의 노력을 선택하고 있다. 도서관장은 도서관 위원회의 위원들과 한 명의 다른 스탭, 지역 사회의 다양한 구성원들의 의견을 바탕으로 이 과업의 대부분을 처리하고 있다. 도서관장은 기존의 쉽게 접근할 수 있는 정보원(情報源)들로부터 정보를 수집하고 있으며, 정보를 수집하고 미래의 필요한 정보를 수집할 영역들을 목표로 하기 위해 워크폼(workform) C(*Planning and Role Setting for Public Libraries,* Chicago: ALA, 1987의)를 사용하고 있다. 도서관장은 또한 도서관 서비스에 미치는 잠재적인 영향들을 확인하고 가능한 도서관의 반응들을 결정하기 위해 워크폼 D(*Planning and Role Setting for Public Libraries*)를 사용하고 있다.

단기 계획 목적, 목표, 행동
1999년 1월 1일부터 1999년 12월 31일까지

목적 1: 우리 고객의 요청들에 신속하게 부응하도록 보장하기 위해 수요가 높은 자료들의 최신 장서를 제공하게 될 것이다.

목표 1: 2000년까지 전체 도서 주문 프로세스를 개선하고 용이하게 하기 위한 계획을 개발한다.

행동 1: 도서관장은 1999년 2월까지 Baker and Taylor에 "자동 주문"을 하기 위해 인기 있는 저자들의 명단을 만들어낼 것이다.

행동 2: 도서관장은 1999년 4월까지 자동 주문 소프트웨어를 찾아내기 위해 Ingram과 B&T에 전화를 할 것이다.

행동 3: 도서관장은 1999년 5월까지 초등 학교 사서에게 어떤 리뷰들과 회사들, 방법들을 사용하는지에 대해 문의할 것이다.

목표 2: 2001년까지 성인 소설 장서에 대한 고객 만족도 실태 조사를 실시한다.

행동 1: 도서관장은 1999년 전반기 중에 훌륭한 이용자 실태 조사에 관한 정보와 예들을 얻기 위해 WRIS 컨설턴트들에게 문의할 것이다.

행동 2: 도서관장은 1999년 여름에 조사서를 작성하고 그 배포 방법을 결정할 것이다.

행동 3: 도서관장은 1999년 9-10월에 조사서를 배포하고 결과들을 분석할 것이다.

목표 3: 2002년까지 성인 소설의 대출을 5%까지 증가시킨다.

행동 1: 도서관장은 1999년 12월까지 불만족 및 니즈(needs)의 영역들을 확인하기 위해 실태 조사의 결과들을 사용할 것이다.

행동 2: 도서관장은 가장 많이 원하는 것으로 확인된 새로운 영역들의 자료들의 주문을 2000년 1월부터 시작하게 될 것이다.

목표 4: 2003년까지 청소년 자료들의 대출을 10%까지 증가시킨다.

행동 1: 스탭은 1999년 3월까지 책등(spine)에 라벨을 붙여 청소년 자료들을 확인할 것이다.

행동 2: 스탭은 1999년 3월 1일까지 청소년을 가리키기 위해 목록카드들을 변경할 것이다.

행동 3: 도서관장은 1999년 3월까지 청소년 섹션을 눈에 띄게 하기 위해 포스터들을 주문할 것이다.

행동 4: 도서관장은 1999년 7월까지 청소년 장서와 토픽들, 자료들에 관한 정보를 얻기 위해 WRLS에 문의할 것이다.

목적 2: 자료들을 사람들이 원하는 포맷으로 제공하게 될 것이다.

목표 1: 2003년까지 오디오북들의 대출을 50%까지 증가시킨다.

행동 1: 도서관장은 오디오북에 대해 예산을 배정해야 할 월간 금액을 1999년 3월까지 결정할 것이다.

행동 2: 도서관장은 오디오북들을 1999년 4월부터 월 1회 주문하기 시작할 것이다.

목표 2: 2001년까지 비디오의 대출을 10%까지 증가시킨다.

행동 1: 도서관장은 1999년 1월에 B&T의 비디오 부서와 거래를 시작할 것이다.

행동 2: 도서관장은 1999년 4월부터 월 1회 비디오들을 주문할 것이다.

행동 3: 스탭은 기존 장서의 리스트를 작성하고 번호를 다시 부여할 것이다.

목적 3: 우리 도서관은 학생들의 교육 향상을 뒷받침해주게 될 인쇄 정보 자원들을 제공하게 될 것이다.

목표 1: 2000년까지 교사들과 도서관의 커뮤니케이션을 개선시킨다.

행동 1: 도서관장은 1998년 12월까지 도서관 카드를 제공하고 학생들을 만나기 위해 6학년 교실을 방문할 것이다.

행동 2: 도서관장은 1999년 5월에 여름 독서 프로그램을 홍보하기 위해 모든 초등 학교 교실을 방문할 것이다.

행동 3: 도서관장은 1999년 9월까지 1학년부터 6학년용 주요 교과서들을 상세히 검토할 것이다.

목표 2: 2003년까지 아동 논픽션 장서를 15%까지 증가시킨다.

행동 1: 도서관장은 1999년 10월까지 장서를 상세히 검토하고 가장 필요로 하는 자료들을 결정할 것이다.

행동 2: 도서관장은 1999년 12월까지 가장 필요로 하는 책들을 구입하기 위한 월간 계획을 수립할 것이다.

목표 3: 2001년까지 백과 사전 이외의 최소한 15권으로 이루어지는 아동 참고 장서를 개발한다.

행동 1: 도서관장은 1999년 12월까지 WRLS 컨설턴트에게 문의하고 서평들과 목록들을 읽고 구입해야 할 가장 좋은 책들을 결정할 것이다.

목적 4: 우리 도서관은 학생들의 교육 향상을 증진시켜 주게 될 전자적 접근과 교육용 소프트웨어를 제공하게 될 것이다.

목표 1: 1999년 2월까지 12세 이상의 학생들에게 인터넷 및 Ebsco/UMI 접속을 제공한다.

행동 1: 도서관장은 1999년 1월까지 인터넷 정책을 작성하고 위원회의 승인을 받기 위해 제안할 것이다.

행동 2: 도서관장은 1999년 2월까지 스탭에게 인터넷과 Ebsco/UMI에 대한 교육 훈련을 실시할 것이다.

행동 3: 도서관장은 1999년 2월까지 컴퓨터 근처에 디스플레이해야 할 기본적인 지시 사항들을 작성할 것이다.

목적 5: 우리 도서관은 일반적으로 관심을 가지고 있는 아주 광범위한 토픽들에 관한 성인 자료들을 제공하게 될 것이다.

목표 1: 2001년 말까지 성인 논픽션 장서를 10%까지 증가시킨다.

행동 1: 도서관장은 1999년 12월까지 ANF 장서를 상세히 검토하고 가장 필요로 하는 자료를 결정할 것이다.

행동 2: 도서관장은 1999년 12월까지 구입이 정연하게 이루어질 수 있도록 하기 위한 계획을 세울 것이다.

목표 2: 2003년까지 성인 논픽션 대출을 25%까지 증가시킨다.

행동 1: 도서관장은 1999년 중에 최소한 4차례의 시즌별 논픽션 디스플레이를 구상할 것이다.

행동 2: 도서관장은 1999년 9월에 가능한 토픽들 및 자료들의 리스트들과 디스플레이에 대한 작업을 시작할 것이다.

목적 6: 우리 도서관은 평생 학습에 대한 관심을 증진시키게 될 서비스들을 제공하게 될 것이다.

목표 1: 2000년까지 브라우징을 권장하기 위해 성인 논픽션 장서를 조직한다.

행동 1: 도서관장과 스탭은 주요 주제 영역들을 관심별로 식별하기 위해 표시(signage)를 사용할 것이다.

목표 2: 1999년까지 공공이 관심을 가지고 있는 영역들의 연구 능력을 향상시키기 위해 인터넷 접속을 제공한다.

행동 1: 도서관장은 1999년 7월까지 몇몇 관심 영역의 웹사이트들을 북마크(bookmark)할 것이다.

행동 2: 도서관장은 1999년 9월까지 몇몇 관심 영역의 웹사이트들에 대한 유인물을 만들 것이다.

단기타임라인	1월	2월	3월	4월	5월	6월	7월	8월	9월	10월	11월	12월
목적 1: 목표 1:												
행동 1												
행동 2												
행동 3												
목적 1: 목표 2:												
행동 1												
행동 2												
행동 3												
목적 1: 목표 3:												
행동 1												
행동 2												
목적 1: 목표 4:												
행동 1												
행동 2												
행동 3												
행동 4												
목적 2: 목표 1:												
행동 1												
행동 2												
목적 2: 목표 2:												
행동 1												
행동 2												
행동 3												

단기타임라인	1월	2월	3월	4월	5월	6월	7월	8월	9월	10월	11월	12월
목적 3: 목표 1:												
행동 1												
행동 2												
행동 3												
목적 3: 목표 2:												
행동 1												
행동 2												
목적 3: 목표 3:												
행동 1												
목적 4: 목표 1:												
행동 1												
행동 2												
행동 3												
목적 5: 목표 1:												
행동 1												
행동 2												
목적 5: 목표 2:												
행동 1												
행동 2												
목적 6: 목표 1:												
행동 1												
목적 6: 목표 2:												
행동 1												
행동 2												

단기계획	1/1/99-12/31/99
목적 1을 위한 행동	시행일
1. 도서관장: 자동주문리스트를 개발한다.	
2. 도서관장: Ing와 B&T/자동주문소프트웨어에 전화한다.	
3. 도서관장: 초등학교사서에게 주문도구들에 대해 문의한다.	
4. 도서관장: WRLS에 이용자 실태조사에 대해 문의한다.	
5. 도서관장: 조사서를 작성한다.	
6. 도서관장: 조사서를 배포하고, 결과들을 분석한다.	
7. 도서관장: 성인소설장서의 갭들(gaps)을 확인한다.	
8. 도서관장: 새로운 영역들의 자료들의 주문을 시작한다.	
9. 스 탭: 청소년자료의 책등(spine)에 라벨을 붙인다.	
10. 스 탭: 목록카드들을 청소년용으로 변경한다.	
11. 도서관장: 청소년섹션용 포스터들을 주문한다.	
12. 도서관장: 청소년정보를 얻기 위해 WRLS에 문의한다.	
권고사항:	

단기계획	1/1/99-12/31/99
목적 2를 위한 행동	시행일
1. 도서관장: 오디오용 예산을 결정한다.	
2. 도서관장: 결정된 월간오디오구매량의 구입을 시작한다.	
3. 도서관장: B&T의 비디오부서와 거래를 시작한다.	
4. 도서관장: 월 1회 비디오들을 주문한다.	
5. 스 탭: 기존비디오장서의 리스트를 작성하고 번호를 부여한다.	
권고사항:	

단기계획	1/1/99-12/31/99
목적 3을 위한 행동	시행일
1. 도서관장: 6학년 교실을 방문한다./도서관카드.	
2. 도서관장: 여름독서프로그램을 홍보하기 위해 1-6학년 교실을 방문한다.	
3. 도서관장: 1-6학년 주요 교과서들을 상세히 검토한다.	
4. 도서관장: 갭들(gaps)을 파악하기 위해 아동 논픽션 장서를 상세히 검토한다.	
5. 도서관장: 아동논픽션의 월간 구매계획을 작성한다.	
6. 도서관장: 구매해야 할 최선의 아동 참고 자료들을 결정한다.	
권고사항:	

단기계획	1/1/99-12/31/99
목적 4를 위한 행동	시행일
1. 도서관장: 위원회의 승인을 받기 위한 인터넷 정책을 작성한다.	
2. 도서관장: 인터넷 및 Ebsco/UMI의 이용에 대해 스탭을 교육 훈련 한다.	
3. 도서관장: 공동 이용을 위한 지시사항들을 작성한다.	
권고사항:	

단기계획	1/1/99-12/31/99
목적 5를 위한 행동	시행일
1. 도서관장: 가장 필요로 하는 자료들을 결정하기 위해 성인 논픽션 장서를 상세히 검토한다.	
2. 도서관장: 성인 논픽션 장서에 대한 구매계획을 작성한다.	
3. 도서관장: 시즌별 디스플레이를 구상한다.	
4. 도서관장: 토픽들/자료들의 리스트와 디스플레이를 만들어낸다.	
권고사항:	

단기계획	1/1/99-12/31/99
목적 6을 위한 행동	시행일
1. 도서관장/스탭: 주요 주제 영역들을 표시에 의해 식별한다/성인 논픽션	
2. 도서관장: 관심 영역들의 웹 사이트들을 북마크한다.	
3. 도서관장: 웹 사이트에 대한 유인물들을 작성한다.	
권고사항:	

부 록 C 도서관법

법률 제8069호[제정 2006.12.20]
법률 제9528호[일부개정 2009. 3.25]

제1장 총칙

제1조 (목적) 이 법은 국민의 정보 접근권과 알 권리를 보장하는 도서관의 사회적 책임과 그 역할 수행에 필요한 사항을 규정하여, 도서관의 육성과 서비스를 활성화함으로써 사회 전반에 대한 자료의 효율적인 제공과 유통, 정보접근 및 이용의 격차해소, 평생교육의 증진 등 국가 및 사회의 문화발전에 이바지함을 목적으로 한다.

제2조 (정의) 이 법에서 사용하는 용어의 정의는 다음과 같다.

1. "도서관"이라 함은 도서관자료를 수집 · 정리 · 분석 · 보존하여 공중에게 제공함으로써 정보이용 · 조사 · 연구 · 학습 · 교양 · 평생교육 등에 이바지하는 시설을 말한다.
2. "도서관자료"란 인쇄자료, 필사자료, 시청각자료, 마이크로형태자료, 전자자료, 그 밖에 장애인을 위한 특수자료 등 지식정보자원 전달을 목적으로 정보가 축적된 모든 자료(온라인 자료를 포함한다)로서 도서관이 수집 · 정리 · 보존하는 자료를 말한다.
3. "도서관서비스"라 함은 도서관이 도서관자료와 시설을 활용하여 공중에게 제공하거나 지원하는 대출 · 열람 · 참고서비스, 각종 시설과 정보기기의 이용서비스, 도서관자료 입수 및 정보해득력 강화를 위한 이용지도교육, 공중의 독서활동 지원 등 일체의 유 · 무형의 서비스를 말한다.
4. "공공 도서관"이라 함은 공중의 정보이용 · 문화활동 · 독서활동 및 평생교육을 위하여 국가 또는 지방자치단체가 설립 · 운영하는 도서관(이하 "공립 공공 도서관"이라 한다) 또는 법인(「민법」이나 그 밖의 법률에 따라 설립된 법인을

말한다. 이하 같다), 단체 및 개인이 설립 · 운영하는 도서관(이하 "사립 공공 도서관"이라 한다)을 말한다. 다음 각 목의 시설은 공공 도서관의 범주 안에 포함된다.

가. 공중의 생활권역에서 지식정보 및 독서문화 서비스의 제공을 주된 목적으로 하는 도서관으로서 제5조에 따른 공립 공공 도서관의 시설 및 도서관 자료기준에 미달하는 작은도서관

나. 장애인에게 도서관서비스를 제공하는 것을 주된 목적으로 하는 장애인도서관

다. 의료기관에 입원 중인 사람이나 보호자 등에게 도서관서비스를 제공하는 것을 주된 목적으로 하는 병원도서관

라. 육군, 해군, 공군 등 각급 부대의 병영 내 장병들에게 도서관서비스를 제공하는 것을 주된 목적으로 하는 병영도서관

마. 교도소에 수용 중인 사람에게 도서관서비스를 제공하는 것을 주된 목적으로 하는 교도소도서관

바. 어린이에게 도서관서비스를 제공하는 것을 주된 목적으로 하는 어린이도서관

5. "대학도서관"이라 함은 「고등교육법」 제2조에 따른 대학 및 다른 법률의 규정에 따라 설립된 대학교육과정 이상의 교육기관에서 교수와 학생, 직원에게 도서관서비스를 제공하는 것을 주된 목적으로 하는 도서관을 말한다.
6. "학교도서관"이라 함은 「초 · 중등교육법」 제2조에 따른 고등학교 이하의 각급 학교에서 교사와 학생, 직원에게 도서관서비스를 제공하는 것을 주된 목적으로 하는 도서관을 말한다.
7. "전문도서관"이라 함은 그 설립 기관 · 단체의 소속 직원 또는 공중에게 특정 분야에 관한 전문적인 도서관서비스를 제공하는 것을 주된 목적으로 하는 도서관을 말한다.
8. "납본"이라 함은 도서관자료를 발행하거나 제작한 자가 일정 부수를 법령에서 정한 기관에 의무적으로 제출하는 것을 말한다.
9. "온라인 자료"란 정보통신망(「정보통신망 이용촉진 및 정보보호 등에 관한 법률」 제2조제1항제1호의 정보통신망을 말한다. 이하 같다)을 통하여 공중송신(「저작권법」 제2조제7호의 공중송신을 말한다. 이하 같다)되는 자료를 말한다.
10. "온라인 자료 제공자"란 온라인 자료를 정보통신망을 통하여 공중송신하는 자를 말한다.

11. “기술적 보호조치”란 「저작권법」에 따라 보호되는 저작권 등의 권리에 대한 침해행위를 효과적으로 방지 또는 억제하기 위하여 그 권리자나 권리자의 동의를 얻은 자가 적용하는 기술적 조치를 말한다.

제3조 (적용범위) 이 법은 정보관 · 정보센터 · 자료실 · 자료센터 · 문화센터 및 이와 유사한 명칭과 기능이 있는 시설 중 대통령령이 정하는 바에 의하여 문화체육관광부장관이 인정하는 시설에 대하여도 적용한다.

제4조 (국가 및 지방자치단체의 책무) 국가 및 지방자치단체는 국민이 자유롭고 평등하게 지식정보에 접근하고 이를 이용할 수 있도록 도서관의 발전을 지원하여야 하며 이에 필요한 시책을 강구하여야 한다.

제5조 (도서관의 시설 및 도서관자료) ① 도서관은 도서관자료의 보존 · 정리와 이용자의 편의를 위하여 적합한 시설 및 도서관자료를 갖추어야 한다.

② 제1항에 따른 도서관의 시설 및 도서관자료의 기준은 대통령령으로 정한다.

제6조 (사서직원 등) ① 도서관은 대통령령이 정하는 바에 따라 도서관 운영에 필요한 사서직원, 「초 · 중등교육법」 제21조제2항에 따른 사서교사 및 실기교사를 두어야 하며, 도서관 운영에 필요한 전산직원 등 전문직원을 둘 수 있다.

② 제1항에 따른 사서직원의 구분 및 자격요건과 양성에 관하여 필요한 사항은 대통령령으로 정한다.

③ 국가 및 지방자치단체는 도서관직원의 전문적 업무수행 능력향상을 위하여 노력하고 이에 따른 교육기회를 제공하여야 한다.

제7조 (도서관의 이용 · 제공 등) ① 도서관은 도서관자료의 유통 · 관리 및 이용 등에 관한 업무의 효율성을 높이고 지식정보의 공동이용을 위하여 다른 도서관과 협력하여야 한다.

② 도서관은 주민에게 다양한 서비스를 제공하기 위하여 박물관 · 미술관 · 문화원 · 문화의 집 등 각종 문화시설과 교육시설, 행정기관, 관련 단체 및 지역사회와 협력하여야 한다.

③ 대학도서관 · 학교도서관 · 전문도서관 등은 그 설립 목적의 수행에 지장이 없는 범위 안에서 공중이 이용할 수 있도록 시설 및 도서관자료를 제공할 수 있다.

제8조 (이용자의 개인정보보호) 도서관은 도서관이용자의 개인정보 보호를 위하여 다음 각 호의 시책을 강구하여야 한다.

1. 이용자의 정보수집과 관리, 공개 등에 관한 규정의 제정에 관한 사항
2. 도서관직원에 대한 관련 교육의 실시에 관한 사항

3. 그 밖에 이용자의 개인정보보호와 관련하여 도서관장이 필요하다고 판단한 사항

제9조 (금전 등의 기부) 누구든지 도서관의 설립 · 시설 · 도서관자료 및 운영을 지원하기 위하여 금전 그 밖의 재산을 도서관에 기부할 수 있다.

제10조 삭제

제11조 (다른 법률과의 관계) 도서관에 관하여는 다른 법률에 특별한 규정이 있는 경우를 제외하고는 이 법이 정하는 바에 의한다.

제2장 도서관정책의 수립 및 추진체제

제12조 (도서관정보정책위원회의 설치) ① 도서관정책에 관한 주요사항을 수립 · 심의 · 조정하기 위하여 대통령 소속하에 도서관정보정책위원회(이하 "도서관위원회"라 한다)를 둔다.

② 도서관위원회는 다음 각 호의 사항을 수립 · 심의 · 조정한다.

1. 제14조의 종합계획의 수립에 관한 사항
2. 도서관 관련 제도에 관한 사항
3. 국가와 지방의 도서관 운영체계에 관한 사항
4. 도서관 운영평가에 관한 사항
5. 도서관 및 도서관자료의 접근 · 이용격차의 해소에 관한 사항
6. 도서관 전문인력 양성에 관한 사항
7. 그 밖에 도서관정책을 위하여 대통령령으로 정하는 사항

③ 도서관위원회의 사무를 지원하기 위하여 위원회에 사무기구를 두고, 제2항에 따른 기능을 수행하기 위하여 문화체육관광부에 기획단을 둔다.

④ 도서관위원회의 사무기구 및 기획단 설치 · 운영 등에 관하여 필요한 사항은 대통령령으로 정한다.

⑤ 위원장은 사무기구 및 기획단의 업무수행을 위하여 필요한 경우에는 관계 행정기관의 공무원 또는 관련 단체의 임직원의 파견을 요청할 수 있다. 이 경우 요청받은 기관의 장은 특별한 사유가 없는 한 이에 응하여야 한다.

제13조 (도서관위원회의 구성) ① 도서관위원회는 위원장 1인과 부위원장 1인을 포함한 30인 이내의 위원으로 구성한다.

② 위원장은 대통령이 위원 중에서 위촉하고, 부위원장은 문화체육관광부장관이 되며, 위원은 다음 각 호의 자가 된다.

1. 대통령령이 정하는 관계 중앙행정기관의 장 및 이에 준하는 기관의 장
2. 도서관에 관한 전문지식 및 경험이 풍부한 자 중 위원장이 위촉하는 자. 다만, 초대위원은 부위원장이 위촉한다.

③ 위원장은 회의를 소집 · 주재한다.

④ 위원장은 필요한 경우에 부위원장으로 하여금 직무를 대행하게 할 수 있다.

⑤ 제2항제2호에 따른 위원의 임기는 2년으로 하되, 1차에 한하여 연임할 수 있다.

⑥ 위원이 사고로 직무를 수행할 수 없거나 궐위된 때에는 지체없이 새로운 위원을 임명하여야 한다. 이 경우 보임된 위원의 임기는 전임위원의 잔여기간으로 한다.

⑦ 도서관위원회의 운영 등에 관하여 필요한 사항은 대통령령으로 정한다.

제14조 (도서관발전종합계획의 수립) ① 도서관위원회위원장은 도서관의 발전을 위하여 5년마다 도서관발전종합계획(이하 "종합계획"이라 한다)을 수립하여야 한다.

② 종합계획에는 다음 각 호의 사항이 포함되어야 한다.

1. 도서관정책의 기본방향에 관한 사항
2. 도서관정책의 추진목표와 방법에 관한 사항
   가. 도서관의 역할강화에 관한 사항
   나. 도서관의 환경개선에 관한 사항
   다. 도서관의 협력체계 활성화에 관한 사항
   라. 그 밖에 도서관정책의 주요 시책에 관한 사항
3. 역점 추진과제 및 관계 부처 등의 협조에 관한 사항

제15조 (연도별 시행계획의 수립 등) ① 중앙행정기관의 장과 특별시장 · 광역시장 · 도지사 및 특별자치도지사(이하 "시 · 도지사"라 한다)는 종합계획에 기초하여 매년 12월말까지 연도별 시행계획(이하 "시행계획"이라 한다)을 수립하여 추진하여야 한다.

② 시행계획을 수립 · 추진함에 있어서 시 · 도지사는 해당 지역의 교육감과 협의할 수 있다.

③ 시행계획의 수립 및 추진에 관하여 필요한 사항은 대통령령으로 정한다.

제16조 (재원의 조달) ① 국가 및 지방자치단체는 종합계획 및 시행계획의 추진을 위하여 필요한 재원을 확보하여야 한다.

② 도서관발전을 위하여 필요한 재원의 전부 또는 일부를 「문화예술진흥법」 제16조에 따른 문화예술진흥기금에서 출연 또는 보조할 수 있다.

第17조 (도서관 관련 협회등의 설립) ① 문화체육관광부장관은 도서관 상호 간의 도서관자료교환, 업무협력과 운영 · 관리에 관한 연구, 관련 국제단체와의 상호협력, 도서관서비스 진흥 및 도서관의 발전, 직원의 자질향상과 공동이익의 증진을 위하여 필요한 경우에 도서관 관련 협회 등(이하 "협회등"이라 한다)의 법인 설립을 허가할 수 있다.

② 국가는 제1항에 따른 협회등의 운영에 필요한 경비를 보조할 수 있다.

③ 협회등에 관하여 이 법에 규정된 것을 제외하고는 「민법」 중 비영리법인의 규정을 준용한다.

제3장 국립중앙도서관

第18조 (설치 등) ① 문화체육관광부장관은 그 소속하에 국가를 대표하는 도서관으로서 국립중앙도서관을 둔다.

② 국립중앙도서관은 국가대표도서관으로서 효율적인 업무처리 및 지역간 도서관의 균형발전을 위하여 필요한 경우에 지역별 · 분야별 분관을 둘 수 있다.

③ 그 밖에 국립중앙도서관의 조직 및 운영 등에 관하여 필요한 사항은 대통령령으로 정한다.

第19조 (업무) ① 국립중앙도서관은 다음 각 호의 업무를 수행한다.

1. 종합계획에 따른 관련 시책의 시행
2. 국내외 도서관자료의 수집 · 제공 · 보존관리
3. 국가 서지 작성 및 표준화
4. 정보화를 통한 국가문헌정보체계 구축
5. 도서관직원의 교육훈련 등 국내 도서관에 대한 지도 · 지원 및 협력
6. 외국도서관과의 교류 및 협력
7. 도서관발전을 위한 정책 개발 및 조사 · 연구
8. 「독서문화진흥법」에 따른 독서 진흥 활동을 위한 지원 및 협력
9. 그 밖에 국가대표도서관으로서 기능을 수행하는데 필요한 업무

② 제1항에 따른 업무수행에 관하여 필요한 사항은 대통령령으로 정한다.

③ 제1항제7호의 업무수행을 위하여 국립중앙도서관에 도서관연구소(이하 "연구소"라 한다)를 둔다.

④ 연구소의 설립 · 운영 및 업무에 관하여는 대통령령으로 정한다.

⑤ 국립중앙도서관은 그 업무를 효율적으로 수행하기 위하여 국회도서관과 협력하여야 한다.

제20조 (도서관자료의 납본) ① 누구든지 도서관자료(온라인 자료를 제외한다. 이하 이 조에서 같다)를 발행 또는 제작한 경우 그 발행일 또는 제작일부터 30일 이내에 그 도서관자료를 국립중앙도서관에 납본하여야 한다. 수정증보판인 경우에도 또한 같다.

② 국립중앙도서관은 제45조제2항제3호에서 규정한 업무를 수행하기 위하여 필요한 경우 도서관자료를 발행 또는 제작한 자에게 이를 디지털 파일형태로도 납본하도록 요청할 수 있다. 요청을 받은 자는 특별한 사유가 없는 한 이에 응하여야 한다.

③ 국립중앙도서관은 제1항 및 제2항에 따라 도서관자료를 납본한 자에게 지체 없이 납본 증명서를 교부하여야 하며 납본한 도서관자료의 전부 또는 일부가 판매용인 경우에는 그 도서관자료에 대하여 정당한 보상을 하여야 한다.

④ 납본대상 도서관 자료의 선정 · 종류 · 형태 · 부수와 납본 절차 및 보상 등에 관하여 필요한 사항은 대통령령으로 정한다.

제20조의2 (온라인 자료의 수집) ① 국립중앙도서관은 대한민국에서 서비스되는 온라인 자료 중에서 보존가치가 높은 온라인 자료를 선정하여 수집 · 보존하여야 한다.

② 국립중앙도서관은 온라인 자료가 기술적 보호조치 등에 의하여 수집이 제한되는 경우 해당 온라인 자료 제공자에게 협조를 요청할 수 있다. 요청을 받은 온라인 자료 제공자는 특별한 사유가 없는 한 이에 응하여야 한다.

③ 수집된 온라인 자료에 본인의 개인정보가 포함된 사실을 알게 된 자는 대통령령으로 정하는 방식에 따라 국립중앙도서관장에게 해당 정보의 정정 또는 삭제 등을 청구할 수 있다.

④ 제3항에 따른 청구에 대하여 국립중앙도서관장이 행한 처분 또는 부작위로 인하여 권리 또는 이익의 침해를 받은 자는 「행정심판법」에서 정하는 바에 따라 행정심판을 청구하거나 「행정소송법」에서 정하는 바에 따라 행정소송을 제기할 수 있다.

⑤ 국립중앙도서관은 제1항에 따라 수집하는 온라인 자료의 전부 또는 일부가 판매용인 경우에는 그 온라인 자료에 대하여 정당한 보상을 하여야 한다.

⑥ 수집대상 온라인 자료의 선정 · 종류 · 형태와 수집 절차 및 보상 등에 관하여 필요한 사항은 대통령령으로 정한다.

제21조 (국제표준자료번호) ① 도서 또는 연속간행물을 발행하고자 하는 공공기관, 개인 및 단체는 그 도서 또는 연속간행물에 대하여 국립중앙도서관으로부터 국제표준자료번호(이하 "자료번호"라 한다)를 부여받아야 한다.

② 국립중앙도서관은 제1항의 규정에 따른 업무를 효율적으로 수행하기 위하여 출판 등 관련 전문기관 · 단체 등과 상호 협력하여야 한다.

③ 자료번호의 부여에 필요한 사항은 대통령령으로 정한다.

제4장 지역대표도서관

제22조 (설치 등) ① 특별시 · 광역시 · 도 · 특별자치도(이하 "시 · 도"라 한다)는 해당지역의 도서관시책을 수립하여 시행하고 이와 관련된 서비스를 체계적으로 지원하기 위하여 지역대표도서관을 지정 또는 설립하여 운영하여야 한다.

② 제1항에 따른 지역대표도서관의 설립 · 운영에 관하여 필요한 사항은 대통령령으로 정한다.

제23조 (업무) 지역대표도서관은 다음 각 호의 업무를 수행한다.

1. 시 · 도 단위의 종합적인 도서관자료의 수집 · 정리 · 보존 및 제공
2. 지역의 각종 도서관 지원 및 협력사업 수행
3. 도서관 업무에 관한 조사 · 연구
4. 지역의 도서관자료수집 지원 및 다른 도서관으로부터 이관받은 도서관자료의 보존
5. 국립중앙도서관의 도서관자료 수집활동 및 도서관 협력사업 등 지원
6. 그 밖에 지역대표도서관으로서 필요한 업무

제24조 (지방도서관정보서비스위원회의 설치 등) ① 시 · 도는 관할지역 내에 있는 도서관의 균형 있는 발전과 지식정보격차의 해소에 관한 주요사항을 심의하기 위하여 지방도서관정보서비스위원회(이하 "지방도서관위원회"라 한다)를 둔다.

② 지방도서관위원회는 다음 각 호의 사항을 심의한다.

1. 지방도서관의 균형발전에 관한 사항
2. 지방도서관의 지식정보격차 해소에 관한 사항
3. 그 밖에 지방도서관정책을 위하여 지방도서관위원회에서 필요하다고 인정하는 사항

③ 지방도서관위원회는 위원장 1인과 부위원장 1인을 포함한 15인 이내의 위원으

로 구성한다.

④ 위원장은 시 · 도지사가 되고, 부위원장은 지역대표도서관장이 되며 위원은 도서관에 관한 전문지식과 경험이 풍부한 자 중 위원장이 위촉하는 자가 된다.

⑤ 위원장은 회의를 소집 · 주재한다.

⑥ 위원장은 필요한 경우에 부위원장으로 하여금 직무를 대행하게 할 수 있다.

⑦ 지방도서관위원회의 운영에 관하여 필요한 사항은 당해 지방자치단체의 조례로 정한다.

第25조 (운영비의 보조) 국가는 도서관 협력체계의 효율적 운영을 위하여 지역대표도서관을 설치한 시 · 도에 대하여 그 사업비의 일부를 보조할 수 있다.

第26조 (도서관자료의 제출) ① 지방자치단체가 자료를 발행 또는 제작한 경우에는 그 발행일 또는 제작일부터 30일 이내에 그 도서관자료를 관할지역 안에 있는 지역대표도서관에 제출하여야 한다. 수정증보판인 경우에도 또한 같다.

② 제출대상 도서관자료의 종류 · 부수 및 제출 절차 등에 관하여 필요한 사항은 대통령령으로 정한다.

제4장의2 공공 도서관

第27조 (설치 등) ① 국가 또는 지방자치단체는 대통령령이 정하는 바에 따라 공립 공공 도서관을 설립 · 육성하여야 한다.

② 누구든지 사립 공공 도서관을 설립 · 운영할 수 있다.

③ 제1항에 따라 설립된 공립 공공 도서관은 "도서관"이라는 명칭을 사용하여야 한다.

第28조 (업무) 공공 도서관은 정보 및 문화, 교육센터로서 수행하여야 할 기능을 발휘할 수 있도록 다음 각 호의 업무를 수행한다.

1. 도서관자료의 수집 · 정리 · 보존 및 공중에 이용 제공
2. 공중에 필요한 정보의 제공 및 지방행정에 필요한 정보의 제공
3. 독서의 생활화를 위한 계획의 수립 및 실시
4. 강연회, 전시회, 독서회, 문화행사 및 평생교육 관련 행사의 주최 또는 장려
5. 다른 도서관과의 긴밀한 협력 및 도서관자료의 상호대차
6. 지역 특성에 따른 분관 등의 설립 및 육성
7. 그 밖에 공공 도서관으로서의 기능수행에 필요한 업무

제29조 (공립 공공 도서관의 운영 및 지원 등) ① 국가 및 지방자치단체는 도서관의 설립 · 운영 및 도서관자료수집에 관하여 필요한 경비의 일부를 보조하는 등 공립 공공 도서관의 균형 있는 발전과 효율적 운영을 위하여 필요한 지원을 할 수 있다.

② 지방자치단체가 설립 · 운영하는 공립 공공 도서관에 대하여는 당해 지방자치단체의 일반회계에서 그 운영비를 부담하여야 한다.

③ 「지방교육자치에 관한 법률」 제32조에 따라 교육감이 설립 · 운영하는 공립 공공 도서관에 대하여는 해당지방자치단체의 일반회계 예산의 범위 안에서 그 운영비의 일부를 부담하여야 한다.

제30조 (공립 공공 도서관의 관장 및 도서관운영위원회) ① 공립 공공 도서관의 관장은 사서직으로 임명한다.

② 공립 공공 도서관은 해당도서관의 효율적인 운영을 도모하고 각종 문화시설과 긴밀히 협조하기 위하여 도서관운영위원회를 두어야 한다.

③ 제2항에 따른 도서관운영위원회의 구성 및 운영에 관하여 필요한 사항은 당해 지방자치단체의 조례로 정한다.

제31조 (사립 공공 도서관의 등록 및 폐관) ① 누구든지 사립 공공 도서관을 설립하고자 할 때에는 제5조 및 제6조에 따른 시설 · 도서관자료 및 사서직원 등에 관한 기준을 갖추고 대통령령이 정하는 바에 따라 시장 · 군수 · 자치구의 구청장(이하 "시 · 군 · 구청장"이라 한다)에게 등록신청을 할 수 있다. 이 경우 시 · 군 · 구청장은 등록증을 교부하여야 한다.

② 제1항에 따라 등록한 자가 그 등록사항을 변경하려면 변경등록을 하여야 한다.

③ 제1항에 따라 등록한 사립 공공 도서관의 설립자가 당해 도서관을 폐관하고자 할 때에는 시 · 군 · 구청장에게 등록증을 반납하여야 한다.

제31조의2 (등록의 취소 등) ① 시 · 군 · 구청장은 제31조제1항에 따라 등록한 사립 공공 도서관이 다음 각 호의 어느 하나에 해당하면 등록을 취소하거나 기한을 정하여 시정을 요구하거나 6개월 이내의 기간을 정하여 운영정지를 명할 수 있다.

1. 거짓이나 그 밖의 부정한 방법으로 등록을 한 경우
2. 제31조제2항에 따른 변경등록을 하지 아니한 경우
3. 제5조 및 제6조에 따른 시설 및 도서관자료기준 등을 유지하지 못하여 제2조에 따른 업무를 수행할 수 없다고 인정되는 경우

4. 그 밖에 이 법에 따른 도서관의 설립목적을 위반하여 관리 · 운영한 경우

② 제1항에 따라 등록이 취소된 때에는 그 도서관의 대표자는 시 · 군 · 구청장에게 1개월 이내에 등록증을 반납하여야 한다.

제31조의3 (청문) 시 · 군 · 구청장이 제31조의2에 따라 등록을 취소하고자 하는 경우에는 청문을 실시하여야 한다.

제32조 (사립 공공 도서관의 지원 등) 국가 및 지방자치단체는 제31조제1항에 따라 등록한 사립 공공 도서관의 균형 있는 발전과 효율적 운영에 필요한 지원을 할 수 있다.

제33조 (사용료 등) 공공 도서관은 대통령령이 정하는 바에 따라 그 이용자에게서 사용료 등을 받을 수 있다.

제5장 대학도서관

제34조 (설치) 「고등교육법」 제2조에 따른 대학 및 다른 법률의 규정에 따라 설립된 대학교육과정 이상의 교육기관에는 대학도서관을 설치하여야 한다.

제35조 (업무) 대학도서관은 교수와 학생의 연구 및 교육활동과 교직원 등의 지식정보 함양에 필요한 다음 각 호의 업무를 수행한다.

1. 대학교육에 필요한 각종 정보자료의 수집 · 정리 · 보존 및 서비스 제공
2. 효율적 교육 과정의 수행을 위한 지원
3. 다른 도서관 및 관련 기관과의 상호협력과 서비스 제공
4. 그 밖에 대학도서관으로서의 기능수행에 필요한 업무

제36조 (지도 · 감독) 대학도서관은 「고등교육법」과 「사립학교법」 및 그 밖의 법률의 규정에 따른 해당대학의 지도 · 감독이나 교육기관의 감독청의 지도 · 감독을 받아야 한다.

제6장 학교도서관

제37조 (설치) 「초 · 중등교육법」 제2조에 따른 학교에는 학교도서관을 설치하여야 한다.

제38조 (업무) 학교도서관은 학생 및 교원 등의 교수, 학습활동을 지원하기 위하여 다음 각 호의 업무를 수행한다.

1. 학교교육에 필요한 도서관자료의 수집 · 정리 · 보존 및 이용서비스 제공
2. 학교소장 교육 자료의 통합관리 및 이용 제공
3. 시청각자료 및 멀티미디어 자료의 개발 · 제작 및 이용 제공
4. 정보관리시스템과 통신망을 이용한 정보공유체제의 구축 및 이용 제공
5. 도서관 이용의 지도 및 독서교육, 협동수업 등을 통한 정보 활용의 교육
6. 그 밖에 학교도서관으로서 해야 할 기능수행에 필요한 업무

제39조 (지도 · 감독) 학교도서관은 「초 · 중등교육법」과 「사립학교법」 및 그 밖의 법률의 규정에 따른 해당학교의 감독청의 지도 · 감독을 받는다.

제7장 전문도서관

제40조 (등록 및 폐관) ① 국가, 지방자치단체, 법인, 단체 또는 개인은 전문도서관을 설립할 수 있다.

② 누구든지 전문도서관을 설립(이하 "사립 전문도서관"이라 한다)하고자 할 때에는 제5조 및 제6조에 따른 시설 · 도서관자료 및 사서직원 등에 관한 기준을 갖추고 대통령령이 정하는 바에 따라 시 · 군 · 구청장에게 등록 신청을 할 수 있다. 이 경우 시 · 군 · 구청장은 등록증을 교부하여야 한다.

③ 제2항에 따라 등록한 사립 전문도서관의 설립자가 해당도서관을 폐관하고자 할 때에는 시 · 군 · 구청장에게 등록증을 반납하여야 한다.

제41조 (업무) 전문도서관은 다음 각 호의 업무를 수행한다.

1. 전문적인 학술 및 연구 활동에 필요한 도서관자료의 수집 · 정리 · 보존 및 이용서비스 제공
2. 학술 및 연구 활동에 대한 신속하고 효율적인 지원
3. 다른 도서관과의 도서관자료공유를 비롯한 다양한 협력활동
4. 그 밖에 전문도서관으로서의 기능수행에 필요한 업무

제42조 (준용) 제32조는 제40조제2항에 따라 등록된 사립 전문도서관에 대하여 이를 준용한다.

제8장 지식정보격차의 해소

제43조 (도서관의 책무) ① 도서관은 「정보격차해소에 관한 법률」 제10조에 따라

지식정보격차 해소를 위한 시설 · 도서관자료 및 프로그램을 설치 · 운영하여야 한다.

② 도서관은 모든 국민이 신체적 · 지역적 · 경제적 · 사회적 여건에 관계없이 공평한 지식정보서비스를 제공받는 데에 필요한 모든 조치를 하여야 한다.

③ 도서관은 지식정보격차 해소를 위한 시설과 서비스를 제공하는 경우에 장애인 그 밖에 대통령령이 정하는 지식정보 취약계층(이하 "지식정보 취약계층"이라 한다)의 접근 및 이용편의를 증진하는 데에 최선을 다하여야 한다.

第44조 (지식정보격차 해소의 지원) ① 국가 및 지방자치단체는 지식정보 취약계층이 도서관시설과 서비스를 자유롭게 이용할 수 있도록 필요한 시책을 강구하여야 한다.

② 국가 및 지방자치단체는 「정보격차해소에 관한 법률」 제10조제2항 및 제3항에 따라 지식정보 취약계층의 지식정보 접근 및 이용환경을 개선하기 위하여 도서관이 도서관자료, 시설, 정보기기 및 소프트웨어 등을 구비하는데 필요한 재정의 일부를 지원할 수 있다.

③ 국가 및 지방자치단체는 지식정보 취약계층이 도서관자료를 이용하는 경우 「저작권법」 제31조제5항에 따라 저작재산권자에게 지급하여야 하는 보상금에 대하여 예산의 범위에서 그 전부 또는 일부를 보조할 수 있다.

第45조 (국립장애인도서관지원센터의 설립 · 운영) ① 국립중앙도서관장 소속하에 지식정보 취약계층 중에서 특히 장애인에 대한 도서관서비스를 지원하기 위하여 국립장애인도서관지원센터(이하 "지원센터"라 한다)를 둔다.

② 지원센터는 다음 각 호의 업무를 수행한다.

1. 도서관의 장애인서비스를 위한 국가 시책 수립 및 총괄
2. 장애인 서비스를 위한 도서관 기준 및 지침의 제정
3. 장애인을 위한 독서자료 · 학습교재 · 이용설명서 등의 제작 · 배포
4. 장애인을 위한 정보서비스와 특수설비의 연구 및 개발
5. 장애인의 정보서비스를 담당하는 전문직원 교육
6. 장애인의 정보서비스를 위한 국내외 도서관과의 협력
7. 그 밖에 장애인에게 필요한 도서관서비스에 관한 업무

③ 지원센터의 설립 · 운영 및 업무에 관하여 필요한 사항은 대통령령으로 정한다.

제9장 보칙

제46조 (권한의 위임 · 위탁) 이 법에 따른 문화체육관광부장관의 권한은 그 일부를 시 · 도지사에게 위임하거나 협회 및 관련 단체에 위탁할 수 있다. 이 경우 문화체육관광부장관은 위탁업무 수행을 위하여 협회 및 단체 등에 사업비를 포함한 운영비를 지원할 수 있다.

제47조 (과태료) ① 제20조제1항을 위반한 자에게는 해당 도서관자료 정가(그 도서관자료가 비매자료인 경우에는 해당 발행 도서관자료의 원가)의 10배에 해당하는 금액 이하의 과태료를 부과한다.

② 제1항에 따른 과태료는 문화체육관광부장관이 부과 · 징수한다.

제48조 삭제

부칙 〈제9528호, 2009.3.25〉

① (시행일) 이 법은 공포 후 6개월이 경과한 날부터 시행한다.

② (작은도서관에 관한 경과조치) 이 법 시행 당시 등록 · 신고된 문고는 제2조제4호 가목의 개정규정에 따른 작은도서관으로 본다.

부 록 D 도서관법 시행령

[대통령령 제21739호, 일부개정 2009.9.21]

제1조 (목적) 이 영은 「도서관법」에서 위임된 사항과 그 시행에 관하여 필요한 사항을 규정함을 목적으로 한다.

제2조 (인정요건 및 절차) ① 「도서관법」(이하 "법"이라 한다) 제3조에 따라 문화체육관광부장관은 정보관 · 정보센터 · 자료실 · 자료센터 · 문화센터 등의 시설 중 공중이 그 시설에서 보존하는 자료를 이용할 수 있는 검색 · 이용 및 대출에 관한 시설을 갖춘 시설을 직권 또는 신청을 받아 이 법의 적용을 받는 시설로 인정할 수 있다.

② 제1항에 따른 시설로 인정을 받으려는 자는 인정신청서에 보존하는 자료의 현황과 검색 · 이용 및 대출에 관한 시설의 현황에 관한 서류를 첨부하여 문화체육관광부장관에게 제출하여야 한다.

제3조 (도서관의 시설과 도서관자료) 법 제5조제2항에 따라 도서관이 갖추어야 하는 시설과 도서관자료의 기준은 별표 1과 같다.

제4조 (사서직원 등) ① 법 제6조제1항에 따라 도서관에 두는 사서직원의 기준은 별표 2와 같다.

② 법 제6조제2항에 따른 사서직원의 구분과 자격요건은 별표 3과 같다.

③ 문화체육관광부장관은 제2항에 따른 사서직원의 자격요건을 갖춘 자에게 문화체육관광부령으로 정하는 바에 따라 사서자격증을 발급하여야 한다.

제5조 (도서관정보정책위원회의 심의 · 조정사항) 법 제12조제2항제7호에서 "대통령령으로 정하는 사항"이란 다음 각 호의 사항을 말한다.

1. 도서관 운영 및 이용 실태에 관한 사항
2. 법 제24조에 따른 지방도서관정보서비스위원회와의 협력에 관한 사항
3. 도서관 이용 등에 관한 민간 참여 및 자원봉사 활성화에 관한 사항
4. 도서관자료의 교환, 이관, 폐기 및 제적(제적 : 더 이상 이용가치가 없는 도서

를 등록대장에서 제거하는 것을 말한다)의 기준과 범위에 관한 사항

5. 도서관의 시설 및 도서관자료 기준과 사서직원 배치 기준에 관한 사항
6. 제8조에 따른 연도별 시행계획의 수립지침 및 관계 행정기관의 의견조정에 한 사항
7. 그 밖에 도서관의 주요 정책과 사업에 관한 사항으로서 법 제12조에 따른 도서관정보정책위원회(이하 “도서관위원회”라 한다)의 위원장이 회의에 부치는 사항

제6조 (도서관위원회의 당연직 위원) ① 법 제13조제2항제1호에서 "대통령령이 정하는 관계 중앙행정기관의 장 및 이에 준하는 기관의 장"이란 기획재정부장관 · 교육과학기술부장관 · 법무부장관 · 국방부장관 · 행정안전부장관 · 문화체육관광부장관 · 지식경제부장관 · 보건복지가족부장관 · 여성부장관 · 국토해양부장관을 말한다.

② 도서관위원회의 회의는 재적위원 과반수의 출석으로 개의하고, 출석위원 과반수의 찬성으로 의결한다.

③ 도서관위원회에 출석하는 위원, 관계 공무원 또는 관계 전문가 등에게는 예산의 범위에서 수당, 여비 그 밖에 필요한 경비를 지급할 수 있다. 다만, 공무원이 그 소관 업무와 직접 관련하여 도서관위원회에 출석하는 경우에는 그러하지 아니하다.

④ 이 영에서 정한 것 외에 도서관위원회의 운영에 필요한 사항은 도서관위원회의 심의를 거쳐 도서관위원회의 위원장이 정한다.

제7조 (실무조정회의) ① 도서관위원회의 심의 안건에 대한 관계 행정기관의 실무협의 및 조정을 위하여 실무조정회의를 둘 수 있다.

② 실무조정회의의 구성과 운영에 필요한 사항은 문화체육관광부령으로 정한다.

제8조 (연도별 시행계획의 수립 · 추진) ① 법 제15조에 따른 연도별 시행계획(이하 “시행계획”이라 한다)의 효율적인 수립을 위하여 문화체육관광부장관은 도서관위원회의 심의를 거쳐 다음 해의 시행계획 수립지침을 정하고, 이를 9월 30일까지 관계 중앙행정기관의 장과 특별시장 · 광역시장 · 도지사 및 특별자치도지사(이하 “시 · 도지사”라 한다)에게 통보하여야 한다.

② 관계 중앙행정기관의 장과 시 · 도지사는 제1항의 시행계획 수립지침에 따라 11월 30일까지 다음 각 호의 사항이 포함된 다음 해의 시행계획을 수립하여 문화체육관광부장관에게 제출하여야 한다.

1. 해당 연도의 사업추진방향
2. 주요 사업별 추진방향
3. 주요 사업별 세부운영계획
4. 그 밖의 사업추진에 관하여 필요한 사항

③ 문화체육관광부장관은 제2항에 따라 제출된 다음 해의 시행계획을 종합하여 도서관위원회의 심의를 거쳐 확정한 후 이를 12월 31일까지 관계 중앙행정기관의 장 및 시 · 도지사에게 통보하여야 한다.

④ 관계 중앙행정기관의 장 및 시 · 도지사는 1월 31일까지 전년도 시행계획의 추진 실적을 문화체육관광부장관에게 제출하여야 하며, 문화체육관광부장관은 이를 종합하여 3월 31일까지 도서관위원회에 제출하여야 한다.

제9조 (도서관직원의 교육훈련) ① 국립중앙도서관은 법 제19조제1항제5호에 따른 도서관직원의 교육훈련을 위하여 사서교육훈련과정을 설치하고 운영하여야 한다.

② 도서관의 장은 소속 직원이 5년에 1회 이상 제1항에 따른 사서교육훈련과정을 이수하도록 하여야 한다.

③ 국립중앙도서관장은 제1항에 따른 사서교육훈련과정의 일부를 다른 도서관 · 연수기관 또는 문헌정보학과나 도서관학과를 설치한 대학으로 하여금 실시하게 할 수 있다.

④ 제1항부터 제3항까지의 규정에서 정한 것 외에 도서관직원에 대한 교육훈련에 관하여 필요한 사항은 국립중앙도서관장이 정한다.

제10조 (국립중앙도서관의 협력업무) 국립중앙도서관은 법 제19조제1항제5호 및 제6호에 따른 국내외 도서관과의 교류와 협력을 위하여 다음 각 호의 업무를 수행하여야 한다.

1. 국가문헌정보체계 구축을 통한 정보와 도서관자료의 유통
2. 분담수서(분담수서 : 도서관자료를 분담하여 수집하는 것을 말한다), 상호대차(상호대차 : 도서관간에 도서관자료를 상호교류하는 것을 말한다), 종합목록 및 도서관자료의 공동보존
3. 국내외 희귀 도서관자료의 복제와 배부
4. 도서관자료의 보존과 관련된 지원
5. 국제도서관기구에의 가입과 국제간 공동사업 수행에의 참여
6. 국내외 각종 도서관과의 업무협력 연계체제 구축을 위한 도서관협력망의 운용

제11조 (국제교류를 위한 도서관자료의 제공) ① 국립중앙도서관장은 「공공기록물 관리에 관한 법률」 제3조제1호에 따른 공공기관이 발행하거나 제작한 자료 중 법 제19조제1항제6호에 따른 외국도서관과의 교류 및 협력을 위하여 필요한 도서관자료가 있는 경우에는 그 도서관자료의 제공을 요청할 수 있다.

②제1항에 따라 도서관자료의 제공을 요청받은 기관은 해당 도서관자료가 「보안업

무규정」에 따른 비밀에 속하는 등의 특별한 사유가 없는 한 도서관자료의 제공에 협조하여야 한다.

제12조 (독서 진흥 활동을 위한 지원 및 협력) 국립중앙도서관은 법 제19조제1항 제8호에 따른 독서 진흥 활동을 위한 지원 및 협력을 위하여 다음 각 호의 업무를 수행하여야 한다.

1. 공중의 독서활동 촉진을 위한 독서 자료(「독서문화진흥법」 제2조제2호에 따른 독서 자료를 말한다) 및 각종 프로그램의 개발과 보급
2. 제21조에 따른 지식정보 취약계층의 독서환경 개선
3. 독서 관련 시설 · 기관 및 단체와의 협력

제13조 (도서관자료의 납본) ① 법 제20조제1항에 따라 국립중앙도서관에 납본(納本)하는 도서관자료는 다음 각 호의 도서관자료로 한다.

1. 도서
2. 연속간행물
3. 악보, 지도 및 가제식(加除式) 자료
4. 마이크로형태의 자료 및 전자자료
5. 슬라이드, 음반, 카세트테이프, 비디오물 등 시청각자료
6. 「출판문화산업 진흥법」 제2조제4호에 따른 전자출판물 중 콤팩트디스크, 디지털비디오디스크 등 유형물
7. 점자자료, 녹음자료 및 큰활자자료 등 장애인을 위한 특수자료
8. 출판 환경의 변화에 따라 새로운 형태로 발간되는 기록물로서 문화체육관광부장관이 인정하는 도서관자료

② 법 제20조제2항에 따라 국립중앙도서관에 디지털 파일형태로도 납본하도록 요청할 수 있는 도서관자료는 제1항 각 호의 도서관자료 중에서 장애인을 위한 특수자료로 변환 및 제작이 가능한 자료로 한다. 이 경우 디지털 파일형태는 국립중앙도서관장이 제13조의3에 따른 도서관자료심의위원회의 심의를 거쳐 선정하여 고시한다.

③ 제1항에 따른 납본 대상 자료의 납본 부수는 2부로 하고, 제2항에 따른 디지털 파일형태로 된 자료의 납본 부수는 1부로 한다.

④ 법 제20조제1항 및 제2항에 따라 도서관자료를 납본하는 자는 문화체육관광부령으로 정하는 바에 따라 도서관자료 납본서를 국립중앙도서관장에게 제출하여야 한다. 다만, 납본한 도서관자료의 전부 또는 일부가 판매용인 경우에는 문화체육관광부령으로 정하는 바에 따라 보상청구서를 제출하여야 한다.

제13조의2 (온라인 자료의 수집) ① 법 제20조의2제1항에 따라 국립중앙도서관이 수집하는 온라인 자료는 전자적 형태로 작성된 웹사이트, 웹자료 등으로서 국립중앙도서관장이 제13조의3에 따른 도서관자료심의위원회의 심의를 거쳐 선정하여 고시하는 자료로 한다.

② 국립중앙도서관장은 법 제20조의2제1항에 따라 수집하는 온라인 자료의 전부 또는 일부가 판매용인 경우에는 그 온라인 자료를 제공한 자에게 도서관자료 수집 증명서를 발급(전자문서에 의한 발급을 포함한다)하여야 한다.

③ 제2항에 따라 도서관자료 수집증명서를 발급받은 온라인 자료 제공자는 문화체육관광부령으로 정하는 바에 따라 도서관자료 보상청구서를 국립중앙도서관장에게 제출(전자문서에 의한 제출을 포함한다)하여야 한다.

④ 국립중앙도서관장은 법 제20조의2제1항에 따라 수집하는 온라인 자료에 대하여 그 대가를 정당하게 보상하기 어려운 경우에는 도서관자료에서 해당 온라인 자료를 삭제하는 등의 조치를 할 수 있다.

제13조의3 (도서관자료심의위원회 설치) ① 법 제20조에 따라 납본되는 도서관자료 및 법 제20조의2에 따라 수집되는 온라인 자료의 선정 · 종류 · 형태 및 보상 등에 관한 주요 사항을 심의하기 위하여 국립중앙도서관에 도서관자료심의위원회(이하 "심의위원회"라 한다)를 둔다.

② 심의위원회는 위원장을 포함하여 15명 이내의 위원으로 구성한다.

③ 위원은 다음 각 호의 사람이 되고, 위원장은 제2호에 따라 위촉된 위원 중에서 호선한다.

1. 교육과학기술부장관, 행정안전부장관 및 문화체육관광부장관이 지명하는 교육과학기술부, 행정안전부 및 문화체육관광부 소속 고위공무원 각 1명
2. 도서관 및 관련 분야에 관한 전문지식과 경험이 풍부한 사람 중에서 국립중앙도서관장이 위촉하는 사람

④ 위원장은 심의위원회를 대표하며, 그 업무를 총괄한다.

⑤ 제3항제2호에 따라 위촉되는 위원의 임기는 2년으로 한다.

⑥ 심의위원회의 업무를 효율적으로 수행하기 위하여 분야별로 분과위원회를 둘 수 있다.

⑦ 제1항부터 제6항까지에서 규정한 사항 외에 심의위원회 및 분과위원회의 운영 등에 필요한 사항은 문화체육관광부령으로 정한다.

제13조의4 (개인정보의 정정 또는 삭제 청구) ① 법 제20조의2제3항에 따라 개인정보의 정정 또는 삭제를 청구하려는 자는 개인정보 정정 · 삭제 청구서를 국립중앙도서관장에게 제출하여야 한다.

② 국립중앙도서관장은 제1항에 따른 정정 또는 삭제 청구를 받은 때에는 10일 이내에 필요한 조치를 한 후 정정 · 삭제조치 결과통지서를 청구인에게 송부하여야 한다. 이 경우 10일 이내에 필요한 조치를 할 수 없는 정당한 사유가 있을 때에는 그 사유를 통지하고 한 차례만 10일의 범위에서 그 기간을 연장할 수 있다.

③ 국립중앙도서관장은 제1항에 따른 정정 또는 삭제 청구에 대하여 정정 또는 삭제를 하지 아니하기로 결정하거나 청구의 내용과 다른 결정을 한 경우에는 그 결정의 내용 및 사유와 해당 결정에 대한 불복절차에 관한 사항을 적은 정정 · 삭제 거부 등 결정통지서를 청구인에게 송부하여야 한다.

제14조 (국제표준자료번호의 부여) ①법 제21조제1항에 따른 국제표준자료번호(이하 "자료번호"라 한다)는 국제표준도서번호와 국제표준연속간행물번호로 구분하되, 국립중앙도서관장은 자료의 이용과 유통과정의 편의를 위하여 부가기호를 추가로 부여할 수 있다.

②자료번호를 부여 받으려는 자는 문화체육관광부령으로 정하는 바에 따라 국립중앙도서관장에게 자료번호신청서를 제출하여야 한다.

③자료번호와 부가기호(이하 "한국문헌번호"라 한다)의 부여 대상, 절차 및 표시 방법 등은 국립중앙도서관장이 정하여 고시한다.

④국립중앙도서관장은 한국문헌번호를 부여 받은 자가 도서나 연속간행물에 한국문헌번호를 표시하지 아니한 경우에는 그 한국문헌번호의 부여를 취소하거나 사용을 금지할 수 있다.

제15조 (지역대표도서관 설립 · 운영 등) ① 법 제22조제1항에 따라 시 · 도지사는 해당 특별시 · 광역시 · 도 · 특별자치도가 설립한 공공 도서관이나 그 밖의 공공 도서관 중 하나를 지정하여 지역대표도서관으로서의 업무를 수행하게 하여야 한다.

② 지역대표도서관의 장은 매년 11월 말까지 다음 각 호의 사항을 종합하여 시 · 도지사에게 보고하여야 한다.

1. 차년도 지역도서관 운영계획
2. 지역 내 도서관협력 및 국립중앙도서관과의 협력 현황
3. 지역 내 공공 도서관 건립 및 공동 보존서고의 운영 현황
4. 지역 내 공공 도서관 지원과 지역격차 해소 추진 실적
5. 지역 내 도서관활동의 평가 및 실태조사 분석결과

제16조 (제출대상 도서관자료의 종류 등) 법 제26조제2항에 따라 지방자치단체가 지역대표도서관에 제출하여야 하는 도서관자료의 종류 등에 관하여는 제13조제1항 및 제3항(제1항에 따른 납본 대상 자료에 관한 부분으로 한정한다)을 준용한다.

제17조 (공공 도서관의 설립 · 육성) ① 법 제27조제1항에 따라 국가나 지방자치단체는 지역주민이 쉽게 접근할 수 있는 곳에 공공 도서관을 설치하도록 노력하여야 한다.

② 공공 도서관(법 제2조제4호 각 목의 도서관은 제외한다)은 지역주민에게 봉사하기 위하여 지역의 특성에 따라 작은도서관, 분관(分館), 이동도서관 등을 육성하고 지원하여야 한다.

제18조 (사립 공공 도서관의 등록 및 폐관 절차) ① 법 제31조제1항에 따라 사립 공공 도서관을 등록하려는 자는 등록신청서에 시설명세서를 첨부하여 특별자치도지사 · 시장 · 군수 · 자치구의 구청장(이하 "시 · 군 · 구청장"이라 한다)에게 제출(전자문서에 의한 제출을 포함한다. 이하 이 조에서 같다)하여야 한다.

② 법 제31조제2항에 따라 등록사항을 변경하려는 자는 그 등록사항이 변경된 날부터 14일 이내에 변경등록신청서에 시설명세서를 첨부하여 시 · 군 · 구청장에게 제출하여야 한다. 이 경우 변경등록신청을 받은 시 · 군 · 구청장은 변경된 등록증을 발급하여야 한다.

③ 법 제31조제3항에 따라 등록한 도서관을 폐관하려는 자는 폐관신고서에 등록증을 첨부하여 시 · 군 · 구청장에게 제출하여야 한다.

제19조 (공공 도서관의 사용료 등) 법 제33조에 따라 공공 도서관이 이용자로부터 받을 수 있는 사용료 등의 범위는 다음 각 호와 같다.

1. 도서관자료 복제 및 데이터베이스 이용 수수료
2. 개인연구실 · 회의실 등 사용료
3. 회원증 발급 수수료
4. 강습 · 교육 수수료
5. 도서관 입장료(사립 공공 도서관의 경우에 한한다)

제20조 (사립 전문도서관의 등록 및 폐관 절차) 법 제40조제2항에 따른 사립 전문도서관의 등록 및 폐관 절차에 관하여는 제18조제1항 및 제3항을 준용한다.

제21조 (지식정보 취약계층 등) 법 제43조제3항에서 "대통령령이 정하는 지식정보 취약계층"이란 다음 각 호의 자를 말한다.

1. 「장애인복지법」에 따른 장애인
2. 「국민기초생활보장법」에 따른 수급권자

3. 65세 이상의 노인
4. 농산어촌(「농림어업인 삶의 질 향상 및 농산어촌지역 개발촉진에 관한 특별법」 제3조제1호에 따른 농산어촌을 말한다)의 주민

제22조 (권한의 위탁) 문화체육관광부장관은 법 제46조에 따라 법 제6조제2항에 따른 사서직원의 자격증 발급에 관한 권한을 법 제17조에 따라 설립된 도서관 관련 협회 중 문화체육관광부령으로 정하는 협회에 위탁한다.

제23조 삭제

부칙 〈제21739호,2009.9.21〉

제1조(시행일) 이 영은 2009년 9월 26일부터 시행한다.

제2조(다른 법령의 개정) ① 주택건설기준 등에 관한 규정 일부를 다음과 같이 개정한다.

제2조제3호 중 "문고"를 "작은도서관"로 한다.

② 행정권한의 위임 및 위탁에 관한 규정 일부를 다음과 같이 개정한다.

제28조제4항 중 "「도서관법」 제48조"를 "「도서관법」 제47조"로 한다.

[별표 1]

도서관의 종류별 시설 및 자료의 기준(제3조 관련)

1. 공공 도서관

가. 공립 공공 도서관

봉사대상 인구 (명)	시설		도서관자료	
	건물면적 (제곱미터)	열람석 (좌석 수)	기본장서 (권)	연간증서 (권)
2만 미만	264 이상	60 이상	3,000 이상	300 이상
2만 이상 5만 미만	660 이상	150 이상	6,000 이상	600 이상
5만 이상 10만 미만	990 이상	200 이상	15,000 이상	1,500 이상
10만 이상 30만 미만	1,650 이상	350 이상	30,000 이상	3,000 이상
30만 이상 50만 미만	3,300 이상	800 이상	90,000 이상	9,000 이상
50만 이상	4,950 이상	1,200 이상	150,000 이상	15,000 이상

비고 : 1. "봉사대상 인구"란 도서관이 설치되는 해당 시(구가 설치된 시는 제외하며, 도농복합형태의 시에 있어서는 동(동)지역에만 해당한다) · 구(도농 복합형태의 시에 있어서는 동(동)지역에만 해당한다) · 읍 · 면지역의 인구를 말한다.

2. 봉사대상 인구가 2만명 이상인 공립 공공 도서관에는 열람실 외에 참고 열람실 · 연속간행물실 · 시청각실 · 회의실 · 사무실 및 자료비치시설 등의 시설을 갖추어야 한다.

3. 전체 열람석의 20퍼센트 이상은 어린이를 위한 열람석으로 하여야 하고, 전체 열람석의 10퍼센트 범위의 열람석에는 노인과 장애인의 열람을 위한 편의시설을 갖추어야 한다.

4. 공립 공공 도서관에는 기본장서 외에 다음 각 목에서 정하는 자료를 갖추어야 한다.

가. 봉사대상 인구 1천 명당 1종 이상의 연속간행물

나. 봉사대상 인구 1천 명당 10종 이상의 시청각자료를 갖추되, 해마다 봉사대상 인구 1천 명당 1종 이상의 시청각자료를 증대할 것

다. 그 밖의 향토자료 · 전자자료 및 행정자료

나. 사립 공공 도서관

가목에 따른 공립 공공 도서관의 시설 기준 중 이용자 수가 2만 명 미만인 지역의 도서관이 갖추어야 하는 시설을 갖추어야 한다.

다. 작은도서관

시설		도서관자료
건물면적	열람석	
33제곱미터 이상	6석 이상	1,000권 이상

비고: 건물면적에 현관 · 휴게실 · 복도 · 화장실 및 식당 등의 면적은 포함되지 아니한다.

라. 장애인도서관(시각장애인의 이용을 주된 목적으로 하는 경우에 한한다)

시설		도서관자료	
건물면적	기계 · 기구	장서	녹음테이프
면적 : 66제곱미터이상 자료열람실 및 서고의 면적 : 45퍼센트 이상	1. 점자제판기 1대 이상 2. 점자인쇄기 1대 이상 3. 점자타자기 1대 이상 4. 녹음기 4대 이상	1,500권 이상	500점 이상

비고: 건물면적에는 현관 · 휴게실 · 복도 · 화장실 및 식당 등의 면적은 포함하지 아니한다.

2. 전문도서관(공중의 이용을 주된 목적으로 하는 경우에 한한다)

시설 및 자료의 기준
열람실 면적이 165제곱미터, 전문 분야 자료가 3천권(시청각 자료인 경우에는 3천점) 이상이어야 한다.

3. 학교도서관

「학교도서관진흥법」 제13조제3항의 시설 및 자료 기준에 따른다.

4. 제1호부터 제3호까지의 규정 외의 도서관

해당 사항 없음

[별표 2]

도서관의 사서직원 배치 기준(제4조제1항 관련)

구분	배치기준
공공도서관(사립 공공도서관 및 법 제2조제4호 각 목에 해당하는 도서관은 제외한다)	도서관 건물면적이 330제곱미터 이하인 경우에는 사서직원 3명을 두되, 면적이 330제곱미터 이상인 경우에는 그 초과하는 330제곱미터마다 사서직원 1명을 더 두며, 장서가 6천 권 이상인 경우에는 그 초과하는 6천 권마다 사서직원 1명을 더 둔다.
작은도서관	공립 작은도서관에는 사서직원을 1명 이상 둘 수 있다.
장애인도서관	시각장애인을 대상으로 하는 장애인도서관에는 사서직원을 1명 이상 둔다.
전문도서관	공중을 대상으로 하는 전문도서관의 사서직원 배치 기준은 공공 도서관에 관한 기준을 준용한다.

[별표 3]

사서직원의 자격요건(제4조제2항 관련)

구분	자격요건
1급 정사서	1. 문헌정보학이나 도서관학 박사학위를 받은 자 2. 2급정사서 자격증을 소지하고 문헌정보학이나 도서관학외의 박사학위를 받거나 정보처리기술사 자격을 받은 자 3. 2급정사서 자격증을 소지하고 도서관 근무경력이나 그 밖에 문화체육관광부령으로 정하는 기관에서 문헌정보학 또는 도서관학에 관한 연구경력(이하 "도서관 등 근무경력"이라 한다)이 6년 이상 있는 자로서 석사학위를 받은 자 4. 2급정사서 자격증을 소지하고 도서관 등 근무경력이 9년 이상 있는 자로서 문화체육관광부장관이 지정하는 교육기관(이하 "지정교육기관"이라 한다)에서 문화체육관광부장관이 정하여 고시하는 소정의 교육과정(이하 "소정의 교육과정"이라 한다)을 이수한 자

2급 정사서	1. 대학(교육대학 · 사범대학 · 「고등교육법」 제2조제5호에 따른 원격대학 · 산업대학 및 이에 준하는 각종 학교를 포함한다. 이하 같다)에서 문헌정보학이나 도서관학을 전공하고 졸업한 자 또는 법령에서 이와 동등한 학력이 있다고 인정한 자로서 문헌정보학을 전공한 자 2. 문헌정보학이나 도서관학 석사학위를 받은 자 3. 교육대학원에서 도서관교육이나 사서교육을 전공하여 석사학위를 받은 자 4. 문헌정보학이나 도서관학 외의 석사학위를 받은 자로서 지정교육기관에서 소정의 교육과정을 이수한 자 5. 준사서 자격증을 소지하고 석사학위를 받은 자 6. 준사서 자격증을 소지하고 도서관 등 근무경력이 3년 이상 있는 자로서 지정교육기관에서 소정의 교육과정을 이수한 자 7. 대학을 졸업하여 준사서 자격증을 소지하고 도서관 등 근무경력이 1년 이상 있는 자로서 지정교육기관에서 소정의 교육과정을 이수한 자
준사서	1. 전문대학(전문학사학위를 수여하는 사이버대학을 포함한다) 문헌정보과나 도서관과를 졸업한 자 또는 동등 이상의 학력이 있는 자로서 문헌정보과나 도서관과를 전공한 자 2. 전문대학(전문학사학위를 수여하는 사이버대학을 포함한다)(종전의 실업고등전문학교를 포함한다) 또는 동등 이상의 학력이 있는 자로서 지정교육기관에서 소정의 교육과정을 이수한 자 3. 대학을 졸업한 자로서 재학중에 문헌정보학이나 도서관학을 부전공한 자

비고: "도서관 등 근무경력"은 다음 각 호의 기관에서 사서 또는 사서행정 업무를 전임으로 담당하여 근무한 경력을 말한다.

1. 도서관
   가. 국가 또는 지방자치단체에서 설립한 공공 도서관 · 전문도서관
   나. 법 제31조제1항 및 제40조제2항에 따라 지방자치단체에 등록한 사립 공공 도서관 · 전문도서관
   다. 대학도서관, 학교도서관
   라. 그 밖에 작은도서관 규모 이상의 도서관
2. 국가기관 및 지방자치단체
3. 도서관 관련 비영리 법인

부록 E 도서관법 시행 규칙

[문화체육관광부령 제41호, 일부개정 2009.9.25]

제1조 (목적) 이 규칙은 「도서관법」 및 동법 시행령에서 위임된 사항과 그 시행에 관하여 필요한 사항을 규정함을 목적으로 한다.

제2조 (도서관 인정신청서 등) ① 「도서관법 시행령」(이하 "영"이라 한다) 제2조제2항에 따른 도서관 인정신청서는 별지 제1호서식에 따른다.

② 문화체육관광부장관은 영 제2조제2항에 따라 인정신청을 받거나 직권으로 검토한 시설이 영 제2조제1항에 따른 인정요건을 갖추고 있다고 인정하는 경우에는 별지 제2호서식의 도서관 인정서를 발급하여야 한다.

제3조 (자격증의 발급신청) ① 영 제4조제3항에 따라 사서자격증을 발급받으려는 자는 별지 제3호서식의 사서자격증 발급신청서에 다음 각 호의 서류를 첨부하여 한국도서관협회장에게 제출하여야 한다.

1. 주민등록등본 또는 초본(외국인의 경우 외국인등록사실증명서를 말한다)
2. 영 제4조제2항에 따른 사서직원의 자격요건에 해당함을 증명하는 서류

② 대학 · 전문대학의 장 또는 영 별표 3에 따른 지정교육기관의 장(이하 "지정교육기관의 장"이라 한다)은 영 별표 3에 따른 자격요건을 갖춘 졸업예정자 또는 교육과정이수예정자에 대하여 별지 제4호서식 또는 별지 제5호서식에 따른 사서자격증 발급신청서를 한국도서관협회장에게 제출하여 자격증 발급을 신청할 수 있다.

③ 한국도서관협회장은 제1항 또는 제2항에 따라 사서자격증 발급신청서를 접수한 경우에는 자격요건을 확인한 후 지체없이 별지 제6호서식에 따른 사서자격증을 해당자에게 발급하여야 한다.

제4조 (연구경력의 인정기관) 영 별표 3의 1급정사서란의 제3호에서 "문화체육관광부령으로 정하는 기관"이란 다음 각 호의 기관을 말한다.

1. 대학 및 전문대학

2. 국가 · 지방자치단체 또는 법인이 설립한 연구기관

제5조 (자격증의 재발급신청) 자격증을 받은 자가 자격증을 잃어 버렸거나 헐어 못쓰게 되어 자격증을 다시 발급받으려는 경우에는 별지 제7호서식의 사서자격증 재발급신청서를 한국도서관협회장에게 제출하여야 한다.

제6조 (자격증의 기재사항 변경신청) 자격증의 기재사항을 변경하려는 자는 별지 제8호서식의 사서자격증 기재사항 변경신청서에 사서자격증과 기재사항의 변경을 증명하는 서류를 첨부하여 한국도서관협회장에게 제출하여야 한다.

제7조 (실무조정회의) ① 영 제7조제2항에 따른 실무조정회의의 위원장은 「도서관법」(이하 "법"이라 한다) 제12조제3항에 따른 기획단장이 되고, 위원은 다음 각 호의 자로 한다.

1. 관계 중앙행정기관 및 특별시 · 광역시 · 도 · 특별자치도의 3급 공무원 또는 고위공무원단에 속하는 일반직공무원(이에 상당하는 공무원을 포함한다)
2. 그 밖에 실무조정회의 위원장이 지명하는 자

② 실무조정회의의 회의는 재적위원 과반수의 출석으로 개의하고, 출석위원 과반수의 찬성으로 의결한다.

③ 실무조정회의에 출석하는 위원, 관계 공무원 또는 관계 전문가 등에게는 예산의 범위에서 수당, 여비 그 밖에 필요한 경비를 지급할 수 있다. 다만, 공무원이 그 소관 업무와 직접 관련하여 실무조정회의에 출석하는 경우에는 그러하지 아니하다.

제8조 (도서관자료 납본서 등) ① 영 제13조제1항에 따라 도서관자료를 납본하는 자는 별지 제9호서식의 도서관자료 납본서를 제출하여야 한다. 다만, 납본한 도서관자료의 전부 또는 일부가 판매용인 경우에는 별지 제9호서식의 보상청구서를 제출하여야 한다.

② 영 제13조제2항에 따라 디지털 파일형태로 된 도서관자료를 납본하는 자는 별지 제9호의2서식의 도서관자료 납본서를 제출하여야 한다. 다만, 납본한 디지털 파일형태로 된 도서관자료의 전부 또는 일부가 판매용인 경우에는 별지 제9호의2서식의 보상청구서를 제출하여야 한다.

③ 국립중앙도서관장은 보상금액을 산정하기 위하여 필요한 경우에는 납본을 하는 자에 대하여 보상금 산정에 필요한 자료의 제출을 요구할 수 있다.

④ 국립중앙도서관장이 법 제20조제3항에 따라 발급하는 도서관자료 납본 증명서는 다음 각 호의 서식에 따른다.

1. 제1항에 따라 도서관자료를 납본한 자: 별지 제9호의3서식
2. 제2항에 따라 디지털 파일형태로 된 도서관자료를 납본한 자: 별지 제9호의4서식

제8조의2 (온라인 자료 수집증명서 등) ① 영 제13조의2제2항에 따라 국립중앙도서관장이 발급하는 도서관자료 수집증명서는 별지 제10호서식에 따른다.

② 제1항에 따라 도서관자료 수집증명서를 발급받은 온라인 자료 제공자가 국립중앙도서관장에게 제출하여야 하는 도서관자료 보상청구서는 별지 제10호의2서식에 따른다.

제8조의3 (도서관자료심의위원회 운영) ① 영 제13조의3제1항에 따른 도서관자료심의위원회(이하 "심의위원회"라 한다)의 위원장은 회의를 소집하고 그 의장이 된다.

② 위원장이 부득이한 사유로 그 직무를 수행할 수 없을 때에는 위원장이 지명하는 위원이 그 직무를 대행한다.

③ 심의위원회의 회의는 위원장이 필요하다고 인정하거나 국립중앙도서관장의 요청이 있는 경우에 위원장이 소집한다.

④ 심의위원회의 회의는 재적위원 과반수의 출석으로 개의하고, 출석위원 과반수의 찬성으로 의결한다.

⑤ 위원장은 영 제13조의3제1항에 따른 주요 사항을 심의하기 위하여 필요한 경우에는 관계 공무원 및 관계 전문가를 회의에 참석하게 하여 의견을 듣거나 자료를 제출하게 하는 등 협조를 요청할 수 있다.

⑥ 심의위원회의 회의에 출석하는 위원, 관계 공무원 또는 관계 전문가에게 예산의 범위에서 수당, 여비나 그 밖에 필요한 경비를 지급할 수 있다. 다만, 공무원이 그 소관 업무와 직접적으로 관련되는 회의에 출석하는 경우에는 그러하지 아니하다.

⑦ 그 밖에 심의위원회 운영에 필요한 사항은 심의위원회의 의결을 거쳐 위원장이 정한다.

제8조의4 (분과위원회) ① 영 제13조의3제6항에 따른 분과위원회는 분야별로 10명 이내의 심의위원회의 위원으로 구성한다.

② 분과위원회는 다음 각 호의 사항을 심의한다.

1. 심의위원회에서 심의할 안건의 검토
2. 심의위원회로부터 위임받은 사항
3. 그 밖에 심의위원회의 위원장이나 국립중앙도서관장이 회의에 부치는 사항

③ 그 밖에 분과위원회 운영에 필요한 사항은 심의위원회의 의결을 거쳐 심의위원회의 위원장이 정한다.

제8조의5 (개인정보의 정정 · 삭제 청구 등) ① 영 제13조의4제1항에 따른 개인정보 정정 · 삭제 청구서는 별지 제11호서식에 따른다.

② 영 제13조의4제2항 전단에 따른 정정 · 삭제조치 결과통지서는 별지 제11호의2서식에 따른다.

③ 영 제13조의4제2항 후단에 따라 국립중앙도서관장이 정정 · 삭제조치의 기간을 연장하는 경우 그 통지서는 별지 제11호의3서식에 따른다.

④ 영 제13조의4제3항에 따른 정정 · 삭제거부 등 결정통지서는 별지 제11호의4서식에 따른다.

제9조 (국제표준자료번호신청서) 영 제14조제2항에 따라 도서 또는 연속간행물에 대한 자료번호를 부여 받으려는 자는 다음 각 호의 어느 하나에 해당하는 서류를 국립중앙도서관장에게 제출하여야 한다.

1. 도서: 별지 제12호서식(1)에 따른 신청서에 연간 출판(예정)목록과 출판사신고필증(출판사등록증) 사본을 첨부할 것
2. 연속간행물: 별지 제12호서식(2)에 따른 신청서에 간행물 견본(표지, 목차, 판권지)과 정기간행물등록증 사본을 첨부할 것

제10조 (도서관설립등록신청서 등) ① 영 제18조제1항 또는 영 제20조에 따른 등록신청서 및 시설명세서는 각각 별지 제13호서식 및 별지 제14호서식에 따른다.

② 특별자치도지사 · 시장 · 군수 · 자치구의 구청장(이하 "시 · 군 · 구청장"이라 한다)은 영 제18조제1항 또는 영 제20조에 따라 도서관설립등록을 한 자에게 별지 제15호서식의 도서관 등록증을 발급(정보통신망에 의한 발급을 포함한다)하여야 한다.

③ 영 제18조제2항에 따른 변경등록신청서 및 시설명세서는 각각 별지 제15호의2서식 및 별지 제14호서식에 따른다.

④ 영 제18조제3항 또는 영 제20조에 따른 도서관 폐관신고서는 별지 제16호서식에 따른다.

제11조 (사서직원의 자격증 발급 기관) 영 제22조에서 "문화체육관광부령으로 정하는 협회"란 법 제17조에 따라 설립된 한국도서관협회를 말한다.

제12조 삭제

부칙 〈제41호, 2009.9.25〉

제1조(시행일) 이 규칙은 2009년 9월 26일부터 시행한다.

제2조(서식에 관한 경과조치) 이 규칙 시행 당시 종전의 규정에 따른 서식은 이 규칙 시행일부터 6개월 간 이 규칙에 따른 서식과 함께 사용하거나 그 일부를 수정하여 사용할 수 있다.

제3조(다른 법령의 개정) 법인세법 시행규칙 일부를 다음과 같이 개정한다.

제18조제1항제17호 중 "문고"를 "작은도서관"으로 한다.

부 록 F 도서관인 윤리 선언

도서관인은 민족과 인류의 기억을 전승하여 사회발전에 기여하는 도서관의 운영 주체로서 크고 무거운 책임을 지니고 있다. 이 책임은 우리들 도서관인의 모든 직업적 행위의 바탕에, 비판적 자기성찰과 윤리적 각성이 살아있을 때 비로소 완수될 수 있다. 이에 우리는 스스로의 다짐이자 국민에 대한 약속으로 우리가 지켜나갈 윤리적 지표를 세워 오늘 세상에 천명한다.

1. **[사회적 책무]** 도서관인은 인간의 자유와 존엄성이 보장되는 민주적 사회발전에 공헌한다.
   가. 도서관인은 헌법이 보장하는 국민의 알 권리를 실현하는데 기여한다.
   나. 도서관인은 국민의 자아성장 의욕을 고취하고 그 노력을 지원한다.
   다. 도서관인은 도서관과 이용자의 자유를 지키고 정보접근의 평등권을 확립한다.
   라. 도서관인은 성숙된 지식사회를 열어가는 문화적 선도자가 된다.
2. **[자아성장]** 도서관인은 부단한 자기개발을 통하여 역사와 함께 성장하고 문명과 더불어 발전한다.
   가. 도서관인은 자신을 개선하는데 게으르지 아니하며 끊임없이 연구하고 정진한다.
   나. 도서관인은 자신의 직무가 역사를 보존하며 사실을 전수하는 행위임을 자각한다.
   다. 도서관인은 사회의 변화와 이용자의 요구에 능동적으로 대처하는 능력을 배양한다.
   라. 도서관인은 개척자의 정신으로 일상의 난관을 극복하며 열정과 인내, 그리고 용기와 희망 속에서 일한다.
3. **[전문성]** 도서관인은 전문적 지식에 정통하며 자율성을 견지하여 전문가로서의 책임을 완수한다.

가. 도서관인은 자신의 업무영역에 관한 전문지식과 기술 습득에 최선을 다한다.
나. 도서관인은 전문가로서의 자율성을 발휘하여 스스로 사회적 지위를 확보한다.
다. 도서관인은 소속된 조직의 입장이 전문성의 원칙에 배치될 경우 전문가적 신념에 따라 이의를 제기할 책임이 있다.
라. 도서관인은 전문직단체의 중요성을 인식하고 조직활동에 적극 참여한다.

4. **[협 력]** 도서관인은 협동력을 강화하여 조직운영의 효율화를 도모한다.
가. 도서관인은 협력의 기초가 되는 소속 도서관의 능력 신장에 먼저 노력한다.
나. 도서관인은 도서관간의 협력체제를 지속적으로 발전시켜 나간다.
다. 도서관인은 다른 사회기관과 협력하여 부단히 활동영역을 확장한다.
라. 도서관인은 자신의 조직에 불이익이 있을지라도 협력의 의지를 지켜나간다.

5. **[봉 사]** 도서관인은 국민에 헌신하는 자세로 봉사하고 도서관의 진정한 가치에 대한 사회적 인식을 유도한다.
가. 도서관인은 이용자의 다양한 요구에 적합한 전문적 봉사에 힘쓴다.
나. 도서관인은 이용자의 이념, 나이, 성별, 사회적 지위 등을 이유로 차별하지 아니한다.
다. 도서관인은 항상 친절하고 밝은 태도로 업무에 임한다.
라. 도서관인은 도서관에 대한 사회의 정당한 인정을 획득하기 위하여 노력한다.

6. **[자 료]** 도서관인은 지식자원을 선택, 조직, 보존하여 자유롭게 이용케 하는 최종책임자로서 이를 저해하는 어떠한 간섭도 거부한다.
가. 도서관인은 민족의 문화유산과 사회적 기억을 지키는 책임을 진다.
나. 도서관인은 지식자원을 선택함에 있어서 일체의 편견이나 간섭 또는 유혹으로부터 자유로와야 한다.
다. 도서관인은 지식자원을 조직함에 있어서 표준화를 지향한다.
라. 도서관인은 이용자와 관련된 개인정보를 보호하며 그 공개를 강요받지 아니한다.

7. **[품 위]** 도서관인은 공익기관의 종사자로서 높은 품위를 견지한다.
가. 도서관인은 언제나 전문가로서의 긍지를 가지고 업무를 수행한다.
나. 도서관인은 항상 정직하고 당당한 태도를 잃지 아니한다.
다. 도서관인은 업무와 관련하여 정당하지 아니한 일체의 이익을 도모하지 아니한다.
라. 도서관인은 직업적 윤리규범을 성실히 지킨다.

1997. 10. 30. 한국도서관협회 제정

부록 G 사서 교육 기관의 교육 과정 및 이수 학점

[문화관광부 고시 제2007-9호, 2007.4]

• 사서자격 교육과정(제4조제2항 관련)의 교과목은 다음과 같이 한다.

구 분	필 수 과 목	선 택 과 목
1급정사서	도서관평가론 비교도서관학 도서관정보협력체제론 도서관시스템분석론 비교저작권론	문헌정보학 또는 도서관학 석사 또는 박사학위과정에서 선택
2급정사서	도서관과 사회 장서개발론 자료조직론(II) 주제별정보자료론 정보검색론 도서관경영론(II) 도서관자동화론 독서지도론(II) 저작권론(II)	대학의 문헌정보학과 또는 도서관학과 교과과정에서 선택
준사서	도서관 · 정보학개론 도서관사 자료선택론 자료조직론(I) 비도서자료론 참고봉사론 도서관경영론(I) 독서지도론(I) 저작권론(I)	전문대학의 문헌정보학과 또는 도서관학의 교과과정에서 선택

※ 비고: 1. 필수과목중(I)의 내용은 기초과정, (II)내용은 심화과정을 다룬다.

2. 이수학점은 다음과 같이 한다.

가. 사서자격 교육과정의 이수단위는 학점으로 한다.

나. 이수학점은 30점으로 하되, 1학점은 16시간이상의 강의(실습을 포함한다)로 한다.

3. 이 고시는 관보 게재일로부터 시행한다.

부록 H 도서관자료의 교환 · 이관 · 폐기 및 제적의 기준과 범위

[문화관광부고시 제2007- 37호, 2007. 12. 6]

도서관법시행령 제5조제4호의 규정에 따라 도서관자료의 교환 · 이관 · 폐기 및 제적의 기준과 범위에 관한 기본적 사항을 다음과 같이 정한다.

1. 목적

도서관자료의 교환 · 이관 · 폐기 및 제적의 기준과 범위를 정함으로써 도서관자료의 효율적 관리를 도모하고 공중의 도서관 이용을 활성화하는 것을 목적으로 한다.

2. 도서관자료의 종류

"도서관자료"라 함은 도서관이 수집 · 정리 · 보존하는 자료로서 인쇄자료, 필사자료, 시청각자료, 마이크로형태자료, 전자자료 그 밖에 장애인을 위한 특수자료 등 지식정보자원 전달을 목적으로 정보가 축적된 모든 매체를 말한다.(이하 '자료'라 한다.)

3. 자료의 교환 · 이관 · 폐기 및 제적의 기준과 범위

가. 자료의 교환 또는 이관의 기준은 다음 각 호와 같다.

(1) 자료 보존 · 활용 공간의 효율화

(2) 자료 접근 · 이용의 편의 제고

(3) 자료의 충실화 및 최신성 추구

나. 자료의 폐기 및 제적의 기준은 다음 각 호와 같다.

(1) 이용가치의 상실

(2) 훼손 또는 파손 · 오손

(3) 불가항력적인 재해 · 사고, 기타 이에 준하는 사태로 인한 자료의 유실

(4) 기타 도서관장(학교장을 포함한다)이 필요하다고 정하는 사항

다. 자료의 폐기 및 제적의 범위는 연간 당해 도서관 전체장서의 100분의 7을 초과할 수 없다. 다만, 위 나의 (3)에 해당하는 경우에는 그러하지 아니하다.

4. 도서관장(학교장을 포함한다)은 위 사항을 참고하여 자료의 교환·이관·폐기 및 제적의 기준과 범위 등에 관해 세부사항을 정한다.

부 칙

이 고시는 관보에 게재한 날부터 시행한다.

가격, 28, 100-103, 176 ↔ 비용
가구, 177, 321-3
간접비, 101, 179
거버넌스, 도서관의, 33-58
 도서관위원회와의 관계, 41-54
 로컬공무원과의 관계, 39-41
 증진, 54-56
거버넌스, 용어설명, 35
거시환경, 70, 182
건물, 도서관, 299-307
 신축, 324-329
 익스테리어, 299, 304, 332-333
 인테리어, 333-337
 리모델링과의 관계, 314-318, 330-332
 용도전환, 330-332
 재단장, 332-337
 제요소, 312-314
건축(프로세스)
 건축가와의 관계, 327-328
 부지선택, 325-327
 비용, 176
 위원회의 역할, 300-304
 의사결정, 328-329
 프로그램취지문, 304-307
 프로젝트, 301-302
건축가, 311, 327-328
『결과를 얻기 위한 기획: 공공도서관의 변신과정』, 25, 26, 67
경력사다리, 223, 225
계속교육, 46, 50, 169, 275, 291
 변화와의 관계, 345
 역량강화와 승진을 위한, 221-225
계획수립 → 기획
고객, 5
고용, 기회균등, 129, 154, 201
고충처리절차, 155
공간, 302-303
공공관계, 116-119, 129, 131, 145, 146, 261, 275
공공기금, 160
『공공도서관을 위한 기획 및 역할설정』, 25, 26
『공도서관의 성과측정』, 55
공공재, 5
관리자, 도서관, 169
 공무원으로서의, 36-37
 자격, 129
 재정적 책임과의 관계, 159
 정책과의 관계, 132-133
교육
 계속, 46, 50, 169, 221-225, 275, 291, 345
 부실한 직무성과와의 관계, 207

교차교육훈련, 297
구매, 185-186
구조에 대한 실태조사, 315-317
국가서지, 117
권한부여, 220
규정, 125-128, 160 ↔ 법률, 규칙
  예외, 131
규칙, 125-128 ↔ 법률, 규정
  예외, 131
근무시간, 155, 196
  자유선택제, 218
근무조건, 155, 194, 219-220
급사, 216
급여, 42, 176, 193, 194, 197, 217
  계획, 208, 211, 217
  기준표, 45
기계시스템 실태조사, 315-317
기관평가, 70
기금, 5, 40
  조성활동, 172
기능직, 도서관, 215
기부, 171
기증
  자료의, 136, 144-146
  재정적인, 171
『기획 및 역할 설정』 매뉴얼, 26
기획
  단기, 사례, 358-368
  장기, 사례, 352-357
  팀, 64, 92
  프로세스, 26, 63, 93, 270
  SWOT분석, 84-85

내부환경, 70
네트워크 도서관시스템, 272
네트워크
  전국적인, 281-282
  주(州)의, 280-281
노인층이용자, 105-108
녹음자료, 235-236
능률 → 효율성
니즈, 용어설명, 62

다관종도서관시스템, 21
단기계획, 사례, 358-368
대체, 자료의, 240, 257-258, 265
대출, 자료의261-264
대출용장서, 138
데이터
  이차데이터, 74
  일차데이터, 80-83
  정보원, 75
  통계, 81
도매상, 242
도서
  도서관시스템 회원가입과의 관계, 273
  신간, 233
  신착자료의 처리, 256
도서관
  법률적 기반, 37-39
  정보접근과의 관계, 296-298
도서관건물 → 건물, 도서관
도서관구(區)시스템, 53, 165, 272
도서관권리선언, 136, 143, 351
도서관기능직, 215

도서관법령, 37-39
  도서관법, 한국, 369-382
  도서관법시행규칙, 한국, 395-398
  도서관법시행령, 한국, 383-394
  도서관서비스 및 건설법, 미국, 153, 169
  도서관서비스 및 기술법, 미국, 169
도서관보조원, 215
도서관상호대차, 169, 232, 280, 286-290
  규정가이드라인, 288-289
도서관상호협력시스템 → 도서관시스템
도서관서비스 및 건설법, 미국, 153, 169
도서관서비스 및 기술법, 미국, 169
도서관세, 164-166
도서관시스템, 21, 139, 232, 269-291
  불필요한 자료의 공유, 147
  서비스비용, 278-279
  소규모도서관의 자치성, 277-278
  조직, 271-272
  주 지원금과의 관계, 167
  회원가입의 이점, 272-276
  회원가입의 제한점, 272-276
도서관연수생, 215
도서관위원회, 24, 39, 64, 169, 219
  건물프로젝트와의 관계, 300-304, 305
  공무원으로서의, 53-54
  교육, 50
  규모, 51-52
  도서관장과의 관계, 49
  선발, 50-52
  업무적인, 46-49
  역사, 47-48
  예산과의 관계, 172, 174-175, 182, 190
도서관위원회(계속)
  인사관리와의 관계 194
  임기, 50
  자격, 51
  자료의 외부정리에 대한 타당성설명과의 관계, 252-253
  자문적인, 42-46
  정책과의 관계, 125-126, 132-133
  책무성과의 관계, 133
  회계책무성과의 관계, 159, 189
  회의, 52-53
도서관의 친구들, 77, 147, 171, 172, 190, 224, 318
도서관인 윤리선언, 한국, 399-400
도서관장 → 관리자, 도서관
도서관후원회 → 도서관의 친구들
독서의 자유선언, 136
동등한 비교가치, 44, 210
동선, 314, 335

리노베이션, 308
리모델링, 314-318, 330-332
  신축과의 관계, 314
리스계획, 138
리스-구입협약, 318

마케팅, 6
  감사, 70-72, 100, 182, 302, 305
  기획과의 관계, 25-30
  서비스와의 관계, 95-121
  프로세스, 270
멀티타입도서관시스템, 272

면접, 201 ↔ 인터뷰
모금활동, 77
모임, 지역사회의, 83
목적
  기획프로세스와의 관계, 93
  서비스레벨과의 관계, 113-114
  설정, 87-92
  스탭, 88
  정책과의 관계, 127-128
목적세기금, 166-167
목표
  기획프로세스와의 관계, 93
  서비스레벨과의 관계, 113-114
  설정, 87-92
  스탭, 88
  정책과의 관계, 125-128
  특성, 89
목표시장, 사례연구, 105-110
무급스탭, 149, 216
미국공공도서관협회, 23, 26, 66
미국도서관협회, 24, 172
미국문서관리국, 245
미국장애인법, 153, 303
미국재단센터, 173
미션 → 사명
미시환경, 71

바우처(Boucher, Virginia), 290
반납기일초과, 263
배가원, 216
배관시스템 실태조사, 315-317
벌과금, 129, 149-153, 161, 263
법률 → 도서관법률
법인, 173-174
베드룸 커뮤니티, 21
베드타운, 194
벤튼재단(Benton Foundation), 344
보상, 217-218 ↔ 급여계획
보수, 177
보수, 기존건물의, 332-337
보안시스템, 335
보조금, 주 및 연방의, 미국, 167-170
보조스탭, 215-216
보충적 자금지원, 270-274
보험, 177
봉급 → 급여
부가급부, 45, 154, 176, 196, 218
부지선택, 325-327
분관(分館), 227, 320, 329, 337, 340-342
분담편목, 277
분류계획, 42, 208, 211
분류와 편목, 247-248
비교가치, 동등한, 44, 210
비영리조직, 98
비영리조직을 위한 마케팅』, 98
비용
  간접비, 101, 179
  건물신축 대 리모델링, 318-320
  도서관상호대차의, 287
  벌과금징수, 129, 149-153, 161, 263
  수요와의 관계, 103, 176, 180
  스탭시간과의 관계, 102
  유틸리티, 281
  자료준비, 249-250
  제품 → 가격

비용(계속)
직접비, 101, 178-179
품목별예산과의 관계, 176-177
프로그램예산과의 관계, 179-181
비전, 5, 25, 66, 296

사례연구, 105, 110
사명, 25, 26, 66, 296
사무직조무원, 216
사서
부서장으로서의, 42-49
위원회와의 관계, 42-49
사용료 → 이용료
사환, 149
상공회의소, 171
상대적 가치 → 동등한 비교가치
상용서비스, 248-255
상호협력, 269-291 ↔ 도서관시스템
서비스, 115-116, 176
레벨, 69, 112-116, 161, 178
반응, 5, 25, 26, 29
스탭의 자세, 119-120
시간, 129, 148-149
요금, 129
지원업무, 230
특수, 153-154
서비스의 레벨, 69, 112-116, 161, 178
정의, 112
서지유틸리티, 281
선정, 231-238
보조도구, 232, 240-241
성과검토, 194, 195, 197, 200, 203-206, 226
세금
도서관세, 164-166
목적세, 166-167
부동산세, 163, 164
소액의 현금, 187
수령, 자료의, 245-247
수서, 242-245
수선, 257-258
수습기간, 154, 202, 203
수업료환급, 223
수요, 134
비용과의 관계, 103, 176, 180
수입원, 로컬의, 162-167
스왑협약, 114
스탭
관리, 193-226
관리의 제기능, 197-211
근무조건, 155, 194, 219-220
급여, 42, 176, 193, 194, 197, 217
도서관시스템 회원가입과의 관계, 275-276
레벨, 212-216
보상, 217-218
보조, 215-216, 217
분류, 198
비용, 193, 226
서비스시간, 129, 148-149
서비스에 대한 자세, 119-120
성과검토, 194, 195, 197, 200, 203-206, 226
수습기간, 154, 202, 203
승진, 223-225

스탭(계속)
  시간, 102
  전문직, 212-214, 217
  정직(停職), 154
  정책주도, 130
  징계조치, 154, 206-208
  평가, 201, 202
  활동, 113-114
스탭에 관한 정책, 154-155, 196-197
스터디캐럴, 322
승진, 스탭의, 223-225
시각매체, 236
시간, 서비스, 129, 148-149
시간보상제도, 218
시청각자료
  구입, 244
  도서관시스템 회원가입과의 관계, 274
신문, 234
신축건물, 324-329
실태조사, 315-317
  구조에 대한, 315-317
  기계시스템, 315-317
  우편에 의한, 82
  전화에 의한, 82

애견세, 166
업무계획, 208-211
에너지 고려사항, 320-321
역할, 공공도서관, 27, 67-68
연구용개인열람석, 322
연합도서관시스템, 272
예비전문직, 215
예산, 159-190
  기획과의 관계, 174-175
  도서관위원회와의 관계, 174
  비용요인과의 관계, 101, 176
  서비스와의 관계, 175
  시민의 지원, 182-183
  영기준, 178
  장기계획, 175-176
  재정과의 관계, 174-185
  청문회, 182-183, 189
  편성, 174-185
  품목별, 55, 101, 160, 176-177, 190
  프레젠테이션, 182, 190
  프로그램, 55, 101, 161, 178-183, 188, 190
오리엔테이션, 스탭의, 254
온도조절, 311
외부환경, 70
요구중심이론, 137
욕구단계설, 매슬로우의, 221-222
용도전환, 건물의, 330-332
우선순위, 103-104
우편실태조사, 82
우편에 의한 자료제공, 342-343
운영계획, 103, 183
운영비용, 176
월급 → 급여
위양, 194
유증, 173
유통, 107, 110, 230, 295
유틸리티비용, 177
의사결정, 건물의, 328-329

이동도서관, 176, 295, 320, 329, 339-340
이미지, 도서관의, 344-346
이연기부, 172, 173, 189
이용료, 129, 149-153, 160
이의제기, 194
익스테리어, 건물, 299, 304, 332-333
인사관리, 193-226
인사기능, 197-211
인사이동, 207
인사정책, 129, 154-155, 196-197
인원 → 스탭
인터뷰, 83 ↔ 면담
인테리어, 건물, 333-337
일반기금, 162-163
일인도서관, 149
일화적 정보, 188
입법 → 도서관법률
입찰, 177, 185

자격증, 24, 214
자금조달
  건축비, 176
  보충적, 170-174
자동차문고 → 이동도서관
자동화, 186, 264 ↔ 테크놀로지
자료
  기증, 136, 144-146
  논쟁적인, 143-144
  대체, 240, 257-258, 265
  대출, 261-264
  불필요한, 146-148
  선택, 134-148, 231-238
  수령, 245-247
자료(계속)
  수서, 242-245
  수선, 257-258
  우편에 의한 제공, 342-343
  이용준비, 247-256
  장서점검, 258-259
  제본, 257-258
  제적, 114, 135, 147, 238-240, 257-258, 265
  주문, 245-247
  지불, 245-247
  처분, 135, 148
  평가, 240-241
  포맷, 135
자본비용, 247
자본적 지출, 176, 186
자원공유, 273
자원봉사자, 216, 226
자체편목, 247
"작다/작음", 61
장기계획, 사례, 352-357
장비, 177, 323-324
장서, 135
  개발, 242-247
  관리, 231-241
  균형, 138-140
  심도, 140-141
  점검, 258-259
  제품으로서의, 229
  지원업무, 230
  통제, 257-264
장소, 28, 107, 110

재단, 173-174
재단장, 기존건물의, 332-337
재정 → 예산
재택(在宅)주민, 77, 80, 154, 275, 343
전국적 네트워크, 281-282
전기시스템 실태조사, 315-317
전문스탭, 212-214
전자적 연결, 344-347
전자적 접근, 296-298
전화실태조사, 82
절차, 125-128
점자, 154
접근
  전자적, 296-298
  정보에 대한, 296-298
접수 → 수령
정기간행물, 233-234, 244
  도서관시스템 회원가입과의 관계, 174
정리, 신착자료의, 256
정리센터, 246-247, 248-255
정보
  접근, 296-298
  지역사회의 니즈, 23, 30, 104, 139
  패키지, 231, 265
  표현되지 않은 니즈, 78-79
정보산업, 17
정보의 선택적 제공, 5, 55-56, 58, 115, 118, 205
정부간행물, 234, 245
정책, 123-156
  개발, 126
  검토, 131
정책(계속)
  결정, 132-133
  매뉴얼, 126
  변경, 130-131
  스탭의 역할, 130
  위원회의 책임, 125-126
  인사, 129, 154-155, 196-197
  자료선정, 134-148
제본, 257-258
제작자, 243-244
제적, 자료의, 114, 135, 147, 238-240, 257-258, 265
제적자료의 판매, 135, 147
제품, 28, 98-100, 229-230
  비용 → 가격
  생산비, 102-103
  지원업무, 230
제품라인, 98-100, 231
제품믹스, 98-100
제품설계, 106-107, 109-110, 111
제품아이템, 98-100
제혜택 → 부가급부
조건부일괄주문, 245
조명, 304, 334
조무원, 사무직, 216
조직도, 199, 200
종합목록, 273
주(州)네트워크, 미국, 280-281
주(州)도서관에이전시, 미국, 39, 169
주(州)보조금, 미국, 167-170
주문, 245-247
주민투표, 164, 167

준전문직, 215
중소기업. 108-110
중앙집중화, 279
지방사, 140
지불, 자료의, 245-247
지역사회 연구, 59-94, 302
  마케팅감사와의 관계, 73-80
지역사회
  교외지역, 21-22
  기관 및 단체, 75-76
  기업타운, 22
  니즈, 6, 25, 30, 50, 62, 66, 68, 69, 97, 121, 126, 133, 159, 183, 188, 194, 230, 298
  대학촌, 22
  도서관에 대한 관심, 302
  마켓타운, 23
  모임, 83
  소규모, 18-20
  예산지원, 182-183
지적자유, 136, 143
직무공유, 155, 223
직무교환, 223
직무기술서, 154, 194, 195, 198, 199, 226
직무만족, 194
직무명세서, 44, 45
직무분류, 200, 210
직원 → 스탭
직위기술서, 198
직접비, 101, 178-179
징계조치, 197, 206-208

차별철폐조치, 129, 154, 200
참고서비스의 확장, 283-284
채용, 198-202
책무성, 6, 40, 67, 69, 133, 187-189, 209
  스탭과의 관계, 187-188, 226
  회계, 41, 261
처리 → 정리
청구서의 지불, 245-247
청문회
  예산, 182-183, 189
  직원, 203
초빙 및 적 심사위원회, 201
촉진, 108, 110
추천서, 201-202
출판사/제작자, 243-244
커뮤니케이션, 108, 110
커뮤니티 → 지역사회
컨설턴트, 건축, 305, 311, 327-328
컴퓨터소프트웨어, 237
코칭, 194, 197, 207

타당성설명, 예산의, 181, 182
타임로그, 102, 179, 255
테이블, 가구, 322
테크놀로지, 344-347
통계의 해석, 189
통합형도서관시스템, 271
특수서비스, 153-154
판매, 제적자료의, 135, 147
판매업자, 로컬의, 242-243
팸플릿, 237, 245

편목과 분류, 247-248
평가
　물리적 시설, 302-304
　스탭의, 201, 202
　자료의, 240-241
　제품설계의, 108-110
포맷, 자료의, 135
포커스그룹, 81, 83
표본추출, 179
표적시장, 64, 69, 104, 104-110, 119, 275
품목별예산, 55, 101, 160, 176-177, 190
프로그램, 제품으로서의, 229
　지원업무, 230
프로그램예산, 55, 101, 161, 178-183, 188, 190
프로세스의 효율성, 259-260, 263
피알 → 공공관계

하우스키핑, 202
학교도서관과의 협력, 284-286
해고, 207
행동전략, 91-92
현금, 소액의, 187
현직훈련, 45, 277
협동편목, 169
호봉승급, 45
홍보, 28
확장서비스, 68, 205, 249, 261
회계관리, 159
회원제도서관, 48, 161
효율성, 263, 265, 299

affirmative action, 129, 154, 200

Americans with Disabilities Act, 153, 303

Benton Foundation, 344

Boucher, Virginia, 290

Buildings, Books, and Bytes: Libraries and Communities in the Digital Age, 344

comparable worth, 44, 210

Interlibrary Loan Practices Handbook, 290

Kotler, Philip, 98

Library Bill of Rights, 136, 143, 351

Library Services and Construction Acts (LSCA), 153, 169

Library Services and Technology Act (LSTA), 169

MARC, 281

Marketing for Nonprofit Organization, 98

Maslow, Abraham, 221-2

OCLC, 198, 248, 282

Output Measures for Public Libraries, 55

Planning and Role Setting for Public Libraries, 25, 26

Planning for Results: A Public Library Transformation Process, 25, 26, 67

PPBS, 178

RLIN, 282

SDI, 5, 55-56, 58, 115, 118, 205

SuDoc, 245

SWOT, 84-85

WLN, 282

◘ 역자소개 ◘

• **오 동 근(吳東根)**

문학사(영어영문학), 이학사(전자계산학), 경영학사(경영학)
중앙대학교대학원 도서관학과 (도서관학석사)
경북대학교대학원 경영학과 (경영학석사)
중앙대학교대학원 문헌정보학과 (문학박사)
행정자치부 외무고등고시(PSAT) 출제위원 및 시험위원 역임
중앙인사위원회 사서직공무원 승진시험위원 역임
중앙인사위원회 고등고시 출제위원 역임
중등교원 신규임용고시(사서교사) 출제위원 역임
국회도서관 사서직 채용시험 출제위원 역임
지방공무원 채용시험(사서직 및 기록관리) 출제위원(서울, 대전, 울산, 경기, 충남 등) 역임
교육인적자원부 도서관정책자문위원 역임
한국문헌정보학회 및 한국정보관리학회 이사 역임
국립어린이청소년도서관 자문위원 (현재)
한국도서관협회 분류위원회 위원장 (현재)
한국도서관・정보학회 부회장 겸 학술위원장 (현재)
현재, 계명대학교 문헌정보학과 교수

〈주요 저서 및 역서〉

문헌분류이론(공역)(구미무역출판부, 1989)
도서관문화사(공저)(구미무역출판부, 1991)
공공도서관운영론(공역)(구미무역출판부, 1991)
영미편목규칙 제2판 간략판(공역)(구미무역출판부, 1992)
도서관경영론(공역)(계명대학교출판부, 1993)
서지정보의 상호교류(공역)(아세아문화사, 1993)
도서관정보관리편람(공편)(한국도서관협회, 1994)
문헌정보학 연구 입문: 의의와 방법(공역편)(계명대학교출판부, 1995)
정보사회와 공공도서관(역)(한국도서관협회, 1996)
한국십진분류법 제4판(공편)(한국도서관협회, 1996)
도서관·정보센터경영론(공역)(계명대학교출판부, 1997)
개정제4판 한국십진분류법 해설(공편)(한국도서관협회, 1997)
학위논문의 작성과 지도(공역)(계명대학교출판부, 1999)
객관식 자료조직론(편저)(도서출판 태일사, 1999)
도서관인 박봉석의 생애와 사상(엮음)(도서출판 태일사, 2000)
DDC 연구(저)(도서출판 태일사, 2001)
KDC의 이해(공저)(도서출판 태일사, 2002)
MARC의 이해(역)(도서출판 태일사, 2002)
학술정보론(공역)(도서출판 태일사, 2002)
주·참고문헌 어떻게 작성할 것인가(공저)(도서출판 태일사, 2002)
국제표준서지기술법(단행본용 2002년판)(공역편)(도서출판 태일사, 2003)
객관식 자료조직론 해설 I : 문헌분류편(편저)(도서출판 태일사, 2003)
메타데이터의 이해(역) (도서출판 태일사, 2004)

도서관·정보센터의 고객만족경영(공역)(도서출판 태일사, 2004)
객관식 자료조직론 해설II: 목록조직편(편저)(도서출판 태일사, 2005)
영미편목규칙 제2판 핸드북(역)(도서출판 태일사, 2005)
영미편목규칙 제2판 간략판 제4판(역)(도서출판 태일사, 2006)
MARC 21 전거레코드의 이해(역)(도서출판 태일사, 2006)
DDC 22의 이해(저)(도서출판 태일사, 2006)
KORMARC의 이해(공저)(도서출판 태일사, 2006)
문헌정보학연구의 현황과 과제(역)(도서출판 태일사, 2007)
객관식 자료조직론 해설 III: 목록이론·서지기술편(편저)(도서출판 태일사, 2008)
객관식 자료조직론 해설 IV: 표목·목록자동화편(편저)(도서출판 태일사, 2008)
객관식 자료조직론 해설 I: 문헌분류편, 제3개정판(편저)(도서출판 태일사, 2009)
KDC5의 이해(공저)(도서출판 태일사, 2009)
객관식 자료조직론 해설II: 목록조직편(편저)(도서출판 태일사, 2010)

공공 도서관 경영론

2009년 12월 5일 1쇄 인쇄
2009년 12월 15일 1쇄 발행
역저자 _ 오동근
펴낸이 _ 김선태
발행처 _ 도서출판 태일사
주 소 _ (우) 700-803 대구광역시 중구 남산1동 893
전화 (053)255-3602 / 팩스 (053)255-4374
등 록 _ 1991년 10월 10일 제6-37호

값 22,000 원

© 오동근 2010 ISBN 978-89-92866-22-4 93020
※ 무단복사, 전재를 금하며, 잘못된 책은 교환하여 드립니다.